प्रभाष जोशी

प्रभाष जोशी का जन्म 15 जुलाई, 1937 को मध्य प्रदेश में सिहोर ज़िले के आष्टा गाँव में हुआ। शिक्षा इन्दौर के महाराजा शिवाजी राव मिडिल स्कूल और हाईस्कूल में हुई। होल्कर कॉलेज, गुजराती कॉलेज और क्रिश्चियन कॉलेज में गणित और विज्ञान पढ़े। देवास के सुनवानी महाकाल में ग्राम-सेवा और अध्यापन किया। पत्रकारिता को समाज परिवर्तन का माध्यम मानकर 1960 में 'नई दुनिया' में काम शुरू किया। राजेन्द्र माथुर, शरद जोशी और राहुल बारपुते के साथ काम किया। यहीं विनोबा की पहली नगर-यात्रा की रिपोर्टिंग की। 1966 में शरद जोशी के साथ भोपाल से 'मध्य प्रदेश' (दैनिक) निकाला। 1968 में दिल्ली आकर राष्ट्रीय गांधी समिति में प्रकाशन की ज़िम्मेदारी ली। 1972 में चम्बल और बुन्देलखंड के डाकुओं के समर्पण के लिए जयप्रकाश नारायण के साथ काम किया। अहिंसा के इस प्रयोग पर अनुपम मिश्र और श्रवण कुमार गर्ग के साथ पुस्तक लिखी—'चम्बल की बन्दूकें : गांधी के चरणों में'। 1974 में 'प्रजानीति' (साप्ताहिक) और 'आसपास' निकालीं जो इमरजेंसी में बन्द हो गईं। जनवरी, 1978 से अप्रैल, 1981 तक चंडीगढ़ में 'इंडियन एक्सप्रेस' का सम्पादन किया। फिर 'इंडियन एक्सप्रेस' (दिल्ली संस्करण) के दो साल तक सम्पादक रहे। 1983 में प्रभाष जोशी के सम्पादन में 'जनसत्ता' का प्रकाशन हुआ।

उनकी प्रमुख कृतियाँ हैं—'मसि कागद', 'हिन्दू होने का धर्म', 'आगे अन्धी गली है', 'धन्न नरबदा मइया हो', 'जब तोप मुकाबिल हो', 'जीने के बहाने', 'खेल सिर्फ़ खेल नहीं है', 'लुटियन के टीले का भूगोल', '21वीं सदी : पहला दशक', 'प्रभाष-पर्व', 'कहने को बहुत कुछ था'।

5 नवम्बर, 2009 को दिल्ली में उनका निधन हुआ।

घंटी तो बजनी है

प्रभाष जोशी

सम्पादन
मनोज कुमार मिश्र

राजकमल पेपरबैक्स

राजकमल पेपरबैक्स में
पहला संस्करण : 2024

राजकमल पेपरबैक्स : उत्कृष्ट साहित्य के जनसुलभ संस्करण

राजकमल प्रकाशन प्रा. लि.
1-बी, नेताजी सुभाष मार्ग, दरियागंज
नई दिल्ली-110 002
द्वारा प्रकाशित

शाखाएँ : अशोक राजपथ, साइंस कॉलेज के सामने, पटना-800 006
पहली मंजिल, दरबारी बिल्डिंग, महात्मा गांधी मार्ग, प्रयागराज-211 001
1, अनमोल सोराबजी सन्तुक लेन, धोबी तलाव, मरीन लाइंस, मुम्बई-400 002
वेबसाइट : www.rajkamalprakashan.com
ई-मेल : info@rajkamalprakashan.com

बी.के. ऑफसेट
नवीन शाहदरा, दिल्ली-110 032
द्वारा मुद्रित

मूल्य : ₹450

GHANTI TO BAJANI HAI
by Prabhash Joshi
Edited by Manoj Kumar Mishra

ISBN : 978-93-6086-458-3

अपनी बात

ओटन लगे कपास के साथ-साथ स्वर्गीय प्रभाष जोशी की रचनाओं पर आधारित तीसरी पुस्तक *घंटी तो बजनी है* को तैयार करने का मुझे सुअवसर मिला। श्रेष्ठ पत्रकार, इन्दिरा गांधी कला केन्द्र के अध्यक्ष और प्रभाष परम्परा न्यास के प्रबन्ध न्यासी रामबहादुर राय ने अपने आवास पर पूरे जतन से जुटाकर रखी, जोशी जी की रचनाओं की फाइलें दीं। उनमें से अब तक प्रकाशित पुस्तकों में आने से रह गई रचनाओं को छाँटकर दो पुस्तकें तैयार करना तय किया गया। *ओटन लगे कपास* में जुलाई 1996 यानी उनके *जनसत्ता* के प्रधान सम्पादक का पद छोड़ने तक के और इस पुस्तक में उसके बाद यानी नवम्बर, 2009 में उनके स्वर्गवासी होने तक के लेखों का संग्रह है। ज्यादातर लेख आदि *जनसत्ता* के ही हैं, केवल आखिर के छह लेख *यंग इंडिया, नईदुनिया* और *राष्ट्रीय सहारा* के हैं। इस पुस्तक में उनका 1 नवम्बर, 2009 का हस्तलिखित अन्तिम कागद कारे 'पच्चीस साल बाद भी' शामिल किया गया है।

जनसत्ता के उनके लेख आदि के संग्रह से नौ पुस्तकें प्रकाशित हो चुकी हैं। *तहलका* और *प्रथम प्रवक्ता* के लेखों पर आधारित पुस्तक *आगे अंधी गली है* 2010 में प्रकाशित हुई। इन दोनों पुस्तकों को तैयार करने के लिए आदरणीय राय साहब ने मुझे न केवल उत्साहित किया बल्कि हर तरह से मार्गदर्शन किया। प्रभाष जोशी के ज्येष्ठ पुत्र सन्दीप जोशी के प्रयास से इंडियन एक्सप्रेस समूह के कार्यकारी निदेशक अनंत गोयनका ने *इंडियन एक्सप्रेस* के आर्काइव से कई लेख नि:शुल्क उपलब्ध करवाए। प्रभाष जी के प्रति गोयनका परिवार के ऐसे अनुराग के लिए मैं प्रभाष परम्परा न्यास की ओर से आभार जताता हूँ। मेवाड़ विश्वविद्यालय के कुलाधिपति डॉ. अशोक कुमार गदिया ने अपने संस्थान के कर्मचारी उमेश सिंह को रचनाओं को टाइप करने की जिम्मेदारी दी, जिसे उन्होंने पूरी लगन और ईमानदारी से पूरा किया।

इस पुस्तक को पढ़ने से बहुमुखी प्रतिभा के धनी प्रभाष जी की छवि और निखरती है। मूल रूप से गांधीवादी सोच के प्रभाष जी ने अलग-अलग लेखों में पत्रकारिता के शिखर पुरुष की अपनी छवि को खूबसूरती से प्रस्तुत किया है। जून 1998 में दादा धर्माधिकारी की जन्म शताब्दी पर लिखे अपने दो लेखों में उन्होंने उनके बारे में लिखा है। इन्दिरा गांधी के शासन में लगाए गए आपातकाल पर विनोबा भावे की आपातकाल को 'अनुशासन पर्व' बताने की आलोचना वे पहले भी अपने लेखों में कर चुके हैं। दादा धर्माधिकारी की टिप्पणियों का उन्होंने उल्लेख किया है। दादा के विनोबा जी को लिखे पत्र भी लेख में शामिल किये हैं।

उन्होंने जम्मू और कश्मीर विधानसभा चुनाव की रिपोर्टिंग की और लोकतंत्र के इस महापर्व में कश्मीरी जनता के शामिल होने का सकारात्मक वर्णन किया। 16 अगस्त, 1996 के लेख 'क्योंकि जहर को जहर नहीं काटता' में उन्होंने देश की आर्थिक दशा पर टिप्पणी की। उन्होंने लिखा है कि आज़ादी के आन्दोलन के समय हर नेता का कहना था कि जब तक हर आँख का आँसू नहीं पुँछेगा और आखिरी आदमी तक रोटी, कपड़ा और मकान की बुनियादी सुविधा नहीं पहुँचेगी तब तक आजादी का कोई मतलब नहीं होगा। आज के हालात में यह असम्भव होता दिख रहा है। 14 सितम्बर, 1996 के लेख 'जो बाजार की होगी वह हिन्दी हमारी होगी' में उन्होंने तब के प्रधानमंत्री देवेगौड़ा के हिन्दी सीखकर लालकिला पर भाषण देने की प्रशंसा की। अक्टूबर 2000 के लेख 'दिवाली की मिट्टी का दिया' लेख में उन्होंने दिवाली पर्व की मूल धारणाओं और परम्पराओं का व्योरा दिया है।

क्रिकेट के भारी प्रशंसक जोशी जी ने क्रिकेट में सट्टेबाजी होने और आतंकवादियों के पैसे लगने पर अप्रैल 2001 में लेख 'ऐसे शारजाह में क्यों जाना' लिखा। 13 दिसम्बर को संसद पर हुए हमले को अमेरिका में 11 सितम्बर को हुए आतंकवादी हमले से बड़ा हमला बताया। 30 दिसम्बर, 2001 के लेख 'सुनता है धृतराष्ट्र ही क्या करें' में उन्होंने यह समझाने का प्रयास किया है कि पत्रकारिता साहित्य की पूँछ नहीं है। 13 अक्टूबर, 2002 को जयप्रकाश नारायण की शताब्दी के मौके पर लिखे लेख 'उस क्रान्तिशोधक के लिए कुछ अन्य ही पथ मान्य थे' में उन्होंने समाजवाद और समाजवादियों पर टिप्पणी की है।

मार्च 2006 के लेख 'दांडी के नमक पर चुटकी' में उन्होंने गांधी के अभियानों और उनके सत्याग्रह के तरीकों का वर्णन किया है। उन्होंने लिखा है कि 12 मार्च, 1930 को नमक सत्याग्रह के लिए दांडी कूच से 10 दिन पहले गांधी जी ने वायसराय लार्ड इरविन को पत्र लिखा था। उस पत्र को उन्होंने एक भारत-भक्त अंग्रेज युवक रेजिनाल्ड रेनौल्ड्स से भिजवाया। उन्हें पत्र देते हुए उन्होंने कहा था कि वे तभी पत्र ले जाएँ जब उसमें लिखी बातों से वे सहमत हों। उनका कहना था कि मेरे लिखे से किसी अंग्रेज को चोट नहीं पहुँचनी चाहिए। इसका पूरा ब्योरा सम्पूर्ण गांधी वाङ्मय के तैंतालीसवें खंड में है। इसे लिखकर जोशी जी ने भाजपा के एक नेता को आन्दोलन के बारे में समझाया था।

तसलीमा नसरीन और मकबूल फिदा हुसेन के खिलाफ कट्टरपंथियों के अभियान की निंदा करते हुए उन्होंने 6 अप्रैल, 2008 के लेख में लिखा कि 'ऐसे तो सरस्वती ही खदेड़ दी जाएगी।' पुस्तक के आखिर में *जनसत्ता* के अलावा *यंग इंडिया* और *राष्ट्रीय सहारा* में जोशी जी के छपे छह लेख भी हैं। उसमें *नई दुनिया* के नरेन्द्र तिवारी के निधन पर उनका 3 नवम्बर, 1985 को 'एक मशाल का अचानक बुझ जाना' लेख है। उनसे *राष्ट्रीय सहारा* के संवाददाता से हुई 1 नवम्बर, 1992 की बातचीत भी है, जिसमें उन्होंने कहा है कि 'हम तो इतिहास के *ढिंढोरची* हैं निर्माता नहीं'। उन्होंने *जनसत्ता* के शुरू होने और उसमें काम करने वालों के बारे में बताया है। उन्होंने बताया है कि कैसे *जनसत्ता* की नई टीम ने एक दिन अंग्रेजी *इंडियन एक्सप्रेस* अखबार निकाले। उसी बातचीत में उन्होंने 1960 में इन्दौर में विनोबा भावे के प्रवास के दौरान उनतालीस दिन तक उनके कार्यक्रमों के आधार पर हर रोज *नई दुनिया* अखबार के साथ छपे चार पेज के अखबार 'विनोबा दर्शन' के बारे में बताया, जिसके संग्रह से पिछले ही साल *विनोबा दर्शन : विनोबा के साथ उनतालीस दिन* पुस्तक प्रकाशित की गई। इन लेखों के अलावा हर विषय पर लेख इस पुस्तक में देने का प्रयास किया गया है।

यह पुस्तक भी उनकी अन्य पुस्तकों की तरह खूब पठनीय बनी है। पुस्तक की सभी रचनाएँ पत्रकारिता के शिखर पुरुष प्रभाष जोशी की हैं। मैंने उन्हें ज्यों की त्यों धर दीन्हीं चदरिया के जैसा पढ़ कर रख दिया है। मेरा मानना है कि अब भी उनके लिखे लेखों में से काफी सामग्री किसी पुस्तक में आने से रह गई है। भविष्य में उन

लेखों से भी पुस्तक बनाने का प्रयास होगा। *विनोबा दर्शन* के बाद उनकी रचनाओं से दो पुस्तक बनाने का अवसर देकर आदरणीय राय साहब ने मुझे उपकृत किया है। उनका, डॉ. गदिया और सन्दीप जी का आभार। मेरी पत्नी सुधा, बच्चे नीलमणि, विभूतिभूषण और बहू पूजा के सहयोग के लिए धन्यवाद। प्रभाष जोशी की अन्य पुस्तकों की तरह *घंटी तो बजनी है* पुस्तक को भी प्रकाशित करने के लिए राजकमल प्रकाशन के प्रबन्ध निदेशक अशोक महेश्वरी का आभार। मुझे भरोसा है कि प्रभाष जोशी जी की अन्य पुस्तकों की तरह यह पुस्तक भी उनके प्रशंसकों और पाठकों को पसन्द आएगी। आप सभी के मार्गदर्शन और सुझाव की प्रतीक्षा रहेगी।

—मनोज कुमार मिश्र

ईमेल : manojjansatta@hotmail.com

क्रम

पच्चीस साल बाद भी 312

बाँधों पर बरगलाना

मेधा पाटकर की शिकायत है कि वे एक्ट्रेस (अभिनेत्री) नहीं, एक्टिविस्ट (कार्यकर्ता) हैं। 'प्रधानमंत्री के साथ मेरा बड़ा सा फोटू छापने का क्या मतलब है जबकि उसके नीचे या आसपास कुछ अखबारों ने यह खबर तक नहीं छापी है कि नर्मदा बचाओ आन्दोलन को चारों मुख्यमंत्रियों और जल संसाधन मंत्री के साथ बातचीत के लिए बुलाया गया है। यह पहला मौका है कि जब नर्मदा परियोजना वाले चारों राज्यों के साथ आन्दोलन के लोग भी बैठ कर बात करेंगे। कई अखबारों के लिए इन बातों का तो कोई मतलब नहीं पर मेरे जैसी आन्दोलनकारी का एक्ट्रेस जैसा फोटू छाप दिया है।'

मेधा पाटकर की शिकायत गलत नहीं है। दो अगस्त को जब वे नर्मदा घाटी के आदिवासियों और अपने आन्दोलनकारी साथियों को लेकर प्रधानमंत्री से मिलने गईं तो दिल्ली के कई अखबारों ने बिलकुल यही किया। सुष्मिता सेन और ऐश्वर्य राय जैसी विश्व सुन्दरियों को सामाजिक नेत्री मान लिये जाने के बाद ऐसा हो तो कोई अचरज नहीं होना चाहिए। खुला बाजार और सेटेलाइट टीवी की चैनलें हमारे अखबारों को बदल रही हैं। उनमें भी पढ़ने से दिखना ज्यादा महत्त्वपूर्ण हो रहा है।

बारह साल से नर्मदा बचाओ आन्दोलन चला रहीं मेधा पाटकर की और भी शिकायत है कि ज्यादातर अखबारों ने यह खोजबीन करने की कोशिश भी नहीं की कि सोलह जुलाई को सरदार सरोवर बाँध पर कोई 'समझौता' हुआ भी है या नहीं। प्रधानमंत्री से बैठक के दौरान जो आम सहमति हुई थी उसके तीन मसविदे बने हैं। तीनों अलग हैं और उनमें से कोई एक स्वीकृत होकर उस पर बाकायदा समझौता नहीं हुआ है। मध्य प्रदेश के मसविदे का अपना अलग मतलब और खुलासा है और गुजरात का दावा बिल्कुल अलग है। और यह कहते हुए मेधा पाटकर तीन कागज सामने रख देती हैं। तीनों पन्द्रह और सोलह जुलाई को हुई बैठकों में लिये गए निर्णयों का संक्षिप्त ब्यौरा देते हैं। तीनों में यह तो है कि बाँध का काम चालू हो जाना चाहिए। पहले यह 436 फुट तक बने। पाँच साल तक इस बाँध का कामकाज और नर्मदा में पानी का बहाव देखा जाए। इनमें से दो मसविदे तो कहते हैं कि इसके बाद तय किया जाएगा कि बाँध को पहले से निश्चित 455 फुट तक

ले जाया जाए या नहीं। लेकिन तीसरा मसविदा बाँध को उसकी पूर्व निर्धारित ऊँचाई तक ले जाने का कोई जिक्र नहीं करता। तीसरा मसविदा बाँध के आगे बनने के साथ विस्थापितों के पुनर्वास और बाँध की डिजाइन और संग्रहीत पानी के असर को ध्यान में रखने पर भी जोर देता है। जबकि पहले दो मसविदे नीति नियम के अनुसार पुनर्वास और राहत की बात कहते हैं।

मेधा पाटकर और उनके साथियों को आम सहमति के बाद हुए निर्णयों की टीप पर तीन मसविदे होने और उन पर बाकायदा समझौता न होने की बात भी तब पता चली जब वे दिल्ली में प्रचारित 'समझौते' का विरोध करते हुए भोपाल में मुख्यमंत्री दिग्विजय सिंह के निवास पर कूच कर गए। तभी यह भी पता चला कि मध्य प्रदेश का दावा है कि हमने स्वीकार ही नहीं किया कि सरदार सरोवर बाँध को 455 फुट तक ले जाया जा सकता है। और गुजरात की ओर से दावा किया गया कि हमने माना ही नहीं कि बाँध 436 फुट पर रोक लिया जाए।

इन परस्पर विरोधी दावों से इतना तो साफ है कि पन्द्रह-सोलह जुलाई की बैठक में कोई पक्का निर्णय नहीं हुआ है। जो मध्य प्रदेश चाहता है उसे गुजरात मानने को तैयार नहीं है और गुजरात 455 फुट से एक इंच भी नीचे उतरने वाला नहीं है। प्रधानमंत्री देवेगौड़ा ने अभी बाँध को 436 फुट तक ले जाने और पाँच साल बाद और ऊपर उठाने का फैसला करने की बात कहकर बीच का एक रास्ता निकालने की कोशिश की थी जो लगता नहीं कि गुजरात और मध्य प्रदेश को पूरी तरह मंजूर है।

मेधा पाटकर की शिकायत है कि जिन अखबारों ने समझौते को उछाल कर छापा उन्होंने बाद में कोई छानबीन नहीं की कि समझौता दरअसल हुआ नहीं है। मध्य प्रदेश अपनी बात पर कायम है और गुजरात अपनी स्थिति पर। दिल्ली के एक अखबार ने पन्द्रह दिन बाद मसविदे के तीन पाठ और मध्य प्रदेश-गुजरात के परस्पर विरोधी रवैये और दावों की खबर छापी है। लेकिन सही है कि ज्यादातर अखबारों ने इसकी कोई चिन्ता नहीं की है। कोई अखबार नर्मदा जैसे मामले पर उतनी रुचि लेकर खोजबीन तो नहीं कर सकता जितनी मेधा पाटकर करती हैं। लेकिन यह भी सही है कि जो मामले लाखों लोगों, खास कर गरीब लोगों के, जीने-मरने के सवाल से जुड़े हों और पढ़ने में मजेदार न हों वे हमारे अखबारों के एजेंडे पर ऊपर नहीं होते।

फिर नर्मदा बाँध वाला मामला तो सचमुच थोड़ा टेढ़ा है। जिन लोगों के गाँव, जमीन और जंगल इसमें डूबेंगे वे गरीब किसान और ज्यादातर आदिवासी हैं। विकास की हर परियोजना में यही लोग मारे जाते हैं। पोंग और भाखड़ा जैसे शुरू-शुरू के बाँधों के विस्थापित अब तक दर-दर की ठोकरें खा रहे हैं और उनका पुनर्वास नहीं हुआ है। नर्मदा बाँध से सिंचाई के पानी और बिजली का लाभ उत्तर गुजरात के

उन समृद्ध पटेल किसानों को मिलना है जिनकी समृद्धि देश की नई अर्थव्यवस्था में आदिवासियों और हाशिये के किसानों की गरीबी से बहुत ज्यादा महत्त्वपूर्ण है। नर्मदा बाँध का औचित्य ठहराया तो फिर भी इसी बात पर जाता है कि इससे सौराष्ट्र और कच्छ के सूखे और प्यासे इलाकों को पानी मिलेगा। लेकिन जानने वाले जानते हैं कि यह कैसी मृग मरीचिका है। सरदार सरोवर बाँध की ऊँचाई अगर 436 फुट तक रखी जाए तो मध्य प्रदेश का कहना है कि अड़तीस हजार लोग विस्थापित होने से बच जाएँगे। पच्चीस हजार एकड़ उपजाऊ जमीन डूबने से बच जाएगी। जंगल भी बचेंगे। गुजरात और राजस्थान को पानी उतना ही मिलेगा जितना कि परियोजना में वचन दिया गया है। बिजली की अगर कमी पड़ी तो मध्य प्रदेश को जो सत्तावन प्रतिशत मिलनी है उसमें से वह पूर्ति करने पर बातचीत कर सकता है। दरअसल दो-ढाई साल से मध्य प्रदेश जोर दे रहा है कि न तो नर्मदा का बहाव 2.8 करोड़ एकड़ फुट है जैसा कि पहले आँका गया था, न सिर्फ 6,147 परिवार विस्थापित होने हैं। जैसा कि पहले अन्दाज लगाया गया था। पानी अब पिछले चालीस साल के आँकड़ों के हिसाब से 2.2 करोड़ एकड़ फुट बहता है और विस्थापित होने वाले परिवारों की संख्या तैंतीस हजार से ज्यादा हो गई है। इसलिए बाँध की ऊँचाई 436 फुट रखना ही बेहतर होगा।

मध्य प्रदेश के इस रवैये और नर्मदा बचाओ आन्दोलन की याचिका पर सुप्रीम कोर्ट ने सरदार सरोवर बाँध को 81.3 मीटर लगभग 260 फुट पर रुकवा दिया है। रोक लगे कोई डेढ़ साल हो गया है। इस बीच आन्दोलन की माँग पर केन्द्र सरकार की बैठाई गई समीक्षा समिति ने बाँध पर उन कुछ निष्कर्षों की पुष्टि की जो आन्दोलन बताता रहा है। गुजरात ने न तो समिति बैठाए जाने वाली बैठक में भाग लिया था, न उसने समीक्षा की प्रक्रिया में कोई भागीदारी की। लेकिन सुप्रीम कोर्ट ने इस समिति को फिर कहा कि वह नर्मदा में पानी के बहाव, पुनर्वास, पर्यावरण और बाँध की ऊँचाई पर भी रपट दे। और सरकारों से भी कहा कि वे नर्मदा पंचाट के किसी कानूनी बन्धन से बंधे बिना इन मुद्दों पर अपनी राय दें।

इस बीच गुजरात सरकार सुप्रीम कोर्ट से बार-बार निवेदन करती रही और केन्द्र सरकार उसमें इसके साथ थी कि बाँध को 85 से 110 मीटर तक उठाने की इजाजत दी जाए। सुप्रीम कोर्ट ने इस साल मार्च में फिर इस तरह के निवेदन को रद्द करते हुए अपने मार्च 1995 के निर्देश को दुहराया और कहा कि केन्द्र की मदद लेते हुए तीनों राज्य सरकारों को सोलह जुलाई तक अपने मतभेद सुलझा लेने चाहिए।

प्रधानमंत्री देवेगौड़ा ने पन्द्रह और सोलह जुलाई को इसीलिए मुख्यमंत्रियों की बैठक बुलाई थी। इसी बैठक में वह बहुप्रचारित समझौता हुआ था जिस पर मेधा पाटकर को सख्त एतराज है और जिस पर मध्य प्रदेश और गुजरात ने अपने-अपने

ब्योरे रखे हैं लेकिन भारत सरकार का कहना है कि बाँध की ऊँचाई के बारे में फैसला हो चुका है कि अभी वह 436 फुट तक बाँधा जाएगा। मध्य प्रदेश और गुजरात अपने-अपने लोगों को अपने-अपने पक्ष की जीत का दावा सुना रहे हैं। पर वे मान चुके हैं कि बाँध की उँचाई अभी 436 फुट तक ले जाई जा सकती है। बाँध उठना तो तभी शुरू होगा जब सरकारें अपने निर्णय को सुप्रीम कोर्ट को बताएँगी और कोर्ट ने आगे निर्माण पर जो रोक लगा रखी है उसे वह उठाएगी। सोलह जुलाई को तो सरकार बता नहीं सकी क्योंकि फैसला देर से हुआ था। अब चौदह अगस्त की तारीख पड़ी है।

लेकिन इस बीच मेधा पाटकर और उनके साथियों की दो अगस्त को प्रधानमंत्री से जो बातचीत हुई और सोलह अगस्त को जो तितरफा बैठक की घोषणा हुई, उसके प्रचार ने मामला फिर खटाई में डाल दिया है। गुजरात के भाजपाई मुख्यमंत्री ने तो घोषित कर ही दिया था कि वे प्रधानमंत्री की बुलाई ऐसी किसी बैठक में भाग नहीं लेंगे जिसमें नर्मदा बचाओ आन्दोलन की नेत्री मेधा पाटकर को बुलाया गया हो। वे मेधा पाटकर से कोई बात करने को ही तैयार नहीं हैं। उन्होंने महाराष्ट्र और राजस्थान के मुख्यमंत्रियों को भी कहा कि वे बैठक का बहिष्कार करें। मध्य प्रदेश के मुख्यमंत्री से उनकी कोई बात नहीं हो पाई।

लेकिन ऐसा लगता है कि इन मुख्यमंत्रियों ने प्रधानमंत्री से विरोध प्रकट किया कि मेधा पाटकर सब तरफ ऐसा आभास देती घूम रही हैं कि जैसे सोलह अगस्त की बैठक में पूरी नर्मदा परियोजना की ही समीक्षा की जानी हो और सोलह जुलाई की बैठक में कोई फैसला ही न हुआ हो। पुनर्वास और पुनर्स्थापना पर तो मेधा पाटकर से बात हो सकती है। लेकिन और किसी मुद्दे पर नहीं हो सकती। लगता है प्रधानमंत्री को इन मुख्यमंत्रियों का एतराज ठीक लगा है। सरकार की तरफ से सोलह जुलाई के निर्णय को फिर दुहराया गया है और सोलह अगस्त की बैठक रद्द कर दी गई है।

मेधा पाटकर को अब फिर शिकायत होगी कि प्रधानमंत्री अपनी बात से मुकर गए हैं। शिकायत गलत भी नहीं होगी क्योंकि दो अगस्त की बैठक के जो भी ब्योरे छपे हैं उनमें कहीं भी कहा नहीं गया था कि सोलह अगस्त को बात सिर्फ पुनर्वास और पुनर्स्थापना पर होगी। नर्मदा बचाओ आन्दोलन को फिर सुप्रीम कोर्ट में गुहार लगानी होगी और फिर आन्दोलन तेज करना होगा। इस मामले में प्रधानमंत्री देवेगौड़ा के बरताव और रवैये से साफ लगता है कि वे न तो मुख्यमंत्रियों को नाराज करना चाहते हैं, न आन्दोलनकारियों को आभास देना चाहते हैं कि वे उनकी सुनेंगे नहीं। दोनों को सन्तुष्ट रखने की इस कोशिश में दोनों ही नाराज और दुखी हो रहे हैं।

लेकिन यह सवाल सिर्फ एक पाँव जमाते प्रधानमंत्री का परिस्थितियों पर पकड़ बनाने का नहीं है। पिछले प्रधानमंत्री नरसिंह राव ने भी बहुगुणा को उपवास

तोड़ने के लिए जो कहा और बाद में जो रवैया अपनाया उसे आन्दोलनकारियों ने विश्वासघात कहा है। इसका प्रायश्चित करने बैठे बहुगुणा ने फिर देवेगौड़ा के आश्वासन पर उपवास तोड़ा है। लेकिन ये दोनों ही कोशिशें टिहरी बाँध की तटस्थ और सच्ची समीक्षा की जरूरत से नहीं, उपवास से पैदा हुई परिस्थिति को निबटाने के लिए की गई थीं।

मेधा पाटकर के साथ भी देवेगौड़ा ने यही किया है। गुजरात के मुख्यमंत्री के रवैये से भी साफ है कि वे आन्दोलन से कोई संवाद करना ही नहीं चाहते। प्रधानमंत्री को बड़े सभागार से बोलना होता है इसलिए वे साफ इनकार करने के बजाय बरगलाते हैं। इसका नतीजा है कि न तो बड़े बाँधों के विरोध का कोई फल निकलता है, न बाँध पूरे होते हैं और उनकी लागत बढ़ती जाती है। इस खेल में नुकसान तो दोनों तरफ से देश का ही होता है।

[12 अगस्त, 1996]

क्योंकि जहर को जहर नहीं काटता

राजनीतिक आजादी तो थोड़ी बहुत दीन-हीन असहाय को भी मिली है लेकिन आर्थिक, सामाजिक और सांस्कृतिक आजादी जितनी उन्नचास साल पहले दूर थी, उससे कुछ और दूर चली गई है।

वित्तमंत्री ने बजट रखते हुए और वित्त मंत्रालय ने आर्थिक समीक्षा देते हुए जो आँकड़े रखे हैं, उन पर मत जाइए। हर साल ये आँकड़े देश को दिये जाते हैं और हम सब जानते हैं कि ये कितने झूठे साबित हुए हैं। आजादी के आन्दोलन का हर बड़ा नेता कहता था कि जब तक हर आँख का आँसू नहीं पुँछेगा और आखिरी आदमी तक रोटी, कपड़ा और मकान की बुनियादी सुविधा नहीं पहुँचेगी तब तक आजादी का कोई मतलब नहीं होगा।

लेकिन राष्ट्र संघ के विकास कार्यक्रम की मानवीय विकास रपट कहती है कि पिछले पन्द्रह वर्षों में गरीब देश और गरीब, और अमीर देश और अमीर हुए हैं। यही नहीं, अमीर देशों में भी अमीरों की अमीरी बढ़ी है और गरीबों की गरीबी। और गरीब देशों में भी अमीर और अमीर हुए हैं और गरीब और गरीब। 'और अगर यही सब चलता रहा तो विकसित और विकासशील देशों के बीच की दूरी गैरबराबरी से बढ़ कर अमानवीय हो जाएगी।'—रपट ने चेतावनी दी है।

इस रपट की अपने यहाँ अनदेखी करने की कोशिश जारी है। इसमें मानवीय विकास सूची में भारत का नम्बर 135वां है। पाकिस्तान हमसे एक नम्बर ऊपर और उससे भी एक नम्बर ऊपर बर्मा है। एशिया, अफ्रीका और लेटिन अमेरिका के कई देश हमसे बहुत ऊपर हैं।

मानवीय विकास की जो कसौटियाँ इस रपट ने अपनाई हैं वे महात्मा गांधी जैसे नेताओं की नहीं हैं। लेकिन ये वे कसौटियाँ हैं जो हमारी आर्थिक नीतियाँ तय करने वालों और अर्थ संसार चलाने वालों को मान्य हैं। फिर भी वे अर्थव्यवस्था का गुलाबी खाका खींचते नहीं थकते और आँकड़ों पर आँकड़े दिखाते हुए साबित करने को तैयार हैं कि किस तरह गरीबी, बेरोजगारी और इस कारण गैरबराबरी घटी है।

राष्ट्रसंघ विकास कार्यक्रम ने जो निष्कर्ष निकाला है और जो चेतावनी दी है वह गांधी ने ही नहीं, पहली पंचवर्षीय योजना बना रहे योजना आयोग को विनोबा

ने भी दी थी। उन्हें जवाहरलाल नेहरू ने आग्रह करके आयोग से बात करने बुलाया था। विनोबा ने कहा था कि आप लोग रिसन के जिस सिद्धान्त पर अर्थव्यवस्था को खड़ी कर रहे हैं उससे कुछ बनेगा नहीं। नीचे तक, आखिरी आदमी तक पानी की बूँद रिस कर तभी पहुँचेगी जब अमीर का तालाब लबालब भरा होगा। ऐसी योजना में मेरी कोई रुचि नहीं है और ऐसी अर्थव्यवस्था से राजनीतिक आजादी नहीं आएगी।

विनोबा अर्थशास्त्री नहीं थे लेकिन भूदान आन्दोलन शुरू करने के पहले कोई तीस साल वे ऐसे बुनियादी प्रयोग कर चुके थे जिनका सीधा सम्बन्ध गरीब के रोटी, कपड़ा, मकान से था। विनोबा की टिप्पणी पर उन लोगों ने भी ध्यान नहीं दिया जो सर्वहारा के लिए नियंत्रित और नियोजित अर्थव्यवस्था बनाना चाहते थे और न उन्होंने दिया जो खुले बाजार की पूँजीवादी अर्थव्यवस्था चाहते थे। जवाहरलाल नेहरू ने मिश्रित अर्थव्यवस्था में इन दोनों के लिए जगह बनाई लेकिन गांधी-विनोबा आदि को खादी ग्रामोद्योग के लिए कुछ प्रावधान रख कर निबटा दिया।

कोई चालीस साल समाजवाद के नाम पर नियंत्रित और नियोजित अर्थव्यवस्था खड़ी करने की कोशिशों के बाद अब हम पाँच साल से खुले बाजार की पूँजीवादी अर्थव्यवस्था के स्वर्ग के रास्ते पर बढ़ रहे हैं। आर्थिक सुधार के नाम पर आजादी के पहले वाली और अंग्रेजों की चलाई गई पूँजीवादी व्यवस्था को उसी कांग्रेस ने नये जोर-शोर से लागू किया है।

और किसी एक बात पर हमारी सभी राजनीतिक पार्टियों में आम सहमति है तो इसी पर कि आर्थिक सुधारों को छोड़ा नहीं जा सकता। भाजपा का जोर हो सकता है कि विदेशी पूँजी और तकनीक बुनियादी ढाँचे में लगे और माकपा का आग्रह हो सकता है कि यह हम तय करेंगे कि पूँजी निवेश किन शर्तों पर किन क्षेत्रों में होगा। लेकिन परस्पर विरोधी इन दोनों पार्टियों ने मान लिया है कि वे बाजारवाद और भूमंडलीकरण के समर्थक हैं।

भाजपा तो पहले से ही कोटा परमिट राज वाली अर्थव्यवस्था के खिलाफ रही है। लेकिन जो कम्युनिस्ट पार्टियाँ नियंत्रित, नियोजित और केन्द्रित अर्थव्यवस्था को ही गरीबी, बेरोजगारी और गैरबराबरी मिटाने का सबसे कारगर तरीका मानती थीं उन्होंने भी हथियार डाल दिये हैं। रूस और ज्यादातर पूर्वी यूरोपीय देश पूँजीवादी मदद पर चलने को मजबूर हैं और चीन ने भी खुले बाजार से ऐसे समझौते कर लिये हैं कि हमारे देश के बेचारे साम्यवादी बाजारवाद की ठीक से आलोचना भी नहीं कर पाते।

और जो एजेंसियाँ इस नई व्यवस्था को चलाने वाली हैं वही कह रही हैं कि इससे अमीर और अमीर, और गरीब और गरीब होता है, और अमीरी-गरीबी की खाई लगातार बढ़ती जाती है। लेकिन हमारी राजनीतिक पार्टियों और अर्थ संसार चलाने वाले प्रभुवर्ग को इसके सिवाय कोई चारा नहीं दिखता।

अमीर देश अगर भारत के कोई बीस करोड़ के मध्य वर्ग को अपना बाजार बनाकर भारत में बढ़ने की रणनीति बना रहे हैं तो हमारे राजनेताओं को भी इसी की फिक्र है और वे उन सत्तर करोड़ लोगों की दाल-रोटी की चिन्ता में दुबले नहीं हो रहे हैं जिनकी गरीबी राष्ट्र संघ की रपट के बिना बढ़ती हुई साफ दिखाई दे रही है। लेकिन हमारे आजाद देश को आजादी के पचासवें साल में भी अपने गरीबों की गरीबी दूर करने का कोई भारतीय और ऐसा तरीका दिखाई नहीं देता जो उन गरीबों की गरीबी और न बढ़ाए जिनके लिए आज़ादी की लड़ाई लड़ी गई थी। ऐसा रास्ता गांधी ने बताया था लेकिन उसे समझने का माद्दा और उस पर देश को चला ले जाने का साहस किसी नेता और राजनीतिक पार्टी में नहीं है। इस देश के अमीरों की अमीरी बढ़ती रह सके इसलिए आजादी को गिरवी रखने से भी ये नेता और पार्टियाँ हिचक नहीं रहे। इन्होंने मान लिया है कि गरीबों की गरीबी अमीरों की अमीरी बढ़ा कर ही दूर की जा सकती है।

सामाजिक आजादी के भी हाल आर्थिक आजादी जैसे खस्ता हैं। वोट देने का अधिकार और आरक्षण के जरिये गरीबों को सत्तावान करने के सामाजिक न्याय के उपाय करके हम मान रहे हैं कि आखिरी आदमी को सामाजिक आजादी मिल जाएगी। इसलिए एक तरफ दलितवाद चलाया जा रहा है और दूसरी तरफ जाति संघर्ष की आग में घास के पूले डाले जा रहे हैं।

लेकिन वोट की राजनीतिक शक्ति और आरक्षण से आर्थिक शक्ति देकर आप सामाजिक गैरबराबरी दूर नहीं कर सकते। जिस तरह खुले बाजार की अर्थ व्यवस्था में ही निहित है कि अमीर और अमीर, और गरीब और गरीब होंगे उसी तरह वोट और आरक्षण कांशीराम जैसे वोट के थोक ठेकेदार और सत्ता के दलाल पैदा करते हैं। आरक्षण कोई आज और मंडल रपट के साथ शुरू नहीं हुआ है—अनुसूचित जातियों और जनजातियों को तो वह कब से दिया गया है। मंडल ने तो उसे दूसरी पिछड़ी जातियों तक बढ़ाया भर है।

इसका नतीजा यह हुआ है कि जिन मझौली और पिछड़ी जातियों का अनुसूचित और जनजातियों से संघर्ष नहीं था और अंग्रेजों के बनाए शास्त्रीय समाजशास्त्र में ऊँची जातियों का वर्चस्व था और वही सभी पिछड़ी जातियों का शोषण कर रही थीं, वह समीकरण बदल गया है। अब संघर्ष उन मझौली पिछड़ी जातियों और अनुसूचित जनजातियों के बीच हो रहा है जो आर्थिक शक्ति प्राप्त कर चुकी हैं और नये सामाजिक वर्चस्व के लिए लड़ रही हैं। यह जातीय संघर्ष प्रतिशोध से प्रेरित और हिंसक है जो इसे सामाजिक न्याय बताए वह झूठ बोल कर देश को बरगला रहा है।

जातीय संघर्ष सामाजिक पुनर्रचना से सामाजिक आजादी की तरफ नहीं ले जा रहा। यह सामाजिक विखंडन है। इसकी लपटें और इसका मलबा आप आज देश में चारों तरफ देख सकते हैं। आरक्षण से आरक्षित जातियों और जाति समूहों में

ऐसे लोगों का वर्ग पैदा होता है जो आरक्षण से प्राप्त सुविधाओं और विशेषाधिकार को अपना एकाधिकार बनाना चाहता है। यह भी व्यवस्था का ही अन्तर्निहित दोष है जैसे खुले बाजार की अर्थव्यवस्था में अमीर और अमीर होता है। नाम लेने और गिनती गिनाने की जरूरत नहीं है ऐसे पिछड़े और दलित नेताओं को आप सब जानते हैं जो वोटों की ठेकेदारी और आरक्षण की दलाली से वही सब कर रहे हैं जो दूसरे आततायी करते थे।

संघ परिवारियों का दावा है कि वे हिन्दुत्व का झंडा लेकर रथ यात्राओं पर इसीलिए निकले हैं कि उसके आधार पर समाज को नई समरसता में पुनर्गठित किया जा सके। हिन्दुत्व की इनकी परिभाषा से भारतीय मुसलमान, भारतीय ईसाई, भारतीय सिख यानी दूसरे धर्म सम्प्रदायों वाले लोग हिन्दू ही हैं क्योंकि जिन विदेशियों ने इन्हें हिन्दू कहा वह कोई धर्म को मानने वालों को थोड़े कहा था, सिन्धु नदी के दक्षिण में रहने वाले सभी हिन्दू कहे गए।

अब वीर सावरकर ने तो भेद किया था कि जो मुसलमान, ईसाई, पारसी आदि हिन्दुस्तान को अपनी पुण्यभूमि मानते हैं वे सभी हिन्दू हैं। लेकिन संघ परिवार ने पुण्यभूमि वाली धारा निकाल दी है। वे सांस्कृतिक राष्ट्रवाद की बात करते हैं। जो भी मानता हो कि भारत की संस्कृति उनकी संस्कृति है वह भिन्न उपासना पद्धति के बावजूद हिन्दू है। इस देश और संस्कृति में भिन्न उपासना पद्धतियों के लिए हमेशा छूट रही है। हिन्दुत्व भी यह छूट देने को तैयार है अगर सब मानें कि उनकी संस्कृति एक ही है।

हिन्दुत्व की सांस्कृतिक राष्ट्रीयता इसीलिए फैलाई जा रही है कि जातिवाद का जहर फैलाकर हिन्दू समाज को तोड़ने की जो कोशिश वोट बैंक और आरक्षण के जरिये की जा रही है उसे नाकाम किया जा सके। इस अभियान में चिन्ता नहीं है कि मुसलमानों, ईसाइयों, सिखों आदि को सांस्कृतिक राष्ट्रवाद मंजूर है या नहीं। यह अगर हिन्दुओं को मंजूर है तो सबको मंजूर होना चाहिए क्योंकि लोकतंत्र बहुमत से चलता है और हिन्दुओं का इस देश में प्रचंड बहुमत है।

लेकिन सांस्कृतिक राष्ट्रवाद को जमने के लिए बाबरी (ढाँचा?) मसजिद तोड़नी जरूरी थी क्योंकि उसके बिना ऐतिहासिक अन्याय का बदला लेकर न्याय को स्थापित नहीं किया जा सकता भले देश का कोई मुसलमान मानने को तैयार न हो कि बाबरी मसजिद गिरा कर अच्छा किया। अब ज्ञानवापी मसजिद और मथुरा की ईदगाह को गिराना भी जरूरी है क्योंकि अयोध्या, मथुरा, काशी को ऐतिहासिक अन्याय के शर्मनाक निशानों से मुक्त किये बिना सांस्कृतिक राष्ट्रवाद का अभियान आगे नहीं बढ़ सकता।

सम्प्रदाय में बदला गया धर्म कितना विभाजक हो सकता है इसे भारत को समझाने की जरूरत नहीं है। विभाजन की कीमत चुका कर ही हम आजाद हुए हैं।

अब तोड़ने वाला वह जहर उसी तरह फैलाया जा रहा है जैसा जातिवादी जहर। जब तक माना जाएगा कि जहर को जहर ही काट सकता है और ये जहर फैलाए जाएँगे—आर्थिक, सामाजिक और सांस्कृतिक आजादी नहीं आ सकती।

गांधी जी के शब्द

सामाजिक न्याय

मैं हमेशा मानता रहा हूँ कि छोटे से छोटे और नीचे से नीचे के आदमी को सामाजिक न्याय ताकत के इस्तेमाल से नहीं दिया जा सकता...इसका साधन अहिंसक असहयोग ही हो सकता है। ऐसे मौके आते हैं जब असहयोग, सहयोग जैसा ही कर्तव्य हो जाता है। अपनी गुलामी में सहयोग देने के लिए कोई बाध्य नहीं है। दूसरों की कितनी ही परोपकारी कोशिशों से आजादी मिले वह टिकेगी नहीं। ऐसी आजादी सच्ची नहीं होती। लेकिन छोटे से छोटा आदमी भी स्वतंत्रता की लौ से दमदमाता है जब वह अपने ही अहिंसक असहयोग से अर्जित की गई हो।

और आर्थिक बराबरी

आर्थिक बराबरी अहिंसक स्वराज्य की कुंजी है। आर्थिक बराबरी के लिए काम करने का मतलब है कि पूँजी और श्रम के बीच के अनंत द्वंद्व को समाप्त किया जाए। इसका मतलब है कि जिनके पास देश की ज्यादातर सम्पदा केन्द्रित है उन अमीरों को नंगे अधभुखे लाखों लोगों के बराबर कर दिया जाए। जब तक अमीरों और भूखे नंगे लोगों के बीच खाई बनी हुई है अहिंसक सरकार असम्भव है। जिस आजाद भारत में अमीरों और गरीबों को समान सत्ता प्राप्त होगी उसमें नई दिल्ली के आलीशान महलों और गरीबों की झोपड़ियों में यह अन्तर नहीं रह सकता।

—मोहनदास करमचन्द गांधी

[16 अगस्त, 1996]

सामान्य शिष्टाचार में कैसा सदाचार

हम भारतीय ऐसे असभ्य तो नहीं हो गए हैं कि अपने राजनेताओं के सामान्य शिष्टाचार में भी दाल में काला देखें? फिर क्यों मुम्बई में अमिताभ बच्चन के घर भोज पर प्रधानमंत्री देवेगौड़ा और शिवसेना प्रमुख बाला साहेब ठाकरे की मुलाकात से ऐसा हंगामा मचा हुआ है?

क्यों देवेगौड़ा और बाला साहेब ठाकरे को बार-बार कहना पड़ रहा है कि नहीं हमने भोज पर कोई राजनीति नहीं की? देवेगौड़ा ने सफाई दी है कि वे तो हिन्दी के बुजुर्ग कवि हरिवंश राय बच्चन का स्वास्थ्य देखने गए थे। ठाकरे भी वहाँ आए हुए थे और चूँकि हाल ही उनकी पत्नी और बेटे का निधन हुआ है और उनका खुद का भी बाईपास ऑपरेशन हुआ है इसलिए उनसे भी तबीयत के हालचाल पूछे और उनसे संवेदना भी जताई। यह सामान्य शिष्टाचार का तकाजा था। हमने कोई राजनीतिक बातें नहीं कीं और इस मुलाकात को कोई राजनीतिक महत्त्व नहीं दिया जाना चाहिए। बाल ठाकरे और हमारी राजनीतिक आस्थाएँ भिन्न हैं और मैं लोकतंत्र और पंथनिरपेक्षता को छोड़ ही नहीं सकता।

बाला साहेब ठाकरे से उनकी मुलाकात में कोई राजनीति नहीं है—ऐसा मुलाकात के तीन दिन बाद बेंगलुरु में भी देवेगौड़ा कह चुके थे। बल्कि इक्कीस अगस्त को मुम्बई राजभवन में ही जब महाराष्ट्र के जनता दल, कम्युनिस्ट पार्टियों, रिपब्लिकन पार्टी, कामगार अगाड़ी आदि के नेताओं ने उनसे विरोध प्रकट किया तो देवेगौड़ा ने कहा कि इसमें कोई राजनीति नहीं थी। और पूछा—सामान्य शिष्टाचार के बरताब में खराबी क्या है?

बीस अगस्त की रात मुलाकात के बाद से बाला साहेब ठाकरे भी कई बार कह चुके हैं कि इसमें कोई राजनीति नहीं थी, न हमने राजनीति पर कोई बात की। पत्नी मीनाताई, बड़े बेटे बिन्दुमाधव के निधन और उनके अपने बाई पास पर ही देवेगौड़ा ने उनसे बातचीत की। बाला साहेब कहते हैं कि जब वे कर्नाटक के मुख्यमंत्री थे तब भी उनकी मुलाकात फिल्म अभिनेता अमिताभ बच्चन के घर ही हुई थी। पत्नी और बेटे की मृत्यु पर प्रधानमंत्री का शोक प्रकट करना और उनके बाई पास के बाद उनके हालचाल पूछना ठीक ही है।

लेकिन यह सामान्य शिष्टाचार ऐसा शुद्ध और निर्दोष नहीं है इसके संकेत भी बाला साहेब ठाकरे ने ही दिये हैं। उन्होंने अपने अखबार *सामना* में लिखा है कि सूचना और प्रसारण मंत्री सी.एम. इब्राहिम जब उनसे मिलने आए थे तो उन्होंने कहा था कि प्रधानमंत्री उनके हालचाल पूछने और उनकी पत्नी और उनके बड़े बेटे के निधन पर शोक प्रकट करने आना चाहते हैं। लेकिन सुरक्षा के कारणों से उनके घर नहीं आ सकते। इसलिए यह मुलाकात दोनों के दोस्त अमिताभ बच्चन के घर रखी गई।

यानी कोई ऐसा नहीं था कि अमिताभ बच्चन ने देवेगौड़ा के आने पर भोज रखा था और उसमें ठाकरे भी निमंत्रित थे। और चूँकि वहाँ ठाकरे आए हुए थे इसलिए देवेगौड़ा ने उनके स्वास्थ्य के बारे में पूछताछ की और लगे हाथ पत्नी और बेटे के निधन पर शोक भी प्रकट कर दिया। मुलाकात और उसकी जगह और उसका प्रयोजन पहले से तय था।

अपने ही अखबार में अपने इंटरव्यू छपवाने वाले बाला साहेब ठाकरे ने यह भी कहा कि अगर क्षेत्रीय पार्टियों का राष्ट्रीय मोर्चा बनाने का विचार चलाने वाले चन्द्रबाबू नायडू शिव सेना को मोर्चे में शामिल होने को बुलाएँगे तो वे खुशी-खुशी उसमें शामिल हो जाएँगे।

अब वास्तविकता यह है कि शिव सेना का भाजपा से पहले से ही गठबन्धन चला आ रहा है जिसकी सरकार भी महाराष्ट्र में है। इसके मुख्यमंत्री मनोहर जोशी शिव सेना के हैं जिन्हें (रिमोट कंट्रोल) दूर से चलाने की सरेआम घोषणा बाला साहेब कर चुके हैं। शिव सेना और भाजपा दोनों ही हिन्दुत्व में आस्था रखते हैं। भले ही शिवसेना का हिन्दुत्व भाजपा से.. ज्यादा गहरा भगवा है और ठाकरे लोकतंत्र के बजाय हिटलरशाही और पंथनिरपेक्षता के बजाय हिन्दू राष्ट्र में विश्वास करते हों।

फिर बाला साहेब की पत्नी के निधन को कुछ महीने हो चुके हैं। बिन्दुमाधव की दुर्घटना में मृत्यु हुए को भी काफी समय हो गया है। उनका बाई पास ऑपरेशन भी मई में लोकसभा चुनाव के पहले हो चुका है। कर्नाटक के मुख्यमंत्री रहते हुए देवेगौड़ा काफी पहले शोक प्रकट करने और ठाकरे के हालचाल पूछने जा सकते थे। अगस्त के महीने और प्रधानमंत्री बनने के दो महीने बाद मुम्बई जाकर ऐसा करने की कोई तात्कालिकता नहीं थी। देवेगौड़ा ठाकरे के ऐसे निजी मित्र होते तो शोक प्रकट करने और हालचाल पूछने के लिए प्रधानमंत्री बनने और उसके भी दो महीने बाद मुम्बई जाने का मौका आने तक इंतजार नहीं करते।

देवेगौड़ा के कवि हरिवंश राय बच्चन से भी कवि और पाठक के सम्माननीय सम्बन्ध होने की कोई सम्भावना नहीं है। हम सब जानते हैं कि देवेगौड़ा की हिन्दी ऐसी नहीं है कि हिन्दी कविता से उनका बड़ा अनुराग हो और हिन्दी के एक विभूति कवि के घर जाकर उनके हालचाल पूछने को वे अपना प्रधानमंत्रीय और

निजी कर्तव्य समझते हों। देवेगौड़ा अभी इलाहाबाद गए। वहाँ शैलेश मटियानी और अमरकान्त जैसे हिन्दी के बड़े लेखक बीमार हैं, अश्कजी का और अमृत राय का निधन हुआ है। ऐसी कोई खबर नहीं है कि प्रधानमंत्री बीमार लेखकों का हालचाल पूछने उनके घर और दिवंगत लेखकों के घर शोक प्रकट करने गए हों। हाँ अमिताभ बच्चन देवेगौड़ा के दोस्त हो सकते हैं और उनके घर भोजन करने जाने में कोई हरज भी नहीं है। आखिर प्रधानमंत्री बनने के बाद देवेगौड़ा फूल लेकर सोनिया गांधी का अभिवादन करने दस, जनपथ गए ही थे। तो न तो कवि हरिवंशराय बच्चन की हालत देखने और न सामान्य शिष्टाचार के तकाजे से ठाकरे से संवेदना प्रकट करने की बातें गले उतर सकती हैं। बच्चनजी तो तब सोने भी चले गए थे जब देवेगौड़ा उनके बेटे के घर आए। न वे बैठे जागते रहे, न देवेगौड़ा उनके आराम के ख्याल से जल्दी पहुँचे। कम्युनिस्ट नेता फारुकी की टिप्पणी भी ठीक है कि जिसके प्रियजनों के मरने का शोक प्रकट करना हो उसे किसी के घर बुला कर उसके साथ भोजन करना हिन्दू परम्परा और सामान्य शिष्टाचार नहीं है।

अगर बाला साहेब ठाकरे का कहना सही है कि इब्राहिम जब उनसे मिलने आए थे तभी कह गए थे कि देवेगौड़ा शोक प्रकट करने आना चाहते हैं तो ठाकरे-देवेगौड़ा मुलाकात का राजनीतिक अर्थ और महत्त्व भी सूचना-प्रसारण मंत्री की ही एक टिप्पणी से खुलता है। पिछले दिनों इब्राहिम साब ने दिल्ली की एक सभा में कहा कि देवेगौड़ा अटल बिहारी वाजपेयी और लालकृष्ण आडवाणी से मिलने जाते हैं तो कोई आवाज तक नहीं उठती लेकिन जब वे ठाकरे से मिलते हैं तो हंगामा हो जाता है। क्यों? क्योंकि ठाकरे की इन दिनों आडवाणी से खटक रही है।

यानी शिव सेना प्रमुख की इन दिनों संघ परिवार से खटक रही है तो उनसे मिलना-जुलना चाहिए। दोस्ती गाँठनी चाहिए। समर्थन करना चाहिए ताकि संघ परिवार से खटपट में उनका हौसला बढ़ता रहे। इब्राहिम का जाकर ठाकरे को देवेगौड़ा के आने का सन्देश देना और फिर प्रधानमंत्री का उनसे अमिताभ बच्चन के घर भोज पर मिलना शिवसेना प्रमुख को संघ परिवार से खटपट में प्रोत्साहित करने की कोशिश है। बाला साहेब ठाकरे का कहना कि वे क्षेत्रीय पार्टियों के राष्ट्रीय मोर्चे में शामिल हो सकते हैं—भाजपा को सन्देश भेजना ही है कि उनके सामने दूसरे विकल्प भी हैं।

सामान्य शिष्टाचार में राजनीति ठाकरे और देवेगौड़ा दोनों डाल रहे हैं। इसके पहले गुजरात के भाजपा से निष्कासित और अपनी अलग क्षेत्रीय पार्टी बनाने पर आमादा शंकर सिंह वाघेला भी बाला साहेब ठाकरे से हाथ और दिल खोलकर मिले थे। इस मुलाकात का भी सन्देश भाजपा हाईकमान के लिए ही था। महाराष्ट्र के सत्तारूढ़ गठबन्धन में शिवसेना भाजपा की बड़ी भागीदार है। जिस व्यक्ति ने

भाजपा हाईकमान के खिलाफ बगावत का झंडा उठा रखा हो और जो गुजरात में अपनी पार्टी बनाकर भाजपा सरकार को गिराने और गुजरात में भाजपा की चूलें हिलाने पर कमर कसे हुए हो उससे मिलने और फिर चुनाव में उसका समर्थन करने का एलान करके ठाकरे यही तो बताना चाहते हैं कि वे भाजपा विरोधियों का साथ दे सकते हैं।

बाला साहेब ठाकरे का संघ परिवार को ऐसे सन्देश भिजवाने का मतलब तो समझा जा सकता है। उनके भतीजे राज ठाकरे का हाथ रमेश किणी की हत्या में देखा जा रहा है। महाराष्ट्र के गृहमंत्री गोपीनाथ मुंडे भाजपा के हैं और वे दूर से वैसे नियंत्रित नहीं हो सकते जैसे मुख्यमंत्री मनोहर जोशी होने को तैयार बैठे रहते हैं। मुंडे के लिए महाराष्ट्र का वर्तमान राज परिवार ऐसा पवित्र और प्रतिष्ठित भी नहीं है जैसा जोशी के लिए है। फिर वैसे भी मुंडे का रिमोट कंट्रोल भाजपा और भाजपा का रिमोट कंट्रोल संघ के हाथों में है। ठाकरे और संघ के रिमोट कंट्रोल आजकल एक ही तरंग पर नहीं चल रहे।

रमेश किणी हत्याकांड और उसमें राज ठाकरे के हाथ के अलावा भी कई मामले हैं जिन पर बाला साहेब ठाकरे भाजपा और संघ परिवार से नाराज हैं। संघ परिवार में भी ऐसे नेताओं की कमी नहीं है जो मानते हैं कि बाला साहेब ठाकरे भाजपा के गले में बँधा पत्थर है जो किसी दिन उसे डुबोएगा। गृहमंत्री मुंडे ने कहा है कि बाला साहेब ठाकरे जो भी सत्ता में हो उससे बनाकर रखते हैं। हो सकता है कि वे देवेगौड़ा से इसलिए मिले हों कि रमेश किणी हत्याकांड की जाँच सीबीआई न करे।

फिर भी देवेगौड़ा-ठाकरे मुलाकात पर भाजपा और संघ परिवार ने घबराहट नहीं दिखाई। जो भी हंगामा हुआ है वह जनता दल और तेरह पार्टियों के मोर्चे के घटकों ने किया है। लालू को इससे सख्त एतराज है क्योंकि इससे गलत सन्देश जाएगा। कम्युनिस्ट पार्टियों ने कहा है कि देवेगौड़ा ठाकरे से कैसे मिल आए जो भाजपा से भी ज्यादा साम्प्रदायिक है। शिवसेना मोर्चे में कैसे आ सकती है? मोर्चा तो बना ही शिवसेना जैसी साम्प्रदायिक ताकतों से लड़ने के लिए है। लोकतंत्र और पंथ निरपेक्षता मोर्चे का आधार है। मोर्चे के नेता मुम्बई जाकर कैसे किसी के घर ठाकरे के साथ भोजन कर सकते हैं। दोनों ही कम्युनिस्ट पार्टियों ने इस मुलाकात की भर्त्सना की है।

और हेगड़े तो जनता दल से निष्कासित हैं लेकिन उन्होंने भी कहा कि बाल ठाकरे को इस बात का गर्व है कि उनके शिव सैनिकों ने बाबरी मसजिद गिराई। ऐसे आदमी से मिलने का क्या मतलब है। लेकिन ओछी राजनीति के लिए देवेगौड़ा किसी भी स्तर तक उतर सकते हैं। कांग्रेस को भी इस मुलाकात से एतराज है और उसके लोग देवेगौड़ा से जवाब माँगते फिर रहे हैं।

देवेगौड़ा से मिलने से बाला साहेब ठाकरे के तो राजनीतिक हित सधते हैं लेकिन देवेगौड़ा को इस सामान्य शिष्टाचार से क्या मिला? उलटा नुकसान ही हो रहा है। तो भाइयों, भाजपा नेताओं ने कहा है कि उत्तर प्रदेश चुनाव के बाद नये राजनीतिक समीकरण बन सकते हैं और बिना चुनाव कराए केन्द्र में भाजपा की सरकार फिर बन सकती है जिसके पास इस बार बहुमत हो सकता है। देवेगौड़ा भाजपा को बता रहे हैं कि वे पहले अपना घर तो सँभाल लें। ठाकरे और वाघेला उनके घर में सेंध लगा रहे हैं और हम कोतवाल हैं जो इस सेंधमारी को बढ़ावा दे रहे हैं।

देवेगौड़ा को भी तो आखिर अपनी सरकार बचानी और निजी सत्ता आधार बनाना है कि नहीं? लालू, नायडू, करुणानिधि और कम्युनिस्ट पार्टियों के भरोसे कब तक रहेंगे? सामान्य शिष्टाचार का तकाजा है कि प्रधानमंत्री अपने पाँवों पर खड़े रहें।

[2 सितम्बर, 1996]

जो बाजार की होगी वह हिन्दी हमारी होगी

सही है कि हिन्दी दिवस को हमने एक बेजान रस्म बना दिया है। यह भी सही है कि इस दिवस के पखवाड़े पहले या पखवाड़े बाद तक हिन्दी के नाम पर हम कोरा कर्मकांड करते हैं।

लेकिन रीति-रिवाज और कर्मकांड हमारे राष्ट्रीय और निजी जीवन में कहाँ नहीं हैं? कबीर और उनके जैसे दूसरे भी संत कवि कह गए हैं कि जिन्दे बाप की हम कोई देख भाल नहीं करते। मरने पर बहुत रोते हैं और उसके लिए पिंडदान और बड़ा श्राद्ध करते हैं। फिर श्राद्ध पक्ष में हर एक पुरखे का श्राद्ध करते हैं। कोई छूट न जाए इसलिए सर्वपितृ अमावस्या भी है जब सभी पुरखों को निपटाया जा सकता है।

जिस देश में यह सब सदियों से चल रहा है उसमें हिन्दी दिवस ही ऐसा अनोखा कैसे हो सकता है कि सब उसे सच्ची भावना और ईमानदार संकल्प के साथ मनाएँ? जो लोग भगवान की भक्ति और स्त्री से प्रेम तक को प्रतीकों और रीति-रिवाजों में बाँध सकते हैं वे अपनी मातृभाषा, घर की भाषा और राजभाषा के दिवस को स्वयं स्फूर्त-उत्साह से कैसे भर देंगे?—किसी का दिवस तय कर के उसे मनाने के तामझाम करने का मतलब ही यही है कि उसके लिए जो भी विशेष करना हो उसे एक दिन में निपटा दो। फिर उसके लिए साल भर और लगातार कुछ न कुछ करते रहने की जरूरत नहीं रहेगी।

यह अपना स्वभाव है। इस पर अपने आप को कोड़े मारने से न तो यह बदल जाएगा और न अपने को कोड़े मार कर अपराधी महसूस करते रहने की हमारी इच्छा बदल जाएगी। अगर हम चाहते हैं कि दुनिया हमें वैसा ही मंजूर करे जैसे हम हैं तो पहले हमें अपने आप को भी वैसा ही स्वीकार करना होगा जैसे हम हैं। और फिर ज्यादा से ज्यादा सकारात्मक रवैया अपनाने की कोशिश करनी चाहिए।

इस हिन्दी दिवस को मनाने का थोड़ा उत्साह इसलिए भी हो सकता है कि एक कन्नड़भाषी और कोई चार महीने पहले कर्नाटक की राजनीति तक सीमित रहे राजनेता ने प्रधानमंत्री होने के बाद हिन्दी सीखी और आजादी के पचासवें साल की शुरुआत करते हुए राष्ट्र को उसी भाषा में सम्बोधित किया जिससे उसने आजादी

की लड़ाई लड़ी थी। यह अब तक के किसी भी प्रधानमंत्री का लाल किले से किया गया हिन्दी का सबसे अर्थवान सम्मान हैं।

देवेगौड़ा के पहले के ज्यादातर प्रधानमंत्री तो हिन्दी इलाके के ही हुए हैं इसलिए उनका स्वतंत्रता दिवस पर हिन्दी में बोलना स्वाभाविक था। मोरारजी देसाई की मातृभाष गुजराती थी और नरसिंह राव की तेलुगु है। लेकिन ये दोनों ही भूतपूर्व प्रधानमंत्री आजादी की उस लड़ाई के सिपाही थे जिसकी छावनी की भाषा हिन्दी थी और इन्होंने जो राजनीति की या करते हैं उसकी भी भाषा हिन्दी है। इसलिए इन दोनों का भी लाल किले से पन्द्रह अगस्त पर हिन्दी में बोलना उतनी बड़ी बात नहीं जितनी कि देवेगौड़ा का हिन्दी में भाषण पढ़ना था।

ऐसा कर के देवेगौड़ा ने यह तो फिर बताया ही कि जिस किसी को इस लोकतंत्र में राजनीति करनी हो उसे हिन्दी आनी चाहिए। लेकिन यह तो महात्मा गांधी से ले कर नरसिंह राव तक ने भी किया। शायद इससे भी बड़ी स्थापना देवेगौड़ा के हिन्दी में भाषण देने से हुई कि इस लोकतंत्र में अब राज भी चलाना हो तो हिन्दी आनी जरूरी है। चूँकि आजाद भारत में हिन्दी को लेकर सारा झगड़ा और खून-खराबा ही उसके राजभाषा बना दिये के कारण हुआ है। इसलिए दक्षिणी और कन्नड़भाषी प्रधानमंत्री का जनता के साथ राजकाज करने में भी हिन्दी को जरूरी मानना उसी इलाके में सबसे पहले और जबरदस्त सन्देश पहुँचाना है जहाँ अंग्रेजों का छोड़ा अंग्रेजी प्रभुवर्ग जमा हुआ है और जिसने राजकाज ही नहीं, संसद कार्य पर भी अपनी ऐसी पकड़ बना रखी है कि हिन्दी सौतन बनी कोप भवन में पड़ी रहे।

अंग्रेजी में काम करने और अंग्रेजी के जरिये इस देश के राजकाज पर अपना प्रभुत्व जमाए रखने वाले लोगों ने देवेगौड़ा की इस स्थापना का सबसे मुखर विरोध किया है। उन्हें यह बिलकुल नागवार गुजरा है कि एक कन्नड़भाषी प्रधानमंत्री यह स्थापित करे कि उदारीकरण और भूमंडलीकरण के बावजूद भारत के प्रधानमंत्री का हिन्दी जानना जरूरी है और अगर उसे राष्ट्र को सम्बोधित करना है तो हिन्दी में ही करना होगा। इन लोगों ने देवेगौड़ा के भाषा ज्ञान खासकर खराब अंग्रेजी का बहुत मखौल उड़ाया है और ऐसा करते हुए उन्होंने हिन्दी वालों की गैया पट्टी और उसके लोगों को भी बड़ी बदतमीजी से भला-बुरा कहा है। गँवार, अनपढ़, असभ्य और झगड़ालू बताने के बाद आरोप भी लगाया है कि इतने वर्षों से ये हिन्दी वाले इस देश पर राज करने की कोशिश कर रहे हैं।

अंग्रेजी वालों का डर और दुख दोनों समझे जा सकते हैं। ये सत्ताजीवी और परदेसजीवी लोग हैं। मुश्किल से तीन लाख लोग अपनी मातृभाषा अंग्रेजी बताते हैं और इनमें से भी तीन-चौथाई द्विभाषी हैं जो हिन्दी जानते हैं। चार प्रतिशत के आसपास लोग अंग्रेजी जानने वाले हैं। अगर इनका वर्चस्व बना हुआ है तो एक तो कोई दो सौ साल के अंग्रेजी राज के कारण और दूसरा राजकाज के ढाँचे पर इन

लोगों का काबिज होना क्योंकि बावजूद स्वतंत्रता और लोकतंत्र के सरकारी ढाँचा वही अंग्रेजों का है जिसे अंग्रेजीदां भारतीय चलाते हैं। हिन्दी बोलने वाले पैंतालीस प्रतिशत से ज्यादा हैं और भारत के गैर हिन्दी राज्यों में जो भाषा सबसे ज्यादा लोग समझते हैं वह हिन्दी ही है। हिन्दी से वोट मिल सकता है।

इसलिए जिस दिन राजकाज का ढाँचा देसी हुआ और लोकतंत्र में जिस बहुमत की चलनी चाहिए उसकी सचमुच चलने लगी उस दिन अंग्रेजी वालों का राज खत्म हो जाएगा। इस दिन को टालने के लिए अंग्रेजी वाले पिछले पचास साल से वही करते आ रहे हैं जो अपना राज चलाते रहने के लिए अंग्रेज किया करते थे। उन्होंने दूसरी भारतीय भाषाओं को हिन्दी के खिलाफ खड़ा किया। अंग्रेजों के सिखाए जिन्ना और खाते-पीते मुसलमानों ने पाकिस्तान क्यों माँगा? क्योंकि वे साधारण मुसलमानों के गले उतार ले गए कि हिन्दुस्तान आजाद होगा और यहाँ लोकतंत्र आएगा तो हिन्दुओं का राज हो जाएगा। मुसलमान उन हिन्दुओं के गुलाम हो जाएँगे जिन्हें कोई हजार साल उन्होंने गुलाम बना के रखा। आजादी और लोकतंत्र के डर ने भारतीय मुसलमानों से उस पाकिस्तान की माँग करवाई जो अंग्रेजों की नीति का नतीजा था।

आजादी के पहले देश में कोई नहीं कहता था कि हिन्दी राष्ट्रभाषा नहीं होनी चाहिए। बल्कि ज्यादातर गैर-हिन्दी-भाषी नेता ही कहते थे कि अगर इस देश की कोई राष्ट्रभाषा हो सकती है तो हिन्दी ही होगी। फिर ऐसा क्यों हुआ कि अंग्रेजों के पाकिस्तान बनाने की तरह अंग्रेजी वाले हिन्दी को सौतेली सह राजभाषा बनवाने में सफल हो गए? क्योंकि आजादी के पहले हिन्दी मुक्ति की, मेल मिलाप की और सेवा की भाषा थी। वह अंग्रेजों और अंग्रेजी से लड़ने और आजाद होने की भारतीय भाषा थी। आजादी के बाद सत्ता में आए हिन्दी वालों ने उसे राजभाषा बनाने की कोशिश की। दूसरी तरफ पंडितों ने उसे बोली और अपनी जड़ों से अलग कर के संस्कृत से जोड़ने और अंग्रेजी की अनुवाद भाषा बनाने की कोशिश की ताकि वह अंग्रेजी की जगह ले सके। यह भी कोई डेढ़-दो सौ साल पहले हिन्दी और उर्दू कॉलेज में पढ़ाने के लिए अंग्रेजों ने ही कलकत्ता में किया था। उन्होंने हिन्दी को संस्कृत और उर्दू को फारसी से जोड़ दिया था।

इसके पीछे धारणा यह थी कि सभी भारतीय भाषाएँ चूँकि संस्कृत से निकली हैं और उनमें सभी में संस्कृत के या उससे बने शब्द हैं इसलिए हिन्दी में जितने ज्यादा संस्कृत शब्द आएँगे उतनी वह शुद्ध और दूसरी भारतीय भाषाओं के लोगों को स्वीकार्य होगी। इस प्रयत्न का भारी भरकम स्मारक आचार्य रघुवीर का वह शब्दकोश है जिसका शब्द-शब्द हिन्दी की हँसी उड़ाने के काम आता है। हिन्दी के इस संस्कृतीकरण से वह उसके बोलने वालों में ही पराई हो गई और जिन उर्दू वालों के सबसे नजदीक थी उन्हें भी उसे समझना मुश्किल हो गया। राजकाज में जो हिन्दी आज भी प्रयोग में आ रही है उसे समझने के लिए मुझे अंग्रेजी का मूल पाठ देखना

होता है। अंग्रेजों ने ही नहीं सभी विदेशी शासकों ने हमें सिखाया है कि शासक और शासित की भाषा अलग होनी चाहिए। शासन करने वाले हिन्दी के लोगों ने ही हिन्दी को लोकभाषा नहीं रहने दिया। इन्हीं लोगों ने हिन्दी का राजनीति में वही इस्तेमाल किया जो अंग्रेज और अंग्रेजी वाले तो कर ही रहे थे दूसरी भारतीय भाषाओं वाले भी अंग्रेजीवालों के उचकाने पर कर रहे थे। हिन्दी को राजनीति करने का औजार बनाने में हिन्दी वाले अंग्रेजी और दूसरी भारतीय भाषाओं वाले से पीछे नहीं रहे हैं।

हिन्दी को राजकाज की और सभी भारतीय भाषाओं के निकट होने वाली भाषा बनाने वालों ने हिन्दी की वह लोकोन्मुखी और ऐतिहासिक भूमिका ही बदल दी जिससे वह देश के आम लोगों और उनकी स्वतंत्रता की भाषा के रूप में कोई सात-आठ सदी से विकसित हुई थी। वह भले ही लोकतांत्रिक राज्य की भाषा बनाई गई हो, बनाई गई तो राजभाषा और इसलिए सबसे पहले अंग्रेजी वालों और फिर उचकाने पर दूसरी भारतीय भाषाओं वालों के विरोध का विषय बनी। आजाद भारत में हिन्दी अगर राष्ट्रभाषा के पद से उतर कर अंग्रेजी की सौत बन गई तो इसका एक सबसे बड़ा कारण यही है कि हम हिन्दी वालों ने स्वतंत्र भारत में हिन्दी की सबको समेटने और सबको मिलाने वाली भाषा की भूमिका को विस्तार देने के बजाय उसे राज की भाषा बनने और राजनीति को काटने वाली भाषायी तलवार बनाया या बनने दिया। अगर हम सभी भारतीय भाषाओं को साथ लेकर चलते और उन्हें अपनी चेरी होने की शंका भी नहीं होने देते तो अंग्रेजी वालों की भारतीय भाषाओं को आपस में लड़ा देने की चाल कामयाब नहीं होती।

अंग्रेजी के प्रभुवर्ग और हिन्दी के प्रभुवर्ग के सत्ता संघर्ष में इस्तेमाल किये जाने से हिन्दी का जितना नुकसान हुआ है उतना अंग्रेजी का नहीं हुआ। हिन्दी लोकभाषा हो कर राष्ट्रभाषा और इसलिए राजभाषा हो सकती थी। अंग्रेजी शुरू से ही इस देश में राज करने वालों की भाषा रही है। लोकभाषा वह कभी हो ही नहीं सकती थी, न राष्ट्रभाषा। अंग्रेजी को सिर्फ अपनी भूमिका आगे बढ़ानी थी हिन्दी को नई परिस्थिति में अपनी ऐतिहासिक भूमिका को विकसित करना था। हिन्दी वालों ने मेहनत, सेवा, त्याग और तपस्या का कठिन और लम्बा रास्ता छोड़कर राजभाषा की संकरी पगडंडी पकड़ ली। नतीजा सामने है। अंग्रेजी और अंग्रेजीवालों का दबदबा, रुतबा और उसका पिछले पचास साल में इतना बढ़ गया है कि अर्थव्यवस्था में हम जितने गुलाम हो गए हैं उससे ज्यादा दिमाग और संस्कार से गुलामी में पहुँच गए हैं। अंग्रेजी हटाने चले थे खुद हाशिये पर पहुँच गए।

सन् इक्यानबे से देश के पूँजीवादी अर्थव्यवस्था स्वीकार करने और उदारीकरण और भूमंडलीकरण के दौर दौरे में आने के बाद से विदेशी पूँजी, विदेशी तकनीकी और विदेशी कम्पनियों की अनिवार्यता मान लेने से अंग्रेजी और अंग्रेजियत को नई मान्यता बल्कि आवश्यकता दिला दी है। यों भी देसी राज में अंग्रेजीवालों के वर्चस्व

के कारण हिन्दी के हाल बुरे थे। अब तो हालत आजादी के पहले से भी बदतर हो गई है, क्योंकि तब अर्थव्यवस्था में उतने भारतीय लोग नहीं थे जितने अब आ गए हैं। सब टाई बाँधे, पर्सनल कंप्यूटर लिये अंग्रेजी में हकलाते हुए दौड़े चले आ रहे हैं।

ऐसे में आशा का एक दिया उस दिन देवेगौड़ा ने जलाया। रूपर्ट मर्डोक आकर कह गए कि वे चैनल चलाएँगे तो हिन्दी में। माइकल जेक्सन को नमस्ते करके हिन्दी में कहना पड़ा—मैं हिन्दुस्तान आ रहा हूँ। और कोई भी बहुराष्ट्रीय कम्पनी अपना विज्ञापन हिन्दी में किये बिना काम नहीं चला सकती। जो हिन्दी राष्ट्रभाषा बनकर नहीं चल सकी क्या वह बाजार की भाषा बन कर जिएगी? और वह हिन्दी क्या हमारी हिन्दी होगी?

[14 सितम्बर, 1996]

कश्मीर चुनाव के सच और झूठ

आतंकवाद और अलगाववाद पर लोकतंत्र की जीत जैसी नारेबाजी में न भी पड़ें तो भी कश्मीर में विधान सभा चुनाव से एक ऐसी शुरुआत जरूर हुई है जो इस राज्य को विनाश के कगार से लौटा ला सकती है।

कम से कम इतना तो उन अमेरिकियों और अंग्रेजों को भी मानना पड़ेगा जो इस बहुसंख्यक मुसलमान राज्य की सही जगह भारत नहीं, पाकिस्तान मानते हैं। पाकिस्तान से अलग होकर पूर्वी बंगाल के बांग्लादेश बन जाने के बावजूद धर्म के आधार पर भारत को विभाजित करने वाले अंग्रेज और अब उनके नेता अमेरिकी मानने को तैयार नहीं हैं कि उनका चलाया द्विराष्ट्र सिद्धान्त विफल हो गया है।

सिर्फ इसलिए कि कश्मीर में मुसलमान-बहुसंख्यक हैं यह राज्य पाकिस्तान का सहज स्वाभाविक अंग नहीं हो जाता। अगर बंगाली मुसलमान, पंजाबी और बलूच मुसलमान से बिल्कुल अलग थे तो कश्मीरी मुसलमान भी सिंधी, पंजाबी और पठान मुसलमान से बहुत अलग हैं। इसके बावजूद कि कोई दो लाख कश्मीरी हिन्दू भाग कर जम्मू और दिल्ली आ गए हैं। कश्मीरी पंडित कश्मीरी मुसलमानों के ज्यादा नजदीक हैं बजाय पंजाबी मुसलमानों के।

अमेरिकी इस अलगाव को मान लेंगे क्योंकि वे चाहते हैं कि कश्मीर एक होकर बांग्लादेश की तरह स्वतंत्र हो जाए ताकि उसे अपना अड्डा बनाकर पूरे एशिया को नियंत्रित कर सके। ब्रिटेन अब करने-धरने के लायक तो रह नहीं गया है फिर भी विभाजन का उसका एजेंडा पूरा हो तो उसे बड़ा सन्तोष मिलेगा। अगर आप बीबीसी नियमित देखते और सुनते हो तो अंग्रेज सहानुभूति में आपको कोई शक नहीं होगा।

पाकिस्तान तीन लड़ाइयों के बावजूद कश्मीर को अपने में मिला नहीं सका है बल्कि उसे लेने के देने भी पड़े हैं। जो पूर्वी पाकिस्तान कहा जाता था वह बांग्लादेश बन कर उससे आजाद हो गया। अब कश्मीर ही उसे चार टुकड़ों में बँट कर समाप्त होने से बचाए हुए है। अपने अस्तित्व की इस गारंटी को अटल बनाए रखने के लिए पाकिस्तान कश्मीर पर अपना दावा नहीं छोड़ेगा। अंग्रेजों के जाने के पहले तो कश्मीर में पाकिस्तान चाहने वाले ज्यादा नहीं थे, लेकिन ब्रिटेन और अमेरिका की मदद से उसने वहाँ एक लॉबी बनाई है और उसकी मदद करते रहने

के लिए एक छद्म युद्ध उसने चला रखा है जिसे हम आतंकवाद-अलगाववाद के नाम से जानते हैं।

पाकिस्तान, ब्रिटेन और अमेरिका तीनों अपने-अपने कारणों से लगे हुए थे कि कश्मीर में राष्ट्रपति शासन लगा रहे जिसे वे भारत का जबरिया सैनिक राज कहते रहें और कश्मीरियों और दुनिया के सामने लोकतांत्रिक तरीके से कभी यह स्थापित नहीं हो कि कश्मीरी अपनी मर्जी से पंथनिरपेक्ष लोकतांत्रिक भारत में ही रहना चाहते हैं, वे न तो इसलामी पाकिस्तान में मिलना चाहते हैं, न आजादी लेकर स्वतंत्र राष्ट्र होना चाहते हैं।

कश्मीर में लोकसभा के लिए सात और विधानसभा के छह चुनाव हो चुके हैं और सातवां अभी अपने आखिरी दौर में है। इसके बावजूद पाकिस्तान, ब्रिटेन और अमेरिका लगातार प्रचार करते रहे हैं और अब भी कर रहे हैं कि कश्मीरियों को अपनी स्वतंत्र और सच्ची राय प्रकट करने का एक भी मौका नहीं मिला है। कश्मीर की अन्दरूनी जानकारी रखने वाले गैर पार्टी भारतीय जानकार भी कहते हैं कि वहाँ ऐसा कोई चुनाव नहीं हुआ जिसमें कुछ न कुछ धाँधली न हुई हो।

भारतीय नहीं मानते लेकिन पाकिस्तानियों अंग्रेजों और अमेरिकियों का विश्वास है कि कश्मीर में कोई भी चुनाव सच्चा चुनाव नहीं होगा जब तक कश्मीरियों को पहले यह न चुन लेने दिया जाए कि वे भारत में रहना चाहते हैं या पाकिस्तान में मिलना चाहते हैं या आजाद हो जाना चाहते हैं। राष्ट्र संघ ने कोई अड़तालीस साल पहले ऐसा करने को कहा भी था लेकिन शर्त थी कि पाकिस्तान पहले उस इलाके से अपनी फौज हटा ले जिस पर उसने कब्जा कर रखा है। पाकिस्तान ने ऐसा नहीं किया और वह जनमत संग्रह नहीं हुआ। तब से चाहे जितना पानी झेलम से बह गया हो पाकिस्तानी, अंग्रेज और अमेरिकी कश्मीर में हुए किसी भी चुनाव को सच्चा नहीं मानते।

चुनाव इस साल मई में हुआ, लोकसभा और अब हो रहे विधानसभा चुनाव लगभग सात साल के राष्ट्रपति शासन के बाद हुए हैं और इन वर्षों में जैसा आतंकवाद और अलगाववाद कश्मीर ने भुगता है वैसा तो सन् बयासी से बयान्बे तक पंजाब ने भी नहीं सहा था। बड़ी संख्या में कश्मीरी युवक पाकिस्तान से ट्रेनिंग और हथियार लेकर लौटे हैं और पाकिस्तानियों के साथ मिल कर उन्होंने भारत से छद्म युद्ध लड़ा है। आतंकवादी और संविधानवादी बन्दूकों के बीच चल रहे खूनी दुश्चक्र को तोड़ने के लिए पहले लोकसभा और अब विधानसभा के चुनाव हो रहे हैं। आतंकवाद और अलगवाद के विरुद्ध यह लोकतांत्रिक शस्त्र है।

यह शस्त्र सफल न हो इसलिए पाकिस्तानी अंग्रेज और अमेरिकी तीनों लॉबियाँ सक्रिय रही हैं। हुर्रियत ने दोनों ही चुनावों के बहिष्कार का नारा दिया था। फिर भी लोकसभा चुनाव में उन्नचास प्रतिशत मतदान हुआ। कश्मीर की नेशनल

कॉन्फ्रेंस ने भी लोकसभा चुनाव का बहिष्कार किया था। लेकिन छहों सीटों पर राष्ट्रीय पार्टियों के उम्मीदवार जीते। चार पर कांग्रेस और एक-एक पर जनता दल और भाजपा। पाकिस्तान ने उस चुनाव को भी फर्जी बताया था और ब्रिटेन और अमेरिका ने कहा था कि फौज ने लोगों से वोट डलवाए। लेकिन फिर भी उनका उत्साह कुछ ठंडा पड़ा।

अब जो विधानसभा चुनाव हो रहे हैं उनमें अगर साबित हो गया कि कश्मीरी न तो पाकिस्तान में मिलना चाहते हैं, न आजाद होना चाहते हैं और वे भारत की लोकतांत्रिक व्यवस्था में पूरी तरह शामिल हो गए हैं तो हुर्रियत वालों को ही नहीं पाकिस्तान को भी बड़ा झटका लगेगा। विधानसभा चुनाव के तीन चरणों में अब तक हुए मतदान में उन्होंने मुँह की खाई है। पहले दो चरणों में पचपन से सत्तावन प्रतिशत तक मतदान हुआ। तीसरे में आतंकवाद और अलगाववाद के अन्तिम गढ़ श्रीनगर में हुए कोई उन्तीस प्रतिशत मतदान ने बड़गाम जिले के कोई पैंसठ और उधमपुर के इक्यावन प्रतिशत को अड़तालीस पर ला टिकाया है। अब तीस सितम्बर को डोडा जिले की सिर्फ छह सीटों पर मतदान होना है। मतदान का यह प्रतिशत उन राज्यों से भी बेहतर है जहाँ बन्दूक का दबदबा नहीं है। और वोट से वोटर की जान नहीं जुड़ी है। सही है कि सुरक्षा बलों के जवान हर जगह तैनात थे और उन्होंने पूरी कोशिश की कि वोटर में घर से निकल कर वोट डालने जाने की सुरक्षा भावना और विश्वास पैदा हो। यह भी गलत नहीं हैं कि कई जगहों पर जवानों ने घर से मतदान केन्द्रों तक और वहाँ से वापस घरों तक मतदाताओं को पहुँचाया। ऐसा करने में कहीं-कहीं जबरदस्ती भी की गई होगी। यह भी हो सकता है कि कई मतदाताओं को डर लगा हो कि वोट डालने न गए तो सीआरपी या बीएसएफ के जवान गाँव में हमारा रहना मुहाल कर देंगे।

लेकिन इसमें भी कोई शक नहीं है कि जो आतंकवादी-अलगाववादी इस चुनाव को विफल करना चाहते थे और जिन्होंने कश्मीरियों का आह्वान किया था कि वे चुनाव का बहिष्कार करें वे कोई लोकतंत्रवादी लोग नहीं हैं। कश्मीर में जितनी हिंसा इन लोगों ने भारत की सेना, बीएसएफ और सीआरपी और जम्मू-कश्मीर पुलिस के खिलाफ की होगी उससे कम कोई अपने लोगों पर नहीं की है। चुनाव के बहिष्कार के उनके नारे के पीछे बन्दूक की गोली है इसे अब कश्मीरी जानते थे। इसलिए वोट देने जाना उन लोगों के हिंसक कोप को बुलाना था जो चुनाव का बहिष्कार करने को कह चुके हैं।

इस तरह, आप कह सकते हैं कि कश्मीरी वोटर दो बन्दूकों से चलती गोलियों के बीच फँस गया था। एक तरफ आतंकवादियों-अलगाववादियों की बन्दूकें थीं जो उन्हें कह रही थीं कि खबरदार जो वोट देने घर से बाहर निकले। जान के लाले पड़ जाएँगे। और दूसरी तरफ सुरक्षा बलों के जवानों की बन्दूकें थीं जो बता रही

थीं कि चलो वहाँ वोट देना है। हम तुम्हारे साथ हैं। कोई गोली चलाएगा, हथगोला फेंकेगा या रॉकेट दागेगा तो उससे हम तुम्हारी रक्षा करेंगे। इन दो बन्दूकों के बीच वोटर को तय करना था कि उसे क्यों करना है। और उसने किया।

अब न आपको यह उचित और वांछनीय लगता है, न मुझे कि सुरक्षा बलों की ऐसी सर्वव्यापी उपस्थिति और देखरेख में चुनाव हो क्योंकि लोकतंत्र में चुनाव का मतलब ही वोटर का निर्भय, निष्पक्ष और स्वतंत्र वातावरण में सोच-समझ कर अपने बुद्धि-विवेक से वोट देना है। जिस चुनाव के लिए इतने बन्दूकधारी सैनिक तैनात करने पड़ें और जिसमें सुरक्षा बल की टुकड़ियाँ वोटरों को मतदान बूथ तक पहुँचाएँ और वापस लाएँ वह लोकतंत्र की आत्मा का सम्मान नहीं करता। भले ही सुरक्षा बल के जवानों ने कहा न हो कि किसे वोट देना है लेकिन वोट डलवाने के लिए उनका आना ही एक तरह की जबरदस्ती है भले ही लोकतंत्र के पक्ष में हो।

लेकिन जब हम सुरक्षा बलों के जवानों की ऐसी तैनाती और वोटरों को दी गई 'सुरक्षा' की भर्त्सना करें और कहें कि इस जबरदस्ती से लोकतंत्र की आत्मा के साथ बलात्कार हुआ है तो यह भी सोचें कि जिन आतंकवादियों-अलगाववादियों ने उन्हें चुनाव का बहिष्कार करने को कहा उनके हाथों में भी बन्दूकें हैं। वे भी बहिष्कार का आह्वान करके कोई लोकतंत्र के मन्दिर में नहीं जा बैठे हैं। उन्होंने लोगों को समझा कर नहीं कहा है कि वोट नहीं देना है और किस तरह वोट न देकर वे अपने स्वातंत्र्य और मताधिकार का सही इस्तेमाल करेंगे।

कोई भी आतंकवादी-अलगाववादी अभियान लोकतांत्रिक नहीं होता और जिसमें आम लोगों के साथ हिंसा और जबरदस्ती का इस्तेमाल किया जाए वह स्वतंत्रता, बराबरी और भाईचारे की ओर नहीं ले जाता। कोई भी लोक आन्दोलन हिंसक नहीं हो सकता। आतंक से नहीं चल सकता और जिसमें छोटे से छोटे आदमी को भी अपनी मर्जी से काम करने की छूट नहीं होती वह उसे मुक्त नहीं कर सकता।

लेकिन पाकिस्तानियों, अंग्रेजों और अमेरिकियों की नजर में वे लोग ठीक कर रहे हैं जो गोलियाँ चला कर हथगोले फेंककर और राकेट दाग कर लोगों को वोट डालने से रोक रहे थे। क्योंकि उनकी राय में यह कश्मीरियों के मानवाधिकार का सवाल है। क्योंकि मतदान आजादी और आत्मनिर्णय के लिए रोका जा रहा है। यानी, आतंकवाद के जरिये अगर लोकतांत्रिक प्रक्रिया को रोका जाए तो इसमें कोई अपराध नहीं है। लेकिन सुरक्षा बलों के जवान अगर वोटरों को मतदान केन्द्रों तक ले जाएँ और लिवा लाएँ या वोट देने पर मजबूर भी करें तो यह लोकतंत्र की आत्मा का हनन है।

यह तर्क आपको भले ही बेहूदा लगता हो कश्मीर को भारतीय फौज से बचाने वालों का यही मानना है। इसलिए पाकिस्तान, बीबीसी और वॉइस ऑफ अमेरिका के लिए पुराने श्रीनगर में मतदान के दिन हुई पूरी हड़ताल, चरारे शरीफ और बड़गाम

में हुए भारी मतदान से बड़ी खबर है। वे श्रीनगर में वोटरों का वोट न देना कश्मीर की असलियत बताते हैं और कंगन में वोट देने वालों का दिन भर उमड़े रहना झूठ।

क्योंकि ये कश्मीरियों की तरफ से तय कर चुके हैं कि वे भारत में नहीं रहना चाहते और इसलिए पहले लोकसभा और अब विधानसभा चुनाव का बायकॉट करके उन्होंने बता दिया है कि भारत का लोकतंत्र भी उन्हें मंजूर नहीं है। हुर्रियत वालों ने कहा कि हड़ताल से भारत दुनिया वालों के सामने नंगा हो गया है कि कश्मीरी उसके साथ नहीं हैं। कहाँ हुई हड़ताल? पुराने श्रीनगर में। कितनी सीटें हैं वहाँ? छह। जम्मू-कश्मीर विधान सभा में 87 सीटें हैं। छह सीटों पर मतदान बीस प्रतिशत के आसपास उतार कर वे समझ रहे हैं कि उन्होंने चुनाव विफल करवा दिये।

हुरियत, पाकिस्तान और उनके अंग्रेज और अमेरिकी मित्रों को श्रीनगर की हड़ताल का ही सहारा है। लेकिन श्रीनगर कश्मीर नहीं है। सही है कि श्रीनगर में मतदान वाले दिन कोई घर से निकलने को तैयार नहीं था। डर हो या अनिच्छा से। लेकिन कंगन, बड़गाम और चरारे शरीफ में लोग वोट डालने के लिए झगड़ रहे थे। जिनके नाम सूची में नहीं थे वे खफा थे कि उन्हें वोट डालने से क्यों रोका गया? सच श्रीनगर है या चरारे शरीफ? या दोनों? कल देखेंगे।

[25 सितम्बर, 1996]

श्रीनगर, चरारे शरीफ और बड़गाम

इक्कीस सितम्बर के दिन श्रीनगर में कर्फ्यू लगा हुआ था। बहुत उपद्रव और हिंसा के बाद शहरों में सख्ती से लगाए गए कुछ कर्फ्यू मैंने देखे हैं। कलकत्ते की हड़तालें भी देखी हैं जिनमें जिन सड़कों पर और किसी दिन पाँव रखने को जगह न हो उन पर क्रिकेट खेला जाता है और मजाल कि कोई दुकान खुल जाए।

लेकिन श्रीनगर में उस दिन किसी ने कर्फ्यू नहीं लगाया था। जो सुरक्षा बल आमतौर पर ऐसा सख्त कर्फ्यू लगा सकते हैं वे उस दिन भी बड़ी संख्या में तैनात थे लेकिन वे कर्फ्यू लगाने को नहीं मतदान कराने को लगाए गए थे। सड़कों पर बस वही दिखते थे और बीच-बीच में तेजी से भागती कोई सरकारी गाड़ी निकल जाती थी जैसे धीरे चलेगी तो कोई उस पर हमला कर देगा।

जिसमें देखते या दिखते ही गोली मार देने के आदेश हो, वैसे कर्फ्यू में भी ताक-झांक और कुत्ते-बिल्ली का खेल चलता रहता है। पर उस दिन पुराने श्रीनगर में जैसे लोग न हों। सिर्फ मकान हों, गलियाँ हों और सड़कें हों और उन पर घूमते-फिरते हथियारबन्द पुलिस वाले हों। मतदान का बहिष्कार करने के लिए की गई वह हड़ताल थी जिसमें सिर्फ दवाइयों की दुकानों को खुली रहने की छूट थी। हमारी होटल में और तो और वह *ग्रेटर कश्मीर* अखबार भी सबेरे डाला नहीं गया जो सरेआम पाकिस्तान परस्ती करता है और जिसमें आतंकवादियों की हर खबर छापी जाती है और जिसे उस दिन ज्यादा छप कर खूब बाँटने की आजादी हड़ताल करवाने वालों से मिलनी चाहिए थी।

सबेरे पुराने श्रीनगर में उपद्रव होने की खबरें आई थीं और जो ड्राइवर हुसैन हमें तीन दिन से बड़ी दिलेरी के साथ घाटी में घुमा रहा था वह उस इलाके में जाने को तैयार नहीं था। उसका कहना था कि जितने लोग सीधे गोलीबारी में नहीं मारे जाते उससे ज्यादा दोनों तरफ से होती गोलीबारी में पकड़े जाकर मरते हैं। वह हमें ऐसी क्रॉस फायरिंग में डालना नहीं चाहता था। उसे अपनी गाड़ी की भी फिकर रही होगी। लेकिन उसके मना कर देने के कारण हम उन चार विधानसभा क्षेत्रों में जा भी नहीं सकते थे जिनके बारे में सभी का कहना था कि वहाँ हड़ताल होगी और उपद्रव भी होगा।

ये चार चुनाव क्षेत्र हैं—हब्बाकदल, खानयार, ईदगाह और जडीबल। अपनी गलियों और घनी आबादी में ये दिल्ली के चाँदनी चौक और बनारस के पुराने इलाकों जैसे हैं। ये जैसे बीच शहर में बने चंबल के बीहड़ हैं जिनमें पूरी की पूरी सेना भी गुम हो सकती है। शान्ति बनाए रखने के लिए इनमें सुरक्षा बलों के जवान भी अन्दर गश्त नहीं लगाते। कम से कम उस दिन तो उन्हें मना ही किया गया होगा। लोकसभा चुनाव में इन चारों विधानसभा क्षेत्रों से बीस प्रतिशत से कम मतदान हुआ था। हब्बाकदल में सिर्फ 14.27 प्रतिशत।

कर्फ्यू से भी जबरदस्त यह हड़ताल सिर्फ आतंकवादियों के डर और कुछ दिन पहले से फोड़े जा रहे बम, हथगोलों आदि के कारण ही नहीं थी। इन इलाकों में ऐसे लोग भी रहते हैं जो चुनाव और भारत के खिलाफ होंगे और जिनकी आतंकवादियों-अलगाववादियों से सहानुभूति ही नहीं होगी, उनसे सम्पर्क सम्बन्ध भी होंगे। इन लोगों से भी वे लोग डरते होंगे जिन्हें वोट डालने से कोई खास एतराज न होगा। कहीं ये बन्दूक वालों को बता न दें कि फलां-फलां लोग वोट डालने गए थे। फिर ऐसे घने इलाकों में जो लोग रहते हैं उनमें एक अनिवार्य रेवड़ चाल भी होती है।

जो हो, न सिर्फ इन चार विधानसभा क्षेत्रों में हड़ताल और मतदान का बहिष्कार हुआ अमीराकदल के अलावा हजरतबल जैसे ग्रामीण इलाके वाले और सोनावर जैसे पॉश चुनाव क्षेत्र में भी हड़ताल रही और मतदान का प्रतिशत बहुत कम। इन चुनाव क्षेत्रों में हुई हड़ताल को आतंकवादियों की बन्दूकों का डर मान कर डिसमिस नहीं कर देना चाहिए। यहाँ के लोगों की आतंकवादियों से सहानुभूति और पाकिस्तान परस्ती भी हड़ताल का कारण है।

लेकिन उसी दिन जैसे-जैसे आप श्रीनगर से दूर जाने लगें तनाव गायब होता जाए। रास्ते में कई गाँव मिले जहाँ लोग खुद-ब-खुद वोट डालने आए और जहाँ की दुकानें भी खुली थीं। ऐसे गाँव भी मिले जहाँ लोगों ने शिकायत की कि सबेरे ही सेना वाले आ गए थे जिन्होंने सबको घर से निकाल कर वोट डलवाए। कई जगह बन्दूकधारी जवान लोगों को लाते-लिवाते दिखे भी। हमें कहा गया था कि हुर्रियत और आतंकवादियों की तरफ से जगह-जगह ऐसे लोग छोड़े गए हैं जो प्रेस वालों को रोक कर बताते हैं कि सेना ने उनके साथ कैसी जबरदस्ती की है।

हमने पूछा कि क्या उन्होंने अपने वोट अवैध कर दिये हैं ताकि जबरदस्ती का किसी को फायदा न मिले तो किसी ने भी नहीं कहा कि हाँ हमने ऐसा किया है। फारूक अब्दुल्ला और दूसरे कुछ उम्मीदवारों ने भी हमें कहा था कि कई लोग आतंकवादियों और उनके मुखबिरों से बचने के लिए चाहते हैं कि उन्हें सीआरपी वाले निकाल कर ले जाएँ। हम किसी से पूछते भी तो वह बताने वाला नहीं था कि सुरक्षा में जबरदस्ती वोट देते जाते दिखना ही वह चाहता था। फिर भी श्रीनगर जैसा

माहौल हमें किसी गाँव-कस्बे में नहीं दिखा। उत्तर प्रदेश और बिहार के गाँवों में जैसा मतदान होता है वैसा ही होता दिखा।

लेकिन चरारे शरीफ तो अद्‌भुत अनुभव था। आपको याद होगा कि यहाँ गए साल जून में शेख नूरूद्‌दीन की सदियों पुरानी दरगाह में आग लग गई थी। आधा कस्बा भी जल गया था। ये सूफी संत नुंद ऋषि कहलाते थे और इनकी दरगाह पर हिन्दू-मुसलमान दोनों मत्था टेकते थे और सालाना उर्स पर लाखों लोग आते थे। कश्मीरियत का जितना बड़ा प्रतीक चरारे शरीफ है, उतना हजरतबल भी नहीं। शेख नूरूद्‌दीन कश्मीर के लोगों के लोक देवता हैं। इस दरगाह में पाकिस्तान से मस्तगुल आकर छुपा था और वहाँ के लोगों का उसे ऐसा समर्थन और संरक्षण प्राप्त था कि फौजी कार्रवाई भी इस डर से नहीं की गई कि कहीं दरगाह जल कर खाक हो गई तो कश्मीरियों का अलगाव और बढ़ जाएगा।

आखिर चरारे शरीफ की दरगाह में आग लगा दी गई और मस्तगुल अपने साथियों समेत स्थानीय लोगों की मदद से भाग निकला। तब दोष भारतीय फौज और प्रशासन पर आया और चरारे शरीफ के लोग इन दोनों पर गुस्से से लाल-पीले होते रहे। जिन लोगों ने माना भी कि आग मस्तगुल ने लगाई है ताकि कश्मीरी परम्परा को नष्ट करके लोगों को सेना, प्रशासन और भारत के खिलाफ भड़काया जा सके वे भी पूछते थे कि कश्मीर के लोगों में जिस दरगाह के लिए ऐसा पूजा भाव है उसे बचाया क्यों नहीं गया?

वही चरारे शरीफ दूर से ही नया बनता दिख रहा था। जो मकान बन रहे थे वे सुंदर, चमकीले और बड़े थे और पूरा कस्बा एक फलते-फूलते हिल स्टेशन जैसा लग रहा था। दरगाह के सामने वाले चौक में पहुँचे तो वहाँ न सिर्फ जरूरी सामान और खाने-पीने की दुकानें खुली थीं, वह चौक बड़ा और बिल्कुल तनावहीन लग रहा था। वहाँ लोग वैसे ही घूम रहे थे जैसे उत्तर प्रदेश के किसी मुसलिम-बहुल इलाके में मसजिद के सामने घूमते हैं।

दरगाह की बगल से निकले रास्ते पर उत्तेजित लोगों की भीड़ आ-जा रही थी। जनता दल के उम्मीदवार के साथ वसीम अहमद भी मिल गए और दोनों बड़े जोश से गले मिले। उनके साथ की भीड़ उनके जिन्दाबाद के नारे लगा रही थी। जनता दल के उम्मीदवार ने कहा कि जो भी वोट पड़ रहे हैं उन्हीं के लिए हैं और दिल्ली से गए दल के नेता का उत्साह उनका समर्थन कर रहा था। भीड़ का वह रेला चरारे शरीफ में मतदान पर उत्तेजना और उत्साह का जुलूस था।

बनते मकानों और मलबे और नये ईंट-गिट्टी के ढेरों में से होती हुई वह कच्ची सड़क ऊपर चढ़ती जा रही थी उसके दोनों ओर आदमी-औरत खड़े थे और कश्मीरी में जोर-जोर से बोलते थे। उनका झगड़ा मारपीट वाला नहीं था। ऐसा लगता था जैसे वे वोट देने पर झगड़ रहे हों। वहाँ जवान लड़कों और औरतों के भी झुंड थे।

ऊपर टिड्डे पर दो अलग-अलग मकानों में मतदान केन्द्र थे। लम्बी लाइनें लगी थीं। चुनाव करवाने वाले अधिकारियों ने बताया कि लोगों को रोकना मुश्किल है। हेवी पोलिंग सर, हेवी, वेरी हेवी! एक दक्षिण भारतीय अफसर ने बताया।

एक कश्मीरी अफसर से पूछा कि यह कस्बा कैसे बदल गया? तो उसने हँस कर कहा—ये पॉलिटिक्स है। कल तक पूर्वी पाकिस्तान था। अब बांग्लादेश हो गया। लोग बदल सकते हैं। उनके दिल जीते जा सकते हैं। हमारे ड्राइवर हुसैन साब भी आदत के मुताबिक लोकल लोगों में घुल-मिल गए थे। वे पहले भी कई बार चरारे शरीफ आए हैं और दरगाह के जलने के बाद भी। उन्होंने लोगों के बदल जाने का कारण सीधे नहीं बताया। सिनेमा का गाना सुनाया बाप बड़ा ना भैया रे भैया, सबसे बड़ा रुपैया। लोगों को जमीन मिली है, पैसा मिला है मकान बनाने को। और भी सुविधाएँ मिली हैं। लोग खुश हैं। उन्हें लगता है कि वोट देंगे, सरकार बनेगी तो और भी करेगी हमारे लिए।

जले मकानों की एवज में कस्बे से दूर नई बस्ती में जमीन मिले, मकान बनाने को लाख-दो लाख रुपया मिले तो क्या लोग ऐसे बदल जाते हैं? सारा गुस्सा काफूर, दरगाह के जलने का दुख भी नहीं, बल्कि चाहते हैं कि उसे फिर से बनाने की जिम्मेदारी भी सरकार ले। औकाफ ट्रस्ट को न दे। नहीं तो हवाले से भी बड़े घोटाले होंगे। अगर चरारे शरीफ के लोगों को जमीन और पैसा बाँट कर सरकार ने जीत लिया है और वे ऐसे उत्साह से वोट दे रहे हैं तो जो वोट नहीं दे रहे और हड़ताल पर हैं और जिन्होंने कर्फ्यू लगा रखा है क्या उन्हें भी किसी ने पैसे दे रखे हैं? और क्या जैसे चरारे शरीफ जीत लिया गया वैसे ही पूरा कश्मीर और उसके दिल को भारत नहीं जीत सकता?

चरारे शरीफ बड़गाम जिले में है और बड़गाम श्रीनगर के उस पार लगता है हालाँकि है नहीं। बीच में वह पुल पड़ता है जो श्रीनगर ले जाता है और उससे भ्रम होता है कि अपन श्रीनगर पार करके आ रहे हैं। बड़गाम जिला मुख्यालय है और बारामुला जाने के रास्ते में पड़ता है। फिर भी श्रीनगर से कोई बहुत दूर नहीं है। लेकिन यहाँ न सिर्फ हड़ताल नहीं थी सचमुच चुनाव का उत्साही वातावरण था।

ऊँचे चढ़ते हुए हम एक मतदान केन्द्र पर पहुँचे। बीच में चौराहे पर और ऊपर सड़क चढ़ते हुए दोनों तरफ उत्तेजित और उत्साहित लोग मिले। कारों में लदे समर्थकों, कार्यकर्ताओं से घिरे उम्मीदवार दिखे। मतदान केन्द्र पर पटना से आए चुनाव कर्मचारी थे और उनसे मगही लहजे में बोलते ही वे खिल गए। कहा कि क्या बताया जाए, सुबह से लाइन ही नहीं टूट रही हैं। हम समझा रहे हैं कि बहुत वोट देंगे और प्रतिशत नब्बे से ऊपर हो गया तो सब कैंसिल नहीं न हो जाएगा। बस कीजिए! पर कोई सुने तब ना! कांग्रेस का जोर है।

नीचे उतरे तो पता चला कि वहाँ कांग्रेस उम्मीदवार शिया धार्मिक नेता आगा

साहब के बेटे हैं और वोट देने का लगभग फतवा निकला हुआ है। कोई भी मर्द-औरत जिसका नाम वोटर लिस्ट में है—वोट देने से चूकना नहीं चाहता। वोट देना वहाँ जैसे धर्मादेश मानना है। और इस धर्मादेश के आगे न आतंकवादियों की चल सकती है, न किसी और राजनीतिक पार्टी की। इसलिए बहिष्कार का असर होने का तो कोई सवाल ही नहीं है। मतदान को अवैध हो जाने से ही बचाना है।

बड़गाम से हम जल्दी लौटे क्योंकि श्रीनगर के उन इलाकों में घूमना था जहाँ मुकम्मल हड़ताल थी और मतदान नहीं हुआ था और जहाँ दिन में जाना नहीं हो सकता था। पाँच बजने के कुछ देर बाद पहुँचे। तनाव घट गया था। लोग जैसे दड़बे से निकल आए थे। प्रेस की गाड़ी देखकर कोई नेता किस्म का आदमी विक्टरी साइन दे रहा था। सुरक्षा बल ड्यूटी पूरी करके ट्रकों के आसपास इकट्ठे हो रहे थे।

श्रीनगर, चरारे शरीफ और बड़गाम। हमने मतदान के तीन और एक-दूसरे से बिल्कुल अलग दृश्य देखे थे। श्रीनगर आतंकवादियों, अलगाववादियों या डरे सहमे लोगों का टापू था। बड़गाम और चरारे शरीफ में भारी मतदान के अलग-अलग कारण थे। लेकिन लोकतंत्र में सब कारणों से मतदान होता और नहीं होता है। आप अपने अर्थ निकाल लीजिए। अक्तूबर के पहले हफ्ते में जब नई सरकार बनेगी तब फिर सेवा में निवेदन करूँगा।

[26 सितम्बर, 1996]

पूरी तरह राजनीति में हैं सोनिया गांधी

मोहम्मद यूनुस कोई केके तिवारी नहीं हैं जिनका सार्वजनिक जीवन सोनिया भक्ति पर चलता हो। उमर में वे इन्दिरा गांधी के बराबर हैं और जवाहरलाल नेहरू के पास भी बादशाह खान के जरिये आए थे। उन्होंने आजादी का आन्दोलन और भारत विभाजन देखा है और उस वक्त के बहुत से लोगों की तरह आज के हालात से दुखी और निराश हैं। वे जवाहरलाल जी के समय से नेहरू खानदान के वफादार दोस्त हैं। इन्दिरा जी और राजीव गांधी भी उनकी इज्जत करते रहे और ऐसा नहीं माना गया कि वे नेहरू राजवंश के दरबारी सेवक हैं। इस खानदानी दोस्ती के थोड़े-बहुत फायदे उन्हें भले ही मिले हों लेकिन ऐसा आरोप तो उनके दुश्मनों ने भी नहीं लगाया कि मोहम्मद यूनुस इस नजदीकी को भुनाते रहे हैं।

लेकिन तीन पीढ़ी के ऐसे बुजुर्गवार पारिवारिक दोस्त की भी मिट्टी पलीद करने में सोनिया गांधी ने कोई हिचक नहीं दिखाई। जिस दिन उनके कारकून जॉर्ज ने मोहम्मद यूनुस के बयान को नाकुछ बताया उसी दिन घोषित दरबारी अर्जुन सिंह से वे तीस मिनट मिलीं और इस मुलाकात को मजे में प्रचारित होने दिया। लगे हाथ अर्जुन सिंह के मीडिया मैनेजरों ने यह अफवाह भी फैला दी कि उसी शाम सोनिया गांधी ने नरसिंह राव की मुलाकात रद्द की है जब कि प्रधानमंत्री ने न तो मुलाकात के लिए कोई समय माँगा था, न कोई मुलाकात तय थी। सोनिया गांधी के दफ्तर को यह जरूरी नहीं लगा कि यूनुस के बयान की हकीकत से जो दूरी बताई गई उसी तरह राव की मुलाकात रद्द करने की अफवाह का भी खंडन किया जाए।

यह सम्भव है कि मोहम्मद यूनुस को सुझाया गया हो कि वे बयान दें। इसमें कोई शक नहीं कि सोनिया गांधी के सक्रिय राजनीति में आने की सम्भावना को राव के माथे पर तलवार की तरह लटका कर कांग्रेस के कुछ नेता नाराजी की राजनीति कर रहे हैं। अर्जुन सिंह तो राजीव गांधी की अकाल मृत्यु के तत्काल बाद से ही कह रहे हैं कि सोनिया गांधी को राजनीति में आ जाना चाहिए। लेकिन अब नारायण दत्त तिवारी और उत्तर प्रदेश के उनके राव विरोधी समर्थक भी खुली माँग करने लगे हैं कि सोनिया जी को कांग्रेस को डूबने से बचाना चाहिए। अर्जुन सिंह और नारायण दत्त तिवारी तो दो ऐसे कांग्रेसी नेता हैं जिन्हें सभी बुजुर्ग और अनुभवी

मानते हैं। लेकिन नेहरू खानदान के भक्ति सम्प्रदाय के ऐसे छुटभैये नेताओं की भी कमी नहीं है। जो सोनिया गांधी के कल्कि अवतार की प्रतीक्षा ही नहीं कर रहे, उसकी माँग भी कर रहे हैं।

हम सब जानते हैं कि कांग्रेस के वंचित नेताओं की यह नाराज-राजनीति सोनिया गांधी के आने की गीदड़ भभकी पर चल रही है। नारायण दत्त तिवारी ने दो-तीन महीनों से जाहिराना तरीके से सोनिया फेक्टर का इस्तेमाल किया है लेकिन अर्जुन सिंह तो कोई साढ़े तीन साल से बड़ी सफाई से इसका उपयोग कर रहे हैं। आंध्र और कर्नाटक के विधानसभा चुनावों में कांग्रेस की हार से हिम्मत लेकर अर्जुन सिंह ने जो नाराज-राजनीति चलाई है उसमें सोनिया जी के आशीर्वाद होने की बात लगातार फैलाई जाती है। अर्जुन सिंह जानते हैं कि कांग्रेसियों को इसी आशीर्वाद के लालच और भय से नरसिंह राव के विरुद्ध और अपनी तरफ किया जा सकता है। नरसिंह राव या उनके समर्थकों या अर्जुन विरोधियों को लगता है कि इस गीदड़ भभकी की हवा निकाली जानी चाहिए।

चूँकि मोहम्मद यूनुस जवाहरलाल से लेकर सोनिया गांधी तक के सम्माननीय मित्र हैं इसलिए उनका बयान किसी और नेता के बयान की तुलना में ज्यादा विश्वसनीय और इसलिए वजनदार होगा। शायद यही मान कर यूनुस से कहा गया हो कि सोनिया गांधी के इस गलत राजनीतिक इस्तेमाल को बन्द करने के लिए वे बयान दें। उन्होंने बाकायदा लिखित बयान दे भी दिया। इस सम्भावना को, कि सोनिया गांधी सक्रिय राजनीति में आ सकती हैं और अर्जुन सिंह एंड कम्पनी को उनके आशीर्वाद प्राप्त हैं, बेबुनियाद बताने के लिए यूनुस के बयान में भी वैसे भ्रम के लिए काफी गुंजाइश छोड़ दी गई जैसे भ्रम का इस्तेमाल राव से नाराज नेता करते रहे हैं। जैसे—राजनीति में आने के बजाय या अपने बच्चों को उसकी इजाजत देने के बजाय मैं दिल्ली की सड़कों पर भीख माँगना पसन्द करूँगी—जैसा जुमला सोनिया गांधी ने मोहम्मद यूनुस को कहा जरूर होगा पर आंध्र और कर्नाटक के चुनावों में कांग्रेस के हारने और केन्द्रीय मंत्रिमंडल से अर्जुन सिंह के इस्तीफे के बाद नहीं। या भारत से अपने प्रेम और प्रतिबद्धता बताने के लिए हवाई जहाज से समुद्र में फेंके जाने के बाद अपने जन्म स्थान मिलान की ओर तैर कर जाने के बजाय वापस भारत आने और इस तरह अपने पति के देश में अपनी अनन्य भक्ति दिखाने की बात भी सोनिया गांधी ने बुजुर्ग पारिवारिक मित्र मोहम्मद यूनुस को जरूरी कही होगी। लेकिन हाल फिलहाल में नहीं।

यह नहीं हो सकता कि ऐसी जुमलेबाजी मोहम्मद यूनुस की शायराना तबीयत से निकली हो। यूनुस वफादार और समझदार दोस्त के नाते तो जरूर मशहूर रहे हैं लेकिन न तो उनकी प्रसिद्धि अपनी तीव्र बुद्धि के कारण है, न रचनाशील कल्पनाशीलता के कारण। फिर स्वभाव से ही वफादार यूनुस जैसे आदमी लिखित

बयान में ऐसी बातों को सोनिया गांधी के नाम से प्रचारित नहीं करेंगे जो उन्होंने कभी कही न हों। राजनीति से दूर रहने और किसी भी हालत में भारत में ही रहने की बातें सोनिया गांधी ने मोहम्मद यूनुस से निश्चित ही कही होंगी लेकिन डेढ़ महीने से कांग्रेस में छिड़े सत्ता संघर्ष के दौरान नहीं। एक बयान में उन्हें अब शामिल करने से कुछ-कुछ मतलब तो ऐसा निकलता ही है कि अर्जुन सिंह और नारायण दत्त तिवारी और दूसरे कांग्रेसी छुटभैयों की बात सोनिया गांधी कभी नहीं मानेंगी और कांग्रेस में आ कर उनके सक्रिय राजनीति करने का कोई सवाल ही कभी पैदा नहीं होगा।

मोहम्मद यूनुस के बयान से निकलने वाले इस तरह के मतलब और उसके नरसिंह राव के पक्ष में जाने से सोनिया गांधी अगर अपने को अलग करना चाहें तो उनकी इस सदिच्छा से किसी को कोई एतराज नहीं हो सकता। पक्ष में हो या विपक्ष में सोनिया गांधी अगर अपनी बातों का इस्तेमाल नहीं होने देना चाहतीं तो ऐसा करने का हक उन्हें है और उनके नाम को घसीटने वाला चाहे अर्जुन सिंह हो या मोहम्मद यूनुस वह कोई दोस्ती और भलमनसाहत का काम नहीं कर रहा। लेकिन मोहम्मद यूनुस के बयान में कोई ऐसी राजनीतिक स्वार्थ लोलुपता नहीं दिखाई देती जैसी अर्जुन सिंह और दूसरे नाराज कांग्रेसी नेताओं की कथनी और करनी में साफ दिखती रही है। ऐसा हमेशा नहीं हुआ कि सोनिया गांधी या उनके दफ्तर ने तत्काल और ऐसी तत्परता के साथ इन कोशिशों से अपने को अलग किया हो।

मोहम्मद यूनुस के बयान पर राव के परोक्ष समर्थन में होने का आरोप तो लगाया जा सकता है लेकिन सोनिया गांधी या नेहरू परिवार के प्रति उनकी नीयत में कोई खोट नहीं देखी जा सकती। फिर भी जिस तत्परता और बेलिहाजी से सोनिया गांधी के दफ्तर ने उसका खंडन किया उससे साफ है कि जिस परिवार की बहू होने के नाते इस देश को वे अपना मानती हैं उसके एक खानदानी दोस्त का वे कितना लिहाज करती हैं। इस तरह की निर्ममता तो इन्दिरा गांधी ने अपने पिता के दोस्त और उन को बेटी समझने वाले जेपी के साथ भी नहीं बरती थी जब तक कि जेपी खुल्लम-खुल्ला उनके विरोधी नहीं हो गए थे। सोनिया गांधी के दफ्तर ने यूनुस के बयान पर कहा कि उसने न तो किसी को ऐसा बयान देने को कहा था, न किसी को उनकी ओर से बयान देने को अधिकृत किया गया है। यानी कि मोहम्मद यूनुस साहब, आप होते हैं कौन?

पता नहीं यूनुस को नेहरू परिवार की वफादारी और दोस्ती का यही फल मिलना चाहिए था या नहीं। एक 'राजवंश' की इतालवी बहू जैसी उत्तराधिकारिणी भी उसके वफादार दोस्त के साथ दरबारी जैसा बरताव कर सकती है। तो इसका यह निष्कर्ष तो निकलता ही है कि राजशाही हो या लोकतंत्र अगर किसी परिवार को कोई राजवंश का दर्जा देता है तो उसे दरबारी की तरह अपमानित किये जाने

के लिए भी तैयार रहना चाहिए। यही क्या कम गनीमत है कि अभी इस देश में ऐसे लोगों की कोई कमी नहीं है जो नेहरू परिवार को हमारे लोकतंत्र के दैविक राजवंश होने का अधिकार नहीं देते। लेकिन यह मामला यूनुस और उनके साथ एक तथाकथित राजवंश की एक विदेशी बहूरानी के व्यवहार का नहीं है। जिस दिन यूनुस के बयान का बेलिहाज खंडन किया गया उसी शाम सोनिया गांधी अर्जुन सिंह से मिलीं। यानी उनके नाम का अगर इस्तेमाल किसी मोहम्मद यूनुस ने नरसिंह राव के पक्ष में होने दिया है तो इस पाप का परिमार्जन वे खुद अर्जुन सिंह से मिल कर और यह सन्देश दे कर करेंगी कि वे राव के साथ नहीं हैं।

पहले मैं कह चुका हूँ कि अपने नाम का उपयोग, सदुपयोग और दुरुपयोग होने दें या नहीं इसकी पूरी आजादी और इसका पूरा अधिकार सोनिया गांधी को है। वे राजनीति में आएँ या न आएँ इसका भी अधिकार उन्हें है क्योंकि वे भारत की नागरिक हैं अपनी मर्जी से हैं और हमारा लोकतंत्र अपने हर नागरिक को राजनीति करने का मौलिक अधिकार देता है बशर्ते कि वह उसके अयोग्य न हो गया हो। यह भी सार्वजनिक शिष्टाचार और अपनी संस्कृति का आग्रह है कि सोनिया गांधी को अपना निर्णय करने के लिए स्वतंत्र छोड़ दिया जाए। एक विधवा के साथ किसी भी तरह का दुराग्रह करना सभ्यता नहीं है, न उन्हें अकारण बदनाम किया जाना चाहिए। हम भी स्वतंत्र हैं कि कहें कि वे इस देश का या कांग्रेस का नेतृत्व कर सकती हैं या नहीं। लोकतंत्र में इसकी भी छूट है कि उनकी योग्यता या अयोग्यता का आकलन किया जाना चाहिए। राजीव गांधी की विधवा और नेहरू परिवार की विदेशी बहू होने के कारण वे इस देश पर राज करने के योग्य नहीं हो जातीं लेकिन यही तथ्य उनकी अयोग्यता के भी कारण नहीं हो सकते। कांग्रेसी अगर चाहें और वे उम्मीदवार बनाकर सोनिया गांधी को देश के सामने रखें और पहले जनता और फिर जनता के प्रतिनिधि उन्हें चुन लें तो उन्हें प्रधानमंत्री होने से रोकने वाले हम आप कौन होते हैं?

लेकिन यह सब कह और मान लेने के बाद हमें यह भी समझ लेना चाहिए कि ऐसा मानना मूरखपन है कि सोनिया गांधी राजनीति में नहीं हैं। पिछले कुछ महीनों से खास कर आंध्र और कर्नाटक में कांग्रेस यानी नरसिंह राव की हार के बाद जिस तरह की कूट राजनीति सोनिया गांधी कर रही हैं उससे लगता है कि उन्होंने अपनी सास इन्दिरा गांधी से और कुछ सीखा हो या नहीं इतना तो निश्चित ही सीखा है कि कांग्रेस और सार्वजनिक जीवन में अपने नेहरू परिवार के होने का कैसा राजनीतिक इस्तेमाल किया जाना चाहिए। वे राजनीति में नहीं हैं, कांग्रेस की साधारण मेंबर भी नहीं हैं। फिर भी कांग्रेस में साढ़े तीन साल से चले आ रहे सत्ता संघर्ष की निर्णायक शक्ति बनी हैं। हैं या नहीं यह तो किसी खुली परीक्षा में ही सिद्ध होगा। लेकिन सोनिया गांधी जानती हैं कि बंधी मुट्ठी इस देश में लाख के

बराबर होती है और वे इससे करोड़ों का काम करवा रही हैं। न हींग लगाती हैं, न फिटकरी फिर भी उनका रंग चोखा बना हुआ है।

फिलहाल सोनिया गांधी नहीं चाहतीं कि बोफोर्स घोटाले की जाँच किसी मुकाम पर पहुँचे क्योंकि इसमें राजीव गांधी ही नहीं उनके पारिवारिक इतालवी मित्र कुतरोची का भी नाम फँसा हुआ है। सोनिया गांधी अपने पति के हत्याकांड की भी पूरी जाँच और उसके दोषियों को सजा दिलवाना चाहती हैं। वे राजीव गांधी के नाम पर बने प्रतिष्ठान के जरिये ऐसे काम भी करती रहना चाहती हैं ताकि विदेश में उनका नाम और रुतबा बना रहे। वे अपने सक्रिय राजनीति में आने की सम्भावना को भी हमेशा बनाए रखना चाहती हैं। ताकि जब भी उन्हें लगे कि अपने लिए या अपने बच्चों के लिए सीधे राजनीति करना जरूरी है तब सारे कांग्रेसी लाल जाजम बिछा कर कोर्निश बजाते हुए उनके आने का स्वागत करें। सत्ता संघर्ष में लगे किसी एक गुट की अधिष्ठात्री मातृशक्ति बनी दिखना वे नहीं चाहतीं। वे पूरी कांग्रेस की एकछत्र अधिस्वामिनी हो कर सक्रिय राजनीति में आना चाहती हैं। दस जनपथ के कारकून उनका तिलिस्म बना रहे हैं। अर्जुन सिंह जैसे जन्मजात दरबारी उनका करिश्मा गढ़ रहे हैं और जो न नर हैं, न सिंह हैं, न राव हैं ऐसे नरसिंह राव यह सब होने दे रहे हैं। सोनिया गांधी इनसे बड़े दरबारी कहाँ मिलते? क्यों कभी जाएँ वे इस देश को छोड़कर?

[1996]

फारूक अब इतने सावधान क्यों हैं?

विधानसभा चुनाव के दौरान तो देते ही थे अब सरकार बनाने के पहले भी फारूक अब्दुल्ला चुनाव के बाद की चुनौतियों और समस्याओं पर ज्यादा जोर दे रहे हैं।

कई बार तो उनकी बातों से लगता है कि जैसे इन चुनौतियों और समस्याओं का पूरा अन्दाज लगाते हुए वे जैसे अन्दर से काँप जाते हैं। भय से नहीं, चुनौतियों और समस्याओं के भार और उनकी विकटता से। अब वे पहले के छैला बाबू नहीं लगते। पिता की अकाल मृत्यु से जैसे कोई पुत्र अचानक जिम्मेदार और प्रौढ़ हो गया हो वैसे ही कश्मीरी राजनीति के ये छैला घर के बुजुर्ग कर्ता की तरह बातें करने लगे हैं।

फारूक अब्दुल्ला के मामले में यह परिवर्तन जरूर नया लगता है लेकिन जम्मू-कश्मीर की चुनौतियों और समस्याओं की समझ के नाते स्थिति कई वर्षों से गम्भीर और विकट रही है। दिल्ली और श्रीनगर के नेताओं के तदर्थवाद और तात्कालिकता ने स्थिति को टालने की जो कोशिशें की हैं उन्हीं का परिणाम पिछले सात वर्षों से राज्य और देश के लोग भुगत रहे हैं।

आतंकवाद और अलगाववाद के इस हिंसक दौर में जम्मू-कश्मीर के लोगों ने पाकिस्तान से हुई तीन लड़ाइयों से भी ज्यादा खून-खराबा और विध्वंस देखा और भुगता है। वहाँ के समाज में अन्दर से जो दुराव और हिंसा आई है उससे कोई दो लाख कश्मीरी पंडित तो घाटी से भाग कर शरणार्थी हुए ही हैं जो कश्मीरियत सदियों से वहाँ के लोगों को एक रंगीन और खूबसूरत बुनावट में बाँधे हुए थी वह भी तार-तार हुई है। कालीन, शॉल, फल-फूल, केसर की क्यारियाँ और डल और बुलर झीलें तो बिगड़ी ही हैं, इन के साथ पर्यटन उद्योग भी नष्ट हुआ है। दिल्ली से मिले पैसों पर यह 'पृथ्वी का स्वर्ग' जैसे-तैसे गुजर-बसर करता रहा है।

पहली बार चुनाव को इस ठंडी, अँधेरी और खून से लथपथ सुरंग से बाहर निकलने के रास्ते के नाते कश्मीरियों को दिखाया गया। और बावजूद आतंकवादियों की बन्दूकों के डर और अपने को कश्मीरियों का खैरख्वाह बताने वाले हुर्रियत के नेताओं के मना करने के, उन्होंने बड़ी संख्या में वोट दिये और जिसे अपनी और लोकप्रिय कह सकें ऐसी सरकार बनाने का जनादेश दिया।

नेशनल कॉन्फ्रेंस कश्मीरियों की अपनी क्षेत्रीय पार्टी है और पहले भी चुनाव लड़कर जीतती रही है। लेकिन उसे इतनी सीटें और वे भी जम्मू-कश्मीर के तीनों इलाकों से कभी नहीं मिलीं जितनी इस बार मिली हैं। सन् '77 और '83 के विधानसभा चुनावों में 1976 में से 47 सीटें नेशनल कॉन्फ्रेंस ने जीती थीं। इस बार 87 में से 57 जीती हैं और दो निर्दलीय विधायक उसमें शामिल हो गए हैं। यानी अब 87 में से 59 सीटें नेशनल कॉन्फ्रेंस की हैं जो दो-तिहाई बहुमत से तो ज्यादा हैं ही, सीटों के अनुपात और प्रतिशत दोनों में पिछले किसी भी चुनाव से ज्यादा हैं।

फिर अब तक नेशनल कॉन्फ्रेंस घाटी की पार्टी मानी जाती थी। उसे जो भी सीटें मिलती थीं ज्यादातर कश्मीर घाटी से ही मिलती थीं और जम्मू और लद्दाख इलाके में दिखाने के लिए एकाध सीट वह जीत जाती थी। लेकिन इस चुनाव में घाटी की 46 में से 40 सीटें उसने जीती हैं तो जम्मू की 37 में से 14 और लद्दाख की चार में से तीन सीटें उसने जीती हैं। जो दो निर्दलीय विधायक उसमें बाद में आए उनमें से भी एक घाटी का और दूसरा जम्मू का है। ये सीटें भले ही उसे इसलिए मिली हों कि कांग्रेस का वहाँ विघटन हुआ है और अब दिल्ली में उसकी सरकार भी नहीं है। कारण जो भी हो नेशनल कॉन्फ्रेंस पहली बार जम्मू-कश्मीर के तीनों इलाकों की प्रतिनिधि पार्टी बन कर निकली है और इससे न सिर्फ उसका चरित्र बदलेगा बल्कि जिम्मेदारी भी बढ़ेगी और उसे जम्मू और लद्दाख का भी उतना ही ध्यान रखना होगा जितना वह घाटी का रखा करती थी। अब सही मानो में वह पूरे जम्मू-कश्मीर राज्य की क्षेत्रीय पार्टी हो गई है और फारूक अब्दुल्ला की यह घोषणा स्वाभाविक और उचित ही है कि केन्द्र में सत्तारूढ़ तेरह पार्टियों के संयुक्त मोर्चे में वह भी शामिल हो जाए। यह न सिर्फ नये बने संघीय ढाँचे में आना होगा उस क्षेत्रीय स्वायत्तता के लिए रचनात्मक रास्ता बनाना भी होगा जिसकी माँग नेशनल कॉन्फ्रेंस शुरू से करती रही है। और जिसके नारे पर उसने यह चुनाव भी लड़ा था। इस तरह जनादेश और सीटें ही देखें तो वे नेशनल कॉन्फ्रेंस के अध्यक्ष और अब उसके मुख्यमंत्री बन रहे फारूक अब्दुल्ला को जिम्मेदारी के बोझ से दबाने के लिए काफी हैं। फिर फारूक अब्दुल्ला ने यह चुनाव लड़ने के लिए जम्मू-कश्मीर के सभी दमदार और प्रभावशाली तबकों और उनके नेताओं को साथ लेने की कोशिश की है। कर्णसिंह के जिस डोगरा राजघराने से उनकी और उनके परिवार की पुश्तैनी दुश्मनी चली आ रही थी उसके एक पुत्र अजातशत्रु सिंह को उन्होंने नेशनल कॉन्फ्रेंस के टिकट पर लड़ाया और वे जीत भी गए।

फिर गुजरों-बकरवालों का जो समाज अब तक कांग्रेस का समर्थन करता रहा है और जो आतंकवाद-अलगाववाद के इस दौर में भी पाकिस्तानपरस्तों और एजेंटों के खिलाफ रहा उसे पूरी तरह अपने साथ करने में फारूक अब्दुल्ला सफल रहे। गूजरों-बकरवालों का सीधा साबका आतंकवादियों और सीमा पार से आने वाले

पाकिस्तानी एजेंटों से पड़ता रहा है। पहाड़ों के ऊपरी इलाकों में ही ये लोग रहते और घूमते-फिरते हैं और वहीं आतंकवादियों की आवाजाही और ट्रेनिंग चलती रही है। इन लोगों को आतंकवादियों-अलगाववादियों के हाथों भुगतना भी पड़ा है। इनका फारूक अब्दुल्ला के साथ आना सिर्फ एक वोट बैंक का आना नहीं है आतंकवादियों और घुसपैठियों से निपटने और भटके हुए लड़कों को अपने समाज में लौटाने में भी ये लोग बहुत काम के साबित हो सकते हैं।

मौलाना अंसारी और आगा साहब जैसे शिया धार्मिक नेताओं का भी कांग्रेस छोड़कर फारूक अब्दुल्ला और नेशनल कॉन्फ्रेंस के साथ आना महत्त्वपूर्ण है। शिया-सुन्नियों में ज्यादातर और मोटे तौर पर सुन्नी पाकिस्तानपरस्तों के साथ रहे हैं। इसलिए कश्मीर के शिया ज्यादातर कांग्रेस के साथ और उसके समर्थक रहे हैं। मौलाना अंसारी तो अभी कुछ समय पहले तक कांग्रेस में थे ही। शियाओं के एक और सम्प्रदाय के नेता आगा साहब भी नेशनल कॉन्फ्रेंस और फारूक अब्दुल्ला के समर्थन में आ गए हैं।

इस तरह फारूक अब्दुल्ला ने जातीय और समुदायों का जो समीकरण बनाया है वह चुनाव जिताने वाला तो था ही मोटे तौर पर लोकतंत्र और भारत समर्थक और आतंकवाद और अलगाववाद के खिलाफ भी है। इनमें कई तबके अब तक नेशनल कॉन्फ्रेंस और शेख अब्दुल्ला परिवार के विरोधी रहे हैं। उन्हें साथ लाकर फारूक ने चुनाव तो जीता ही है जम्मू-कश्मीर समाज का एक मिला-जुला मोर्चा भी बनाया है। एक मायने में नेशनल कॉन्फ्रेंस जम्मू-कश्मीर के लिए अब वही हो गई है जो कांग्रेस कभी पूरे देश के लिए हुआ करती थी।

यह सामाजिक मोर्चा बनाना और चुनाव जीतना आसान था क्योंकि जम्मू कश्मीर में आतंकवाद-अलगाववाद के खिलाफ एक अघोषित भावनात्मक मोर्चा पिछले वर्षों में बन गया था। लगभग सभी लोगों को आतंकवाद की कीमत चुकानी पड़ी है और उसने जम्मू-कश्मीर के सामाजिक-आर्थिक ताने-बाने को छिन्न-भिन्न किया है। ये सभी लोग शान्ति और आर्थिक खुशहाली चाहते हैं। फारूक अब्दुल्ला ने अपने राज्य के लोगों की भावनाओं, पीड़ा और आकांक्षाओं को एक राजनीतिक मोर्चे में मूर्त रूप दिया है। इस मोर्चे को साथ रखना, सबकी आशा-आकांक्षाओं को पूरा करना और कश्मीर को नये सिरे से बनाने की शुरुआत करना आसान नहीं होगा। इसलिए फारूक अब्दुल्ला की संजीदगी और सावधानी समझी जा सकती है।

वे जानते हैं कि इस बार लफ्फाजी करने से काम नहीं चलेगा और कुछ न होने का ठीकरा केन्द्र के माथे भी फोड़ा नहीं जा सकेगा। इस बार खुद फारूक अब्दुल्ला को भी अपने को लोकतंत्र और क्षेत्रीय विकास के लिए ज्यादा प्रतिबद्ध होना पड़ा है। लोकतांत्रिक प्रक्रिया लौटे और चले इसमें फारूक अब्दुल्ला के दांव पिछली किसी भी बार से ज्यादा रहे हैं। इसलिए जितनी बातें वे स्वायत्तता की करते

रहे हैं लगभग उतनी ही आतंकवाद अलगाववाद से लड़ने की, लोकतंत्र को ठीक से चलने देने की, भ्रष्टाचार को मिटाने की और कश्मीर के पुनर्निर्माण में पूरे देश की भागीदारी की भी करते हैं। उन्हें कहीं न कहीं इस बात का भी अहसास है कि कश्मीर के आजाद हो जाने या पाकिस्तान में मिल जाने की धौंस पर अब भारत का और भयादोहन नहीं किया जा सकता।

फारूक अब्दुल्ला अब वे नेता नहीं हैं जिनसे कश्मीरी-कश्मीर के अलग होने पर जोर देते रहने की उम्मीद करते हों। अब जम्मू-कश्मीर और पूरे देश में लोग फारूक अब्दुल्ला से उम्मीद कर रहे हैं कि आतंकवाद-अलगाववाद के कारण सर्वनाश के कगार पर पहुँचे कश्मीर को वे शान्ति-खुशहाली, लोकतंत्र और सभी मानो में भारत में लौटा लाएँगे। यह ज्यादा जिम्मेदार भूमिका फारूक अब्दुल्ला को अगर अन्दर से कंपा देती हो तो कोई अचरज नहीं होना चाहिए। लोगों की आशा-आकांक्षाएँ सचमुच बहुत बाढ़ पर चढ़ी हुई हैं, उन्होंने भरपूर समर्थन और जनादेश भी दिया है और वे चाहते हैं कि फारूक की सरकार ईमानदारी और मेहनत से काम में जुट जाए।

अपने सकारात्मक रूप में ही यह कोई कम भगीरथ जिम्मेदारी नहीं है। फिर ऊपर से इसे निभाने के खतरे जो बहुत बढ़ गए हैं। सारी दुनिया जानती है कि पाकिस्तान नहीं चाहता था कि कश्मीर में चुनाव हों कि और दुनिया के सामने साबित हो कि वहाँ स्थिति सामान्य है। लोग लोकतांत्रिक रूप से अपनी राय प्रकट कर चुके हैं और वे भारत और लोकतांत्रिक—पंथनिरपेक्ष व्यवस्था में रह कर अपनी नियति से साक्षात्कार करना चाहते हैं। स्वतंत्र निर्भय और निष्पक्ष चुनाव के जरिये ऐसा दुनिया के सामने जाहिर होना पाकिस्तान के पूरे केस को ही बिगाड़ता है। इसलिए एक तरफ तो पाकिस्तान प्रचार करता रहा कि भारतीय सेना जबरदस्ती चुनाव करवा रही है और दूसरी तरफ आतंकवादियों-अलगाववादियों को बन्दूकों और बहिष्कार के नारे से वह चुनाव को टाँय-टाँय फिस्स करवाने की कोशिश में लगा रहा।

लोकसभा और विधानसभा चुनाव—दोनों में ही पाकिस्तान अपने मकसद में नाकामयाब रहा है। इस पराजय को वह चुपचाप बैठा सहन नहीं कर सकता क्योंकि कश्मीरियों का भारत की लोकतांत्रिक व्यवस्था में ठीक-ठाक अभिव्यक्ति पाना और इस तरह उसमें एकमेक हो जाना और दुनिया के जनमत के सामने साबित होना कि कश्मीर पर पाकिस्तान के दावे में कोई दम नहीं है—पाकिस्तान के अस्तित्व को ही मुश्किल में डाल देगा। इसलिए पाकिस्तान के एजेंडे पर यह पहली बात होगी कि चुनाव से जो सरकार बनी है वह फेल हो जाए। राष्ट्रपति शासन और सैनिक कार्रवाई के सफल होने को तो वह एक बार फिर भी बर्दाश्त कर सकता है लेकिन जिस चुनाव को उसने धोखा कहा है—उससे बनी सरकार का सफल होना उसकी दुहरी हार होगी।

पाकिस्तान कश्मीर में चलते अपने छाया युद्ध को तेज करेगा और उसकी पूरी कोशिश होगी कि सरकार कश्मीर के पुनर्निर्माण में लगने के बजाय आग बुझाने में ही दिन रात लगी रही। वह फिर कोशिश करेगा कि न सिर्फ फारूक सरकार विफल हो बल्कि कश्मीर में हालत इतनी खराब हो जाए कि दिल्ली को राष्ट्रपति शासन ही न लगाना पड़े—उसे सेना के हवाले ही कर देना पड़े। पाकिस्तान का मकसद इसी से पूरा होता है कि दुनिया को लगे कि सिवाय सेना के भारत कश्मीर को अपने पास रख ही नहीं सकता।

लोकसभा और विधानसभा चुनावों के दौरान श्रीनगर और कश्मीर में कई जगह पाकिस्तान दिखा चुका है कि उसके समर्थक कश्मीर में मौजूद हैं और उनकी बन्दूकों का इतना आतंक तो है ही कि लोग वोट देने न आएँ। हुर्रियत के नेताओं ने भी देख लिया है कि चुनाव के बहिष्कार का उनका नारा बेकार गया है और जगजाहिर हो चुका है कि कश्मीर के लोग उनकी नहीं सुनते। इन्हें नये सिरे से अपना अलगाववादी नेतृत्व जमाना लोगा। पाकिस्तान ही उनका मददगार साबित हो सकता है। इसलिए आजादी चाहने वालों और कश्मीर को पाकिस्तान में मिलाने वालों का नया गठबन्धन नये सिरे से कश्मीर में सक्रिय होगा।

फारूक अब्दुल्ला कश्मीरी हैं, मुसलमान हैं और वे और उनके पिता शेख अब्दुल्ला पाकिस्तान के इरादों के पूरे होने के आड़े आते रहे हैं। वे कश्मीर में पाकिस्तान के दुश्मन नम्बर एक हैं। इसलिए एक निर्वाचित सरकार के मुख्यमंत्री के रूप में उनका नाकामयाब होना पाकिस्तान और कश्मीर में पाकिस्तानी एजेंटों के लिए बेहद जरूरी है। इनकी कोशिश होगी कि फारूक अब्दुल्ला को भारत के एजेंट के रूप में पेश किया जाए और साबित किया जाए कि सत्ता के लिए उन्होंने कश्मीर के हित भारत के हाथों बेच दिये। भारतीयों में प्रचारित किया जाए कि फारूक अब्दुल्ला-भरोसे के लायक नहीं हैं और वे कश्मीर को भारत से अलग करना चाहते हैं और इसलिए स्वायत्तता का इतना ढिंढोरा पीट रहे हैं।

फारूक अब्दुल्ला अगर इस अवतार में सावधान और बदले हुए हैं तो इसके कारण हैं। इस बार पूरे भारत को उन्हें मदद करनी होगी और उन्हें भी भारत को विश्वास दिलाना होगा कि अपनी कोशिशों में वे ईमानदार और सच्चे हैं। आज से कश्मीर एक नये और निर्णायक दौर में उतर रहा है।

[29 अक्टूबर, 1996]

किसके भरोसे आजादी? सरकार के?

पता नहीं प्रधानमंत्री और क्या जानकारी चाहते थे लेकिन पत्रकारों के नेता कांशीराम पर कार्रवाई करने के लिए उन्हें तीन दिन और दे आए हैं। नई दिल्ली में अपने घर के सामने बसपा के सबसे बड़े नेता मीडिया वालों को खुद इस तरह पीटें और वह दुनिया भर के टीवी चैनलों पर दिखाया जाए तो कोई कितना ही गरीब किसान पूर्वोत्तर के जंगलों में घूम रहा हो, प्रधानमंत्री है तो उसे जानकारी हो ही जाती है। इसलिए खातिर जमा रखिए कि प्रधानमंत्री को सब मालूम है कि पच्चीस अक्तूबर को हुमायूँ रोड के घर पर कांशीराम ने क्या किया। फिर भी उन्होंने कहा कि वे हफ्ते भर बाहर थे और उन्हें समय चाहिए तो इसका। मतलब यही है कि कांशीराम के खिलाफ क्या कानूनी/प्रशासनिक कार्रवाई हो सकती है इसका राजनीतिक हिसाब वे लगा लेना चाहते हैं।

हमारे सारे नेता कहते नहीं थकते कि कानून अपना काम करेगा लेकिन कोई भी इस देश के कानून को बिना किसी हीले हवाले के काम करने देना नहीं चाहता। सबकी कोशिश रहती है कि कानून माथा देखकर तिलक करे या कालिख पोते। इसीलिए कानून का राज नहीं चलता। गुंडे-बदमाश ही नहीं, रामभक्त कारसेवक, दलित मसीहा कांशीराम और केन्द्रीय मंत्री और प्रधानमंत्री भी कानून अपने हाथ में लेते हैं और उसके साथ खिलवाड़ करते हैं। पुलिस और प्रशासन वालों को कानून का रक्षक और लागू करने वाला माना जाता है लेकिन सुपरकॉप कहे जाने वाले केपीएस गिल मिसाल हैं कि कानून को नौकर की तरह खड़ा करके क्या नहीं किया जा सकता।

कांशीराम और उनके साथियों और अंगरक्षकों का मीडिया वालों (जिनमें एक टीवी रिपोर्टर माया मीरचन्दानी और एक *एक्सप्रेस* फोटोग्राफर रेणुका पुरी—यानी दो महिलाएँ भी शामिल हैं) पर हमले के प्रति दिल्ली पुलिस और देश के गृहमंत्री का क्या रवैया है। यह प्रधानमंत्री के समय चाहने के पहले ही साफ हो चुका है। गृहमंत्री इन्द्रजीत गुप्त ने भले ही पुलिसवालों को कहा हो कि कांशीराम को अपनी तरफ से बचाना नहीं है, कोई प्रशासनिक या पुलिस कार्रवाई करने के बजाय मामले को उन्होंने भारतीय प्रेस परिषद को सौंपना बेहतर माना है जबकि वह खुद ही इस

मामले को ले चुकी थी। गृहमंत्री ने कहा भी है कि समाज के अलग-अलग लोगों और तबकों को इस मामले की निंदा करनी चाहिए।

यानी वे इसे आपराधिक से ज्यादा नैतिक कार्रवाई का मामला मानते हैं। प्रेस परिषद भी, आप जानते ही हैं, कि कानूनी नहीं नैतिक शक्ति पर चलने वाली संस्था और उसका पहला काम प्रेस की आजादी की रक्षा करना है। और बेशक यह मामला प्रेस की आजादी पर हमले का है लेकिन अपने काम में लगे पुरुषों और महिलाओं पर हमले का भी है। कानून की नजर में कांशीराम—बसपा नेता और इसरार अहमद, आशुतोष, माया मीरचन्दानी और रेणुका पुरी पत्रकार नहीं नागरिक हैं। कानून उनमें भेद और पक्षपात नहीं कर सकता।

मारपीट कांशीराम, उनके साथियों और अंगरक्षकों ने की इसके सबूत कैमरों की रीलों पर ही नहीं, इन मीडिया वालों के शरीरों पर भी हैं। चोट के डॉक्टरी सबूत अस्पताल से मिले हैं। हमले और मारपीट के ऐसे मामले में नागरिक शामिल होते तो क्या वह प्रेस परिषद को सौंपा जाता? रपट लिखवाए जाने के बाद पुलिस कार्रवाई करती या नहीं? दोनों तरफ से रपटें लिखवाई जातीं तो दोनों के लोग हवालात में ले जाए जाते। कानून तो अपना काम ऐसे ही करता है।

लेकिन आप देख सकते हैं कि कानून ने अपना काम नहीं किया। पुलिस के बड़े अफसर भी वारदात के मौके पर आए पिटे हुए लोगों से मिले और पीटने वालों से भी। पसलियाँ दुचवा बैठे टीवी पत्रकार इसरार अहमद की शिकायत पर बेमन से रपट दायर की गई और मायावती के अंगरक्षक ने भी आकर कांशीराम की तरफ से मीडियावालों के खिलाफ रपट दर्ज करवाई।

मजा यह है कि पुलिस ने कांशीराम, उनके साथियों और अंगरक्षकों के खिलाफ दंड संहिता की जो धाराएँ लगाई हैं (147, 149, 323) उन सब में आसानी से जमानत होती है। धारा 326 नहीं लगाई क्योंकि वह गम्भीर या जानलेवा चोट पहुँचाने वाले पर लगाते हैं। कांशीराम की तरफ से दर्ज शिकायत के मुताबिक मीडियावालों पर जबरन घर में घुस कर सरकारी नौकरों से मारपीट करने का आरोप है जो कि पिटने वालों की शिकायत से ज्यादा गम्भीर है।

ये रपटें पुलिस वालों ने सोच-समझ कर दर्ज करवाई हैं। सिर्फ इसलिए नहीं कि उन्हें मालूम है कि सरकार की नजर में कांशीराम और इसरार अहमद और बसपा और मीडियावाले बराबर नहीं हैं, माना जाता है कि वारदात वाले इलाके के बड़े पुलिस अफसरों की सहानुभूति और सम्मान भी कांशीराम के साथ है। इसलिए अगर कानून को अपना काम करने के लिए आजाद छोड़ दिया गया तो कांशीराम की तो घर बैठे जमानत हो जाएगी लेकिन मीडियावाले हवालात और फिर अदालत की हवा खाते फिरेंगे।

प्रेस की आजादी की स्तुति राजनेता और प्रशासनिक चाहे जितनी करें वे सचमुच

नहीं चाहते कि मीडियावालों की पिटाई करने वालों के खिलाफ कोई कार्रवाई हो। इसीलिए हफ्ते से ज्यादा हो गया न कांशीराम का कुछ हुआ, न उनके साथियों और उनके अंगरक्षकों का। गृहमंत्री की सलाह है कि नैतिक कार्रवाई का वातावरण बनाइए। वे तो भाकपाई हैं जिनका दलित वोट से उतना लगाव नहीं है जितना इस वक्त कांग्रेसियों और भाजपाइयों का चल रहा है।

दलित वोट का ऐसा जादू है कि कांग्रेस अध्यक्ष सीताराम केसरी तो कांशीराम के हाथों मीडियावालों की पिटाई को दुर्भाग्यपूर्ण से ज्यादा कुछ बताने को तैयार ही नहीं हुए। आज तक उन्होंने इस बर्बरता की निंदा नहीं की। बसपा के साथ यूपी में सरकार बनाने की जुगाड़ में लगी भाजपा को भी इस मामले में बदकिस्मती से ज्यादा कुछ नहीं दिखा। उसने भी इस गुंडागर्दी की भर्त्सना नहीं की। दोनों कम्युनिस्ट पार्टियों ने जरूर खुल कर निंदा की और जैसा कि स्वाभाविक है सबसे सख्त भाषा का इस्तेमाल मुलायम सिंह यादव ने किया जो कांशीराम को गरियाने का मौका कैसे छोड़ सकते थे।

तो तात्कालिक राजनीतिक नफे-नुकसान को देखने वाली पार्टियों ने अपने बयान दे दिये लेकिन किसी ने भी अखबारवालों की इस माँग का समर्थन नहीं किया कि कांशीराम को गिरफ्तार किया जाना चाहिए और उनके खिलाफ आपराधिक मामला चलना चाहिए। राजनीतिक पार्टियाँ प्रेस की आजादी और मीडियावालों से बराबरी के सम्मानजनक सम्बन्धों को ऐसे शाश्वत और अनुलंघनीय लोकतांत्रिक मूल्य नहीं मानतीं जो तात्कालिक राजनीतिक हितों से ऊपर हों।

हमारी कार्यपालिका को तो दिन में और भी रतौंध आती है। हवाला का मामला कोई तब पकड़ में नहीं आया जब सुप्रीम कोर्ट ने कहा कि फलाँ नेताओं के खिलाफ चार्जशीट दाखिल करो। वह कोई पाँच साल से पकड़ा पड़ा था। आज जो जेठमलानी और दूसरे भाजपाई आडवाणी को निर्दोष होने का प्रमाण पत्र दिये घूम रहे हैं उन्होंने भी उसे पहले मुद्दा नहीं बनाया क्योंकि हवाला के मामले में वे सभी शामिल थे जिनकी जिम्मेदारी कार्रवाई करने की थी। फिर हवाला का ही एक मामला नहीं है यूरिया कांड और बिहार के चारा कांड समेत ऐसे अनगिनत मामले देश के सामने हैं जिनमें सरकारी मशीनरी और जाँच एजेंसियों ने कोई कार्रवाई नहीं की। की तो चुनिंदा तरीके से की ताकि सत्तारूढ़ राजनेता के विरोधी फँस सकें। जाँच-पड़ताल में सीबीआई ने इतनी गड़बड़ी की है कि अदालतों को उसे बार-बार फटकारना पड़ रहा है।

ऐसी सरकार, ऐसी पुलिस और ऐसी राजनीतिक पार्टियों से अखबारवाले माँग कर रहे हैं कि वे महिला पत्रकारों तक पर हाथ चलाने से न हिचकने वाले मान्यवर कांशीराम को गिरफ्तार करें और उन पर आपराधिक मामला चला कर उन्हें कानून के अनुसार सजा दिलवाएँ। कांशीराम जानते हैं कि आज की राजनीति की कामधेनु

दलित राजनीति है और वे उसके सबसे बड़े सौदागर हैं। जिस किसी को सत्ता का खेल खेलना है उसे कांशीराम से सौदा करना पड़ेगा और जिसे आज नहीं तो कल सौदा करना है वह उनके खिलाफ आपराधिक कार्रवाई सिर्फ इसलिए तो नहीं करवाएगा कि उन्होंने कुछ मीडियावालों को पीट दिया है।

इसीलिए जब दूसरे दिन एक दो बेचारे अखबारवाले मायावती से खबर लेने पहुँच गए तो उन्होंने कहा कि कल की घटना से कोई सबक नहीं लिया आपने? फिर लखनऊ पहुँच कर बयान भी दिया कि कुछ मीडियावालों के साथ असामाजिक तत्त्व घुस आए थे और उन्होंने उपद्रव और दंगा किया और उन्हें और कांशीराम को उनके अंगरक्षकों और सुरक्षाकर्मियों ने बचाया। आप चाहें तो इस बयान को मीडियावालों के जले पर नमक छिड़कना कह सकते हैं। लेकिन ये वही मायावती हैं जो गांधी को शैतान की औलाद कहने के बाद सरेआम मुकर गई थीं और उनके नाम से ऐसा छापने के लिए अखबारों को जिम्मेदार बता कर छूट गई थीं।

कांशीराम और मायावती 'मनुवादी' प्रेस को बनाने, खरीदने, बदनाम करने और उसे पीट-पाट कर ठिकाने लगाने के सब हथकंडे जानते हैं और उन्हें लगातार आजमाते रहते हैं। वे जानते हैं कि आज की राजनीति के नये बामन दलित हैं और उन्हें गरियाने का साहस कोई नहीं कर सकता। सीताराम केसरी चाहते हैं कि मायावती को मुख्यमंत्री बनाया जाए क्योंकि वे दलित और महिला हैं। गए साल भाजपा इस बात का श्रेय लिये घूम रही थी कि पहली बार एक दलित महिला को उसने मुख्यमंत्री बनवाया। यह बात अलग है कि चार महीने में ही इस दलित महिला को उसने गद्दी से उतार दिया।

न केसरी बता सकते हैं, न भाजपा कि मायावती को मुख्यमंत्री बनाने से कौन सा सामाजिक न्याय और समरसता आ जाएगी या दलित मूल्य स्थापित होगा। मायावती ने तबादले के धंधे में कितना धन बटोरा इसका कोई हिसाब नहीं लेकिन चार महीने के राज में यूपी के प्रशासन तंत्र को उन्होंने तहस-नहस कर दिया। वे महिला हैं लेकिन बड़े से बड़े अफसर से अबे तुबे करती रहीं। कहते हैं लखनऊ के अपने सरकारी निवास की सजावट में मुलायम सिंह यादव ने चौंसठ लाख खर्च किये। चार महीने मुख्यमंत्री रहीं मायावती ने अस्सी लाख खर्च किया। और यूपी की एक पिछड़ी जाति की महिला अफसर ने कहा कि मायावती हीरे के आभूषण ही पहनना पसन्द करती हैं।

इसमें कौन सा सामाजिक न्याय और दलित मूल्य है केसरी जानें या वीपी सिंह। लेकिन इतना निश्चित है कि कांशीराम, मायावती और बसपाई मानते हैं कि सवर्णों ने जो भी अत्याचार और लूटपाट की होगी वह सब करने का अधिकार उन्हें है और यही करने के लिए उन्हें सत्ता चाहिए। इसीलिए यूपी के 424 के सदन में सिर्फ 67 सीटें पाकर भी कांशीराम खम ठोंक कर कहते हैं कि मायावती को मुख्यमंत्री

बनाओ नहीं तो हम कोई सरकार नहीं बनने देंगे। सीताराम केसरी टोपी उतार कर सबसे विनती कर रहे हैं कि एक दलित महिला को मुख्यमंत्री बनाकर भारतीय समाज उस पाप से मुक्त हो जो सदियों से उसने दलितों पर किया है।

जिनका चलाया हरिजन शब्द तक कांशीराम सुन नहीं सकते उन गांधी की दुहाई देने वाले केसरी—दलितों को सत्तावान बनाने की कोशिश में हैं। अपनी राजनीतिक ताकत का यह घमंड ही कांशीराम और मायावती को प्रेस को पीट-पाट कर ठिकाने लगाने की हिम्मत और विश्वास देता है। इनके लिए प्रेस की आजादी और लोकतंत्र पवित्र मूल्य नहीं हैं। मूल्य और पवित्रता ही इनके लिए मनुवादी—बामनवादी बातें हैं। कांशीराम को खुद मीडियावालों की पिटाई करने में कोई हिचक नहीं हुई क्योंकि उनके संस्कारों में मीडिया लोकतंत्र का चौथा और धारक खम्भा नहीं है। वह उन्हें जैसे भी मिल सके उस सत्ता को छीनने वाला तंत्र है और उसे वे खिसियाई बिल्ली की तरह नोंच कर गिराना चाहते हैं।

ऐसे दलित मसीहा को गिरफ्तार करके सजा दिलवाने की पहल प्रधानमंत्री देवेगौड़ा करेंगे यह उम्मीद करना ही बेकार है। इस सरकार और राजनीति से उम्मीद कर के प्रेस अपनी आजादी और देश अपना लोकतंत्र बचा नहीं सकता। मीडिया खुद अपनी ताकत पहचाने और उसका सही उपयोग करे और न्यायपालिका की मदद ले तो उसके लोग लगातार पिटने और अपमानित होने से बच सकते हैं। नहीं तो जो कांशीराम ने किया और बसपा करती है। वही सब नेता और पार्टियाँ करेंगे।

[2 नवम्बर, 1996]

कगार पर जाकर लौटना

यह कहना कि मध्यावधि चुनाव अभी नहीं होना चाहिए एक तरफ स्पीकर संगमा और दूसरी तरफ बाला साहेब ठाकरे के साथ बोलना है। लेकिन देश फिजूल की एक कवायद से बचे तो ऐसे बेमेल में भी शामिल होने में कोई हरकत नहीं है।

पिछले साल मई में हुए लोकसभा चुनाव के बाद देश के राजनीतिक समाज में ऐसा कोई रचनात्मक और एकाकारी फेरबदल नहीं हुआ है कि उसमें से कोई साफ और पक्का जनादेश निकालकर आ सके। जो पार्टियाँ और लोग मानते हैं कि मध्यावधि से उन्हें फायदा होगा और वह त्रिशंकु संसद और पार्टियों के दलदल को साफ करने में मदद करेगा वे भी निजी और घर की बातचीत में तो मानते ही हैं कि दस-बीस सीटें इधर-उधर हों तो हों लेकिन किसी को भी अच्छा बहुमत नहीं मिलेगा। देश को कमजोर सरकारों और राजनीतिक अस्थिरता में जीने की आदत डाल लेनी चाहिए।

दलील दी जानी चाहिए कि नतीजे का अन्दाज चाहे जितना सही हो लोकतंत्र में चुनाव इसलिए नहीं टाले जा सकते कि उनसे कुछ निकलेगा नहीं। एक बार इस तर्क को आप मान लें तो फिर इसी में से लोकतंत्र को समाप्त करने और तानाशाही कायम करने का औचित्य निकल आएगा। इस खतरनाक दलील को अस्थिरता और कमजोर सरकारों के वास्तविक और आसन्न भय के बावजूद माना नहीं जा सकता। लोकतांत्रिक अस्थिरता ही नहीं बल्कि अराजकता भी तानाशाही स्वर्ग से बेहतर होती है।

लेकिन कांग्रेस अध्यक्ष सीताराम केसरी के संयुक्त मोर्चा सरकार से समर्थन वापस लेने से बनी हालत में मध्यावधि करवाना न तो लोकतांत्रिक भावना के लिए जरूरी है, न कोई संवैधानिक आवश्यकता है। लोकसभा चुनाव हुए को अभी ग्यारह महीने हुए हैं। पाँच साल के कार्यकाल को पवित्र न भी माना जाए तो कोई ऐसी आन्तरिक लोकतांत्रिक अनिवार्यता नहीं है कि मध्यावधि ही सबसे वांछनीय उपाय बच गया हो। पिछले चुनाव में किसी भी पार्टी के लिए राज करने का जनादेश नहीं था। सबसे बड़ी पार्टी को सरकार बनाने और चलाने का मौका दिया गया। साबित

हुआ कि उसके साथ काम करके सरकार चलाने को उतने सांसद तैयार नहीं हैं जितने कि बहुमत के लिए जरूरी हैं।

वह सरकार गई और छोटी-छोटी तेरह पार्टियों ने मिलकर मोर्चा बनाया और उसे चलाने के लिए कांग्रेस ने बाहर से समर्थन दिया। जिस कारण और मकसद से कांग्रेस ने संयुक्त मोर्चे को समर्थन दिया है वह अब भी मौजूद है। कुछ कांग्रेसी नेताओं को गुस्सा हो सकता है कि उनके समर्थन से चल रही सरकार उन्हें आपराधिक मामलों में फँसाती जा रही है। यह आरोप भी शायद सही है कि प्रधानमंत्री और उनके सीएम इब्राहिम जैसे साथी फाइलें खोलकर भयादोहन से सरकार चलाने की कोशिश कर रहे हैं। लेकिन देवेगौड़ा नरसिंह राव के साथ सबसे ज्यादा सहानुभूति रखते थे और उनकी मदद करने हमेशा तैयार रहे हैं। लेकिन बावजूद इसके जो प्रक्रिया न्यायालयों में चल निकली है उससे कानून के अलावा तो भूतपूर्व प्रधानमंत्री को कोई बचा नहीं सका है। और आखिर दिल्ली हाईकोर्ट ने इस सरकार के होते हुए भाजपा अध्यक्ष लालकृष्ण आडवाणी को हवाला मामले में बरी किया।

राजनीतिक जोर आजमाइश की छूट मानते हुए भी यह तो कोई मंजूर नहीं करेगा कि समर्थन पाते रहने के लिए सरकार को न्यायिक प्रक्रिया में दखलन्दाजी करनी चाहिए। अगर एजेंसियों और अदालतों का इस्तेमाल निजी और पार्टी के राजनीतिक हित साधने के लिए नहीं करने दिया जाना चाहिए तो सरकार में रहने के लिए उन मामलों को रोकने रुकवाने की कोशिशें भी नहीं होने देनी चाहिए जो न्यायिक व्यवस्था की स्वायतता को समाप्त करती हों। इसलिए चाहे सोनिया गांधी के भयों के कारण हो चाहे केसरीजी के अपने मामलों या दूसरे कांग्रेसी नेताओं के मामलों के कारण सिर्फ उन्हें बचाने के लिए समर्थन वापस लेने की हद तक जाना जनहित के सामने अपने निजी हितों को ऊपर रखना और देश में अस्थिरता पैदा करके अपने को बचाने की क्षुद्र चेष्टा करना है।

इसलिए लगभग सभी लोगों ने केसरीजी की करामात को सही नहीं माना है और ऊपर से भले ही कांग्रेसियों ने भी उनका साथ दिया हो ज्यादातर सांसद संयुक्त मोर्चे की सरकार गिराने और कांग्रेस की सरकार बनाने के पक्ष में नहीं रहे हैं। संयुक्त मोर्चे की सरकार कैसी है और देवेगौड़ा का नेतृत्व कितना सीमित और अपर्याप्त है यह किसी से छुपा नहीं है। फिर भी लोग और सांसद उसे बर्दाश्त करते रहे हैं तो इसलिए कि कांग्रेस के पास जनादेश नहीं है, भाजपा का जनादेश का दावा झूठा साबित हुआ है और संयुक्त मोर्चा कांग्रेस या भाजपा के समर्थन के बिना सरकार चला नहीं सकता है। कांग्रेस ने अपने पार्टीगत या सैद्धांतिक कारणों से संयुक्त मोर्चे को समर्थन दिया है तो राष्ट्रहित और लोकतंत्र के लिए उसे चलते देना चाहिए जब तक कि वह इन हितों को नुकसान पहुँचाने में नहीं लगती।

खम ठोंकने और काफी पटा-बनेटी घुमाने के बाद कांग्रेस ने संयुक्त मोर्चे से

बातचीत करना मंजूर किया तो इसलिए कि कांग्रेसी सांसद अभी चुनाव नहीं चाहते न उन्हें कांग्रेस की सरकार बनती दिखती है। उनके दबाव और उनकी चिन्ताओं ने ही केसरीजी को अपने पाँव पीछे लेने को मजबूर किया है। इसी तरह संयुक्त मोर्चे के नेताओं को भी समझ में आ गया है कि कांग्रेस के समर्थन को उसकी मजबूरी मान कर रोज उसे गरियाने और फिर भी उसके बूते पर सरकार चलाने की दादागिरी नहीं चलेगी और इसलिए वे भी बात करने को तैयार हुए हैं।

अगर संयुक्त मोर्चे और कांग्रेस की बातचीत से कोई रास्ता निकल आया और सरकार बच गई तो सिर्फ यही मानना ठीक नहीं होगा कि अभी कोई सांसद चुनाव नहीं लड़ना चाहता। फिर से चुने न जा सकने का भय तो खैर है ही लेकिन यह अहसास भी कहीं न कहीं जरूर है कि राष्ट्रहित में इस सरकार को चलने देना चाहिए और चुनाव करवाने की अनिवार्यता नहीं आने देना चाहिए। भाजपा वाले भी बातें तो भले ही शूरता वीरता की करते हों और जिस दिन से संयुक्त मोर्चा की सरकार बनी है चुनाव के लिए तैयार रहने की घोषणाएँ करते रहे हों फिलहाल चुनाव लड़ना वे भी नहीं चाहते। इसमें पार्टी हित से बड़ा एक हित उन्हें दिखाई देता है इसे भी मंजूर करना चाहिए।

लेकिन सांसद और पार्टियाँ नहीं चाहतीं सिर्फ इसलिए मध्यावधि न करवाए जाएँ यही कहना-करना पर्याप्त नहीं है। पिछले साल लोकसभा चुनाव के बाद से ऐसी मैदानी कोशिश नहीं हुई है कि विखंडन की जिस प्रक्रिया के कारण हमारा राजनीतिक समाज खंडित जनादेश दे रहा है उसे रोका और उलटा जाए। यह प्रक्रिया अपने राजनीतिक समाज को जाति, सम्प्रदाय, क्षेत्र और वर्गगत स्वार्थों को बढ़ावा देकर बाँटने के कारण बढ़ी है। अपने समाज में ये हित स्वार्थ हैं और राष्ट्रीय धारा में इनका समावेश और समाधान किया जाना चाहिए इस बात से सहमत होंगे क्योंकि हमारा समाज ही ऐसा है कि कोई एक जाति, सम्प्रदाय, क्षेत्र और वर्ग इतना नहीं है कि वही समाज हो सके। इन सभी का समावेश और इनमें विखंडन की प्रक्रिया से न सिर्फ जनादेश नहीं आ सकेगा किसी दिन देश-समाज ही बिखर जाएगा।

चूँकि वोट बैंक बनाने की कोशिशों ने इस प्रक्रिया को तेज किया है इसलिए राजनीति को यानी पार्टियों को ही राजनीतिक समाज को बाँटने की प्रक्रिया रोकनी और उलटनी होगी। सत्ता पाने की प्रेरणा और लालसा चूँकि सबसे शक्तिशाली होती है इसलिए हमारे जैसे लोकतंत्र में राजनीतिक समाज के विखंडन को रोकने की शुरुआत भी राजनीति में से होनी चाहिए। जब तक पार्टियों की सत्ता लालसा में राजनीतिक समाज को अपने-अपने और छोटे-छोटे हिस्सों में तोड़ने की होड़ थमेगी नहीं तब तक कोई पार्टी ऐसी हालत में नहीं होगी कि सत्तारूढ़ हो सके। इस वास्तविकता को पार्टियों ने समझना शुरू कर दिया है नहीं तो यह सम्भव नहीं होता कि तेरह पार्टियाँ मोर्चा बनाकर दस महीने सरकार चला लेतीं।

इस अहसास का दूसरा उदाहरण भाजपा है। कांग्रेस की तरह उसकी भी मान्यता और सपना है कि एक पार्टी की सरकार ही हो तो वह ठीक से चलती है और देश को एक निश्चित दिशा में ले जा सकती है। ऐसी पार्टी बनने के लिए भाजपा ने और जो करना था सो तो किया ही सत्ता में भागेदारी भी की ताकि ताकत बना सके। ऐसी भागेदारियाँ उसने तोड़ीं भी जब उसे लगा कि उसके पार्टी हित घाटे में हैं या उन्हें बढ़ाने का सही अवसर अब आ गया है। लेकिन इसी भाजपा को अब समझ आ गया है कि भागेदारी किये बिना वह सत्ता में नहीं आ सकती इसलिए शिवसेना से लेकर बसपा तक से उसने गठबन्धन बनाए हैं और ये सभी पार्टियाँ उसकी अनुगामी पार्टियाँ नहीं हैं। वह यह भी कोशिश करने को तैयार है कि कुछ और पार्टियों से मिल कर दिल्ली में सरकार बनाए। मिली-जुली सरकारों यानी गठबन्धन की राजनीति अब उसे पहले की तुलना में कहीं ज्यादा स्वीकार है। इस लोकसभा में अगर वह अपनी अगुआई में सरकार नहीं बना सकी तो अगला चुनाव मोर्चा बनाकर लड़ सकती है।

सत्तारूढ़ होने के लिए यह सहयोग-समझौता अगर किया जा सकता है तो अपने को विखंडन से बचाने के लिए क्यों नहीं किया जा सकता? इसके लिए सबसे सही उपाय राष्ट्रीय सरकार बनाने का है जिसमें सभी पार्टियाँ शामिल हों और जो एक निश्चित राष्ट्रीय कार्यक्रम को एक समय-सीमा में पूरा करने के लिए बने। ऐसी सरकार राष्ट्रीय हितों का समावेश किये बिना किसी के भी हित पूरे नहीं हो सकते। लेकिन लगता है कि कांग्रेस और भाजपा ही नहीं—तेरह पार्टियों का संयुक्त मोर्चा भी ऐसी राष्ट्रीय सरकार की सम्भावना नहीं देखता।

लेकिन सीताराम केसरी की करामात से कम से कम कांग्रेस को इतना समझ में आ गया कि उसे केन्द्र में गठबन्धन करके ही सत्ता में आने का मौका मिल सकता है। यह भी उसे साफ दिख गया है कि संयुक्त मोर्चा ही उसका भागीदार हो सकता है और वह भी बराबर की भागीदारी चाहता है, कांग्रेसी छाते में भागीदारी नहीं चाहता। ऐसा नहीं है कांग्रेस मोर्चे से समर्थन मोर्चे में समर्थन वापस लेकर उसकी सरकार गिराकर अपनी सरकार न बना पाने और मध्यावधि टलने की मजबूरी के बातचीत करने को तैयार हुई है। यह जानती है कि उसके पुराने राजनीतिक आधार का तीन चौथाई हिस्सा छिटक कर मोर्चे में शामिल पार्टियों के पास चला गया है और उनसे कोई गठबन्धन किये बिना यह अपने आधार से फिर नहीं जुड़ सकती और सत्ता में भी नहीं आती। पहले कांग्रेस को केन्द्र में मिली-जुली सरकारों में शामिल होना स्वीकार नहीं था। अब वह शामिल होने को तैयार है।

लेकिन मोर्चे में शामिल तेलुगुदेशम, असम गण परिषद और द्रविड़ मुनेत्र कषगम को यह स्वीकार नहीं है कि कांग्रेस से मिलकर मोर्चा दिल्ली में सरकार बनाए। इन पार्टियों की आंध्र, असम और तमिलनाडु में कांग्रेस से सीधी टक्कर

है। कांग्रेस के साथ दिल्ली में सरकार में शामिल होने के बाद अपने-अपने राज्यों में इनकी हाल कमजोर हो सकती है यह भ्रम और चिन्ता इन क्षेत्रीय पार्टियों को है और हवाई नहीं है। लेकिन इन्हें कांग्रेस के साथ सरकार में मिलने और कांग्रेस को इनके साथ इन राज्यों में कोई समीकरण बैठाना पड़ेगा। नहीं तो न दिल्ली में मोर्चे की सरकार बच सकेगी, न कांग्रेस सत्तारूढ़ होने की अपनी इच्छा पूरी कर सकेगी। कांग्रेस और मोर्चा अगर इन गुत्थियों को सुलझा सका तो कम के कम ऐसा एक बृहत्तर मोर्चा बन सकेगा जो राजनीतिक समाज के खंड-खंड विखंडन को एक बहुत बड़े इलाके में रोक सकेगा।

कांग्रेस मोर्चा गठबन्धन सिर्फ इसलिए वांछनीय नहीं है कि वह दिल्ली में कुछ स्थिर और मजबूत सरकार दे सकता है। वह इसलिए भी उपयोगी हो सकता है कि जिन्हें मंडल ताकतें और क्षेत्रीय पार्टियाँ कहा जाता है उनका कांग्रेस से एक नया गठबन्धन हो सकता है जो एक नये राजनीतिक समीकरण को बढ़ावा दे सकता है। इस हद तक यह राजनीतिक समाज के विखंडन को रोक सकता है और इसलिए शुभ हो सकता है। भाजपा इसका सामना करने की रणनीति विकसित कर सकती है और इस तरह देश में एक नया ध्रुवीकरण हो सकता है जो जरूरी नहीं कि सामाजिक विखंडन की प्रक्रिया को बढ़ाए। कगार पर जाकर लौटने से नये समीकरण बन सकते हैं जो शुभ भी हो सकते हैं।

[11 अप्रैल, 1997]

एक महारानी की फजीहत

बेचारी महारानी एलिजाबेथ की बड़ी फजीहत है। घर में उनके बेटे-बेटी और बहुएँ उन्हें चैन से रहने नहीं देते और बाहर टोनी ब्लेयर की लेबर सरकार उनको प्रतिष्ठा और सम्मान को थू-थू करवाती रहती है।

भारत और पाकिस्तान को सद्भावना यात्रा पर इसलिए आई कि ये दोनों देश अपनी आजादी की स्वर्णजयन्ती मना रहे हैं और कोई दो सौ साल तक ब्रिटेन के उपनिवेश रहे पुराने हिन्दुस्तान से ब्रिटेन अपने सम्बन्ध बनाए रखना चाहता है ताकि वह दोयम दर्जे का यूरोपीय देश होकर न रह जाए और उसके लोग भविष्य के लिए प्रेरणा ले सकें कि कभी उनका इतना बड़ा साम्राज्य हुआ करता था कि जिसमें सूरज डूबता ही न था।

अपने गौरवशाली अतीत को मुँह में लेकर जुगाली करते रहने की जितनी लत ब्रिटेन को है, उतनी शायद अतीतजीवी भारतीयों को भी नहीं है। अपने साम्राज्य और उसकी अकूत सत्ता के प्रभामंडल में रहकर ब्रिटेन किसी तरह अपने धुँधले और नाकुछ वर्तमान में जीने की कोशिश करता रहता है। राज की उसके लोगों को याद करवाती रहती है कि आखिर वे ऐसे गए-गुजरे लोग नहीं हैं, जैसे कि आज के यूरोप में दिखाई देते हैं और ऐसा भी नहीं है कि उनकी संस्थाएँ और परम्पराएँ चरमरा कर गिर रही हैं और ब्रिटेन जल्द ही संग्रहालयों का देश हो जाएगा।

ब्रिटेन का राजघराना उसके गौरव और शक्तिशाली अतीत का एक ऐसा संस्थान है, जिसे वह अतीत के गौरव के लिए बनाए रखना भी चाहता है और जिससे छुटकारा पाने के लिए उसका सर्वहारा वर्तमान उसे उचकाता भी रहता है।

अपने राजघराने से ब्रिटेन का यह जो सम्मान और नफरत का विपरीत खिंचावों वाला सम्बन्ध है, इसकी पोल पिछले दो महीनों में बहुत बुरी तरह खुली है। बल्कि कुछ इस तरह उसकी सीवन उधड़ी है कि राजघराना ही नहीं, ब्रिटिश समाज के तमाम अन्तर्विरोधों का भदेस अन्दरूनी हिस्सा दुनिया के सामने नंगा हो गया है।

राजकुमारी डायना की अपने प्रेमी डोडी के साथ पेरिस की एक सुरंग-सड़क में कार दुर्घटना में मृत्यु ने जैसे राजघराने को चौराहे पर ला खड़ा किया। डायना

राजकुमार चार्ल्स से अलग हो गई थीं और राजघराने की बहू भी नहीं रह गई थीं। लेकिन वे ब्रिटेन के भावी महाराजा की माँ थीं और इसलिए राजघराने से बाहर कर दिये जाने के बावजूद वहाँ उनका पाँव अंगद की तरह जमा हुआ था।

अपनी इस अनोखी हालत का डायना खूब मजा ले रही थीं। वे जिस तरीके से राजघराने का भंडाफोड़ करते हुए उसका भयादोहन कर रही थीं, उसमें ब्रिटेन के लोगों को भी विकृत मजा आता था। राजघराने के तिलिस्म को डायना सरेआम उतार देती थीं, लेकिन ऐसा करते हुए वे उस तिलिस्म का इस्तेमाल भी करती थीं ताकि राजकुमारी बनी रहें। कोई बात नहीं जो महारानी ने उन्हें राजघराने से बाहर कर दिया। वे तो लोगों के दिलों की रानी होना चाहती थीं और उनकी मृत्यु ने साबित किया कि वे सचमुच लोगों के दिलों की रानी बन गई थीं। संविधान और परम्परा के कर्मकांड में भले ही एलिजाबेथ महारानी हों।

यह किसी को अजीब नहीं लगता था कि लोकतंत्र के मातृ देश में कोई लोगों के दिलों की रानी कैसे हो सकती है क्योंकि यहाँ तो लोगों का निर्वाचित नेता है। राजा रानी महारानी एक ब्रिटिश लोकतांत्रिक या नेत्री हो सचमुच दिलों का राजा या रानी हो सकती परम्परा के अनुसार राज्य की औपचारिक और संवैधानिक मुखिया तो जरूर बन सकती है, लेकिन दिलों का राजा या रानी तो वह निर्वाचित नेता या नेत्री ही बन सकता है, जिसकी पार्टी को लोगों ने बहुमत देकर राजपाट सौंपा है। ट्यूडोर राजघराने में पैदा होने या ब्याहे जाने से लोकतंत्र में कोई दिलों का राजा या रानी कैसे बन सकता है?

लेकिन डायना बन गई और उन्हें लपक कर लोगों के दिलों के सिंहासन पर बैठाया प्रधानमंत्री टोनी ब्लेयर ने जो महीने भर पहले ही प्रचंड बहुमत से लेबर प्रधानमंत्री बने थे। मृत्यु के बाद डायना का जो दैवीकरण ब्रिटेन में हुआ उसकी शुरुआत निर्वाचित और जवान प्रधानमंत्री ब्लेयर ने की थी। ब्लेयर युवा नेता आखिर बरसों बनवास में रही लेबर पार्टी के हैं और लोकतांत्रिक नेताई में पले, पनपे और बने हैं। उनकी छठी इन्द्रिय ने जैसे उन्हें समझाया कि ब्रिटेन के मन में डायना की क्या जगह है और उनके साथ खड़े होना लोकप्रिय नेता के लिए ज्यादा जरूरी है बजाय प्रधानमंत्री के रूप में उस राजघराने के साथ जिसे डायना की त्रासद मृत्यु ने खलनायक बना दिया है।

जनता के साथ उसके दुख में दुखी प्रधानमंत्री ब्लेयर के कारण ही महारानी को स्कॉटलैंड के अपने बालमोरल किले की प्राइवसी से निकलकर एक दिन पहले लन्दन के राजमहल में आना पड़ा और वहाँ बाहर जो लोग शोक प्रकट करने आए थे, उनके साथ आम लोगों की तरह घुलना-मिलना पड़ा। जो राजकुमार चार्ल्स डायना के कारण ब्रिटेन और दुनिया में बदनाम हुए और जिन्हें डायना ने ब्रिटेन के महाराजा होने के अयोग्य बताया था और संकेत दिया था कि उनकी जगह तो

महारानी एलिजाबेथ के बाद राजकुमार विलियम को महाराजा बनाना चाहिए। यानी जिस चार्ल्स ने उन्हें प्यार नहीं किया, उन्हें रास्ते से हटाकर वे सौंदर्य साम्राज्ञी और राजमाता दोनों एक साथ होना चाहती थीं।

उन्हीं चार्ल्स को ऐसा सार्वजनिक व्यवहार करना पड़ा जैसे वे अब भी उनकी पत्नी और ब्रिटेन की राजकुमारी हों। डायना के भाई ने अन्तिम संस्कार के दिन शाही गिरजाघर से ही राजघराने को आड़े हाथों लिया और कहा कि उनकी बहन का अपना एक जन्मजात आभिजात्य था जिसे किसी शाही खिताब की दरकार नहीं थी। यानी महारानी राजघराने की सदस्यता अपने पास रखें। अब डायना सब खिताबों की बनी हो गई है। डायना के अन्तिम संस्कार पर ब्रिटिश राजघराने और वहाँ के राजपाट की कई परम्पराएँ और चलन टूटे। महारानी को टीवी पर सन्देश देना पड़ा ताकि लोगों का गुस्सा दूर हो। ब्रिटेन के लोगों को राजघराने का इस तरह अलग-थलग और अपनी प्राइवेसी में रहना अच्छा नहीं लगा।

डायना के लिए सब नियम परम्परा आदि ताक पर रख दिये जाएँ यह माँग आगे बढ़ाने में टोनी ब्लेयर अगुआई में थे। लेबर सरकार और पार्टी अपने को जिस तरह डायना से एकाकार करने में लगी थी उसी से राजघराना पसोपेश में पड़ कर खलनायक बना। सबसे ज्यादा बदनामी महारानी एलिजाबेथ और फिर अगले महाराजा चार्ल्स की हुई। ब्रिटेन की सरकार ने घराने को अपनी परम्पराओं की जेल में कुढ़ने के लिए छोड़ दिया। अगर डायना को मारने में टेब्लॉइड प्रेम और खुले रहे सांडों की तरह फोटोग्राफी करने फोटोग्राफर नम्बर एक पर थे तो राजघराना नम्बर दो पर डायना के सारे दोष छुप गए और वे देवी हो गई। महारानी एलिजाबेथ कुनबे के लिए बहू को मार देने वाली भारतीय सास बना दी गई।

ऐसे ही हाल महारानी की भारत-पाक यात्रा के वहाँ की लेबर सरकार ने बनवाए। ब्रिटेन में पाकिस्तान के बहुत से लोग हैं जो मजदूरी करते हैं और लेबर के वोटर हैं। जैसे अपने वोट बैंक को खुश रखने के लिए भारत के जातिवादी और साम्प्रदायिक नेता कुछ भी ऊटपटाँग करते रहते हैं वैसे ही लेबर के ब्रिटिश सांसद हैं। उनमें से कुछ तो खुलेआम कश्मीर में जनमत संग्रह के मुर्दा हुए राष्ट्र संघ प्रस्ताव को जिन्दा करते रहते हैं। बाकी चाहते हैं कि ब्रिटेन भारत और पाकिस्तान को दोस्त बना दे ताकि दो सौ साल पहले जैसा आर्थिक शोषण ब्रिटेन फिर कर सके।

भारतीय उपमहाद्वीप को अपना बाजार बना सके और डूबती ब्रिटिश अर्थव्यवस्था को वैसा ही टेका लगा सके जैसा दो सौ साल पहले लगाया था। आर्थिक साम्राज्यवाद के इस जमाने में भारतीय उपमहाद्वीप फिर ब्रिटेन का आर्थिक उपनिवेश हो जाए। भारत और पाकिस्तान अगर अपनी सुरक्षा पर इतना खर्च न करें और संसाधनों के शोषण से अर्थव्यवस्था को यूरोपीय बाजार से जोड़ दें तो वहाँ के गरीबों का भी फायदा होगा और ब्रिटेन का भी अपने पुराने राजनीतिक साम्राज्य को आर्थिक

साम्राज्य में बदलने की यह इच्छा एक साथ दो जरूरतें पूरी कर सकती हैं।

राज को फिर कायम करने की साम्राज्यवादी हूक और गरीब देशों के संसाधनों के इस्तेमाल से अपनी अर्थव्यवस्था को नया आधार देने की आधुनिक जरूरत दोनों सध सकती हैं। इसलिए लेबर सरकार जब से आई है जैसे क्लिंटन प्रशासन से होड़ कर रही है कि कौन भारत-पाक दोस्ती करवाने में सफल होता है। अमेरिका ने आखिर ब्रिटेन से ही इस इलाके में पुलिस वाले की अपनी भूमिका ली है। क्लिंटन प्रशासन तो चाहता ही था कि किसी नवाज शरीफ और इन्द्र कुमार गुजराल एक साथ राष्ट्रपति क्लिंटन से मिल लें ताकि इजराइल और फिलिस्तीन की दोस्ती कराने में जो करिश्मा अमेरिका ने मध्य एशिया में किया यह भारतीय उपमहाद्वीप में भी जबकि भारत और पाकिस्तान दोनों में नेताओं पर जनता का इतना दबाव है कि ऐसी आसान दोस्ती हो नहीं सकती।

भारतीय भला कैसे भूल सकते हैं कि हिन्दुस्तान को भारत और पाकिस्तान में अंग्रेजों ने बाँटा, अमेरिका ने पाकिस्तान को अपने सैनिक गठबन्धन में मिलाकर इतने हथियार और सैनिक साज सामान दिया कि वह भारत की बराबरी कर सके। भारत को अपने इलाके का महाबली न बनने देने में अमेरिका ने पाकिस्तान का पिछले पचास साल से इस्तेमाल किया है और पाकिस्तान भारत के डर को दूर करने के लिए अमेरिका से चिपका रहा है। पिछले पचास साल से अमेरिका का पाकिस्तान की पीठ पर हाथ और इसके पहले पचास साल ब्रिटेन का पाकिस्तान बनवाने में हाथ भारतीय उपमहाद्वीप में सबने देखा है। कोई नहीं मानता कि ये देश भारत-पाकिस्तान के बीच मध्यस्थता करने के लायक है। भारतीय मानते हैं कि ये पाकिस्तान के सरपरस्त हैं और पाकिस्तानियों को लगता है कि भारत से निपटने में इन देशों ने उनकी खुलकर मदद नहीं की।

फिर भी अमेरिका और ब्रिटेन दोनों लगे हुए हैं कि भारत-पाक दोस्ती करा दें। महारानी के साथ पाकिस्तान आए ब्रिटेन के विदेश मंत्री रोबिन कुक ने वहाँ राजनेताओं से कहा कि ब्रिटेन दोस्ती करवा सकता है। महारानी की यात्रा को तू तू मैं-मैं में बदलने के लिए इतना काफी था। काहिरा में इंदर कुमार गुजराल ने कहा कि ब्रिटेन है क्या? तीसरे दर्जे की भी तो ताकत नहीं है। वह क्या खा के सुलह-समझौते करवाएगा? फिर भारत में वह उसी दिन छपवाया जब महारानी एलिजाबेथ दिल्ली पहुँचीं। महारानी ने जो भाषण राष्ट्रपति भवन में पढ़ा वह लेबर सरकार ने बनवाया था। उसमें भी भारत-पाकिस्तान को इतिहास भूल कर दोस्ती के रास्ते पर चलने का उपदेश था। महारानी का एक और भाषण ब्रिटेन चेन्नई में करवाना चाहता था। वह भारत ने पहले से ही नहीं माना था लेकिन उसे भी तिल का ताड़ बना दिया गया। महारानी एलिजाबेथ की सद्भावना यात्रा ऐतिहासिक घाव हरे करने और उन पर नमक छिड़कने वाली हो गई।

इसमें बेचारी महारानी का कोई दोष नहीं है। वे ऐसी लेबर सरकार के हत्थे पड़ गई हैं जो कंजरवेटिव होने की वर्णसंकर प्रक्रिया से गुजर रही है। पहले वह डायना की याद में रोते ब्रिटेन के आँसू पोंछ ले फिर दूसरों के घाव सीने निकले। भारत और पाकिस्तान का ब्रिटेन ने पहले ही कोई कम सत्यानाश नहीं किया है। अब अगर वह दोस्त नहीं हो सकता तो दुश्मनी क्यों बढ़ाना चाहता है? महारानी कह गई हैं कि इतिहास को बदला नहीं जा सकता। समझे कि नहीं ब्लेयर बॉय?

[18 अक्टूबर, 1997]

धुँधलके में एक और छाया

जैसे कुछ लोगों को दिन में तारे नजर आते हैं लालकृष्ण आडवाणी को भाजपा की हवा और दिखाई दे रही है। लहर तो फिर भी दिख जाती है लेकिन किसी को दिखाई नहीं देती। आडवाणीजी को भाजपा की हवा दिख रही है तो जरूर होगी। आखिर सत्तारूढ़ होने का दावा करने वाली पार्टी के अध्यक्ष को इतनी दिव्यदृष्टि तो होनी चाहिए।

ऐसी ही दृष्टि का दावा करते रहने वाले एक और अध्यक्ष सीताराम केसरी आजकल चुप हैं। जब से सोनिया गांधी ने घोषणा की है कि वे कांग्रेस के लिए इस मध्यावधि में प्रचार करेंगी केसरीजी की बोलती बन्द हो गई है। अब चार और नये बोलने वाले कांग्रेस की तरफ से बोलेंगे—अम्बिका सोनी, मार्गरेट अल्वा, नजमा हेपतुल्ला और सलमान खुर्शीद। विट्ठल नरहरि गाड़गिल और अजित जोगी पहले से हैं। कांग्रेस ने मान लिया है कि उसका मुकाबला भाजपा से है इसलिए बोलने वालों का नम्बर बढ़ा दिया है। आखिर संघ वाले प्रचार को अपना सबसे बड़ा हथियार मानते हैं।

सोनिया गांधी के प्रचार के लिए मैदान में उतरने के जादुई असर के किस्से हर नये कांग्रेसी की जबान पर हैं। यह असर आडवाणीजी को दिखती हवा की तरह है जो सिर्फ पहुँचे हुए कांग्रेसियों को दिखता है। सोनिया गांधी न हुई जादूगर सरकार हों जो हाथ के झटके से चीजों को बदल सकते हों। जो लोग समझते हों कि वंशवाद वही जादू कर सकता है जो बीस-पच्चीस साल पहले करता था देखते नहीं कि अब राजनीति कितनी बदल गई है और जाति और सम्प्रदाय से लगातार खंडित होते राजनीतिक समाज को वंश नहीं जोड़ सकता।

वोटरों पर पड़े न पड़े लेकिन कांग्रेस पर सोनिया गांधी की घोषणा का जरूर असर हुआ है। अब वह एक पराजित सेना की तरह मैदान में नहीं उतरेगी। उसके योद्धाओं और सैनिकों का मनोबल ऊँचा होगा और वे अपनी पूरी ताकत और चतुराई से लड़ेंगे। जीतेंगे फिर भी नहीं लेकिन सामने वाले का तगड़ा मुकाबला करेंगे। उनमें आई इस नई जान का कारण उनका यह विश्वास है कि चुनाव तो नेहरू-गांधी परिवार का कोई नेता ही जितवा सकता है।

सोनिया गांधी ने भले ही कांग्रेस और देश के लिए कुछ न किया हो और अब तक उनसे फायदे ही उठाए हों वे आखिर हैं तो इन्दिराजी की बहू। बहू भी भले ऐसी हों कि जो इटली में जन्मी और इंग्लैंड में पढ़ी और राजीव गांधी से ब्याह करने के भी बारह साल बाद जिन्होंने भारत की नागरिकता ली लेकिन हैं तो नेहरू परिवार की बहू। भले ही राजनीति से परहेज करती रही हों और अपने पति को भी गैरराजनीतिक बनाए रखने में सक्रिय रही हों और भारत की वास्तविकता से उनका उतना ही सबका हो जितना एक पंचतारा पर्यटक का होता है नेहरू-गांधी परिवार में ब्याहे जाना ही राजनीति की उस्तादी हासिल करने के लिए काफी होता है। कांग्रेसियों के इन विश्वासों का आप कोई इलाज नहीं कर सकते। कांग्रेसी उठ खड़े हुए हैं इसमें किसी को कोई सन्देह नहीं है।

वैसे भी कांग्रेस को छोड़कर जो भाजपा में जा रहे थे उन्हें न टिकट मिलने की उम्मीद थी, न जीतने की। गोबर का पोटा भी उठाओ तो उसके साथ कुछ मिट्टी-कंकड़ उठ के आता है। ये ऐसे 'नेता' लोग थे जिनके साथ कुछ नहीं उठता। फिर इन में मणिशंकर अय्यर जैसे वीर बुद्धिमानी तमिल भी थे जिन्होंने जयललिता के साथ भाजपा के गठबन्धन से नाराज हो कर कांग्रेस नेतृत्व यानी सीताराम केसरी को कोसते हुए कहा कि उसने तमिलनाडु की पवित्र भूमि पर भाजपा जैसी साम्प्रदायिक पार्टी को पाँव जमाने का मौका दिया। यह पार्टी भारत में इतने वर्षों से पाँव जमाए और संसद में अकेली सबसे बड़ी पार्टी बनी हुई थी तो इससे भारत भूमि का कुछ नहीं बिगड़ा था और मणिशंकर अय्यर जैसों का पवित्र आक्रोश लेख लिखने तक ही सीमित था। उनकी मातृभूमि का पावित्र्य तभी खतरे में पड़ा जब जयललिता को भाजपा से हाथ मिलाने दिया गया। राजीव गांधी के वफादार सिपहसालारों को ऐसी ही देशभक्ति है।

लेकिन इन लोगों के भी कांग्रेस छोड़ने और कुछ के भाजपा में शामिल होने से इतना तो लग ही रहा था कि जहाज डूब रहा है इसलिए चूहे उसमें से भाग रहे हैं। चूहों का यह भागना कांग्रेस के मनोबल को रसातल में ले जाने और भाजपा को हवा देने के लिए काफी था। अगर सोनिया गांधी चुनाव प्रचार करने की घोषणा नहीं करतीं तो सीताराम केसरी कांग्रेस को बचा नहीं सकते थे।

कांग्रेस में कोई नहीं मानता कि केसरी चुनाव जितवा सकते हैं। ऐसे करिश्माई नेता वे नहीं हैं इसे तो वे खुद भी मान लेंगे। लेकिन उनके अध्यक्ष रहते कांग्रेस चुनाव में उतरे तो बुरी तरह हारेगी ऐसी हताशा कांग्रेसियों और कांग्रेस के लाइलाज वोटरों में बहुत गहरे पैठ गई थी। यह हताशा निश्चित ही भाजपा के काम आ रही थी और उसके परिवारी इसे अपनी हवा में बदलने में लगे थे। वे अब भी लगे हैं और आडवाणीजी का बयान सिर्फ इस कोशिश का उदाहरण है। सोनिया गांधी अगर कांग्रेस की प्रचारक नम्बर एक होंगी तो भाजपा को अपने प्रचार की लाइन

बदलनी होगी। ऐसा नहीं कि सोनिया गांधी के ऐसे मर्मस्थल नहीं हैं जिन पर बहुत आसानी से वार न किया जा सके। लेकिन उन्हें हमले के केन्द्र में लाने के लिए जो लाइन बनेगी वह भाजपा को कांग्रेस जैसा विस्तार और सर्वग्राहिता नहीं लेने देगी।

यों भी स्थिरता और कुशल प्रधानमंत्री देने के नारे पर भाजपा कोई गढ़ नहीं जीत लेगी। भाजपा को ही यह श्रेय प्राप्त है कि उसने देश की सबसे अल्पजीवी सरकार दी। कांग्रेस को सन् इक्यानबे में कोई बहुमत नहीं मिला था। उसे भी अकेली सबसे बड़ी पार्टी के नाते ही सरकार बनाने का मौका मिला था। नरसिंह राव को लेकर यह शक किसी को नहीं था कि वे देश के नायक हो सकते हैं। उनकी छवि भी नेता की नहीं थी। फिर भी अल्पमत की कांग्रेस और प्रधानमंत्री नरसिंह राव पूरे पाँच साल सरकार चला ले गए। भाजपा और उसके सहयोगियों और अटल बिहारी वाजपेयी को भी राष्ट्रपति शंकरदयाल शर्मा ने मौका दिया था। लेकिन वह सरकार कुल जमा तेरह दिन चली और जिसे भाजपा का भोंपू सिद्धान्तहीन, अवसरवादी गठबन्धन कहता रहा चौदह पार्टियों के उस मोर्चे ने अठारह महीने सरकार चला कर बता दी। भाजपा किस प्रकार स्थिरता और सरकार चलाने की कुशलता और चतुराई का दावा कर सकती है?

भाजपा की चार राज्य सरकारें सन् नब्बे में बनीं और एक ने भी अपना कार्यकाल पूरा नहीं किया। वीर रामभक्त कारसेवकों ने बाबरी मसजिद की जो सेवा की उससे ये चारों सरकारें मिस कर दी गईं। राम मन्दिर पर सरकारों को शहीद कर देने वाली रामभक्त सिद्धान्तनिष्ट पार्टी के नाते भाजपा ने साल भर में चुनाव लड़ा। एक राज्य में उसकी सरकार नहीं बनी। राजस्थान में भी उसे कोई बहुमत नहीं मिला था। वहाँ जो सरकार अब भी चल रही है वह भैरोंसिंह शेखावत की राजनीतिक चतुराई से बनी और चल रही है। उस सरकार पर भी जो संकट आए हैं वे संघ परिवार के शेखावत के पर कतरने की कोशिश के नतीजे थे। तभी दिल्ली के आधे अधूरे राज्य में भाजपा की सरकार बनी। उसके अब तक दो मुख्यमंत्री हो चुके हैं।

महाराष्ट्र की सरकार में भाजपा जूनियर पार्टनर है इसलिए वहाँ की स्थिरता अस्थिरता पर यहाँ बहस बेकार है। गुजरात में तब दो-तिहाई बहुमत से भाजपा ने सरकार बनाई थी और घोषणा की थी कि वह देश-दुनिया के लिए भाजपा की आदर्श सरकार होगी। साल भर में वह सरकार भी अन्दर से टूट गई। उसे बचाने के लिए भाजपा आलाकमान ने विद्रोही शंकरसिंह वाघेला से ऐसे-ऐसे समझौते किये जैसे कांग्रेस ने भी कभी नहीं किये थे। केशुभाई की जगह सुरेश मेहता को मुख्यमंत्री बनाया। वह सरकार भी गई और आखिर वाघेला ने अलग पार्टी बनाकर कांग्रेस की मदद से सरकार बनाई जो दिलीप पारिख के हाथ में जाने के बाद अब गुजरात विधानसभा में चुनाव करवाने की सिफारिश कर डूब गई। गुजरात के वोटरों को आप कैसे समझाएँगे कि भाजपा को दो-तिहाई बहुमत देने से स्थिर सरकार बन सकती है?

कांग्रेस को कोसा जाता है कि वह सत्ता से बाहर होने पर सरकारें बनाने-बिगाड़ने का खेल करती है। उसने चरणसिंह को ललचा कर जनता पार्टी की सरकार सन् उन्नासी में तोड़ी, चरणसिंह की सरकार बनवाई और उन्हें गच्चा दे दिया। फिर सन् नब्बे में चन्द्रशेखर की सरकार बनवाई और उसे भी चार महीने में चलता किया। अस्थिरता पैदा करने में कांग्रेस का कोई सानी नहीं। लेकिन भाजपा कहाँ पीछे है? उसे केन्द्र में राष्ट्रीय मोर्चे की सरकार बनाने का एक बार ही मौका मिला। ग्यारह महीने में वह सरकार भाजपा ने गिरा दी। राम मन्दिर भाजपा का मुद्दा था लेकिन विश्वनाथ प्रताप सिंह ने उसे पूरा करने के वादे पर भाजपा से समर्थन नहीं लिया था। राम मन्दिर के लिए ही राम रथ पर निकले लालकृष्ण आडवाणी को पकड़े जाने पर भाजपा ने सपा-बसपा की सरकार तुड़वा कर अपने समर्थन से बसपा की सरकार बनवाई और उसे छह महीने में गिरा दिया। सतानबे में फिर मायावती की सरकार बनवाई और फिर उससे गठबन्धन तोड़ कर अपनी सरकार बना पाई है, न अपनी मदद से बनी सरकारों को उसने स्थिर रहने दिया है। फिर स्थिरता पर उसका दावा चलेगा कैसे?

अटल बिहारी वाजपेयी को प्रधानमंत्री पद का सबसे योग्य और कुशल उम्मीदवार घोषित करके चुनाव जीतना भाजपा का दूसरा नारा है। यहाँ संघ परिवार के अन्दर से ही अटलजी को मुख या मुखौटा बताने के विवाद को छोड़ दिया जाए। सिर्फ यह देखा जाए कि अल्पमत में होते हुए राष्ट्रपति वेंकटरामन ने एक नरसिंह राव को मौका दिया और एक मौका दिया शर्मा ने अल्पमत वाले अटल बिहारी वाजपेयी को। नरसिंह राव की कोई छवि नहीं थी। वे धुआँधार भाषणवाज और चतुर सांसद नहीं थे। सब पार्टियों में मान्य और ग्राह्य नेता होने की ख्याति भी नहीं थी। बीमारी के कारण चुनाव भी नहीं लड़े थे और देखने वाले कहते हैं कि तब उनके चेहरे से भी नहीं उड़ती थी। लेकिन बिना एक शानदार भाषण दिये संकट पर संकट झेलते नरसिंह राव ने पाँच साल पूरे किये संख्या का गणित अटलजी की सरकार के पक्ष में भी नहीं था। उनसे सरकार तेरह दिन चली। तब जोड़-तोड़ खरीद-फरोख्त आदि न करने वाले इन्हीं अटल बिहारी वाजपेयी को उत्तर प्रदेश में सरकार बचाने के किसी भी हथकंडे को सही ठहराते देखकर उनके कितने प्रशंसक चकित नहीं रह गए। सही है कि प्रशंसक प्रधानमंत्री नहीं बनाते लेकिन छवि तो वही बनाते हैं। तेरह दिन की सरकार और उत्तर प्रदेश के बचाव ने अटलजी का क्या किया है इसे जरा वोटरों में जाकर देखिए।

सोनिया गांधी कोई कांग्रेस को जितवा नहीं देंगी। लेकिन उनके चुनाव के मैदान में उतरने से समीकरण और वातावरण बदल गया है क्योंकि वे एक अनजान चीज हैं। अभी कोई नहीं जानता कि उनके चुनाव प्रचार करने से किस पर क्या असर होगा। अगर वे चुनाव लड़ते हुए प्रधानमंत्री पद के उम्मीदवार के नाते उतरतीं तो

भाजपा उन पर टूट पड़ने की तैयारी भी करती। तब राम विरुद्ध रोम का नारा भी लग सकता था। अब लड़ाई वैसी आर-पार की नहीं है। सोनिया गांधी हैं भी और नहीं भी हैं। इसलिए कई बार ऐसा हो सकता है कि हवा में तलवारबाजी होती रहे और उससे नुकसान कांग्रेस के विरोधियों का ही हो।

एक बेमुद्दे का चुनाव सोनिया गांधी के उतर आने से और बेमुद्दा हो गया है। लेकिन इससे चुनाव लड़ने उठ खड़ी हुई कांग्रेस और अनिश्चय के धुँधलके में पहुँच गई है। सोनिया गांधी के कारण सीताराम केसरी सहित सभी कांग्रेसी नेता अप्रासंगिक हो गए हैं लेकिन जिम्मेदारी उन्हीं की है। सोनिया गांधी तो सिर्फ प्रचार करेंगी। कांग्रेस उनके प्रचार के बावजूद हार जाए तो उन पर ज्यादा असर नहीं पड़ेगा। वे अपने राजीव गांधी प्रतिष्ठान और दूसरे प्रतिष्ठानों के जरिये अपने और अपने के बाद पति के प्रिय सरोकारों में लग जाएँगी। चुनाव कांग्रेस को कौन सँभालेगा? केसरीजी तो उसके बाद चलते दिखते नहीं तो क्या यह चुनाव कांग्रेस का कायाकल्प कर देगा या भाजपा अब वह पार्टी नहीं रह जाएगी कि जिस रूप में उसे देश ने देखा और जाना है?

[3 जनवरी, 1998]

त्रिशंकु से ऐसा भी क्या घबराना!

कम से कम अब यह दावा कोई नहीं कर रहा कि उसे जनादेश मिला है। देश के वोटरों ने सभी पार्टियों, गठबन्धन तालमेलों और उम्मीदवारों की राम झरोखे बैठकर ऐसी मुद्रा ली है कि सब अपनी जगह पहुँच गए हैं और जोड़-तोड़ में लगे हैं कि सरकार कैसे बनाई जाए और सरकार बनाना इस बार सन् छियानबे से भी मुश्किल होना है, चलाना तो और भी दुष्कर।

एक आम चुनाव के बाद ऐसी स्थिति पैदा होने पर किसी को भी प्रसन्न क्यों होना चाहिए? सरकार बहुत मुश्किल से बने और उसका ठीक से और एक निश्चित रास्ते पर चलना लगभग असम्भव हो तो यह लोकतांत्रिक प्रशासन के लिए अच्छी बात नहीं है। लेकिन सत्ताकांक्षी पार्टियों और व्यापारियों को छोड़कर आम लोग दुखी नहीं है कि उन्होंने सत्ता के लिए कुछ भी कर सकने वाले लोगों के लिए इतनी बाधाएँ खड़ी कर दी हैं। अगर संसद त्रिशंकु है और कोई भी खम ठोंक कर दावा नहीं कर सकता कि उसे राज करने का अधिकार है तो यह स्थिति आम वोटर ने ही पैदा की है। उन्होंने फिर सबको लाइन में लगा कर कहा है कि अपने निजी और पार्टीगत स्वार्थों से ऊपर उठो और लोक हित में शासन चलाओ। ऐसा नहीं करोगे तो किसी की भी सरकार बनना और चलना सम्भव नहीं होगा। बार-बार धोखाधड़ी करने वाली पार्टियों और सत्ताकांक्षियों को एक लोकतंत्र के लोग ऐसी सजा देते हैं तो इसमें खराबी क्या है?

सरकार के जरिये देश को सुधारने और बनाने का दावा करने वाले लोग कह रहे हैं कि लोग ऐसा करके नुकसान तो अपना ही कर रहे हैं। आखिर यह अस्थिरता और अनिश्चितता अर्थव्यवस्था की चाल को मन्दी कर देती है, प्रशासन ठीक से नहीं चलता और राजनीतिक और सार्वजनिक जीवन में जो अराजकता आती है उस सबका खामियाजा आखिर आम और गरीब लोगों को ही भुगतना पड़ता है। जिनके पास साधन हैं और जो ऐसी स्थिति में पहुँच गए हैं कि छोटी-मोटी ऊँच-नीच उनकी हालत पर असर नहीं करती, राजनीतिक अस्थिरता से उनकी रोटी तो बिगड़ती नहीं यही हो सकता है कि स्थिर सरकार हो तो वे अपना व्यापार-व्यवसाय ठीक जमा सकते हैं और दलालों की दलाली अच्छी चल सकती है। राजनीतिक अस्थिरता

के कारण पूँजी का साँप बिल में दुबका रहता है और बहुत जरूरी हो तभी बाहर निकल कर शिकार करता है और लौट आता है। लेकिन जो जानते-समझते हैं वे अनिश्चितता और अराजकता का लाभ भी उठाते हैं और उनका धंधा चलता रहता है।

लेकिन अपने देश की एक क्रूर वास्तविकता यह भी है कि राजनीति करने वालों ने राजनीति से होने वाले फायदों का ऐसा राजनीतीकरण कर दिया है कि जो उससे बाहर हैं उनको उसका लाभ नहीं पहुँचता। जो योजनाएँ गरीबों के नाम पर गरीबों के लिए चलाई जाती हैं वे भी दरअसल राजनीति वालों को बीच में पैसा बनाने के मौके देने के लिए हैं। फिर कहने की जरूरत कतई नहीं है कि सौ में से पिच्चासी पैसे बीच वालों के पास जाते हैं और पन्द्रह गरीब लोगों को। हमारा जो राज और राजनीति तंत्र है वह सारी व्यवस्था अपने लिए करता है। पासंग और रूँगावन गरीबों तक पहुँचती है। जिस तरह उदारीकरण और भूमंडलीकरण से नया खड़ा हुआ संगठित बाजार इस देश के मध्य और उच्च वर्ग को अपना ग्राहक मानता है उसी तरह हमारा राजनीति तंत्र भी उन्हीं लोगों के लिए है जो राजनीति में लगे हुए हैं। राजनीतिक अस्थिरता इन्हीं लोगों को कष्ट देती है। नहीं तो जिन लोगों की दो जून रोटी की व्यवस्था नहीं होती और जिनकी न अपनी छत है, न रोजी कमाने की स्थिर और स्थायी व्यवस्था उनके रोजमर्रा जीवन को राजनीतिक अस्थिरता क्या बिगाड़ेगी? क्रय शक्ति न होने के कारण जो लोग संगठित बाजार से बाहर हैं वही वे लोग भी हैं जिन्हें राजनीतिक स्थिरता-अस्थिरता छूती नहीं।

ये लोग यही कर सकते हैं कि जिन्होंने सत्ता में रह कर अपना और अपने लोगों का पेट भरा उन्हें पटिये पर बैठा दें। इसलिए आप देखते हैं कि केन्द्र में उन्नीस महीने राज करने वाले संयुक्त मोर्चे को फरवरी के चुनाव में सबसे भारी नुकसान उठाना पड़ा। उसके लगभग आधे सांसद फिर चुनाव नहीं जीत सके। मतदाताओं ने संयुक्त मोर्चे की ऐसी गत बनाई है कि वह ज्यादा से ज्यादा उस कांग्रेस की सरकार बनाने में मदद कर सकता है जिसके समर्थन से पहले वह राज कर रहा था और जिसकी हर पार्टी कांग्रेस को गरियाना अपना परम कर्तव्य मानती थी। अब अगर संयुक्त मोर्चे की भाजपा को राज में आने से रोकना है तो उसे कांग्रेस की सरकार बनवानी होगी। मोर्चे की कई पार्टियों को कांग्रेस फूटी आँखों नहीं सुहाती और बाकी अपने-अपने राज्यों में कांग्रेस से सीधे सत्ता संघर्ष में हैं। लेकिन वोटरों ने संयुक्त मोर्चे की पार्टियों के ऐसे हाल किये हैं कि कांग्रेस की सरकार बनवाने के सिवाय उनके सामने कोई चारा नहीं है। तेलुगुदेशम जैसी एकाध पार्टी तटस्थ रह सकती है या भाजपा का समर्थन कर सकती है। लेकिन यह स्थिति भी उसके कोई ज्यादा काम नहीं आएगी। अगले चुनाव में कांग्रेस के बजाय भाजपा आंध्र में तेलुगुदेशम की मुख्य विरोधी पार्टी हो सकती है। संयुक्त मोर्चे की घटक पार्टियों को जो संघवाद बहुत प्यारा है, वह न कांग्रेस को प्यारा है और न भारतीय जनता पार्टी

को। ये दोनों पार्टियाँ मजबूरी में क्षेत्रीय पार्टियों को अपने साथ लेकर चल रही हैं। भाजपा इनके जरिये उन राज्यों में अपने पाँव जमाना चाहती है जहाँ उसका कोई आधार नहीं है और कांग्रेस वहाँ फिर से हावी होना चाहती है जहाँ से क्षेत्रीय पार्टियों ने उसको उखाड़ फेंका था। रचनात्मक संवाद भले ही क्षेत्रीय पार्टियों का प्रिय और मुख्य उद्देश्य हो अखिल भारतीय महत्त्वाकांक्षाओं वाले कांग्रेस और भाजपा के लिए तो ये पार्टियाँ सत्ता में पहुँचने की सुविधादायी सीढ़ियाँ हैं।

पहले देवेगौड़ा और फिर इन्दर कुमार गुजराल की अगुआई में संयुक्त मोर्चे को मौका मिला था कि उसकी पार्टियाँ मिलकर दिल्ली में साबित कर सकें कि भले ही वे अपने-अपने राज्य तक सीमित पार्टियाँ हों मिलकर वे एक राष्ट्रीय रवैये से काम करती हुई अपने राज्य के साथ पूरे देश की भलाई कर सकती हैं। देवेगौड़ा देश को कर्नाटक बना देना चाहते थे लेकिन न तो उनमें इतनी क्षमता थी कि मुख्यमंत्री के नाते कर्नाटक में वे जो कर सके उसे पूरे भारत में कर सके, न कांग्रेस ने उन्हें इतना समय दिया। इन्दर कुमार गुजराल का अपना कोई राज्य नहीं था उनका पुराना राज्य वह पंजाब था जो आजकल पाकिस्तान में है। पहले विदेशमंत्री के नाते और फिर प्रधानमंत्री के रूप में गुजराल उस पाकिस्तान से भारत के सम्बन्ध सुधारने में लगे रहे जिसमें उनका अपना पंजाब है और जिसे छोड़कर आने के कारण वे जीवन और राजनीति के स्थायी शरणार्थी हो गए हैं। गुजराल चाहते तो पूरे देश को अपना राज्य बना सकते थे लेकिन उन्होंने भी पाया कि भारत में बना पंजाब और उसकी सिख पार्टी शिरोमणि अकाली दल ही उनका अपना हो सकता है। इसलिए आतंकवाद से लड़ाई के दौरान जो केन्द्रीय धन पंजाब में खर्च हुआ था और जिसे पंजाब से न लेने की घोषणा नरसिंह राव ही कर चुके थे उसे पंजाब को सचमुच देकर उसके सच्चे पुत्र होने का गौरव कमाया और जालन्धर से अकाली मदद से चुनाव जीतने में भुना लिया। इसके अलावा अपने प्रधानमंत्री होने का लाभ अपने तमाम मित्रों को दिया और उन्हें कहीं न कहीं फिट कर दिया।

सत्ता में होते हुए संयुक्त मोर्चे की प्रेरक पार्टी जनता दल में विभाजन हुआ। बिहार में लालू ने अपना जनता दल बना लिया। बीजू पटनायक की मृत्यु के बाद उनके नामधारियों ने ओडीशा में अपना अलग दल बनाया और भाजपा से गठबन्धन कर लिया। बचा था एक कर्नाटक जनता दल प्रदेश के नाते लेकिन पहले वहाँ देवेगौड़ा ने रामकृष्ण हेगड़े को निकाल कर और फिर उनके नामलेवाओं ने दल को और भी दलदल में फँसाकर बर्बाद कर दिया। रामकृष्ण हेगड़े जॉर्ज फर्नांडीज की तरह निजी दिक्कतों और अपमानों से लहूलुहान होकर भाजपा की गोद में बैठ गए। उत्तर प्रदेश में जनता दल पहले ही खत्म हो गया था, मध्यप्रदेश, राजस्थान, हरियाणा आदि में वह टूट-टूट कर कई पार्टियों में मिल गया था। सत्ता में आने पर पार्टियाँ अपना आधार फैलाती और मजबूत करती हैं। जनता दल ने अपने नेताओं

की अहम रक्षा के लिए अपने को तोड़-तोड़ कर बर्बाद कर दिया। ये नेता अपनी एक टूटी-फूटी नौका लेकर बिहार में दूसरे कर्नाटक में, तीसरे उत्तर प्रदेश में, चौथे उड़ीसा में जल भ्रमण कर रहे हैं। जनता दल के कुल जमा छह सांसद नये सदन में पहुँचे हैं। सन् सतहत्तर में जनता पार्टी के रूप में और उन्यासी में जनता दल के नाते जो तीसरी ताकत उत्तर भारत की मुख्य पार्टी बन कर निकली थी। वह आज हाशिये पर भी नहीं, जन विरोधी होने पर जनता के नाम वाली पार्टी का भी क्या हश्र होता है इसका उत्तम उदाहरण जनता दल है।

लेकिन वोटरों ने जो गत संयुक्त मोर्चे की बनाई उन राज्यों में भाजपा की भी वही की जहाँ उसका राज था। महाराष्ट्र में शिवसेना-भाजपा बन्धन बहुत इतरा रहा था। उसे रिमोट से चलाने वाले उसके सुप्रीमो बाला साहेब ठाकरे ने सरकार को ठाकरे परिवार और शिवसेना की सेवा में लगा दिया था और बची-खुची कमाई प्रमोद महाजन भाजपा के लिए जुटा रहे थे। मुम्बई माफियाओं को सौंप दी गई थी और महाराष्ट्र अलग-अलग लॉबियों को बाला साहेब इतने शिवसैनिकों को संसद में भेजना चाहते थे कि भाजपा की जो सरकार दिल्ली में बने उसका रिमोट भी उनके हाथों में हो। महाराष्ट्र की सरकार का रिमोट उनके हाथ में था तो उस प्रदेश के क्या हाल हुए थे मराठी लोगों ने देखा ही था इसलिए अड़तालीस में से कुल चार शिवसैनिकों को उन्होंने दिल्ली जाने दिया। भाजपा के उम्मीदवारों के भी यही हाल किये। दूसरा राज्य राजस्थान था जहाँ सन तिरानवे के चुनाव में भी भाजपा को बहुमत नहीं मिला था। वहाँ भाजपा की सरकार भैरोंसिंह शेखावत के राजनीतिक कौशल के कारण बनी थी। लेकिन क्षत्रप के नाते वे इतने स्वायत्त और शक्तिशाली थे कि संघ और भाजपा के आलाकमान को पच नहीं सकते थे। इसलिए उन्हें अस्थिर बनाए रखा गया और वे जनता के काम में लगे रहने के बजाय अपनी कुर्सी बचाने के खेल में लगे रहे। वहाँ भी लोगों ने भाजपा और शेखावत को सत्ता में होने और जनता के काम न करने की सजा दी।

भाजपा वालों का दावा था कि देश की जनता अटल बिहारी वाजपेयी को प्रधानमंत्री बनाने के लिए मरी जा रही है। लेकिन जिन प्रदेशों में उनका राज था वहीं के वोटरों पर अटलजी का जादू नहीं चला या अटलजी को प्रधानमंत्री बनाने और केन्द्र में भाजपा की सरकार स्थापित करने का ऐसा जोरदार आकर्षण नहीं था कि लोग राज्य में भाजपा के कुराज को भुला सकें। अब आप इसे राज में होने का दुष्परिणाम कहें या केन्द्र में सरकार बनाने की वोटरों की इच्छाहीनता कहें लेकिन इतना सच है कि जो भाजपा जो भी मिला उससे चुनावी तालमेल करके दिल्ली को फतह करने की मुहिम में लगी थी वह उन्हीं राज्यों से समर्थन पाने में विफल हो गई जहाँ उसका राज चला आ रहा था। भाजपा का राज उत्तर प्रदेश में भी है और वहाँ से उसे चार सीटें बढ़ गई हैं लेकिन यूपी में राज उसे पिछले अक्टूबर में

जैसे-तैसे मिला और अब भी चुनाव में दो दिन के लिए फिर छिन गया था। वहाँ उसका राज इतना जमा ही नहीं है कि लोगों में उसके गुण-दोष साफ हो सकें। फिर वहाँ लोकतांत्रिक कांग्रेस का असली राज है या जनतांत्रिक बहुजन समाज पार्टी का या इन दोनों की बैसाखियों पर लटकी भाजपा का—यह भी लोगों के सामने साफ होना है। दिल्ली में भी भाजपा की एक सीट बढ़ गई है लेकिन दिल्ली में दो राज एक साथ चलते हैं। इसलिए वोटर किसी एक को दोष देने या सजा सुनाने की हालत में आसानी से आ नहीं पाता।

वोटरों ने ऐसी ही सजा धुर दक्षिण में तमिलनाडु पर राज करने वाली द्रमुक को दी। जिस जयललिता को पिछले चुनाव में सजा देकर पटिये पर बैठा दिया था उसे फिर सत्ता की हालत में ला दिया और अम्मा ने भाजपा से चुनावी तालमेल करके अब उससे सौदेबाजी करने की तैयारी कर ली है। वहाँ करुणानिधि की द्रमुक का दिल्ली के राज में भी हिस्सा था और उसे दिल्ली के राज से न हटने के कांग्रेस ने संयुक्त मोर्चे की सरकार गिराई थी। फिर भी द्रमुक को तमिल लोगों की सहानुभूति नहीं मिली। उन्होंने उसे दिल्ली में राज करने लायक बनाने के बजाय पटिये पर बैठा दिया। आंध्र में राज कर रहे तेलुगुदेशम के चन्द्रबाबू की हालत इतनी बुरी नहीं की फिर भी आंध्र में कांग्रेस का लोगों ने इतनी सीटें तो थमा ही दी कि चन्द्रवाबू सावधान हो गए हैं और अपना गढ़ बचाने के लिए दिल्ली में राज में भागीदारी करने का सपना छोड़ रहे हैं। ओड़ीशा में पटनायक और कांग्रेस को ठीक से राज न चलाने की सजा मिली है तो हिमाचल प्रदेश में कांग्रेस और वीरभद्र सिंह और हरियाणा में बंसीलाल और उनकी हविपा और गुजरात में शंकर सिंह वाघेला और उनकी राजपा सभी को सीटों से हाथ धोना पड़ा है। राज में होने और लोकहित में काम न करने की सजा वोटरों ने इन सभी को दी है। उत्तर प्रदेश की तरह पंजाब में अकालियों को अभी बदनाम होने का पूरा मौका नहीं मिला है इसलिए वहाँ भी उनकी सीटें बढ़ गई हैं।

सचमुच का अपवाद अगर कोई है तो पश्चिम बंगाल और वहाँ का सत्तारूढ़ वाम मोर्चा पश्चिम बंगाल में वाम मोर्चे की सरकार कोई बीस साल से चली आ रही है। वहाँ से वाम मोर्चे को संसद में भी इतनी सीटें मिलती हैं कि दिल्ली की राजनीति में उसका दखल हो सके। इस बार जबकि सभी सत्तारूढ़ पार्टियों को लोकहित में ठीक से राज न करने की सजा मिली है—पश्चिम बंगाल का वाम मोर्चा फिर बच गया है। इसका कारण यह नहीं है कि वाम मोर्चा दूसरों की तुलना में बेहतर राज कर रहा है। इसका कारण यही हो सकता है कि या तो वह सरकार से इतनी निराशा पैदा नहीं होने देता कि लोग विकल्प की खोज करें या वह जनता की निराशा को वोट के जरिये प्रकट नहीं होने देता। जो हो पश्चिम बंगाल का वाम मोर्चा जनता के गुस्से से बच भी जाता हो तो केरल में नहीं बचता। इसलिए यह

भी हो सकता है कि पश्चिम बंगाल के लोगों और वाममोर्चे में कोई विशेष सम्बन्ध हो जिसे समझने और समझाने के लिए कोई और सन्दर्भ ढूँढ़ना पड़े। दिल्ली में जो त्रिशंकु संसद आ रही है और सरकार बनना और चलना मुश्किल लग रहा है और इससे जो राजनीतिक अस्थिरता स्थायी होती लग रही है इससे ज्यादा चिन्तित होने और घबराने की जरूरत नहीं है। लोग राज करने वालों और उनके राज से अपना असन्तोष इस तरह प्रकट नहीं करेंगे तो कैसे करेंगे? लोकतंत्र में इससे ज्यादा लोकतांत्रिक और रचनात्मक तरीका क्या हो सकता है? लोगों का कांग्रेस पर से विश्वास उठ गया है लेकिन भाजपा पर जमा नहीं है। संयुक्त मोर्चे को भी बीस साल में तीन बार मौका देकर वे देख चुके हैं। लोग अब चाहते हैं कि राज चलाने वाली पार्टियों, गुटों, गठबन्धनों और नेताओं के हित स्वार्थों से ऊपर उठ कर राज चलाएँ। नहीं चलाएँगे तो लोग इन्हें सजा देते रहेंगे।

[7 मार्च, 1998]

परीक्षण तो कर लिया, अब...?

विकल्प तो पिछली हर सरकार के सामने खुला था। दिसम्बर, 95 में आखिर नरसिंह राव सरकार भी विस्फोट की तैयारी कर ही रही थी। वह तो अमेरिकी सेटेलाइट की पकड़ में आ गया और दबाव में कहिए या पता लग जाने के कारण राव सरकार ने इरादा छोड़ दिया। विस्फोटों के खिलाफ सन्धि पर दस्तखत करने से इनकार करने वाली देवेगौड़ा और उसके बाद की गुजराल सरकार के सामने भी प्रस्ताव था कि एक-दो विस्फोट करके देख लिये जाएँ। वैज्ञानिक तैयारी तो निश्चित ही पहले से थी, जरूरत राजनीतिक निर्णय की थी राव, देवेगौड़ा और गुजराल ने वह निर्णय नहीं लिया जो लगता है अटल बिहारी वाजपेयी ने प्रधानमंत्री बनने के तत्काल बाद ले लिया था। देश की सुरक्षा जरूरतों के लिए जरूरी रहा हो या नहीं भाजपा अगुआई वाली सरकार में भाजपा एजेंडे पर अमल की शुरुआत के लिए जरूरी था कि विस्फोट किये जाएँ। पाकिस्तान का गौरी मिसाइल का परीक्षण करना विस्फोट करने का अच्छा कारण दे गया।

एक साथ जो तीन विस्फोट सोमवार को पोकरण में किये गए उनमें एक हाइड्रोजन बम था। दूसरे दो विस्फोट उसी तरह के थे जैसा सन् '74 में इन्दिरा गांधी ने करवाया था। इसका मतलब यह कि चौबीस साल से हमारे वैज्ञानिक कोई ठाले नहीं बैठे थे और हमारे पहले विस्फोट के बाद से लगाई गई तकनोलॉजी देने की वे पाबन्दियों और दूसरी नीतिगत बाधाओं के बावजूद लगातार काम कर रहे थे और तकनीक के मामले में लगभग आत्मनिर्भर थे। सोमवार के तीन विस्फोट बताते हैं कि तकनीक के मामले में हमारे अणु विज्ञानियों ने इतनी तरक्की कर ली है कि अमेरिका और रूस का मुकाबला कर सकें।

खम ठोंकने और मूँछ मरोड़ने वाले बालक-बुद्धि लोगों में होड़ लगी हुई है कि आणविक कार्यक्रम के बारे में हमारी सरकारों ने अब तक जो गोलमोल रवैया अपनाया था उसकी निंदा करते हुए कहा जाए कि देखिए वाजपेयी सरकार ने कितने साहस का काम कर दिखाया। आणविक शस्त्र बनाने की देश की क्षमता पर जो नाहक परदा डाला गया था उसे भाजपाई सरकार ने उतार दिया और महाबलियों के पाँच देशों का जो क्लब था उसमें अपनी जगह बना ली है। आणविक बम को

बम पटाखा समझने वाले लोग ही इस प्रकार की बल्ले-बल्ले बात कर सकते हैं।

चीन और पाकिस्तान को खबरदार किये रखने के लिए अनिवार्य था कि भारत बता दे कि उसके पास आणविक खतरे से निपटने की ताकत है। आखिर जिन सरकारों ने विस्फोटों पर पाबन्दी और अणु बम के प्रसार को रोकने की सन्धियों पर दस्तखत करने से इनकार किया वे भारत के आणविक शस्त्र बनाने के विकल्प को खुला रखना चाहती थीं और इसलिए सम्पूर्ण निरस्त्रीकरण की बात करते हुए और विश्व शान्ति और अहिंसा की दुहाई देते हुए भी उन्होंने इन सन्धियों से देश को नहीं बाँधा। अमेरिका और रूस के पास दुनिया को कई-कई बार नष्ट कर सकने वाले आणविक अस्त्र हैं लेकिन बात वे हमेशा सम्पूर्ण निशस्त्रीकरण और विश्व शान्ति की ही करते हैं। जो सन्धियाँ भी उन्होंने तैयार की हैं वे दुनिया के सारे आणविक अस्त्र समाप्त करने के लिए नहीं हैं, उन्हें गिनती के कुछ देशों तक सीमित रखने के लिए ही हैं।

अमेरिका रूस के बहाने और रूस अमेरिका के बहाने इन अस्त्रों को कभी नष्ट नहीं करेगा। मान लीजिए कि इन दो महाबलियों में से किसी संयोग या दुर्घटना से एक के पास आणविक बम न रहें तो दूसरा विश्व शान्ति के लिए उन्हें खुद आगे होकर नष्ट नहीं कर देगा। वह उन्हें दुरुस्त ही नहीं रखेगा बल्कि बढ़ता रहेगा ताकि दुनिया भर पर उसका दबदबा बना रहे। ऐसा करते हुए वह हमेशा सम्पूर्ण निरस्त्रीकरण और विश्व शान्ति की बात करेगा क्योंकि सब जानते हैं कि आणविक अस्त्रों से आप खिलवाड़ नहीं कर सकते। ये अगर उपयोग में लाए गए तो पराजित लोगों की जमात भी नहीं छोड़ेंगे सभी नष्ट होंगे। चूँकि आणविक अस्त्र सर्वनाश ही करेंगे इसलिए उन्हें बनाने, रखने और उनसे अपने दुश्मनों को धमकाए रखने वाले हमेशा एक पाखंड का इस्तेमाल करते हैं। बगल में जितना बड़ा बम होता है, मुख से राम का नाम उतनी ही जोर से लेना पड़ता है।

भारत अब तक अगर अपने आणविक कार्यक्रम के साथ यह पाखंड बरतता आया तो इसलिए कि अहिंसा और बाद में विश्व शान्ति की इतनी बात करने और उसके लिए काम करने के बाद वह अपना आणविक खम ठोकता नहीं फिर सकता था। अहिंसा और आत्म निरस्त्रीकरण के गांधी वाले बलिदानी रास्ते पर वह जा नहीं सकता था और चीन से सन् बासठ के सीमित युद्ध में हारने के बाद आणविक शक्ति बनने के अलावा उसके पास कोई चारा भी नहीं था। सुरक्षा सिर्फ पाकिस्तान से करना हो तो आणविक अस्त्र बनाना अनिवार्य भी नहीं होता। लेकिन चीन तो भारत को हिमालय में बर्फ चटा कर आणविक देश भी बन गया था। चूँकि भारत तय कर चुका था कि उसे किसी सामरिक खेमे में किसी महाबली का पिछलग्गू नहीं बनना है इसलिए अपनी रक्षा की तैयारी और उसका प्रबन्ध उसे खुद ही करना था। फिर वह गरीब और पिछड़ा हुआ देश है इसलिए अपने लोगों की बुनियादी

जरूरतों पर ध्यान देने के बजाय बम बनाने में, सरेआम लगा हुआ, न दिख सकता था, न शर्म-लिहाज छोड़कर वैसा कर सकता था।

लेकिन पाखंड की नीति पर चलते हुए भी जवाहरलाल नेहरू ने आधारभूत ढाँचा बनाया और उनकी बेटी ने चौबीस साल पहले पोकरण के इसी रेगिस्तान में पहला विस्फोट किया जहाँ सोमवार को एक साथ तीन विस्फोट किये गए। अगर सरकारों को इस राष्ट्रीय निश्चय पर चलना नहीं होता कि एक दिन हमें आणविक अस्त्र बनाने हैं तो हमारा आणविक कार्यक्रम और उसकी तैयारी ऐसी नहीं होती कि वाजपेयी सरकार कुछ ही हफ्तों में एक साथ तीन और इतने विकसित अस्त्र बनाने वाले विस्फोट करवा सकती थी। सोमवार को पोकरण में हमने जो किया वह हम कर सकते हैं इसकी जानकारी देश के कई लोगों को थी। आज जो विकसित और कुछ मझौले देश हमारी निंदा और भर्त्सना कर रहे हैं और पाबन्दियाँ लगाने की सोच रहे हैं वे भी सब जानते थे कि भारत अपने आणविक कार्यक्रम को आणविक अस्त्र कार्यक्रम में कभी भी बदल सकता है। हमारी आणविक क्षमता में न हमें सन्देह था न दुनिया के महाबली देशों को इसलिए विस्फोटों पर जो हर्षोन्माद उठाया जा रहा है और जो निंदा अभियान—ये दोनों ही एक प्रकार का पाखंड हैं।

लेकिन इस पर अपन थोड़ी देर बाद आएँगे। अभी यह समझें कि राष्ट्रीय सुरक्षा के लिए भले कितना ही अनिवार्य हो और हम चाहे जितना सोच-समझ कर बनाएँ, आणविक अस्त्र बनाना ईसाई पुराण की अवधारणा की तरह ओरिजनल सिन-मूल पाप करना है। हिरोशिमा और नागासाकी साबित कर दिया है कि आणविक अस्त्र चलाने वालों और वार खाने वालों-दोनों को मारता है। और ऐसा शस्त्र जो सर्वनाश करता है उसे बनाकर आप प्रसन्न नहीं हो सकते। रक्षा के लिए अनिवार्य हो फिर भी आणविक बम बनाना आखिर एक मजबूरी है। एक ऐसी मजबूरी जिसे बनाकर भस्मासुर भी खुश नहीं हो सकता। आणविक अस्त्रों का यह सर्वनाशी चरित्र ही उन्हें एक साथ अनिवार्य और अनुपयोगी बना देता है। आणविक अस्त्र आखिर कुल मनुष्यता पर किया गया पाप है और इसलिए उसे करते हुए आपका सिर एक जिम्मेदारी से दबेगा ही।

सब जानते और मानते हैं कि ऐसा युद्ध नहीं होगा जिसमें कोई अणु अस्त्र का उपयोग करेगा और विजेता होगा। आणविक अस्त्र का उपयोग बन्दूक की गोली, तोप के बम और जहाज से गिराए जाने वाले बम की तरह नहीं हो सकता। पारंपरिक युद्ध इस तरह के अस्त्रों से जीते—या हारे जा सकते हैं आणविक युद्ध का कोई विजेता और पराजित नहीं होगा उसमें सभी पराजित और नष्ट होंगे। आणविक अस्त्र का उपयोग इसी में है कि वह आपके पास है तो कोई आप पर हमला नहीं करेगा। उसकी सारी काम की शक्ति हमलावर को रोकने में है। आपके पास आणविक अस्त्र है तो दुश्मन आपसे आर-पार की लड़ाई नहीं लड़ सकता। सब कुछ बना

लेने के बाद भी अमेरिका अपने ही लोगों को सन्तुष्ट नहीं कर पाता कि वह किसी आणविक युद्ध में जीत सकता है।

भारत को भी चीन और पाकिस्तान को अपनी देहरी के पीछे रखने के लिए आणविक अस्त्रों की जरूरत है उन्हें सचमुच पराजित करने के लिए नहीं। सोमवार के परमाणु परीक्षणों के बाद न चीन भारत पर हमला करने का दुस्साहस करेगा, न पाकिस्तान। लेकिन इससे मानना गलत होगा कि हमारे आणविक अस्त्र कार्यक्रम का प्रयोजन पूरा हुआ और अब हम सीटीबीटी यानी परमाणु परीक्षण पर पाबन्दी की सन्धि पर दस्तखत कर सकते हैं। अमेरिकी राष्ट्रपति ने सीधे-सीधे माँग भी की है और अपने देश में भी ऐसे लोगों की कमी नहीं है जो कहने लगे हैं कि हमें सीटीबीटी पर दस्तखत करने की सोचना चाहिए ताकि अन्तरराष्ट्रीय निंदा, भर्त्सना और विरोध को रोका जा सके, सम्भावित पाबन्दियों का भी दुष्पपरिणाम रोका जा सके। एक रवैया यह भी है कि राष्ट्र की सुरक्षा के लिए पीना जरूरी था तो पी लेकिन अब हम तौबा कर रहे हैं। और अच्छे बच्चे की तरह अन्तरराष्ट्रीय समाज में फिर शामिल हो रहे हैं जैसे शरारती बच्चे तड़ी मार कर क्लास में लौट आते हैं।

सीटीबीटी और एनपीटी पर हस्ताक्षर करना कितना ही वांछनीय हो लेकिन अभी उसका समय नहीं आया है। अपने यहाँ एक कहावत है कि...ऐसा किया तो बुरा किया लेकिन कर के बीच में ही छोड़ दिया यह और बुरा किया। आणविक अस्त्रों का कार्यक्रम बनाकर भारत ने ओरिजनल सिन-मूल पाप कर दिया है। और इस पर दुनिया भर में तरह-तरह के लोग हमारी निंदा कर रहे हैं। अमेरिका, रूस, ब्रिटेन, फ्रांस और चीन ने दुनिया को ठेंगा दिखा-दिखा कर विस्फोट किये और तभी विस्फोट न करने की सन्धि पर दस्तखत किये जब उनके आणविक अस्त्र विकास कार्यक्रम के लिए विस्फोट गैर जरूरी हो गए। इतने विस्फोट करने और अपने शस्त्रागारों में अस्त्रों के ढेर लगाने वाले इन लोगों की निंदा का कोई नहीं है। दुनिया के ये स्वनियुक्त पहरेदार अपने दामन देखें फिर हमें उपदेश दें। भारत के आणविक अस्त्र कार्यक्रम में कितना भी पाखंड हो, इन पाँच पाखंड से पासँग बराबर भी नहीं है।

फिर सचमुच की मुश्किल आर्थिक तकनीकी और दूसरी पाबन्दियों से हो सकती है। अपनी अर्थव्यवस्था ऐसी मजबूत नहीं है कि पाबन्दियों का सामना करते हुए भी यह ठीक बनी रहे। वैसे भी एक-दो साल से मन्दी चल रही है और खेती का उत्पादन गिर रहा है। चारों तरफ महँगाई बढ़ रही है। पिछले साल मौसम में जो घोर अनिश्चितता रही उसका असर भी अब साफ दिखने लगा है। फलों की फसल मारी गई है, खासकर आम की जिससे विदेशी मुद्रा की अच्छी सी कमाई होती थी हमारा निर्यात लगातार गिर रहा है और आयात बढ़ रहा है। अगर व्यापार पर पाबन्दियाँ लगी तो निर्यात और प्रभावित होगा। अभी तो वित्त मंत्री कहते है कि

उन्हें कोई चिन्ता नहीं है लेकिन दुनिया के अमीर देश अगर जात निकाला देने का रवैया अपना लें तो हमारे लिए सचमुच मुश्किल हो सकती है। वेतन आयोग की सिफारिशों से लगभग सभी सरकारें सिर्फ वेतन देने के लायक बची हैं और विकास पर खर्च करने के लिए उनके पास कुछ बचता नहीं है। ज्यादातर राज्य सरकारों में न क्षमता है, न इच्छा कि नये संसाधन खड़े कर सकें और भले ही पोकरण में परमाणु विस्फोट कर लिये हैं केन्द्र की सरकार आखिर गठबन्धन की सरकार है जो अपनी सहयोगी पार्टियों को लँगोट लगाने और घास खाने के लिए प्रेरित नहीं कर सकती।

परमाणु विस्फोटों पर अभी जो उत्साह और उल्लास दिखाई दे रहा है वह नंगी-भूखी वास्तविकताओं के सामने टिकेगा नहीं और आर्थिक कठिनाइयों और संसार की पाबन्दियों के सामने अगर हमने कदम पीछे हटाए और सीटीबीटी और एनपीटी पर दस्तखत कर दिये और अपनी सुरक्षा के लिए जितने अस्त्र जरूरी हैं उतने विकसित नहीं किये और उन्हें निशाने पर पहुँचाने की प्रणालियाँ विकसित नहीं कीं तो गुनाहे बेलज्जत हो जाएगा। अगर हमने महज पटाखे नहीं चलाए हैं और राष्ट्रीय सुरक्षा का असली मकसद अगले मध्यावधि में भाजपा को जिताना नहीं है तो परमाणु अस्त्र कार्यक्रम और उसके ठीक से क्रियान्वयन पर ऐसे ध्यान देना होगा कि दुनिया की बिरादरी में हमारा कूटनीतिक महत्त्व और आर्थिक पाबन्दियों का कोई खास असर न हो। यह एक ऐसी गम्भीरता और समझदारी के बिना सम्भव नहीं है जो स्थायी और दूरगामी राष्ट्रहित पूरे कर सके। भाजपा जिस तरह की दिवाली मनाने की तैयारी कर रही है उससे उसका वोट बैंक तो प्रसन्न हो सकता है लेकिन वह वातावरण नहीं बनेगा जो आगे की कठिनाइयों का सामना करने के लिए जरूरी है।

जो लोग समझते हैं कि पोकरण में तीन परमाणु विस्फोट करके भाजपा ने अपने और अपनी सरकार के लिए राजनीतिक युद्ध जीत लिया है वे जरा चौबीस साल पहले की भी याद कर लें। इन्दिरा गांधी ने जब पहला परीक्षण करवाया था तो उसका तो असर सोमवार के इन तीन विस्फोटों से कहीं ज्यादा हुआ था। आखिर वह देश का पहला परमाणु परीक्षण था। लेकिन साल भर बाद इन्दिरा गांधी को इमरजेंसी लगानी पड़ी और दो साल बाद वे चुनाव हार गईं। परमाणु विस्फोट राजनीति के सवालों का स्थायी उत्तर नहीं देते। पहले परीक्षण का एक सबक यह भी है।

[14 मई, 1998]

ऐसे दादा अब क्यों नहीं होते?

अब दादा धर्माधिकारी जैसे लोग नहीं होते। क्या समय इतना बदल गया है कि उनके जैसा आदमी चल नहीं सकता? और क्या समय ही अपने अनुरूप बैठने वाले आदमी बनाता है? क्या आदमी में अपने अन्दर ऐसा कुछ नहीं होता जो बाह्य परिस्थिति से निरपेक्ष अन्दर से पनपता जाता है और समय को अपने अनुकूल कर लेता है?

दादा होते तो उनसे पूछता। लेकिन उन्हें तो गए कोई अब कोई तेरह साल हो गए। आज से उनकी जन्म शताब्दी की शुरुआत ही हो रही है। इस सदी के लगने के कोई छह महीने पहले वे जन्मे और उन बरसों में पले पनपे और जवान हुए जिनमें हमारे देश के लगभग सभी आधुनिक महापुरुष सक्रिय थे और अंग्रेजी साम्राज्य से देश को आजाद कराने से लेकर नया भारत, नया समाज और नया मनुष्य बनाने में लगे थे।

क्या बीसवीं सदी चाहती थी कि ऐसे लोग पैदा हों और अपनी पूरी क्षमता के साथ सक्रिय हों? या यह इन महापुरुषों का पराक्रम था कि बीसवीं सदी ऐसे क्रान्तिकारी परिवर्तनों के साथ शुरू हो जो पिछली उन्नीस सदियों के इतिहास और मानवीय उपलब्धि को ही बदल दें? ये सवाल भी दरअसल शुरू में पूछे गए सवाल का ही विस्तार हैं। मैं बार-बार समय और व्यक्ति की किस्म पर आ-जा रहा हूँ तो शायद इसलिए कि शताब्दी के बहाने दादा धर्माधिकारी के जीवन के बारे में सोचता और महसूस करता हूँ तो लगता है कि वैसा एक भी व्यक्ति आज हमारे सार्वजनिक जीवन में दिखाई नहीं देता। इसलिए लगता है कि समय ही उनके जैसे आदमी पैदा करता होगा।

जिस वक्त दादा जवान हो रहे थे तब भारतीय राजनीति से लोकमान्य तिलक और उनके साथ बाल, पाल और लाल का जमाना जा रहा था और महात्मा गांधी का वर्चस्व काल शुरू हो रहा था। राजनीति, समाज परिवर्तन के तौर-तरीके और नया मनुष्य बनाने के सपने कुछ लोगों और विशिष्ट वर्ग के हाथों से निकल कर आम लोगों और साधारण आदमी के अभिक्रम में जा रहे थे। सिर्फ भारत में ही गांधी जन कार्रवाई की तैयारी नहीं कर रहे थे, रूस में लेनिन भी बोल्शेविक क्रान्ति में लगे थे और एशिया और यूरोप दोनों ही महाद्वीप भारी उथल-पुथल के दौर में आ

गए थे। पूँजीवाद और साम्यवाद की विचारधाराएँ सब चीजों को मूल से उठा कर उलट-पुलट कर जाँच रही थीं लेकिन गांधी ने इनसे भिन्न अपना रास्ता बनाया था जिसमें और भी बुनियादी परिवर्तनों की आकांक्षा करवट ले रही थी।

ऐसे समय में दादा धर्माधिकारी जवान हुए लेकिन किसी विचारधारा के आदमी नहीं हुए। किसी संस्था के आदमी नहीं हुए। किसी महापुरुष के आदमी नहीं हुए। किसी पद पर नहीं बैठे। अधिकार की कोई स्थिति मंजूर नहीं की। लेकिन विचार का अलख जगाने और संवाद चलाने के लिए निस्संग योगी की तरह घूमते रहे और अपने ऊपर कोई काई नहीं जमने दी। जिससे भी जो भी मतभेद रहा या हुआ वह उसे सम्मान, प्रेम और बिना लाग-लपेट के बताया फिर भी उससे सम्बन्ध वैसे ही प्रेम और सम्मान के बने रहे। विवाह किया, गिरस्ती बसाई, बाल-बच्चे हुए और जिसे संसार कहा जाता है, वह भी पूरा किया। लेकिन यह सब करते हुए ऐसे रहे जैसे संन्यासी हो और जिसका डेरा हमेशा पीठ पर रहता हो। विचार से प्रखर लेकिन जीवन से बिलकुल मानवीय, हाड़-माँस के किसी भी पुतले की तरह खामियों, कमजोरियों और मजबूरियों में जीने वाले। पढ़ने को सब पढ़ा, खूब गुना लेकिन किसी सत्य में भी बंध कर नहीं रह गए। प्रतिसत्य की हमेशा अपेक्षा रखी और जब भी वह सामने आया आँख और दिल खोलकर उसे देखा और स्वीकार किया। कोई दुराग्रह ही नहीं सत्य आग्रह भी नहीं रखा। सामने वाले को वह सब मानने और नकारने की छूट दी जो अपने को बचपन से देते रहे। किसी पंथ के नहीं हुए, कोई पंथ नहीं चलाया, किसी को गुरु नहीं बनाया न किसी को अपना शिष्य बनने दिया। ऐसे शुद्ध विचारजीवी को यही कहेंगे कि वह हवा पर जिया और उसी में मिल गया।

होने को दादा धर्माधिकारी स्वतंत्रता संग्राम सेनानी थे। रहने को कांग्रेस में भी रहे। उम्र भर खादी पहनी। गांधी और विनोबा ही नहीं उस समय के सभी नेताओं से स्नेह सम्बन्ध और विचार-विनिमय रहा। लेकिन कांग्रेस वालों या गांधीवादियों की जमात में उन्हें न शामिल किया जा सकता है, न वे कभी ऐसे जमाती हुए। जब उन पर कोई लेबल या ठप्पा लग ही नहीं सकता था तो यह तो असम्भव ही था कि वे किसी प्राप्त अवसर का कोई लाभ उठाते। अपने लिए नहीं जिन मूल्यों में विश्वास करते थे उन्हें आगे बढ़ाने या स्थापित करने के लिए भी वे किसी जिम्मेदारी के पद पर नहीं रहे। आज जब जिधर देखो उधर लोग पाने, छीनने, लूटने-खसोटने और अधिकार जमाने में लगे हैं तब दादा धर्माधिकारी किसी और ग्रह से आए और किसी और जमाने में रहे आदमी लगते हैं।

शुरू में ही मैंने कहा कि अब उनके जैसे लोग नहीं होते तो इसलिए भी कि जब आजादी आ गई और लोग विधानसभाओं और संसद में जाने लगे और दादा धर्माधिकारी के पीछे भी लोग पड़े तो उन्होंने साफ मना कर दिया। पर वे नहीं माने

उन्हीं के शब्दों में पढ़िए—हमारे मित्रों में से कुछ लोग गांधीजी और (सरदार) पटेल के पास यह सुझाव लेकर गए कि धर्माधिकारी को असेंबली में भेजा जाना चाहिए क्योंकि वह गांधी विचारों का अच्छा प्रतिपादन करता रहा है। पटेल ने सुझाव मेरे सामने रखा तब मैंने उसका पूरा अस्वीकार किया। वह काम मेरे गुणों और प्रवृत्ति के बहुत ही प्रतिकूल था। मुझे उसमें बिलकुल रुचि नहीं थी। विनोबा, किशोरलाल भाई सबसे मैंने अपनी बात कही। जमनालालजी तो रहे नहीं थे। विनोबा को मेरा कहना ठीक लग रहा था। लेकिन किशोरलाल भाई वगैरह मान नहीं रहे थे। आखिर एक ही उपाय था गांधी सेवा संघ के अध्यक्ष पद के वक्त मैंने गांधीजी को पत्र लिख कर अपनी दिक्कत बतलाई थी। इस वक्त भी उन्हें पत्र लिख कर मैंने अपनी भूमिका स्पष्ट की।

बापू को मैंने लिखा था—

बजाजवाड़ी, वर्धा
22-12-45

पू. बापूजी,

मेरा तार आपको मिल ही गया होगा। पत्र अपेक्षा से एक दिन शायद देरी से मिले।

असेंबली के अनुकूल मनोवृत्ति का मैं अपने भीतर जो अभाव पाता हूँ, वह संकोचवश नहीं। मेरी बेचैनी की जड़ में मेरी अपनी खास विचारधारा व दलीलें हैं, जो इस प्रकार हैं-

1. जब मैंने कॉलेज छोड़कर सार्वजनिक जीवन में प्रवेश किया तभी मैंने अपने लिए यह मर्यादा बना ली थी कि मैं अधिकार और सम्मान के पदों से दूर रहूँगा। मैंने अब तक भरसक कोशिश करके इस मर्यादा को निवाहा है। तिलक विद्यालय में मैं पन्द्रह साल रहा। लेकिन उसका आचार्य नहीं हुआ। जहाँ तक मेरा वश चला, कांग्रेस कमिटी में भी कोई पद नहीं लिया। मेरे बुजुर्ग और नेता अभ्यंकर साहब के बहुत आग्रह करने पर भी मैं प्रांतीय कांग्रेस का मंत्री नहीं बना। उन्हें बहुत चोट लगी। पूनमचन्द को भी इसी तरह नाराज किया। जमनालालजी ने भी कई बार आग्रह किया कि एक बार तो नागपुर म्युनिसिपल कमिटी का अध्यक्ष बनूँ। किंतु मैंने नम्रतापूर्वक क्षमा चाही व उन्होंने मान लिया।

2. मैंने देखा कि हमारे देश में पहला स्थान लेने की इच्छा रखने वालों की कोई कमी नहीं है। दूसरा स्थान लेने वाले योग्य आदमियों की कमी है। सत्ता और सम्मान से अलिप्त रहकर सेवा करने वालों की जरूरत है। इसलिए मैंने विचारपूर्वक दूसरा स्थान लेने का निश्चय किया।

3. यह सच है, कि आज मेरा नैतिक वजन काफी है। मेरे दूसरे साथियों की अपेक्षा मेरी बात ज्यादा आदमी मानेंगे। लेकिन इस वजन का कारण यह रहा है,

कि मैं सत्ता और मान से दूर रहा। लोगों पर इस बात का प्रभाव पड़ता है। अब मैं चुनाव में खड़ा हो जाऊँ तो जिस प्रभाव के कारण मेरे मित्र मुझे भेजना चाहते हैं वह कम होता जाएगा।

4. मुझमें नेतृत्व के गुणों का अभाव है। मैं मुरव्वत के कारण कभी बातें करता हूँ। मुझे आदमियों का लिहाज होता है। और इनकार करने की हिम्मत नहीं है। किसी को नाराज नहीं करना चाहता और इसलिए शायद कुछ डरता भी हूँ। नैतिक धैर्य और दृढ़ता का अभाव है।

5. मैं विश्वास-परायण हूँ। चाहे जिस मनुष्य की बात पर मुझे विश्वास हो जाता है। इसलिए धोखा भी खाता हूँ।

6. आज मैं किसी भी पार्टी के अनुशासन में न रहकर आजादी के साथ अपने विचार युवकों में और दूसरे लोगों में बतलाता हूँ। सारे वातावरण पर इसका बहुत अच्छा परिणाम होता है। कल मुझे पार्टी के बन्धन में आ जाना पड़ेगा। आज मेरी जो उपयोगिता है वह शायद जाती रहेगी। मैं शायद बाहर रहकर ही अधिक सेवा कर सकता हूँ। अत: मेरा इस चुनाव से दूर रहना ही उचित होगा।

7. वहाँ जाकर हिंसा को सम्मति देनी होगी।

8. पू. विनोबा का भी यही मत है, कि मैं बाहर रहकर ही अधिक सेवा कर सकूँगा। मेरी भूमिका के यही अनुकूल होगा। भीतर वालों को भी मेरा उपयोग मेरे बाहर रहने से अधिक हो सकता है।

मैंने केवल पू. विनोबा के ही निर्णय पर बात छोड़ दी थी। उन्होंने मेरे पक्ष में निर्णय दिया। परंतु अन्य मित्रों को सन्तोष नहीं हुआ। अत: मैंने अब यह सब फैसला आप पर छोड़ दिया है। मैं आपसे संरक्षण चाहता हूँ।

रक्षणाकांक्षी
दादा धर्माधिकारी

मेरे इस पत्र का जवाब बापूजी ने तुरन्त दिया-

महिषादल,
28 दिसम्बर, 1945

भाई दादा,

तुम्हारा खत पढ़ गया। गोपालराव का भी सब ख्याल कर के मेरा निर्णय यह है सब मित्र कहते हैं इसलिए बगैर परिश्रम के असेंबली में जा सकते हैं तो चले जाओ ऐसा समझ कर कि मखमल की गद्दी पर बैठने नहीं, लेकिन काँटों की गद्दी पर बैठने के लिए।—अगर वहाँ कुछ अच्छा हुआ तो यश पंच का है, या भगवान का। अगर न हुआ तो खोना कुछ है ही नहीं, क्योंकि बाहर रहना है तब भी सत्य

की उपासना के लिए, भीतर जाना है तब भी उसी की उपासना के लिए। विनोबा कहते हैं वह मैं समझता हूँ। और यह अभिप्राय उनकी बातें समझते हुए मैं देता हूँ। सब विवाद को छोड़ो, वार्तालाप छोड़ो, मौन लेकर लोग चुनते हैं तो जाओ। चुनाव में तुम्हारे सिर पर कुछ भी परिश्रम होना नहीं चाहिए।

बापू

इस पत्र के बाद गांधीजी ने मुझे अपने पास बुला लिया। मैं गया। उनके चरणों में सिर रख कर मैंने विनती की, कि मुझे इसमें जाना नहीं है। मैं वह नहीं कर सकूँगा। उन्होंने कहा, यह तो मेरा निर्णय है। तुम अपनी मर्जी से तो नहीं जा रहे हो। तुम जाना नहीं चाहते हो इसे तो मैं तुम्हारी योग्यता मानता हूँ। ऐसे लोगों को तो जरूर जाना चाहिए। बापू के इतना कहने के बाद मैं कुछ बोल नहीं सका।

दादा धर्माधिकारी तब के मध्य प्रांत की असेम्बली में गए और—'साथियों ने मेरा नाम संविधान परिषद के लिए सुझाया और हमारे प्रांत की टीम में मैं भी शामिल हो गया। इस सिलसिले में मेरा दिल्ली में भी निवास होने लगा।'

लेकिन संविधान सभा में दादा धर्माधिकारी एक बार भी नहीं बोले जब कि हिन्दी, अंग्रेजी और मराठी में उनके भाषण देश भर में प्रसिद्ध और सुने जाते थे और शायद ही ऐसा कोई नेता होगा जो उनकी वक्तृत्व कला से ठगा न रह जाता होगा। लेकिन संविधान सभा में एक बार भी बोल न पाने के बारे में उन्हीं ने कहा है—वाचालता के लिए मेरी हमेशा ख्याति रही है और प्रान्तिक धारासभा के सत्रों में मैंने खूब भाषण किये भी। 'तत्त्वज्ञानी', 'धर्माधिकारी' आदि विशेषणों से साथी मेरा कुछ मजाक भी किया करते थे। लेकिन अपने विचार व्यक्त करने के लिए मुझ से आग्रह भी करते थे। मुझे भी बोलने की आवश्यकता महसूस होती ही थी। इससे विपरीत संविधान परिषद में हुआ। वहाँ बैठे विद्वज्जन और विशेषज्ञ मुझसे ज्यादा जानते हैं इस विचार से मेरी बोलती ही बन्द हो जाती थी। परिषद के सम्पूर्ण कार्यकाल में केवल दो ही दफा मुझे बोलने की प्रेरणा हुई थी और दोनों दफा परिस्थितिवश बोलने का मौका न मिला।

[18 जून, 1998]

कैसे हों धर्माधिकारी के उत्तराधिकारी

दादा धर्माधिकारी ने जेपी की तरह भूदान-ग्रामदान के लिए विनोबा को जीवनदान नहीं किया था। इस तरह की नाटकों जैसी लगने वाली घोषणाएँ दादा के मन में भी नहीं आ सकती थीं उन्हें सार्वजनिक रूप से बताना तो खैर असम्भव ही था दादा गांधी के विधायक काम में कुछ इतने ही पड़े कि विनोबा के साथ 'सर्वोदय' का सम्पादन स्वीकार किया। सन् बीस के आसपास सार्वजनिक जीवन शुरू करने और गांधी को मानने वाले सभी लोग चरखा कातते थे। लेकिन दादा सूत नहीं कातते थे। गांधी सेवा संघ की अध्यक्षता से बचने में यही उनका न कातना काम आया क्योंकि संघ के सदस्य होने के लिए भी नियमित रूप से कातना जरूरी था।

विचार और संवाद हो दादा अपना काम मानते थे। लेकिन वे भले ही बहुत ऊँचे दर्जे के कहे जाएँ, प्रचारक नहीं थे। विचार करने और उसको शक्ति जानने वाला प्रचारक हो भी नहीं सकता। वह तो संवाद के जरिये विचार रख देगा और सामनेवाले पर छोड़ देगा कि वह चाहे तो स्वीकार करे, चाहे छोड़ दे। दादा ने जीवन भर यही किया। गांधी के रहते हुए आजादी के पहले और जब विनोबा ने सन् इक्यावन में भूदान यज्ञ शुरू किया तो उसके ग्रामदान आन्दोलन में दादा उसका विचार ही समझाते रहे। आजादी के पहले और बाद में दादा धर्माधिकारी गांधी विचार और अहिंसक क्रान्ति के अन्यतम व्याख्याकार माने जाते थे।

सर्वोदय सम्मेलनों और दूसरे जमावड़ों में हजारों कार्यकर्ता और आम लोग विनोबा और जेपी के भाषणों के साथ दादा के भाषण की भी बड़ी उत्सुकता से प्रतीक्षा करते। दादा भाषण कला में ही निपुण नहीं थे वे तत्व की बातें जितने प्रभावकारी ढंग से बताते थे उतने तो विनोबा और जेपी भी बता नहीं पाते थे। दादा ने बचपन से भाषण देना सीखा था और स्कूल कॉलेज में अंग्रेजी में बोलने वाले धाकड़ वक्ता माने जाते थे। फिर भी गणित कमजोर होने के कारण मेट्रिक में दो बार फेल हुए। इतने पढ़ने-लिखने और विचार करने वाले शंकर त्र्यंबक धर्माधिकारी—विद्वानों के परिवार में जन्म लेने के बावजूद परीक्षाओं में खूब नम्बर लाकर पास होने की विद्या नहीं जानते थे। शायद उन्हें चिन्ता ही नहीं थी कि ऊँचे दर्जे में पास होना है।

उनका परिवार जजों, वकीलों और अध्यापकों से भरापूरा था लेकिन मध्यप्रदेश के बैतूल जिले के मुलताई (मूलतापी) में जन्मे और सब के बुलाए जाने पर दादा कहलाए धर्माधिकारी को शायद शुरू से अन्दाज था कि अपने को कैरियर नहीं बनाना है। तीसरी कोशिश में मैट्रिक करने के बाद इन्दौर के क्रिश्चियन और नागपुर के मॉरिस कॉलेज में दूसरे वर्ष की पढ़ाई भी पूरी नहीं कर पाए। असहयोग आन्दोलन में सब कुछ छोड़कर नागपुर के राष्ट्रीय तिलक विद्यालय में पढ़ाने लगे। वे शायद जानते थे कि उनका पढ़ना-लिखना और विचार करना अच्छी डिग्री लेकर कोई पद पाने और रोजी कमाने के लिए नहीं है। सन् तीस से बयालीस तक कई बार जेल गए। लेकिन जेल जाने को विशेष योग्यता कभी मान ही नहीं सकते थे। भारत सरकार की पद्म उपाधियों और विश्वविद्यालयों की डाक्टरेट वगैरह कैसे स्वीकार हो सकती थीं। फिर भी उद्‌भट विद्वानों में भी वे बड़े विद्वान ही माने जाते थे।

जीवन भर गांधी और विनोबा के आन्दोलनों में रहे लेकिन कभी आन्दोलनकारी नहीं हुए, हमेशा विचार पुरुष ही बने रहे। अपने पिंड के प्रति सच्चे और ईमानदार और ऐसे ही बने रहने के लिए उन्होंने गांधी से लेकर जेपी तक के आग्रह और दबाव को झेला लेकिन जैसा चाहते थे वैसा बनने और बने रहने से डग से मग नहीं हुए। ऐसे आदमी के सम्बन्ध सबसे नहीं तो कुछ से तो बिगड़ सकते थे लेकिन दादा के कारण शायद ही कभी किसी का दिल दुखा हो और कोई नाराज हुआ हो। अपने ढंग दुर्गुण गिनाते थे और बताते थे कि किस तरह प्रस्तावित का आदमी बना रहने के लिए वे बहुत खूबी से अपने पद या जिम्मेदारी के निपट अयोग्य हैं।

ऐसा वे जिम्मेदारी से भागने के लिए और सामने वाले को बनाने के लिए नहीं करते थे इसलिए उनकी नीयत में किसी ने खोट नहीं पाया और विचार से इतने प्रखर थे कि कोई उन्हें कर्म से भागनेवाला भी नहीं कह सकता था। मजा तो यह है कि ऐसे आदमी की भी गिरस्ती चल गई। एक-दो साल नहीं आधी सदी से भी ज्यादा। जो व्यक्ति सबका सद्‌भाव और प्रेम और आदर के साथ सहयोग भी पा सकता हो वही ऐसा जीवन जी सकता था। अपनी स्वीकार्य और घोषित अकिंचनता में स्थित और सन्तुष्ट और हर किसी के गुण का अनमोल ग्राहक। दादा को सम्पत्ति, यश और पराक्रम का त्याग सहज ही सध गया था और कभी किसी से कहा नहीं कि चाहते तो यह हो सकते थे या वह पा सकते थे। ऐसे विदेह वे थे कि त्याग का भी अहंकार उन्हें छू नहीं गया।

शायद ऐसा ही साधक किसी से भी अपने मतभेद जाहिर कर सकता था और बिना किसी को चोट पहुँचाए बता सकता था कि उससे कहाँ और क्या गलती हुई है। ऐसा अगर दोष दर्शन के कारण नहीं, गुण ग्राहकता के कारण हो रहा हो तो इससे न सामने वाले का मन दुखता है, न अपने मन में कभी शंका आती है कि ऐसा करना ठीक नहीं है। दादा में जो नीर-क्षीर विवेक था वही उन्हें मोह और

संकोच से मुक्त करता था। वे कहते कि कोई मेरा गुरु नहीं और मैं किसी का शिष्य नहीं और मेरा भी कोई शिष्य नहीं तो इसे सभी तथ्य की घोषणा और तत्त्व दर्शन ही मानते थे। फिर भी दादा हिमालय की किसी गुफा या एकान्त में नहीं रहे। वे जीवन भर राष्ट्रीय आन्दोलनों से जुड़े और उनमें सक्रिय रहे हजारों-लाखों लोगों से उनका सम्पर्क रहा और अकेलापन तो उन्हें कतई पसन्द नहीं था चाहते थे कि हमेशा लोगों की उपस्थिति से घिरे रहें।

वे बड़े चमत्कारी ढंग से ऐसी पते की और धारदार बात कह सकते थे कि काटती हुई निकल जाए और न किसी को बुरा लगे, न भला। जैसे वे सर्वोदयी लोगों के सम्मेलनों में कहते कि मित्रों, हमारे आन्दोलन में एक संत और एक राजनीतिक है। चूँकि विनोबा के नाम से संत जाने कब से जुड़ा हुआ था और जेपी काफी राजनीति करने के बाद सर्वोदय आन्दोलन में आए। इसलिए सुनने वाले अपने अर्थ लगा लेते। लेकिन दादा कहते कि संत तो जयप्रकाश नारायण हैं और राजनीतिक विनोबा। फिर वे अपनी अनूठी शैली में समझाते कि जेपी किस प्रकार और कैसे संत हैं और विनोबा की राजनीतिक पकड़ कितनी गहरी और कैसी ऊँचे दर्जे की राजनीति वे करते हैं। यह सब दादा ऐसे ढंग से बताते कि न किसी को लगता कि जेपी की तारीफ की गई है और विनोबा की आलोचना इस तरह राजनीतिक कहे और बताए जाने पर विनोबा ने कभी उन्हें प्रेम से उपालम्भ भी नहीं दिया होगा।

नागपुर और वर्धा में रहने के कारण विनोबा से दादा का परिचय बहुत पुराना था। लेकिन सन् चौबीस में एक कमेटी में होते हुए दादा ने राष्ट्रीय शिक्षा पर एक रपट तैयार की थी। उसे दिखाने दादा विनोबा के पास ले गए। तब विनोबा ने उनसे कहा—'आप जिसे बौद्धिक शिक्षण कह रहे हैं उसे मैं शाब्दिक शिक्षण कहता हूँ। उससे बुद्धि का विकास होता है यह निरा भ्रम ही है।' इस बात का दादा पर गजब का असर हुआ। दादा ने लिखा है—'मेरी ओर से इसका पर्यवसान श्रद्धायुक्त स्नेह में हुआ तो विनोबा की ओर से कृपापूर्ण वात्सल्य में।' यह सम्बन्ध उम्र भर बना रहा। भूदान शुरू करने के बाद विनोबा के बारे में दादा ने कहा—नीति के, अध्यात्म के या समाज सुधार के क्षेत्र में ही नहीं तो प्रत्यक्ष राजनीतिक प्रश्न हल करने में अपनी ईश्वरनिष्ठा का प्रत्यक्ष प्रयोग करने वाले उस महाभाग विनोबा को बुद्धि में, भावना में और पराक्रम में जो लगन, जो संवादित्व था, उसके कारण उनका व्यक्तित्व एक मधुर संगीत बन गया था।

लेकिन सन् चौहत्तर में जब जेपी ने बिहार आन्दोलन शुरू किया तो विनोबा उनके साथ नहीं थे लेकिन दादा ने कहा—जेपी के आन्दोलन में मेरी आस्था ही नहीं, दिलचस्पी भी थी। उस आन्दोलन को मैंने ईश्वरीय वरदान माना।...अंग्रेजों के राज्य से स्वराज्य बदतर होने वाला है यह जानते हुए भी इस देश के नागरिकों को स्वराज्य की ही आकांक्षा थी। ऐसी ही कुछ भावना जेपी के आन्दोलन के वक्त

लोगों के मन में थी। कम से कम आपातकालीन स्थिति लागू होने के बाद मेरे मन में तो थी ही। मैंने विनोबाजी को एक पत्र लिखा—

15 अगस्त, 1975
मुम्बई

पू. बाबा,

आज हमारे स्वातंत्र्य का उनतीसवाँ जन्म दिन, या प्रथम पुण्यतिथि?

एकदम पहिली भेंट से ही आपका मुझ पर जो गहरा स्नेह रहा है वह ईश्वरी वरदान है। उसी आपके प्रेम के अमृत पर मैं जिया हूँ। इसलिए आपके साथ प्रतारणा नहीं की जा सकती। दिल खोलकर आपको लिखता हूँ। आज तक हर महत्त्व के स्थित्यन्तर के वक्त प. पू. भाऊसाहब, पू. बापू, जमनालालजी, मेरे पिताजी और आपको लिखता आया हूँ। वैसे ही यह पत्र लिख रहा हूँ।

इन्दिराजी के विषय में मेरे मन में कोई गाँठ नहीं है। परन्तु वे जो कर रही हैं, उससे तो प्राण विह्वल हो जाते हैं। हिम्मत कर के उनके आह्वान का सामना करूँ ऐसी तीव्र इच्छा होती है। फिर भी उस आकुलता को सहन कर, संयम से आपके आदेश का पालन करने का निश्चय किया है।

आपके प्रेमामृत के कारण मैं परलोक में से लौट आया। अब लगता है, न आता तो अच्छा होता।

पंढरपुर में विठाईमाउली और थेऊर में श्री विनायक के दर्शन करने जाऊँगा।

इन्दिराजी ने देश के लोगों के मूलभूत अधिकारों को कुचला दिया है यह त्रिवार सत्य है। आपने उनके आपातकाल को 'अनुशासन पर्व' कहा है वह मिथ्या है अयथार्थ है।

इन्दिराजी का आपातकाल, 'अनुशासन पर्व' नहीं, वह 'आतंक पर्व' हैं, 'निर्दय दमन पर्व' है। उसमें जो अनुशासन है वह दमन का है, तानाशाही का है। आत्महनन कर उन्होंने यह पंच महापातकों से बड़ा पाप किया है।

मैं बीमारी में से ठीक हुआ हूँ, लेकिन वह व्यर्थ ही हुआ ऐसा लग रहा है।

विनीत, दादा

उस समय विनोबा के आलोचक तो बहुत से थे लेकिन उन्हें ऐसा पत्र दादा ही लिख सकते थे। दादा ने और भी लिखा है—मैं उन लोगों में से हूँ जो बेकार से बेकार, टूटे-फूटे और शिकस्त जनतंत्र को अच्छे से अच्छे अधिकनायक तंत्र की अपेक्षा कई गुना श्रेयस्कर मानते हैं। मैं जेपी के नेतृत्व को लोकतंत्र और राष्ट्रीय स्वतंत्रता के लिए उपकारक और स्वागत योग्य मानता था। जो लोग उस नेतृत्व को इस सन्दर्भ में हानिकारक और अनर्थावह मानते थे उनके लिए मेरे मन में सद्भाव

और सौहार्द था। मैं ऐसे मतभेदों को स्वस्थ और वांछनीय मानता हूँ। हमारी नीति समझौते की नहीं, समझ की होनी चाहिए। इसी में से अबाधित सौहार्द सिद्ध होगा। 'हजार दिमाग और एक दिल' के साम्य सूत्र को हम तभी चरितार्थ कर सकेंगे। मेरी यह धारणा है कि विनोबा का यह सूत्र सचमुच 'आर्ष और अपौरुषेय' ही है।

विनोबा का विरोध करते और उनसे अपना मतभेद। बताते हुए भी दादा धर्माधिकारी ने उन्हीं के सूत्र को आदर्श बताया। उसे आर्ष और अपौरुषेय कहा। ऐसे रवैये के बिना लोकतंत्र शक्तिशाली नहीं हो सकता। संवाद नहीं चल सकता। विचार नहीं फैल सकता। अगर हम इस रवैये को सर्वमान्य बना सकें और संवाद से विचार को प्रतिष्ठित कर सकें तो दादा धर्माधिकारी जैसे अद्‌भुत व्यक्तित्व के उत्तराधिकारी हो सकेंगे। दादा की जन्म शताब्दी के वर्ष में संवाद से लगातार विचार चलाएँ!

[19 जून, 1998]

मध्य प्रदेश में दिल्ली की छोटी लाइन

महीना नहीं, पन्द्रह दिन पहले तक मध्य प्रदेश में भाजपा की जीत निश्चित मानी जा रही थी। अब सिवाय प्रतिबद्ध कार्यकर्ताओं और नेताओं के कोई नहीं कहता कि भाजपा जीतेगी या कांग्रेस बहुत सम्भव है सरकार का फैसला इन दोनों पार्टियों के विधायक नहीं, वे बागी विधायक करें जो दोनों पार्टियों से खड़े हुए हैं और ज्यादातर सीटों पर उनके जीतने की सम्भावना उनकी पार्टी के अधिकृत उम्मीदवार से ज्यादा दिखाई दे रही है।

इतनी जल्दी कांग्रेस के कुशासन को लोगों ने कैसे भुला दिया कि अब वे फिर उसके उम्मीदवार को वोट दे सकते हैं? दिल्ली की भाजपाई अगुआई वाली केन्द्रीय सरकार का अशासन या शासनहीनता दरअसल दिग्विजय सरकार से ज्यादा दर्शनीय है। छोटी लाइन के ऊपर बड़ी लाइन खींच कर उसे छोटा नहीं किया गया है। छोटी लाइन के नीचे एक ढपोरशंख शून्य रख दिया गया है जिसने पाँच साल चली कांग्रेस सरकार को कम त्रासदायी बना दिया है। कांग्रेस के लिए यही उसे चमकाने का मुद्‌दा हो गया है। कांग्रेस को बचाव पर होना चाहिए था लेकिन है भाजपा सिर्फ वाजपेयी सरकार के निकम्मेपन के कारण नहीं, भाजपा के उम्मीदवार, उसके बागी और उसके भितरघातियों ने मिल कर कांग्रेस को मैदान में बराबरी की टक्कर में ला दिया है। जो जितना अच्छा लड़ेगा उतनी ही सीटें जीतेगा। कांग्रेस के पास भाजपा से कम अनुभव नहीं है।

शुरू में प्रधानमंत्री अटल बिहारी वाजपेयी से लेकर भाजपा का हर नेता महँगाई को मुद्‌दा बनाए जाने की कोशिश का मखौल उड़ाता रहा। लेकिन जैसे-जैसे वह वोट माँगने मतदाता के नजदीक गया उसे साफ समझ आया कि रोजमर्रा की चीजों की अनाप-शनाप महँगाई ने लोगों को बुरी तरह नाराज किया है। आठ महीनों के भाजपा शासन में लोगों तक यह धारणा पहुँची है कि भाजपाइयों को सरकार चलाना नहीं आता। प्याज से लेकर तेल तक के भाव इतने दिनों से बढ़ रहे हैं। या तो भाजपा सरकार ने अपने समर्थक व्यापारियों को लाभ दिलाने के लिए कोई कार्रवाई नहीं की या वे जानते नहीं कि महँगाई कैसे रोकी जाती है। दोनों ही सूरत में नुकसान भाजपा को है। अटल बिहारी वाजपेयी एड़ी-चोटी का जोर लगाए हुए हैं और महँगाई को

पहले की कांग्रेस सरकारों की नीतियों का नतीजा बताते हैं। लेकिन उनकी दलील मतदाताओं के गले नहीं उतरती। भाषणवीर अटलजी के भाषण सुनने में अब भी मजेदार लगते हैं लेकिन वे सच्चे और ईमानदार नहीं लगते।

कांग्रेस ने भाजपा के केन्द्रीय शासन के निकम्मेपन से लोगों में हुए मोहभंग को पकड़ लिया है। उसके प्रचार की मुख्य धुन ही यही है कि हमें सरकार चलाना आता है। इसे सचमुच वाजपेयी सरकार के अकर्म की कसौटी माना जाना चाहिए कि दिग्विजय सरकार भी अब दावा करने लगी है कि उसे शासन करना आता है। जब कांग्रेसी प्रचार कहता है कि रोजमर्रा की चीजों के दाम पहले कभी इतने ऊपर नहीं चढ़े जितने आज हैं तो वह सही लगता है। क्योंकि लोग रोज भुगत रहे हैं। अटलजी का कहा झूठ लगता है कि यह तीन-चार पहले की कांग्रेसी नीतियों का नतीजा है। अगर आप परमाणु बम उड़ा सकते हैं तो प्याज को गरीब आदमी को पहुँच में क्यों नहीं ला सकते? लोगों को इसका भी बुरा लगा है कि उनकी तकलीफों को भाजपाई नेताओं ने ना कुछ करके दिखाने की कोशिश की और दूसरी सरकारों की तैयारी पर फोड़े गए परमाणु बमों पर ही इतराते रहे।

घोटालों पर जितनी बेशर्मी कांग्रेसियों में हैं अपने करतबों पर उससे ज्यादा दम्भ अपने को सबसे पवित्र समझने वालों भाजपाइयों में हैं। कांग्रेसी घोटालों में तो भागीदार फिर भी कई लोग और वर्ग हैं पर भाजपाई दम्भ को उसी के कार्यकर्ता बाँट लेते हैं। लोकतांत्रिक शासन आखिर मिल बाँट कर खाने का नाम है। इसे कांग्रेसियों ने कितनी अच्छी तरह साधा है यह आप मध्यप्रदेश में देख सकते हैं। मोहनसिंह बुंदेला जैसे मंत्री भी, फिर शान से चुनाव लड़ रहे हैं जिनकी माँडू में बनी अवैध होटल को उन्हीं के शासन ने डायनामाइट से उड़ाया। दिग्विजय सरकार में बुन्देला जैसे मंत्रियों की गिनती बीस से ऊपर जाएगी। फिर भी वे भाजपाई उम्मीदवारों को ललकारते चुनाव लड़ रहे हैं। भ्रष्टाचार को चुनौती देकर पराजित करने के लिए जो नैतिक पराक्रम चाहिए वह भाजपाइयों में नहीं है इसलिए मध्यप्रदेश में भी कांग्रेस टक्कर में आ गई है। कुछ महीनों पहले—अर्जुन सिंह, माधवराव सिंधिया, शुक्ल बन्धुओं आदि के गुट दिग्विजय पर भारी पड़ते हुए उनकी फजीहत करते लग रहे थे वे सब अपने-अपने और छोटे-छोटे गढ़ बचाने में लगे हैं। दिग्विजय सिंह ही एक पूरे प्रदेश के नेता बने अपनी पार्टी को लड़ाने में लगे हैं और बचाव पर नहीं हैं। कांग्रेस के पास भाजपा जैसे विशालकाय अभियान चलाने वाले नहीं हैं। सोनिया गांधी और दिग्विजय सिंह ही हैं। पर उन्होंने सत्ता में कांग्रेस की वापसी को सम्भावना में बदल दिया है।

भाजपा न सिर्फ सन् नब्बे में दो-तिहाई बहुमत से जीती है, सन् '96 और '98 के लोकसभा चुनावों में भी उसने 40 में से 27 और 30 सीटें जीती हैं। दिल्ली और राजस्थान की तरह उसे मध्यप्रदेश में सत्ता में होने के नुकसान का भी सामना नहीं

करना पड़ रहा है। लेकिन दिल्ली की भाजपाई अगुआई वाली सरकार के आठ महीनों में जो महँगाई बढ़ी है उसने भाजपा सरकार बनाने का उत्साह ठंडा कर दिया है। अटल बिहारी वाजपेयी ग्वालियर। यानी मध्यप्रदेश के माने जाते हैं और खुद कांग्रेसी मुख्यमंत्री दिग्विजय सिंह ने माना है कि उन्हें प्रधानमंत्री बनाने की इच्छा ने लोगों से भाजपा को वोट दिलवाए। अब वही वाजपेयी सरकार मध्यप्रदेश में भाजपा के गले में पत्थर की तरह भारी हो गई है।

सही है कि महँगाई का असर महानगरों और बड़े नगरों में जितना है उतना कस्बों और गाँवों में नहीं है। मध्यप्रदेशों में भाजपा शहरों की पार्टी नहीं है। लेकिन गाँवों में भी उसका असर फीका लगता है क्योंकि वातावरण अब भी शहरों में बनता है और वहीं से फैलता है। शहरों में महँगाई से पैदा हुआ मोहभंग गाँवों में किसानों के नुकसान और भाजपाई उम्मीदवारों के कुछ कर न पाने में बदल गया है। दिल्ली और राजस्थान के हाथ से लगभग निकल जाने पर अब भाजपा मध्यप्रदेश पर पूरा जोर लगाए हुए है। कल वाजपेयी और आडवाणी दोनों वहाँ प्रचार में लगे थे। इसके बावजूद मध्यप्रदेश भाजपाई मुट्ठी में नहीं आ रहा है। मुकाबला काँटे का हो गया है।

[21 नवम्बर, 1998]

भाजपाई गठबन्धन की गठरी भारी क्यों

जुलाई-अगस्त में जितने चुनाव वे लगभग सभी भाजपाई गठबन्धन को जिता रहे हैं। कोच्चि, केरल से छपने वाली वह अंग्रेजी पत्रिका *वीक* भी, जो मई में कारगिल लड़ाई के पहले के सर्वेक्षण में त्रिशंकु लोकसभा और भाजपा गठबन्धन को कांग्रेस और उसकी साथिन पार्टियों से थोड़ी-सी बढ़त की घोषणा कर चुकी थी। तब वह भाजपा गठबन्धन को 213-228 सीटें दे रही थी, अब वह बहुमत दे रही है। *इंडिया टुडे* का भगवा रंग किसी से छुपा नहीं है। कोई अचरज नहीं कि वह भाजपाई गठबन्धन को 322-336 सीटें दे रही है। आम तौर पर एक स्वस्थ आलोचनात्मक रवैया अपनाने वाली *आउटलुक* भी उसे 284 सीटें देकर चुनाव जिता रही है। अखबारों में *टाइम्स ऑफ इंडिया* का सर्वेक्षण तो भाजपाई गठबन्धन को पहले ही जिता चुका है।

ये सर्वेक्षण बताते हैं कि उन्होंने अपना काम कैसे किया और कितने नमूने कहाँ-कहाँ से लिये। लेकिन यह सब तथाकथित वैज्ञानिकता दरअसल अड़गम बड़गम ही है। इनकी अड़गम-बड़गम विश्वसनीयता उतनी भी नहीं है जितनी कि हंडिया के एक चावल को मसल कर बताने की कि चावल पक गए हैं या नहीं। हमारे ज्योतिषियों की भविष्यवाणी और इन चुनाव सर्वेक्षणों में कोई ज्यादा फर्क नहीं होता। साठ करोड़ वोटरों की गोपनीय और पाक पसन्द को कुछ हजार नमूने किस हद तक बता सकते हैं इसका फैसला आप खुद ही कर सकते हैं ज्यादा से ज्यादा ये सर्वेक्षण यही बता सकते हैं कि हवा किधर और कैसी चल रही है।

हवा भाजपाई गठबन्धन की है। अप्रैल में वाजपेयी सरकार गिरी तब उसकी वापसी की भविष्यवाणी कोई नहीं कर रहा था। अब उसके आलोचक ही नहीं विरोधी भी कहने लगे हैं कि आज की तारीख में तो वाजपेयी सरकार बनाते लग रहे हैं। पिछले चार महीनों में ऐसा क्या हो गया कि हवा का रुख बदल गया? कारगिल? भगवे, लाल, धौले सभी दुपट्टे ओढ़े पंडित कहते हैं कि कारगिल ही सबसे बड़ा मुद्दा है और वही भाजपाई गठबन्धन को जिताता लग रहा है। लेकिन कारगिल से पाकिस्तानी सेना (घुसपैठिए नहीं) वापस हुई मध्य जुलाई में। वह भी कोई साफ और धमाकेदार जीत के कारण नहीं। अमेरिकी हस्तक्षेप के कारण, क्योंकि हमारी तरफ से अघोषित युद्ध विराम किया गया और सुरक्षित वास्ता दिये बिना पाकिस्तानी

सैनिकों को जाने दिया। इसे आप चाहें तो कूटनीतिक विजय कह सकते हैं क्योंकि अमेरिका ने पहली बार सामरिक मामलों में पाकिस्तान का नहीं, भारत का पक्ष लिया।

इसमें भी कोई शक नहीं कि अमेरिका पाकिस्तान को नहीं भी समझाता तो हमारी सेनाएँ उसे कारगिल से खदेड़ देतीं। दो महीने की लड़ाई के बाद वे ऐसी मजबूत हालत में आ गई थीं कि साफ और दमदार कार्रवाई कर के पाकिस्तान को घुसपैठ का मजा चखा देतीं। एक मायने में अमेरिकी हस्तक्षेप ने भारतीय सेनाओं के सैनिक जवाब को उसके विजयी अन्त तक ले जाने से रोक दिया। भारत-पाक सम्बन्धों के भविष्य को देखते हुए यह ठीक ही हुआ क्योंकि कारगिल में घुसपैठ की गलतफहमी की साफ-साफ पराजय पाकिस्तान की कमर से वह लंगोटी भी उतार देती जो उसे सैनिक नंगई से बचाने के लिए जरूरी है।

लेकिन बावजूद भाजपाई सरकार के बल्ले-बल्ले मचाने के कारगिल में ऐसे कई कदम और सवाल हैं जिनका कामचलाऊ सरकार ने न कोई खुलासा किया है, न जवाब दिये हैं। वह ऐसा सब करके भी अपने विरोधियों की कोशिशों से बच निकली तो इस कारण कि हवा कारगिल से पहले ही बदल गई थी। भाजपाई सरकार को गिराने वालों में कांग्रेसी सबसे आगे थे। उसे पराजित करने का वातावरण कांग्रेस अध्यक्ष सोनिया गांधी के जयललिता की चाय पार्टी में जाने से बना सारी उठापटक एक इस उम्मीद में हुई कि कांग्रेस मिली-जुली वैकल्पिक सरकार की अगुआई करेगी। सही है कि प्रधानमंत्री पद के उम्मीदवार और भी थे और कुछ पार्टियों को सोनिया गांधी को नेता के रूप में स्वीकार करने से एतराज था। फिर भी वैकल्पिक सरकार बनाने की जिम्मेदारी सोनिया गांधी पर थी। यह उनकी मैदानी राजनीति की सूझ-समझ और शिखर पर पहुँचने के लिए जरूरी राजनीतिक कौशल की पहली अग्नि परीक्षा थी। सोनिया गांधी सिर्फ कांग्रेस और कांग्रेस शैली की नेता रह कर वैकल्पिक सरकार नहीं बना सकती थीं।

दूसरी अन्दरूनी बाधाएँ भी थीं। कांग्रेस ने अब तक केन्द्र में मिली-जुली सरकारें नहीं बनाई थीं। एक वही पार्टी है जो केन्द्र में सत्ता में गई तो अपने अकेले बलबूते पर सन् '69 में कांग्रेस विभाजन के बाद इन्दिरा गांधी भी अल्पमत में आ गई थीं। उन्हें भारतीय कम्युनिस्ट पार्टी का समर्थन प्राप्त था। लेकिन भाकपा को उन्होंने सरकार में शामिल नहीं किया। मार्च '71 के मध्यावधि तक वे अल्पमत सरकार ही चलाती रहीं। नरसिंह राव ने जो कांग्रेस सरकार बनाई उसे बहुमत नहीं मिला था और वह अल्पमत सरकार थी। दूसरी साथिन पार्टियों का सहयोग उसे था लेकिन नरसिंह राव ने उन पार्टियों को सरकार में नहीं लिया था। इन्दिरा जी ने तो अल्पमत सरकार डेढ़ साल ही चलाई, नरसिंह राव ने पूरे पाँच साल चलाई और जैसे-तैसे तिकड़म से बहुमत भी बनाया। लेकिन इनके बावजूद गैर कांग्रेसी पार्टियों की तरह कांग्रेस ने मिली-जुली सरकार नहीं बनाई।

कांग्रेस गठबन्धन सरकारों के हमेशा खिलाफ रही है। खिलाफ तो भाजपा भी रही है और दो पार्टी प्रणाली स्थापित करने की बात हमेशा करती रही है। लेकिन सन् '67 में कांग्रेस के कमजोर होने के बाद लोहिया जी ने जो गैर-कांग्रेसवाद चलाया और कांग्रेस से टूट कर या दल बदल कर जो लोग बाहर आए उन्हें आगे करके संविद् सरकारें बनाने वाली जो गैरकांग्रेसी पार्टियाँ जुटीं उनमें जनसंघ ही नहीं भाकपा भी शामिल रही है। जनसंघ, भाजपा और भाकपा और माकपा की इतनी ताकत कभी रही नहीं कि वे गठजोड़ की राजनीति से परहेज करतीं। उनमें इतना धीरज और संयम भी नहीं रहा कि सत्ता में जाने के जो भी छोटे-मोटे मौके मिलते उन्हें मंजूर करने से इनकार कर देतीं। कांग्रेस का एक पार्टी राज में विश्वास रहा और वह सत्ता में रही भी। सन् '77 में जब वह केन्द्र में अपदस्थ हुई तो उसे लगभग तीन साल विपक्ष में बैठना पड़ा। इन वर्षों में उसने दो मिलीजुली सरकारें गिराई—पहले मोरारजी की और फिर चरण सिंह की सरकार। सन् '80 से '89 यानी नौ साल तक फिर उसकी सरकारें रहीं। नवम्बर '90 से मार्च '91 तक वह फिर दो गैर कांग्रेसी सरकारों के पतन का कारण बनी। जून '91 से '96 तक फिर कांग्रेस की सरकार चली। तब से अब तक तीन साल में चार सरकारें बन कर गिर चुकी हैं। इन में से एक में भी कांग्रेस शामिल नहीं रही और प्रत्येक के गिरने में उसका हाथ जरूर रहा।

इस तरह आप देखेंगे कि पिछले बावन साल में कांग्रेस न सिर्फ एक पार्टी विश्वास करती रही, उसका वर्चस्व रहा भी। बावन साल में पैंतालीस साल उसने जो राज किया वह एक पार्टी शासन ही था और गैरकांग्रेसी पार्टियों ने सात साल जो राज किया वह गठबन्धनों का ही था। मई '77 में वामपंथियों को छोड़कर और दूसरी पार्टियाँ जनता पार्टी में शामिल जरूर हो गई थीं लेकिन अपन सब जानते हैं कि वह भानमती का कुनबा ज्यादा था और एक पार्टी बहुत कम। स्वतंत्र भारत में कांग्रेस का यह इतिहास अप्रैल में उसके सामने आई वैकल्पिक सरकार बनाने की चुनौती के रास्ते में खड़ा था। कांग्रेस ने दूसरी पार्टियों से मिलकर वाजपेयी सरकार गिराई थी क्योंकि मध्यावधि के जरिये वह अपनी सरकार बनाना चाहती थी। वाजपेयी सरकार के गिरने और मध्यावधि के बीच उसे एक ऐसी सरकार चाहिए थी जो उसका रास्ता तैयार करती। ऐसी सरकार मिली-जुली भी हो सकती थी और सिर्फ उसकी भी।

इस कामचलाऊ सरकार के लिए जो उठा-पटक और जोड़-तोड़ अनिवार्य थी उसे सफलतापूर्वक अंजाम देने में न तो सोनिया गांधी सक्षम थीं, न वे दूसरी पार्टियों के साथ सत्ता में भागीदारी के लिए तैयार थीं। जिस परिस्थिति में और जिस तरह सोनिया गांधी ने कांग्रेस अध्यक्षता और उसका सर्वोच्च नेता पद प्राप्त किया था वह अप्रैल '99 में गैर कांग्रेसी और गैर भाजपाई पार्टियों की बनाई राजनीतिक परिस्थिति

में सम्भव नहीं था। वे एक ऐसी पार्टी की नेताई कर सकती थीं जिसमें आधे लोग उनके सामने हाथ जोड़ कर खड़े होते हों और आधे साष्टाँग दंडवत की हालत में। कांग्रेस को उन्होंने कृपा करके सँभाला था और कांग्रेसी उनका जयकारा बोलने की होड़ कर रहे थे। गैर कांग्रेसी-गैर भाजपाई पार्टियों का नेतृत्व उन्हें छीनना और अपना स्थापित करना था और इसके लिए जिस कौशल की जरूरत थी, वह उनमें था नहीं। वे एक पार्टी में एकछत्र राज की आदी थीं। यहाँ कई पार्टियों में कई ललकारों के बीच उन्हें सबको साथ ले सकने या सबको एक साथ होकर उनके पीछे चलने के लिए मजबूर करने वाली नेताई बताने की जरूरत थी। सोनिया गांधी ऐसी नेताई में या तो विकसित हो नहीं सकती थीं या उसके लिए तैयार नहीं थीं। सोनिया गांधी ने राष्ट्रपति से मिलने के बाद घोषणा की कि कांग्रेस अल्पमत सरकार बनाएगी और दूसरी पार्टियाँ उसकी बाहर से मदद करेंगी। फिर उन्होंने घोषणा कर दी कि इस अल्पमत सरकार की प्रधानमंत्री वे खुद होंगी। पहली घोषणा से वे पार्टियाँ बिदकीं और उनके नेता बेहद नाराज हुए जो गठबन्धन सरकार बनाने और उसके नेता होने की महत्त्वाकांक्षा पाले हुए थे और दूसरे इससे शरद पवार, संगमा और अनवर जैसे नेता बिगड़े जिन्होंने पूछा कि पार्टी के किस फोरम में तय किया गया और कहाँ से घोषणा हुई कि कांग्रेस अल्पमत सरकार बनाएगी और उसकी प्रधानमंत्री वे खुद होंगी। ये सब बाहरी अनुमान और भीतरी खुसपुस थी। पार्टी के किसी फोरम में इन पर बाकायदा विचार और निर्णय नहीं हुआ था। अपनी पार्टी में ही जब सोनिया गांधी का इतना कम आदान-प्रदान था तो दूसरी दस-पन्द्रह पार्टियों से तो उनकी कितनी बातचीत, लेन-देन और सौदा सुलफ हुआ होगा इसका अन्दाजा ही लगाया जा सकता है। जो पार्टियाँ और नेता पहले कांग्रेस के साथ जाने को तैयार थे वे भी सोनिया गांधी का रवैया देखकर अड़ गए और वैकल्पिक सरकार नहीं बनी। राष्ट्रपति को उसी वाजपेयी सरकार को कामचलाऊ भार सौंपना पड़ा जो लोकसभा में एक वोट से विश्वास मत हार चुकी थी।

वैकल्पिक सरकार बनाने की विफलता का जितना बुरा असर कांग्रेस और उसकी एकछत्र नेता सोनिया गांधी पर हुआ उतना वाजपेयी सरकार गिराने वाली दूसरी पार्टियों और नेताओं पर नहीं हुआ। एक तो इनमें से कोई भी पार्टी सरकार बनाने के लिए उस हद तक जिम्मेदार नहीं हो सकती थी और नई सरकार में उनका उतना दाँव भी नहीं लगा था। सबको साथ लेकर आगे बढ़ने की जिम्मेदारी कांग्रेस पर थी चाहे वह अपनी अल्पमत सरकार बनाती या गठबन्धन सरकार जिसका प्रधानमंत्री सोनिया गांधी के अलावा भले ही कोई और होता। लेकिन सोनिया गांधी ने प्राप्त राजनीतिक परिस्थिति में गठबन्धन सरकारों की अनिवार्यता की न तो समझ दिखाई, न किसी और तरह की वैकल्पिक सरकार बना सकने की सूझबूझ और लचीलापन दिखाया। साबित हुआ कि वे आज की परिस्थिति के अनुसार ढलने को

तैयार नहीं थीं, न उनमें ऐसा अदम्य बल था कि परिस्थिति को बदल कर अपना एकछत्र नेतृत्व स्थापित कर सकें जैसा कि अट्ठाईस साल पहले उनकी सास ने किया था। उनकी विफलता ने उन्हें चुनौती देते हुए पवार, संगमा और अनवर को विद्रोह करने की प्रेरणा और हिम्मत दी और कामचलाऊ सरकार को यह उद्दंडता कि उसने पहले के तेरह महीनों में जो नहीं किया वह सब कर के चुनाव जीते। फिर भाजपाई गठबन्धन प्राप्त राजनीतिक परिस्थितियों में ज्यादा स्वाभाविक विकल्प लगने लगा बजाय एक वर्चस्व वाली पार्टी कांग्रेस के, जिसकी नेता न तो वैकल्पिक सरकार बना सकीं, न अपनी पार्टी को टूटने से रोक सकीं।

वैकल्पिक सरकार बनाने की विफलता ने वाजपेयी सरकार को गिराने की सफलता को विपक्ष का विद्रूप बना दिया। पवार, संगमा और अनवर के विद्रोह के बाद सोनिया गांधी ने अपना कौशल हरियाणा में बंसीलाल की सरकार को पहले बचा कर फिर गिरा कर और अन्ततः उसकी जगह कांग्रेस विरोधी चौटाला सरकार बनवा कर दिखाया। कांग्रेस के साथ जाने को तमिलनाडु में जयललिता और बिहार में लालू प्रसाद यादव रह गए जो अपने-अपने कारणों से बदनाम और किसी और गठबन्धन में जाने के लायक बचे नहीं थे। सोनिया गांधी के नेतृत्व की इस विफलता ने भाजपा विरोधी सभी पार्टियों का हौसला गिराया और उनकी विश्वसनीयता भाजपाई गठबन्धन की कामचलाऊ सरकार से भी कम हो गई। इस परिस्थिति में कारगिल हुआ और कांग्रेस समेत सभी भाजपा विरोधी पार्टियाँ एक ऐसे असमंजस में फँस गईं जिससे निकाल सकने का नेतृत्व उनके पास था नहीं।

[18 अगस्त, 1999]

क्योंकि उसे खोलकर झटकारा नहीं जाता

वैकल्पिक सरकार बनाने में कांग्रेस और भाजपा विरोधी दूसरी पार्टियों को सफलता ने भाजपाई गठबन्धन का ऐसा बढ़ाया कि वह जून में मध्यावधि करवाने पर जोर देने लगा। जाहिर है कि तब उसे लग रहा था कि जल्दी चुनाव हो तो वह फायदे में रहेगा। कांग्रेस और उसके साथ भाजपा सरकार गिराने वाली पार्टियों और वक्त चाहती थीं ताकि अपने को समेट सकें। भाजपा के नेताओं ने ऐंठ कर कहना शुरू कर दिया कि अगर चुनाव छह महीने बाद हुए तो ये देश का काम रोकेंगे नहीं। वे वह सब करेंगे जो एक जिम्मेदार सरकार संविधान के अनुसार कर सकती है। यह अपने को महन कामचलाऊ मानने को तैयार नहीं थी। देश के प्रति अपनी जिम्मेदारी की लगभग धमकी की तरह बता रही थी। चुनाव आयोग ने जब दूसरे सभी कारणों से चुनाव सितम्बर अन्त और अक्टूबर के पहले सप्ताह में करवाने की घोषणा की तो एक पराजित और अब सिर्फ अपने वोटरों के प्रति जिम्मेदार रही सरकार ने अपनी पूरी ताकत से काम करने की अलिखित घोषणा कर दी।

वह अपनी खीझ निकालने में लगी ही थी कि उसने खोज निकाला कि कारगिल में बड़े पैमाने पर पाकिस्तान ने घुसपैठ कर रखी है। जिस हालत में घुसपैठ थी वह कोई एक महीने में नहीं हुई थी। कम से कम छह महीने से चल रही और सरकार को रपटें भी भेजी गई थीं लेकिन देश की सुरक्षा के लिए परमाणु बम बनाने वाली सरकार अपनी राजनीतिक रक्षा में लगी हुई थी। पाकिस्तानी घुसपैठ ने कामचलाऊ सरकार को ऐसा अवसर दिया कि वह किसी की कोई परवाह किये बिना सर्वशक्तिमान संस्कार में अपने को बदल सके। बाहरी आक्रमण सभी की राय में ऐसी चुनौती थी जिसका सामना सरकार कामचलाऊ होने ठप्पे के बिना कर सकती थी। कारगिल में शुरू हुए विमानों और थानों के नुकसान देश को चौंकाया और अट्ठाईस साल बाद भारत-पाकिस्तान के बीच इस लड़ाई को कवर करने सेटलाइट से समृद्ध हुए टीवी और प्रेस ने गजब की फुर्ती और क्षमता दिखाई। घरों में कारगिल की लड़ाई सीधे पहुँचने लगी और इसका फायदा भाजपा ने अपने किस्म को देशभक्ति और राष्ट्रवाद फैलाने में किया। इसमें कोई शक नहीं कि सरकार अगर पहले चेती होती तो शुरू की लड़ाई में हमारे जो जवान मारे गए थे, बच जाते। पाकिस्तान की सेना

के घुसपैठियों की कारगिल की चोटियों से जो सामरिक बढ़त मिली थी उसकी कीमत तो अपनी सेनाओं को ही चुकानी पड़ी।

कारगिल में घुसपैठ की सूचनाएँ देने में खुफिया एजेंसियों की विफलता या सूचनाएँ मिलने पर भी सरकार का कार्रवाई न करना और इस कारण हमारी सेनाओं के जवानों का मारा जाना सब ऐसे सवाल थे जिनके उत्तर जरूरी थे और जिनके कारण सरकार कठघरे में आती थी पर जब सीमा पर लड़ाई चल रही हो और देश में पाकिस्तान को पराजित करने का ऐसा हो कि आठ जून को मेनचेस्टर के ओल्ड ट्रेफर्ड मैदान में विश्व कप के मैच में भारत ने पाकिस्तान को या तो लोगों ने ऐसा जश्न मनाया जैसे हम युद्ध और विश्व कप दोनों जीत गए। आप संकट का सामना करती सरकार को नहीं हटा सकते। हर नागरिक चाहता है कि मोर्चे पर चलती लड़ाई में सेना और सरकार की जो भी मदद कर सके करे और राजनेता और राजनीतिक कार्यकर्ता आखिर नागरिक भी होते ही हैं। उनके असमंजस और जन भावना का फायदा उठाते हुए भाजपाई गठबन्धन की सरकार ने राज्यसभा का सत्र तक नहीं बुलाया जिसको माँग राजनीतिक पार्टियों के अलावा खुद राष्ट्रपति भी कर चुके थे। सन् '62 में, जैसा कि सोनिया गांधी ने तीखे स्वर में याद दिलाया, अटल विजय की माँग पर नेहरू ने दोनों सदनों के सत्र बुलवाए और बाकायदा हुए युद्ध और उसमें भारत की पतली हालत पर खुली बहस होने दी।

मई, जून और जुलाई के मध्य तक मीडिया के कवरेज का लाभ लेते हुए और सरकारी मीडिया को भी प्रचार में झोंकते हुए सरकार और भाजपा ने देश में देशभक्ति और राष्ट्रवाद का ऐसा वातावरण बनाया कि लोकसभा के सत्र न होने के कारण अनुत्तरदायी हुई सरकार सारे सवालों से बच सके। उसने ऐसा कुछ बताया जैसे उसके नेतृत्व में देश ने कोई युद्ध जीत लिया हो। जॉर्ज फर्नांडीज और जसवन्त सिंह ने कारगिल की सैनिक कार्रवाई को सन् '71 के युद्ध में जीत से भी मुश्किल बताया जबकि सचाई और ठंडे तथ्य ये हैं कि सरकार इस साल की शुरुआत से गफलत में थी। कारगिल में हुई घुसपैठ को उसने रोका नहीं और जब सैनिक कार्रवाई की तो अपनी जमीन दबा कर आ बैठे पाकिस्तानी सैनिकों को वास्तविक नियंत्रण की रेखा से पीछे किया। अतिक्रमण से अपनी जमीन छुड़वाने और उसमें भी कूटनीतिक मदद लेने को भाजपा ही शानदार विजय बता सकती थी क्योंकि उसे चुनाव जीतने के लिए एक दमदार भावुक मुद्दे को जरूरत थी और पाकिस्तान ने वह उसे दे दिया था।

अपना काम अच्छा करने के सही उत्साह में मीडिया ने कारगिल का जो कवरेज किया उससे सेना के जवान और अफसर बहुत सन्तुष्ट और प्रसन्न हुए। उन्हें और शहीदों को पहली बार ऐसी पब्लिसिटी और नायकत्व मिला जो सन् '71 का बांग्लादेश युद्ध जीतने, पाकिस्तान के नब्बे हजार से ज्यादा सैनिकों का समर्पण

करवाने और एक नया देश बनवाने पर भी नहीं मिला था। तब न सेटेलाइट टीवी था, न निजी चैनलों की होड़ थी व सूचना टेक्नोलॉजी में हुई क्रान्ति से अखबारों को पहुँच बढ़ी थी। किसी युद्ध में भारतीय सेना की वीरता के ऐसे चित्र और समाचार पहले लोगों के पास नहीं पहुँचे थे। जवानों और अफसरों ने इस नये पूजन-पाठ की बड़ी गरिमा और कृतज्ञता से स्वीकार किया और इससे भी देशभक्ति का वातावरण बनने में मदद मिली। सेना ने जो किया और मीडिया ने जैसा दिखाया उसकी सराहना सभी पार्टियों ने की। लेकिन उन्होंने सेना के पराक्रम और उपलब्धि को सरकार से अलग किया।

इसके जवाब में सरकार ने सरकारी स्तर पर और भाजपा ने राजनीतिक स्तर पर सेना और मीडिया की उपलब्धि को अपने खाते में चढ़ाने की कोशिश की। हद तब हुई जब इन दोनों ने बताना शुरू किया कि भारत ने मीडिया युद्ध भी जीता है। अव्वल तो युद्ध भारत और पाकिस्तान के बीच हुआ नहीं। खुद अटलजी ने कहा कि युद्ध जैसी स्थिति थी। कारगिल में बड़े पैमाने पर सैनिक कार्रवाई हुई। फिर भारत का मीडिया पाकिस्तानी मीडिया से कोई युद्ध नहीं कर रहा था। आपने अपना काम जिम्मेदारी से किया। उसकी जिम्मेदारी अपने पाठकों, दर्शकों और श्रोताओं के प्रति थी। न भारत ने युद्ध जीता था, न मीडिया ने एक ने अपनी जमीन से अतिक्रमण हटाया था, दूसरे ने युद्ध की सही तस्वीर तटस्थता से लोगों तक पहुँचाई थी। यह मीडिया ने सरकार या भाजपा के लिए नहीं किया था, न उसके काम के पीछे इनकी प्रेरणा थी। लेकिन उसे भी सरकार और भाजपा ने अपने खाते में लिखने की कोशिश की।

सोनिया गांधी जन्मजात भारतीय और साबित देशभक्त सरकार को कठघरे में घेर नहीं सकती थी इसलिए उनका रवैया एक कदम आगे और दो कदम पीछे जाने का था। कांग्रेस देशभक्ति और बाद की अपनी धरोहर और धरती खो चुकी है। इसलिए उसके दूसरे नेता भी पूरी ताकत से भाजपाई गठबन्धन सरकार को घेर नहीं पाए, न जान पाए कि उन्हें सोनिया गांधी कितनी दूर जाने देंगी। वामपंथियों की जमीन इस देश में राष्ट्रवाद और देशभक्ति की रही भी नहीं है, वे भाजपाई खेल का भंडाफोड़ कर पाते की छोटी-मोटी पार्टियाँ वैसे ही सुन्न हो गई थी जैसे भाजपाई गठबन्धन की दूसरी पार्टियाँ। बाकी विपक्ष का जो विखराव वैकल्पिक सरकार बनाने के दौरान दिखाई दिया था वह कारगिल की चुनौती के तीन महीनों में भी बना रहा। इसका भी लाभ भाजपा ने उठाया। अटलजी राज्यसभा का सत्र बुलाए जाने के पक्षधर बताए जाते थे लेकिन उन्होंने आखिर कह दिया कि सब पार्टियाँ और मुख्यमंत्री एकमत नहीं हैं इसलिए सत्र चलाने का लाभ नहीं होगा।

लेकिन विपक्ष की फूट का फायदा उठाना ही भाजपा को पर्याप्त नहीं लगा। वह कारगिल को लेकर किसी भी बहस में पड़ना नहीं चाहती थी इसलिए संसदीय

मामलों के मंत्री कुमारमंगलम ने कहा कि राजनेताओं की बात नहीं है, हम एक दूसरे पर कीचड़ डाले तो कोई फर्क नहीं पड़ेगा। लेकिन इसका अन्देशा है कि राज्यसभा की बहस का कारगिल में लड़ती सेना के मनोबल पर असर पड़ सकता है। और हम नहीं चाहते कि वह गिरे। ये संसदीय कार्य मंत्री हैं जो संसद के एकमात्र जीवित सदन का सत्र बुलाने से इसलिए इनकार कर रहे थे कि लोकतंत्र से सेना का मनोबल गिर सकता है और सिर्फ भाजपाई गठबन्धन को सरकार और उसको पार्टियाँ ही सेना और देश के हित की रक्षा कर सकती हैं। राज्यसभा जिसका बहुमत है, उस विपक्ष का क्या भरोसा? वह जाने क्या सेना के बारे में कह दे, सरकार पर लांछन लगा दे और विभाजित संसद दिखाए जिसका पाकिस्तान लाभ ले और विश्व जनमत मखौल उड़ाए। यानी भाजपाई गठबन्धन की जो सरकार लोकसभा में हार चुकी है, वही देश के प्रति जिम्मेदार हो सकती है। कुमारमंगलम और भाजपा दरअसल राज्यसभा सत्र में विपक्ष का सामना कर नहीं सकते थे। वहाँ विपक्ष का बहुमत है और राज्यसभा का सत्र सेना का नहीं, सरकार और भाजपा का मनोबल गिराता।

अपनी रक्षा में लगभग चीखने-चिल्लाने की हद तक आक्रामक होने का यह रवैया भाजपा और उसके प्रवक्ताओं ने इसीलिए अपनाया कि वे अपना भंडाफोड़ रोकना चाहते थे। जैसे सरकार के खुफिया एजेंसियों से खबर न मिलने या मिलने पर भी तत्काल कार्रवाई न करने के सवालों पर भाजपा के प्रवक्ता अरुण जेटली ने कहा कि हमारा विपक्ष पाकिस्तान की तरह सरकार को घेरना चाहता है और उसके रवैये से पाकिस्तान ही प्रसन्न होगा। समय पर कार्रवाई न करने और जवानों को कुर्बान करने के आरोप के जवाब में खम ठोक कर कहा गया कि आप सेना पर उँगली उठा रहे हैं। हमारी सेना सबसे बहादुर और प्रोफेशनल है। और इसी तरह के तर्क वाहियात स्तर तक पहुँचा दिये गए जब जेटली से पूछा गया कि बाहर जन्म लिये व्यक्ति को राष्ट्रपति प्रधानमंत्री आदि संवैधानिक पद के अयोग्य बनाने का संविधान संशोधन किया जाएगा तो क्या यह सीधा सोनिया गांधी पर अनुचित प्रहार नहीं है? जेटली ने कहा कि जैसे कारगिल में घुसपैठ करके आया कोई व्यक्ति नागरिक होकर हर पद के योग्य हो जाए तो क्या देश मान लेगा। उन्हें टोका गया कि आप सोनिया गांधी की तुलना कारगिल के घुसपैठ से क्यों कर रहे हैं तो वे थोड़े रुके। लेकिन स्कूलों का वाद-विवाद प्रतियोगिताओं में जो बचकाने तर्क दिये जाते हैं वे यहाँ कोई भोलेपन से नहीं दिये गए हैं। यह धूर्तता का स्तर है जो अटलजी के ध्यान में लाया जाए तो ये माफी मँगवा देंगे जैसे राष्ट्रपति पर टिप्पणी करने वाले मंत्रियों से करा देते हैं। रिंद के रिंद रहे हाथ से जन्नत न गई।

यह तो भाजपा की रक्षा और विमर्श का स्तर है। हमारे विपक्ष के नेता उसके बखिए उधेड़ नहीं पाते क्योंकि वे देशभक्ति, राष्ट्रवाद और राजनीतिक जिम्मेदारी के उस ओटले पर खड़े नहीं है जो ऐसा करने का नैतिक बल और साहस भाजपा और

उसके गठबन्धन में भी नहीं है। लेकिन उसके नेता चीखते-चिल्लाते और ललकारते हैं क्योंकि वे एक आक्रामक राजनीति की अपनी रक्षा में लगे हैं। कांग्रेस और वामपंथी नेता भी बातचीत कर सकते हैं लेकिन उनमें यह नाटकीय आक्रामकता नहीं है जो टीवी, रेडियो और अखबारों में प्रभाव पैदा करती है। वामपंथी सीताराम येचुरी ने यह कह कर जेटली को चेताया कि जनता सब जानती है और वह भंडाफोड़ कर देगी। लेकिन जनता को कौन और कितना देता रहा है? कौन लोग लोकशिक्षण में लगे हैं जो जनता समझ सकेगी कि देशभक्ति और राष्ट्रवाद के प्रचार के पीछे सचाई क्या है? फैसला तो सचमुच जनता के दरबार में ही होना है लेकिन प्रचार और खुसफुस और अफवाहों को चलाने में जो उस्तादी संघ परिवार ने हासिल की है उसकी काट किसके पास है? सीधे जनता तक जाने की बोली और मुहावरा भी हमारे विपक्ष के कितने नेताओं के पास है? चुनाव सर्वेक्षण बताते हैं कि कैसे चलाई जा रही है सरकार। भाजपाई गठबन्धन की गठरी इसलिए भारी लगती है कि उसे खोलकर झटकारने वाले नेता कहाँ है?

[19 अगस्त, 1999]

सांस्कृतिक और सामाजिक होने की राजनीति

विश्व पुस्तक मेले का उद्घाटन करने के बाद प्रधानमंत्री अटल बिहारी वाजपेयी ने यह ज्ञान दिया : 'राष्ट्रीय स्वयंसेवक संघ एक सांस्कृतिक और सामाजिक संगठन है। मैं नहीं सोचता कि इसका सदस्य बनने में किसी को कोई एतराज करना चाहिए।'

यह मुख बोल रहा था या मुखौटा आप गोविन्दाचार्य से पूछें तो वे कहेंगे कि मुख। लेकिन प्रधानमंत्री के पैरोकारों से पूछें तो वे कहेंगे कि मुखौटा। जब अटल जी देश को संघ के बारे में गुमराह करते हैं तो गोविन्दाचार्य जैसे संघनिष्ठ उन्हें अपने सच्चे मुख से बोलता हुआ बताते हैं। लेकिन उनके प्रधानमंत्री बनने के बाद उनकी छवि को और ज्यादा उदार और सर्वमान्य बनाने में लगे लोग कहते हैं कि यह मुखौटा है क्योंकि उन पर संघ का दबाव है, और वे उसे सन्तुष्ट करके अपनी सीमा में रखने की कोशिश कर रहे हैं। ये लोग बताते हैं कि कन्धार में आतंकवादियों के सामने सरकार के समर्पण के बाद से अटल जी पर संघ का दबाव बहुत बढ़ गया है। उन्हें इसलिए अपनी तरफ से संघ की रक्षा करनी पड़ी और इससे उनकी छवि पर निश्चित ही बुरा असर पड़ेगा।

ये अपनी सत्ता-राजनीति के जाने-पहचाने खेल हैं। संजय गांधी के किये-धरे से इन्दिरा गांधी को अलग और ऊँची बताने और राजीव गांधी को अरुण नेहरू को कारस्तानियों से अनभिज्ञ कहने के किस्से आपने सुने ही होंगे। आज के किस्से अटल जी और लाल जी यानी लालकृष्ण आडवाणी के मतभेद और प्रतिद्वंद्विता को उछालने और अटल जी को संघ परिवार से अलग, ऊँचा और उदार दिखाने के हैं। लेकिन ये खेल हैं। असलियत यह है कि स्वयं अटल बिहारी वाजपेयी कह चुके हैं कि संघ उनकी आत्मा है। ये संघ के सम्पूत नहीं तो उत्तराधिकारी बेटे तो निश्चित हैं। राजनीति करने के लिए उन्होंने ऐसी बातें जब-तब कही होंगी जो संघ के खिलाफ मानी जा सकती हैं। लेकिन संघ जनसंघ और भाजपा से विमुख ये कभी हुए नहीं। बाबरी मसजिद के ध्वंस पर तत्काल उनकी जो भी प्रतिक्रिया रही हो, दूसरे दिन से उसे दुर्घटना बनाकर उसका औचित्य ठहराते रहे हैं। अटल जी जानते हैं और संघ परिवार भी कि भारत के मध्यमार्गी लोगों में खपाने के लिए एक उदार सहनशील और मध्यमार्गी व्यक्ति जरूरी होता है। इसे गोविन्दाचार्य ने कभी

मुख और मुखौटे का अन्तर बता कर स्पष्ट किया था। अटल जी संघ परिवार के उदार मुखौटे हैं लेकिन उनकी आत्मा संघी है।

इसलिए इस गलतफहमी में नहीं बना रहना चाहिए कि संघ जैसा अपने को बताता है वैसा सांस्कृतिक और सामाजिक संगठन उसे अटल जी ने दबाव में बताया और उनकी अपनी राय या निष्ठा या आस्था कुछ और है। अटल जो जानते हैं और वह देश भी जानता है कि संघ एक राजनीतिक संगठन है जो अपनी राजनीति भाजपा और दूसरे मुखौटा संगठनों के जरिये करता है। वह हिन्दू महासभा और रामराज्य परिषद की तरह राजनीतिक पार्टी की हिन्दू होने की राजनीति नहीं करता। यह जिम्मेदारी उसने भाजपा और दूसरे संगठनों को सौंपी है। यह उसने सोच-समझ कर और जानबूझ कर किया है। आजादी की लड़ाई से अपने अस्तित्व के पहले बाईस साल दूर रहा क्योंकि उसका उद्देश्य वह नहीं था जिसके लिए अंग्रेजों के खिलाफ वह लड़ाई लड़ी जा रही थी। वह आजादी के बाद राष्ट्र निर्माण की प्रक्रिया से भी दूर रहा क्योंकि उसका राष्ट्र वह नहीं है जो देश के लोग बना रहे थे। अपनी राजनीति करने के लिए उसने सन् '51 में जनसंघ बनाया। अलग राजनीतिक पार्टी इसलिए बनानी पड़ी कि भारत के संविधान और राजनीतिक समाज में संघ के सपनों और निष्ठाओं की पार्टी लोकतंत्र में चल नहीं सकती थी। संविधान, कानून और लोकतंत्र की पकड़ से बचने के लिए उसने घोषित किया कि वह सांस्कृतिक-सामाजिक संगठन है। गांधी हत्या के साल भर बाद संघ पर प्रतिबंध तभी उठा जब जुलाई उन्नचास में उसकी तरफ से लिख कर सरकार को आश्वस्त किया गया कि वह अपने अन्दर भी लोकतांत्रिक ढंग से काम करेगा और गोपनीयता से परहेज और हिंसा का त्याग करेगा। लेकिन सांस्कृतिकता और सामाजिकता सिर्फ बाहरी कवच ही नहीं हैं। राजनीतिक पार्टी होने से सत्ता संगठन के लिए जो आन्तरिक खतरे पैदा करती है उनसे भी वह अपने को बचाए रखना चाहता है।

लेकिन क्या राजनीतिक संगठन वही होता है जो चुनाव लड़ता है और सत्ता की राजनीति करता है? गांधी जी ने तो कांग्रेस कब की छोड़ दी थी लेकिन वे राजनीतिक आन्दोलन तो मरते दम तक चलाते रहे। जेपी ने राजनीति से संन्यास ले लिया था लेकिन सदी का आखिरी राजनीतिक जन आन्दोलन उन्होंने चलाया और संघ आज तक उसमें शामिल होने के गर्व से अभिभूत है। गांधी जी और जेपी कभी चुनाव नहीं लड़े, न कभी सत्ता के किसी पद पर रहे लेकिन न उन्होंने कभी कहा, न देश ने कभी माना कि ये दोनों महापुरुष राजनीतिक नहीं थे और संघ चाहे जितने दावे करे कि वह राजनीतिक नहीं है देश के सब लोग जानते हैं कि भाजपा और संघ परिवारी संगठनों की राजनीति कौन तय करता है। लेकिन चलिए, इन सबकी जानी सच्चाइयों को भी देखें, और जो संघ का लक्ष्य है उसी पर विश्वास करें तो संघ को हिन्दुत्व की स्थापना करना है इस लक्ष्य से न संघ इनकार करता

है, न भाजपा और न अन्य परिवारी संगठन। हिन्दुत्व क्या है? हिन्दुत्व के सबसे बड़े व्याख्याकार वीर सावरकर ने अपनी बीज पुस्तक *हिन्दुत्व* में साफ लिखा है कि यह एक राजनीतिक अवधारणा है इसे न हिन्दू धर्म से भ्रमित करना चाहिए, न हिन्दू संस्कृति से। लेकिन चलिए, वीर सावरकर को छोड़ दें क्योंकि उन्हें संघ अपना प्रामाणिक नेता नहीं मानता। वीर सावरकर की हिन्दू महासभा होते हुए भी केशव बलिराम हेडगेवार ने संघ की स्थापना की। संघ के सबसे प्रसिद्ध और सर्वमान्य व्याख्याकार गुरु गोलवलकर हैं। उनकी भी बीज पुस्तक—*विचार धन* पढ़ लीजिए। वे भी कहते हैं कि हिन्दुत्व एक राजनीतिक अवधारणा है। जिस संगठन का लक्ष्य ही हिन्दुत्व की एक राजनीतिक अवधारणा को स्थापित करना है—वह सांस्कृतिक, सामाजिक संगठन होगा या राजनीतिक? आप ही तय कीजिए।

वीर सावरकर और गुरु गोलवलकर दोनों ही हिन्दुत्व को राष्ट्रीयता मानते हैं और भारत को हिन्दू राष्ट्र बनाना चाहते हैं। सावरकर और गोलवलकर भी भारत को भारत के बजाय हिन्दुस्तान कहने का आग्रह करते हैं। 'स' को 'ह' उच्चारित करने वाले विदेशियों ने सिन्धु नदी के उस पार रहने वालों को हिन्दू कहा और उनकी भाषा को हिन्दी और उनके रहने के देश को हिन्दुस्तान इसमें हिन्दू, मुसलमान, ईसाई आदि का भेद नहीं किया। सिन्धु के पार रहने वाले सभी हिन्दू। तब यह शब्द एक धर्म विशेष को माननेवाले एक समुदाय विशेष के लिए उपयुक्त नहीं होता था। बाद में मुसलमानों और अंग्रेजों के राज में हिन्दू एक विशेष धर्म को माननेवाले समुदाय का नाम हुआ। सावरकर और गोलवलकर का यही आग्रह रहा कि भारत में रहनेवाले सभी लोग यानी मुसलमान, ईसाई, सिख, पारसी, यहूदी आदि अपने को हिन्दू कहें। सावरकर ने हिन्दू कौन होगा यह भी बताया। सब कसौटियों में बड़ी यह कि उसकी पुण्य भूमि भारत होनी चाहिए। मुसलमानों की मक्का-मदीना और ईसाइयों की येरुशलम-पुण्य भूमि भारत में नहीं है इसलिए वे हिन्दू होने के योग्य नहीं हैं—भले ही सदियों से भारत में ही रहने वाले हों, यहीं की भाषा बोलते हो, यहाँ की संस्कृति के हैं, इसी को अपनी पितृ या मातृ भू मानते हों। गोलवलकर इतने ब्योरे में नहीं गए। समय भी बदल गया था। लेकिन वे हिन्दुत्व की राष्ट्रीयता सावरकर की ही तरह मानते थे।

चूँकि हिन्दुत्व, हिन्दू राष्ट्रीयता और हिन्दू राष्ट्र बनाना हमारे स्वतंत्रता संग्राम के लक्ष्य नहीं थे इसलिए संघ उससे दूर रहा। आजादी के बाद जो राष्ट्र बना वह न हिन्दू राष्ट्र था, न उसकी राष्ट्रीयता हिन्दुत्व थी, न वह हिन्दुत्व की स्थापना पर प्रतिबद्ध था इसलिए उस राष्ट्र-निर्माण से भी संघ दूर रहा और आज भी देश इनमें से किसी भी राजनीतिक लक्ष्य को स्वीकार नहीं करता इसलिए भाजपा ने अपने हिन्दुत्व के एजेंडे को निलम्बित कर रखा है। लेकिन उसकी घोषणा है कि अपने दम पर बहुमत पाते ही वह हिन्दुत्व का एजेंडे लागू करेगी। उसके एजेंडे पर अभी

सिर्फ अयोध्या में राम मन्दिर, समान नागरिक संहिता और संविधान के अनुच्छेद 370 की समाप्ति आदि हैं। लेकिन हिन्दुत्व के एजेंडे पर भारत को हिन्दू राष्ट्र बनाना, इसकी राष्ट्रीयता हिन्दुत्व को बनाना और पूरे राष्ट्र में हिन्दुत्व को स्थापित करना है। बहुमत मिलते ही यह ध्येय भाजपा का होगा। चूँकि हमारा संविधान, हमारी राष्ट्रीयता और हमारा राष्ट्र पंथनिरपेक्ष लोकतांत्रिक गणतंत्र है, इसलिए या तो यह संविधान और यह देश ऐसा ही रहेगा जैसा आजादी के आन्दोलन से निकला और पिछले बावन वर्षों में बना है या उनके हवाले से जाएगा जो न आजादी की लड़ाई में लड़े न जिन्होंने यह राष्ट्र बनाया और जो अपनी कथित राष्ट्रभक्ति पर हिन्दुओं को एक कर के मुसलमानों, ईसाइयों और दूसरे अल्पसंख्यकों के खिलाफ जहर उगलते रहे और भारत के समाज को तोड़ते रहे।

यह कोई संयोग नहीं था कि संघ पर पहली बार प्रतिबंध गांधी की हत्या के बाद लगा। संधियों और महासभाइयों ने गांधी की हत्या पर मिठाइयाँ बाँटी थीं और वह उन्हीं के फैलाए साम्प्रदायिक जहर का नतीजा था ऐसा खुद सरदार पटेल ने श्यामा प्रसाद मुखर्जी को लिखा था लेकिन गांधी के हत्यारे नाथूराम गोडसे ने अपने को संघ का सदस्य नहीं बताया था। उनके भाई गोपाल गोडसे ने *फ्रंट लाइन* पत्रिका को एक इंटरव्यू में 28 जनवरी, 1994 को कहा—'हम सभी भाई संघ में थे। आप कह सकते हम अपने घर के बजाय संघ में बड़े हुए वह हमारे लिए परिवार की तरह था। नाथूराम संघ में बौद्धिक कार्यवाह हो गया था। उसने अपने बयान में कहा कि उसने संघ छोड़ दिया था क्योंकि गांधी की हत्या के बाद गोलवलकर और संघ बड़ी विपत्ति में फँस गए थे। लेकिन उसने संघ छोड़ा नहीं था।' उनसे पूछा गया कि आडवाणी तो कहते हैं कि नाथूराम का राष्ट्रीय स्वयंसेवक संघ से कोई लेना-देना नहीं था तो गोपाल गोडसे ने कहा—ऐसा कहना कायरता है। गांधी की हत्या से संघ के चरित्र पर जो कलंक लगा वह सन्देह में अब भी बना हुआ है। इमरजेंसी और बाबरी मसजिद के ध्वंस के बाद उस पर फिर पाबन्दी लगी। तीनों बार प्रतिबंध उठा भी लेकिन यही एक सांस्कृतिक-सामाजिक संगठन है जो हर राजनीतिक धतकर्म के बाद प्रतिबंधित हुआ। हिन्दुत्ववादी अल्पसंख्यकों को छोड़ दें तो बृहत्तर हिन्दू समाज, मुसलमान और ईसाई संघ को साम्प्रदायिक जहर फैलाने वाला संगठन मानते हैं। दंगों के बाद बैठे कई आयोगों ने साम्प्रदायिक हिंसा के लिए संघ को दोषी करार दिया है। संघ वाले सन् '94 के बाहरी आयोग और इक्का-दुक्का अदालतों के उद्धरण देकर बताते हैं कि उसकी गतिविधि में गैरकानूनी कुछ नहीं है। बाकी के आयोग और अदालती आदेशों को भूल जाते हैं जो उसके दोगलेपन की पोल खोलते हैं।

संघ की सांस्कृतिकता और सामाजिकता पर तो पोथी पर पोथी लिखी जा सकती है। गांधी की हत्या और बाबरी मसजिद का ध्वंस कौन से सांस्कृतिक पराक्रम हैं?

भारतीय समाज में जो सहनशीलता, उदारता, धार्मिक, सांस्कृतिक और सामाजिक बहुलतावादिता है उसे संघ उसको कमजोरी मानता है। हमारे सनातन धर्म में जो संगठन होता है उसकी संघ भर्त्सना करता है। वह भारतीय समाज को यूरोपीय, खास कर हिटलर के जर्मन समाज जैसा और सनातन धर्म को इसलाम और ईसाई जैसा सामी धर्म बनाना चाहता है। उसे सांस्कृतिक-सामाजिक संगठन कहना भारत को पाँच हजार साल की सांस्कृतिक, धार्मिक, सामाजिक और साहित्यिक धरोहर का मखौल उड़ाना है। यह हिन्दुत्ववादी संघियों को ही शोभा देता है। आपके-मेरे जैसे सनातनी हिन्दुओं को नहीं।

[12 फरवरी, 2000]

नीतीश ने तो दे दिया पांडे जी कब देंगे इस्तीफा

नीतीश कुमार ने तो शक्ति परीक्षण की नौबत भी आने नहीं दी और इस्तीफा दे दिया। लेकिन अपने विवेक और संवैधानिक अधिकार का मखौल उड़वा चुके राज्यपाल विनोद चन्द्र पांडे कब इस्तीफा देंगे? उनका ज्योतिष, राजनीतिक समझ और संवैधानिक ज्ञान तीनों विफल सिद्ध हो चुके हैं। उनकी विश्वसनीयता और राजनीतिक तटस्थता और राज्यपाल के पद की गरिमा सन्देह में है। उन्हें बिहार राजभवन में अब एक दिन भी नहीं रुकना चाहिए। कांग्रेस के उम्मीदवार सदानन्द सिंह का स्पीकर चुना जाना और शक्ति परीक्षण के पहले ही नीतीश कुमार का इस्तीफा देना राष्ट्रीय जनतांत्रिक गठबन्धन और नीतीश कुमार को वैसी पराजय नहीं है जैसी कि राज्यपाल विनोद चन्द्र पांडे की। ऐसी पराजय के बाद इस्तीफा ही किसी राज्यपाल का सबसे गरिमामय फैसला हो सकता है।

बिहार विधानसभा में पिछले दो दिनों में जो हुआ उसकी जिम्मेदारी राज्यपाल पांडे पर इसलिए है कि लोकतांत्रिक परम्परा और संविधान के जो आसान रास्ते उनके सामने खुले हुए थे उन्हें छोड़कर उन्होंने अपने विवेक और संवैधानिक अधिकार का उपयोग करते नीतीश कुमार को शपथ दिलाई थी। ऐसा करके उन्होंने स्वयं ही अपने को जिम्मेदार बना दिया था। अगर वे अकेली सबसे बड़ी पार्टी के नेता को शपथ दिलवाते तो वही करते जो कई राज्यपाल और राष्ट्रपति पहले कर चुके हैं। अगर वे सबसे बड़े गठबन्धन के नेता को बुलाते तो भी वही करते जो पहले हो चुका है और विवादहीन उदाहरण की तरह प्रतिष्ठित है। लेकिन अगर वे इस परम्परा और ऐसे उदाहरणों पर चलते तो उन्हें नीतीश कुमार को नहीं, राबड़ी देवी को शपथ दिलवानी पड़ती क्योंकि वही सबसे बड़े दल और सबसे बड़े गठबन्धन की नेता थी। सही है कि राबड़ी देवी के पास भी बहुमत नहीं था जैसा कि नीतीश कुमार के पास भी नहीं था। दोनों को ही जोड़तोड़ करके बहुमत जुटाना पड़ता।

इसलिए राज्यपाल को यह अधिकार था कि वे अपने विवेक और आकलन का उपयोग करते हुए ऐसे नेता को सपथ दिलवाते जो बहुमत पाने और स्थायित्व देने का सबसे योग्य नेता हो लेकिन राज्यपाल पांडे ने एक-दो दिन भी यह नहीं दिखाया कि वे अन्दाज लगाते रहे हैं कि कौन बहुमत जुटा सकता है और स्थायित्व

दे सकता है। राष्ट्रपति नारायणन ने अटल बिहारी वाजपेयी के लिए अन्नाद्रमुक के समर्थन का पत्र आने के वास्ते—तीन दिन प्रतीक्षा की। राज्यपाल पांडे कांग्रेस की ओर से राबड़ी देवी के समर्थन में पत्र आने के लिए कुछ घंटे भी नहीं रुके जबकि उन्हें फोन पर बता दिया गया था कि पत्र भेजा जा रहा है। जब मुख्यमंत्री चुनने की प्रक्रिया शुरू कर सकते थे तब अट्ठाईस फरवरी को तो उन्होंने कह दिया कि चुनाव आयोग ने अभी नई विधानसभा के गठन की अधिसूचना नहीं भेजी है। लेकिन जब तीन मार्च को ये प्रक्रिया में लगे तो उन्होंने कुछ घंटे भी प्रतीक्षा नहीं की। दो में से किसी ने भी दावेदार को शपथ दिलाने का मतलब था कि उसे राजनीतिक घोड़ा मंडी में खरीद-फरोख्त करने का पहला मौका दिया गया है और यह मौका राज्यपाल के शुद्ध विवेक पर मिला है क्योंकि ऐसा करने में स्थापित परम्परा और सिद्ध उदाहरण का रास्ता नहीं लिया गया है। इसीलिए पांडेजी महाराज के ज्योतिष ज्ञान की इतनी हँसी उड़ी।

राज्यपाल विनोद चन्द्र पांडे ने नीतीश कुमार को मौका देकर अपनी पसन्द साफ बता दी थी। चूँकि जिस राष्ट्रीय जनतांत्रिक गठबन्धन के वे नेता थे वो गठबन्धन केन्द्र में भी सत्तारूढ़ है इसलिए खुद उन्होंने यह मौका दिया कि उनकी नीयत में खोट देखा जाए। बिहार विधानसभा के पहले सत्र के पहले दो दिनों में साबित हो गया कि राज्यपाल पांडे का विवेक और आकलन गलत था। चूँकि नीतीश कुमार बहुमत नहीं जुटा सके इसलिए उनकी नीयत में देखा गया खोट और भारी और मजबूत हो गया जो राज्यपाल लोकतांत्रिक परम्परा और उदाहरणों पर न चल कर अपने को नियुक्त करवाने वाले सत्ता प्रतिष्ठान के हितों की रक्षा करे उसे उसी रास्ते जाना होगा जिस पर रोमेश भंडारी लखनऊ से और सुंदर सिंह भंडारी पटना से गए। इस्तीफा देना सम्मान का रास्ता है। दिल्ली को गठबन्धन सरकार बेशरमी और असंविधानिकता की हद तक जा कर राज्यपाल पांडे की रक्षा नहीं कर सकती।

लेकिन यह तो हुआ राज्यपाल पांडे का रास्ता। नीतीश कुमार के इस्तीफे के बाद अब बिहार का रास्ता क्या होगा? राज्यपाल चाहें या न चाहें जाने के पहले उन्हें राबड़ी देवी को शपथ दिलवानी पड़ेगी। राबड़ी देवी यानी लालू प्रसाद यादव को भी बहुमत के लिए दूसरी पार्टी और निर्दलियों को तोड़ना पड़ेगा। तोड़ने-फोड़ने और लालच देकर लुभाने में राबड़ी के पति लालू उस्ताद है यह पिछले दस साल में इतनी बार साबित हो चुका है कि स्थापित ही मान लिया जाना चाहिए। लालू प्रसाद यादव भ्रष्टाचार के मामलों में फँसे हुए हैं और हेराफेरी में भी उस्ताद हैं यह भी बात लगभग पूरी तरह मानी हुई है। जिस तरह जॉर्ज फर्नांडीस नीतीश कुमार के लिए बहुमत जुटाने में कांग्रेस और बसपा को तोड़ने की आस लगाए हुए थे वैसे ही राबड़ी देवी का बहुमत बनाने के लिए लालू प्रसाद यादव जनता दल (एकीकृत) समता और भाजपा को तोड़ने की फिराक में हैं। कोई कह नहीं सकता कि जिस

तरह जॉर्ज एंड कम्पनी फेल हुए वैसे ही लालू प्रसाद यादव भी फेल होंगे। दस साल पहले भी लालू को उतनी सीटें मिली थीं जितनी इस चुनाव में मिली हैं। तब भी पूरे पाँच साल सरकार चला ले गए थे। इस चुनाव में वापस उतनी ही ताकत में आकर उन्होंने अपनी टिके रहने की क्षमता से सबको चकित कर दिया है।

बहुत सम्भव है कि लालू अपनी पत्नी राबड़ी देवी की सरकार न सिर्फ बना ले जाएँगे उसे ठीक बहुमत भी दिलवा देंगे। लेकिन ऐसा करने में वे अपनी राजनीति के सभी साम दाम दंड भेद का इस्तेमाल करेंगे और उससे बिहार में लोकतंत्र कुछ बित्ते और नीचे गिरेगा। लालू के दस साल के राज में बिहार और अराजकता में गिरा है और वहाँ प्रभावकारी प्रशासन चलाना लगभग असम्भव हो गया है। बिहार के समाज में जो उथल-पुथल और अराजकता है वही उसकी राजनीति और उसके प्रशासन में भी दिखती है। राबड़ी देवी की सरकार के जरिये लालू यादव बिहार में कोई नई शुरुआत कर सकते हैं इसकी उम्मीद उनके सामाजिक न्यायवादी समर्थकों को भी नहीं है। इसलिए जिसे इस विधानसभा में जंगल राज कह कर प्रचारित किया गया उसी के नये संस्करण के चलते रहने की सम्भावना है। बिहार के लिए यह कोई अच्छी खबर नहीं है और राबड़ी देवी की वापसी लोगों में कोई आशा और उत्साह का संचार नहीं कर रही है।

लेकिन लालू की राजनीतिक वापसी और बिहार में राबड़ी देवी की सरकार राष्ट्रीय जनतांत्रिक गठबन्धन और खासकर भाजपा के लिए नई चुनौती बन कर उभरेगी। बिहार में गठबन्धन को अश्वमेध बना दिया गया है और अब बारी उत्तर प्रदेश की है जहाँ अगले साल चुनाव होना है। उत्तर प्रदेश में भाजपा की हालत पतली है यह पिछले लोकसभा चुनाव में ही साफ हो गया था। समझदार लोग मानते हैं कि वहाँ अगर लोकसभा के साथ विधानसभा के भी चुनाव हुए होते तो भाजपा साफ हो जाती। बिहार का असर उत्तर प्रदेश पर होगा और अगले साल जहाँ भाजपा हार गई तो पूरे देश में उसके पराभव की शुरुआत हो जाएगी। तब केन्द्र में भी भाजपाई गठबन्धन सत्तारूढ़ नहीं रहेगा। गठबन्धन रहा भी तो नया होगा और हो सकता है उसके नेता चन्द्रबाबू नायडू हों जो एक नये ध्रुवीकरण के केन्द्र बनते जा रहे हैं। अगला साल हमारी राजनीति के नये अध्याय का श्रीगणेश कर सकता है।

[11 मार्च, 2000]

अकाल और राहत की राजनीति

जिस दिन केन्द्रीय लघु उद्योग राज्य मंत्री वसुन्धरा राजे ने कहा—'राजस्थान समेत कुछ राज्यों में अकाल जैसी जो त्रासदी चल रही है उस पर किसी को भी राजनीति नहीं करनी चाहिए'—उस दिन भाजपा सांसदों की राजस्थान और गुजरात गई टीमों ने अपने संसदीय दल की बैठक में रपट पेश की। दिल्ली के पूर्व मुख्यमंत्री साहिब सिंह वर्मा की अगुआई में राजस्थान गई टीम ने लिखित रपट में कहा कि राज्य सरकार ने सूखे से निपटने में जानबूझ कर देरी की। समय पर यह कार्य शुरू नहीं किये। इस कारण हजारों पशु मर गए हैं। पानी की भारी किल्लत है। लोगों को खाने को अनाज नहीं मिल रहा, पानी नहीं मिल रहा और रोजगार भी नहीं है। केन्द्र सरकार ने कोई डेढ़ हजार करोड़ रुपये दिये हैं लेकिन उसमें से लगभग सौ करोड़ भी खर्च नहीं किये हैं। उलटे राज्य सरकार केन्द्र सरकार को बदनाम कर रही है। टीम ने सिफारिश की है कि केन्द्र सरकार राहत कार्य की समीक्षा और रिपोर्ट करने के लिए एक समिति का गठन करे जो दोषी लोगों पर नजर रखे और उनके खिलाफ सख्त कार्रवाई करे ताकि राजस्थान में जानमाल की रक्षा हो सके और देश का स्वाभिमान कायम रह सके। लेकिन संघप्रिय गौतम के नेतृत्व में गुजरात गई टीम ने वहाँ कोई कमी नहीं देखी, गुजरात सरकार जो भी कर रही है उसकी तारीफ की और उसकी पीठ थपथपाई। गुजरात गई टीम इतनी सन्तुष्ट थी कि उसने लिखित रपट तक नहीं दी। आपको मालूम होगा कि गुजरात में भाजपा की सरकार है और राजस्थान में कांग्रेस की। आप यह भी जानते हैं कि गुजरात, खास कर वहाँ के सौराष्ट्र में पानी, चारा, अनाज सबकी बेहद कमी है और अकाल राजस्थान के बजाय गुजरात में अधिक भीषण है।

अकाल पर यह राजनीति मजे में चल रही है। मीडिया के वे लोग जो फटी हुई धरती, सूखे पेड़, मरते पशु, हड्डियों के ढेर और मीलों तक बियाबान देखने के आदी नहीं हैं, अकाल की इस विभीषिका को देखकर काँप जाते हैं। अचरज नहीं कि राजस्थान की हालत में पले-बढ़े और वहाँ के परिदृश्य की वास्तविकता को जानने-समझने वालों को लगता है कि इन रपटों में अकाल नासमझी से उछाला जा रहा है। ऐसी ही बात मुख्यमंत्री अशोक गहलोत ने पूरे ब्योरे के साथ दिल्ली

और जयपुर के पत्रकारों के एक दल से कही। जयपुर और राजस्थान के पत्रकार मानते और कहते हैं कि राज्य में अभी जो अकाल है वह सन् '87-'88 के अकाल की तुलना में कुछ भी नहीं है। लेकिन उनमें से एक ने मुख्यमंत्री से मिल कर लौटते हुए कहा कि ये सीधे आदमी हैं। कहते हैं कि अकाल वैसा नहीं है जैसा कि अखबारों और टीवी में उछाला जा रहा है। इनको केन्द्र से मदद नहीं मिलेगी और तब इन्हीं की पार्टी के लोग कहेंगे कि केन्द्र से पूरी सहायता न लेकर मुख्यमंत्री ने गलती की और राज्य के लोगों को अभाव में रखा। यानी केन्द्र से पूरी सहायता पाने और लोगों को अकाल के साल में पर्याप्त राहत पहुँचाने के लिए अकाल को बढ़ा-चढ़ाकर बताना चाहिए, हायतौबा मचाना चाहिए और असलियत को दबाना चाहिए। सच बोलना भोलापन है और राजनीति में नहीं चलता। अकाल और राहत की राजनीति ही हमारे यहाँ कई लोगों के करोड़पति होने का कारण है और जहाँ हर साल राहत कार्य होता है वहाँ हालत इतनी भी नहीं बदलती कि अगले साल किसी एक चीज की कमी तो न हो। राहत की इस राजनीति का ही नतीजा है कि कई राज्यों में बरसों के काम के बावजूद ऐसा कोई स्थायी ढाँचा नहीं बना जो एक साल की कम बारिश को झेल सके।

अशोक गहलोत गलत नहीं कहते कि राजस्थान में पिछले पचास साल में से चालीस तो अकाल और अभाव के साल रहे हैं। इसलिए वहाँ अप्रैल लगते-लगते लोग दूसरे राज्यों में अपने ढोर-डंगर लेकर चले जाते हैं। मालवा में मारवाड़ मेवाड़ से ऐसा जाना तो सदियों से लगा हुआ है। जोधपुर, जैसलमेर, बाड़मेर आदि से लोग गुजरात और सिंध के अपेक्षाकृत सम्पन्न इलाकों में जाते रहे हैं। पशु भी मरते हैं, खासकर वे जो अनुपयोगी हो चुके हैं और जिन पर अमूल्य साधन लगाना लोग ठीक नहीं समझते। राजस्थान में रेगिस्तान जाने कब से है। वहाँ के लोग तेज धूप, रेतीली आँधी, पानी और अनाज की कमी के साथ सदियों से जीने के आदी हैं। वे पंजाब जैसी विपुलता में रहने का सपना भी नहीं देखते। पहले गंगनहर और अब इन्दिरा नहर के आने से वहाँ बहुत कुछ बदला है लेकिन रेगिस्तान आखिर रेगिस्तान है। उसमें पानी की एक-एक बूँद कैसे बचाई जाए इसका पारम्परिक ज्ञान लोगों के पास था। लेकिन विकास की हमारी अवधारणा ने वहाँ सब जगह ट्यूबवेल खुदवाए दुरुपयोग बढ़वाया, कुओं, बावलियों, तालाबों और घर के टाँकों की अवहेलना करवाई और अब ये हाल हैं कि पानी के इस्तेमाल के प्रति राजस्थान के पारम्परिक समाज में जो सम्मान का भाव था वह शहरों में कहीं दिखाई नहीं देता और इसलिए उनके हाल और भी बेहाल हैं। पानी और राजस्थान के समाज का कैसा सम्बन्ध रहा है और पानी कैसे सोने की तरह सँभाल कर रखा और उपयोग किया जाता है, इसे समझना हो तो अनुपम मिश्र का शोधग्रंथ *राजस्थान की रजत बूँदें* पढ़ना चाहिए। ऐसा क्यों हुआ कि पचास में से चालीस साल अकाल और अभाव के

बीते लेकिन राजस्थान की सरकारों ने अपने लोगों के विज्ञान और उनकी समझ का कोई सांस्थानिक उपयोग नहीं किया जिससे पानी के अभाव से बचने का कोई स्थायी प्रबन्ध हो सकता?

इस साल राजस्थान के बत्तीस में से छब्बीस जिलों में अकाल है और 39,810 में से 23,406 गाँव प्रभावित हैं। कुल आबादी के आधे से ज्यादा लोग 2 करोड़, 61 लाख—इस अकाल की चपेट में हैं। इसी तरह आधे से ज्यादा दोर भी अकाल की मार में हैं। ऐसा नहीं कि सरकार को मालूम नहीं था कि अकाल पाँव पसार रहा है और उसने जानबूझ कर देरी की हो, गए साल नवम्बर में हो राज्य सरकार ने केन्द्र से 1945 करोड़ रुपये की सहायता राष्ट्रीय आपदा कोष से माँगी थी। केन्द्रीय अध्ययन दल की सिफारिश पर केन्द्र सरकार ने कुल 102.93 करोड़ रुपये मंजूर किये। किसने अकाल के असर को कम करके आँका? केन्द्र ने या राज्य सरकार ने? अगर राज्य ने अकाल के अतिरिक्त अनुदान को ग्यारह गुना बढ़ा कर माँगा था और केन्द्र ने उसे इतना घटा कर दिया तो यह भी मानना पड़ेगा कि उसके अध्ययन दल के अन्दाज से अकाल का ऐसा भीषण रूप नहीं होने वाला चुनाव क्षेत्र था। अगर ऐसा है तो अपने-अपने में अकाल का आकलन करने भेजे गए मंत्रियों ने आकर मुख्यमंत्री को कहा और उन्होंने खुद भी तीन जिलों में जो देखा और उसके आधार पर कहा कि हालत उतनी खराब नहीं है जितनी कि मीडिया में बताई जा रही है तो इसे मुख्यमंत्री की नासमझी क्यों बताई जा रही है? क्या राजनीति करने और राहत पाने के लिए झूठ बोलना जरूरी है? राज्य सरकार की शिकायत है कि न सिर्फ हमें माँगे गए 1145 करोड़ में से सिर्फ 102.93 करोड़ मिले, दूसरे मदों में भी जो केन्द्रीय सहायता, अनुदान और हिस्सा मिलता है वह भी सब अकाल राहत के नाम पर दिया जा रहा है। 'काम के बदले अनाज' को स्वीकृत योजना में जो दो किलो अनाज प्रति मजदूर दिया जा रहा है वह भी मुफ्त में नहीं है। वह गरीब लोगों को जिस भाव पर दिया जाता है, उसी भाव पर दिया जा रहा है। उसकी लदाई-ढुलाई और वितरण आदि की लागत भी राज्य सरकार को चुकानी पड़ रही है। केन्द्र सरकार के गोदाम भरे पड़े हैं लेकिन अकाल पीड़ित वही लोग इसे खरीद सकते हैं जिनके पास पैसा हो। अकाल में लोगों की क्रय शक्ति घटाती है इसीलिए तो उन्हें राहत चाहिए। अगर ऐसा ही है तो सरकार मजदूरी नकद ही क्यों न दे? राज्य सरकार कहती है कि छह महीने लगा देने के बाद भी केन्द्र से जो मिल रहा है, वह सहायता में नहीं है। उसकी कीमत भी आखिर हमें ही चुकानी है। इसी को भाजपा सांसदों की टीम ने केन्द्र सरकार को बदनाम करना कहा है।

पिछले बीस साल का रेकार्ड देखें तो शायद ही ऐसा कोई साल गया होगा जब राजस्थान के किसी न किसी भाग में अकाल या अभाव की हालत न रही हो। सबसे कम गाँव सन् '92-'93 में प्रभावित थे कुल 4,376 तब सिर्फ 71 हजार

लोगों को काम पर लगाया गया था और राहत कार्यों पर 132.17 करोड़ रुपये खर्च किये गए थे। लेकिन सबसे भीषण अकाल सन् '87-'88 में पड़ा जब राजस्थान के 39,810 में से 36,252 गाँव प्रभावित हुए थे। कोई बीस लाख लोगों को तब मजदूरी पर लगाया गया था और राहत कार्यों पर 622.32 करोड़ रुपये खर्च किये गए थे। कहते हैं, बीसवीं सदी का वह सबसे भयंकर अकाल था। लेकिन इस सदी के शुरुआती वर्षों का रेकार्ड ठीक से रखा गया है या नहीं, कहा नहीं जा सकता। कहावत में छप्पन का काल सबसे भयावह माना जाता है। छप्पन यानी विक्रम संवत का 1956 इसमें 57 साल और जोड़ दें तो पिछली सदी के आसपास का समय आ जाएगा। लेकिन पिछले बीस साल में कम से कम ग्यारह साल ऐसे हैं जिनमें तीन-चौथाई से ज्यादा गाँव अकाल के शिकार रहे हैं। सन् '86-'87 में 31,936, '91-'92 में 30,041, '95-'96 में 25,478, '81-'82 में 23,246, '85-'86 में 26,859, '93-'94 में 22,586 गाँव अकाल को भुगत चुके हैं। इन आँकड़ों से तो जाहिर है कि इस साल कोई बहुत भीषण अकाल नहीं है।

बीस साल और इसके पहले के वर्षों का भी सन्दर्भ इसलिए लिया कि इस साल के अकाल को अकाल और राहत की राजनीति में समझा जा सके। वास्तविकता को लेकर आतंक और हताशा न फैलाई जा सके। तत्काल आग बुझाने के लिए कुछ भी करने के बजाय ऐसा कुछ किया जा सके जिसमें राजस्थान के लोगों के अकाल से निपटने के पारंपरिक ज्ञान, अनुभव और धैर्य का उपयोग हो और पानी की एक-एक बूँद को बचाने और उसका सही इस्तेमाल करने के जो पारम्परिक तौर-तरीके हैं उनका लाभ पानी को सँभाल कर रखने में किया जा सके। अगर आगे के वर्षों में युद्ध पेट्रोल के लिए नहीं पानी के लिए होने हैं तो हमें उसे बचाए रखने के उन तौर-तरीकों पर अभी से अमल करना चाहिए जो हमें पराजित होने से बचा सकते हैं। राजस्थान का यह अकाल अगर इसकी प्रेरणा और क्षमता हमें दे सके तो ढाई करोड़ लोगों का कष्ट भुगतना भी सही सबक सिखा जाएगा।

[10 मई, 2000]

देश को कौन लुटा रहा है? सिन्हा या पासवान?

इस गठबन्धन सरकार की आर्थिक नीतियों के खाते-पीते समर्थक और अंग्रेजी प्रेस में उसके पैरोकार नाराज और दुखी हैं कि अटल बिहारी वाजपेयी ने मुफ्त टेलीफोन देने के मामले में वित्त मंत्री यशवन्त सिन्हा की सुनने के बजाय संचार मंत्री पासवान की चलने दी। इनका निष्कर्ष है कि ऐसा करके प्रधानमंत्री ने दृढ़ता के उस सन्देश को मटियामेट हो जाने दिया है जो खाद्यान्न और खाद पर सब्सिडी घटाने से इनकार करके उन्होंने दिया था। यशवन्त सिन्हा वित्तीय विवेक और अनुशासन पर जोर दे रहे थे और रामविलास पासवान संचार सेवाओं और संचार विभाग के तीसरी और चौथी श्रेणी के कर्मचारियों को मुफ्त टेलीफोन देकर वाहवाही लूटने की कोशिश रहे थे। देश की अर्थव्यवस्था और वित्तीय घाटे को देखते हुए प्रधानमंत्री को यशवन्त सिन्हा की पीठ थपथपानी चाहिए थी लेकिन क्या करें नासपीटी राजनीति ही देश का कबाड़ा कर रही है।

अब नासपीटी राजनीति यह है कि रामविलास पासवान ने घोषणा की कि वे संचार विभाग और संचार सेवाओं के तीन लाख बीस हजार कर्मचारियों को मुफ्त टेलीफोन दे रहे हैं। इन विभागों के प्रथम और द्वितीय श्रेणी के कर्मचारियों को मुफ्त टेलीफोन की सुविधा पहले से मिल रही है। यह सुविधा देने से संचार विभाग पर कोई अड़सठ करोड़ रुपयों का भार पड़ेगा। संचार मंत्री पासवान की इस घोषणा का अंग्रेजी अखबारों में जबरदस्त विरोध हुआ क्योंकि एक तो खुले बाजार की अर्थव्यवस्था के वातावरण में कोई भी चीज मुफ्त नहीं दी जा सकती। वस्तु हो या सेवा सबकी कीमत है और वह पैसा चुकाए बिना मिल नहीं सकती। दूसरे, टेलीफोन विभाग के कर्मचारियों और उनकी सेवाओं के प्रति आम उपभोक्ताओं की राय बहुत खराब है क्योंकि वे न तो ठीक से सेवाएँ देते हैं, न उनका व्यवहार सेवकों जैसा है। ऐसे लोगों को मुफ्त टेलीफोन देकर क्यों लुभाया जा रहा है? यह देश के साधनों का सरासर दुरुपयोग है और ऐसे लोगों को तुष्ट करने पर पैसा लुटाया जा रहा है जो सेवा की योग्यता भी नहीं रखते। तीसरे, रामविलास पासवान राजनेता ही ऐसे हैं जो जनता का पैसा लुटा कर वाहवाही लूटते और अपना वोट बैंक बनाने में लगे रहते हैं। वे जब रेल मंत्री थे तब भी उन्होंने यही किया और अब भी यही कर

रहे हैं। इन लोकलुभावन नेताओं के चलते ही देश की आर्थिक स्थिति बिगड़ी थी और अब उसे सुधारने की कोशिश हो रही है तो ये इस तरह पैसा लुटा कर उसे फिर बिगाड़ने में लगे हैं।

अंग्रेजी अखबारों और बाजार समर्थक पैसे वालों के इस पवित्र आक्रोश को अपने वित्त मंत्री और वित्त मंत्रालय ने हवा दी। वित्त मंत्री भी बिहार के ही हैं लेकिन रामविलास पासवान की तरह जमीन से राजनीति करते हुए ऊपर नहीं गए हैं। यशवन्त सिन्हा पुराने आईएएस अफसर हैं और जनता दल की उठापटक राजनीति से होते हुए भारतीय जनता पार्टी में आए हैं। उन्हें लोकलुभावन नारे लगाने और वोट देने वाली गरीब जनता को सरकारी लाभ दिला कर पटाने की जरूरत नहीं होती। वे गरीब दलितों की राजनीति नहीं करते जो उन्हें लोकप्रियता के ऐसे हथकंडे अपनाने पड़ें। वे ऊँचे लोगों की ऊँची राजनीतिक पसन्द हैं और इसलिए मध्यवर्ग की प्रतिष्ठित राजनीति करते हैं। ऐसे यशवन्त सिन्हा को लगा कि जिन मुफ्त टेलीफोनों के खिलाफ देश का अंग्रेजी मीडिया इतने गुस्से से भरा हुआ है और हर चीज की कीमत है—जैसे पवित्र बाजारू सिद्धान्त की दुहाई दे रहा है उसका समर्थन किया जाना चाहिए। उन्होंने एक वेबसाइट पर बातचीत करते हुए कहा कि वे ऐसी मुफ्तखोरी के खिलाफ हैं। प्रत्येक व्यक्ति को उपयोग की गई सेवा या चीज की वाजिब कीमत चुकानी चाहिए—यशवन्त सिन्हा ने कहा। उन्हें मालूम है कि संचार सेवाओं में अब निजी कम्पनियाँ भी आ गई हैं जो ऐसी मुफ्तखोरी होने नहीं देंगी क्योंकि इससे उनका मुनाफा कितना घट जाएगा। फिर हम तो वित्तीय विवेक और अनुशासन पर जोर देकर वित्तीय घाटे को कम करने में लगे हैं और ये हमसे पूछे बिना पैसा लुटाए जा रहे हैं। उन्होंने रामविलास पासवान की चलाई जा रही इस मुफ्तखोरी के खिलाफ प्रधानमंत्री को एक पत्र भेज दिया।

वित्त मंत्रालय के लोगों ने भी गिनती का अपना काम किया। उनके हिसाब के मुताबिक तीन लाख बीस हजार टेलीफोन लगाने की लागत आठ सौ करोड़ रुपये होगी और हर साल इन पर चार सौ करोड़ का नुकसान होगा। यानी इस पर एक हजार दो सौ करोड़ की हानि होगी। वित्त मंत्रालय के हिसाब से एक टेलीफोन लगाने की लागत पच्चीस हजार रुपये होती है यानी तीन लाख बीस हजार फोन लगाने के आठ सौ करोड़ रुपये। फिर एक टेलीफोन पर एक आम उपभोक्ता से कोई दस हजार रुपये की आमदनी होती है। चूँकि कर्मचारियों से यह आमदनी नहीं होगी इसलिए तीन सौ बीस करोड़ रुपये का नुकसान होगा। इसमें अगर कर्मचारियों को दिये जा रहे मुफ्त कॉल और जोड़ लिये जाएँ तो घाटा अस्सी करोड़ और बढ़ जाएगा। इस तरह रामविलास पासवान की दरियादिली देश को एक हजार दो सौ करोड़ का चूना लगा देगी। इस नुकसान के अलावा अयोग्य और कामचोर लोगों को मुफ्त टेलीफोन की सुविधा देकर हम देश में क्या माहौल बनाएँगे? यही कि

अगर आप सरकारी विभाग में हों और आपके मंत्री रामविलास पासवान हों तो आप काम करें या न करें मुफ्त सुविधाएँ मिलती रहेंगी। इसका असर निजी संचार सेवाओं के लोगों पर क्या पड़ेगा? बाजार में माहौल क्या बनेगा? मुफ्तखोरी और जनता के साधनों की लूट ऐसे ही चलती रही तो देश की अर्थव्यवस्था पटरी पर नहीं आएगी।

रामविलास पासवान की तरफ से कहा गया कि पचीस हजार रुपये तो संचार विभाग को हर टेलीफोन लगाने की लागत आती है और ये रुपये उपभोक्ता से नहीं लिये जाते। टेलीफोन का किराया कर्मचारियों से नहीं लिया जाएगा और पचहत्तर कॉल मुफ्त होंगे। इसके ऊपर जो कॉल किये जाएँगे उनका पैसा तो लगेगा ही। फिर रेलवे और हवाई सेवाएँ भी अपने कर्मचारियों को मुफ्त यात्रा की सुविधा देती हैं। सिर्फ अपने देश में ही नहीं, दूसरे देशों में भी। इसके जवाब में कहा गया कि दूसरे विभागों में गड़बड़ होती है तो संचार में भी की जाए? पासवान ने कहा कि हमारा फैसला एकतरफा नहीं है। टेलीकॉम आयोग की एक बैठक में तय हुआ था कि सब कर्मचारियों को मुफ्त कॉलों की सुविधा ढाई सौ तक बढ़ा दी जाए। इस पर यूनियनों ने कहा कि इसका क्या लाभ क्योंकि ज्यादातर तीसरी और चौथी श्रेणी के कर्मचारियों के घर तो टेलीफोन है नहीं। तब यूनियनों, अधिकारियों और मंत्री की बैठक में तय किया गया कि सबको मुफ्त टेलीफोन दिये जाएँ और दो महीने में मुफ्त कॉलों की संख्या डेढ़ सौ कर दी जाए। यह भी तय हुआ कि बोनस तिहत्तर के बजाय सत्तर दिन कर दिया जाए। फिर एक और दो श्रेणी के कर्मचारियों को और रिटायर लोगों को मुफ्त टेलीफोन पहले से ही दिये जा रहे हैं। इस सुविधा को तीसरी और चौथी श्रेणी में बढ़ाया गया है। फिर छह महीने बाद संचार सेवाओं का निगम बनने वाला है। कर्मचारी मन लगा कर ठीक से काम कर सकें इसलिए उन्हें भी प्रोत्साहन देने की जरूरत है। यह भी याद रखना चाहिए कि गए साल संचार विभाग ने साढ़े सात हजार करोड़ रुपये का मुनाफा कमाया है। जल्द ही उसे निजी कम्पनियों से भी होड़ करनी पड़ेगी। हमारे हिसाब से मुफ्त टेलीफोन पर अड़सठ करोड़ का भार आएगा और इसे विभाग खुद आसानी से बर्दाश्त कर सकता है।

इसके बावजूद प्रधानमंत्री ने यशवन्त एतराज नहीं माने और रामविलास पासवान को हरी झंडी दे दी तो गुलाबी और रंगीन अंग्रेजी प्रेस को बड़ा धक्का लगा। लिखा गया कि मुफ्त कॉल ढाई सौ से घटा कर सौ किये गए तो इसलिए कि वित्त मंत्री की कुछ चल जाए। लेकिन यह फैसला टेलीकॉम आयोग एक पखवाड़े पहले ही ले चुका था संचार सेवाओं का निगम बनाना भी कोई रियायत नहीं है क्योंकि यह निर्णय भी पहले हो चुका था। मुफ्त टेलीफोन देने के मामले में पासवान की जीत दूसरे मंत्रियों को भी ऐसे ही रेवड़ी बाँटने को प्रोत्साहित करेगी। वित्तीय अनुशासन नहीं रहेगा। दूसरी पीढ़ी के आर्थिक सुधार मुश्किल में पड़ेंगे। नुकसान देश का होगा। आर्थिक सुधारों और भूमंडलीकरण के समर्थकों और गुलाबी और रंगीन अंग्रेजी प्रेस

के पैरोकारों को यह देश के लिए घातक लगा कि संचार सेवा और संचार विभाग के तीसरी और श्रेणी के निम्न-मध्यवर्गीय कर्मचारियों को मुफ्त टेलीफोन दिये जाएँ। वे न टेलीफोन लगवाने का पैसा दें, न हर महीने उसका किराया दें और पचहत्तर कॉल उन्हें फोकट में मिलें। इससे संचार विभाग और देश के खजाने में जो कमी होगी सो होगी, मुफ्तखोरी का माहौल बनेगा और इसका हमारी अर्थव्यवस्था पर बुरा असर पड़ेगा। रामविलास पासवान जैसे लोकलुभावन जनता-पटावन नेता की जीत और यशवन्त सिन्हा जैसे वित्त विवेकी और अनुशासन प्रिय वित्तमंत्री की हार उदारीकरण के सभी चिकने-चुपड़े और खाते-पीते समर्थकों को देश के लिए घातक लगी है।

लेकिन देश के हित की बात करना तो आजकल अमीरी का फैशन है। दो महीने से एक और मामला चल रहा है जिसे देश की अर्थव्यवस्था के लिए घातक और कर चोरी का निकृष्ट उदाहरण मानने को यहाँ लोग तैयार नहीं हैं जो मुफ्त टेलीफोन की रेवड़ी पर इतना हो-हल्ला मचाए हुए है। मामला है—मॉरीशस के रास्ते देश के शेयर बाजार में पैसा लगाने वाली संस्थाओं का और उनकी कर चोरी का जैसा वित्त मंत्रालय ने हिसाब लगा कर बताया था कि मुफ्त टेलीफोन से देश के खजाने को एक हजार दो सौ करोड़ का घाटा होगा, वैसा ही जानकारों का हिसाब है कि वित्त मंत्री यशवन्त सिन्हा ने कर चोरी की छूट देकर तीन हजार करोड़ रुपये का चूना लगने दिया है। ये वही वित्त मंत्री हैं जो वित्तीय विवेक और अनुशासन का झंडा लिये घूम रहे हैं। आपने इसी अखबार में पढ़ा होगा कि किस तरह मॉरीशस और भारत के बीच दूसरे कराधान को टालने के लिए की गई सन्धि का दुरुपयोग हो रहा है। कई अमेरिकी, कनाडाई और यूरोपीय कम्पनियों ने मॉरीशस में नाम के दफ्तर खोल रखे हैं। वे वहाँ से भारत के शेयर बाजार में पूँजी लगाती हैं। इस पर उन्हें जो पूँजीगत लाभ होता है उस पर वे भारत के आयकर कानून के अनुसार कर नहीं देतीं। सन्धि का लाभ लेकर कहती हैं कि हम तो मॉरीशस की कम्पनी हैं और वहीं कर देंगे। मॉरीशस में पूँजीगत लाभ पर कोई कर नहीं लगता। इसलिए ये कम्पनियाँ कर नहीं देतीं और इससे भारत को तीन हजार करोड़ का नुकसान होता है।

ये कम्पनियाँ सिर्फ नाम की मॉरीशस कम्पनियाँ हैं। मंत्री की पुत्रवधू जिस इंडिया फंड कॉरपोरेशन में काम करती हैं उसने तो अपनी रपट में साफ कहा है कि हम मॉरीशस से कर बचाने के लिए काम करते हैं। यह तथ्य हमारे आय कर विभाग को मालूम है। इसलिए उसने जाँच करके सात कम्पनियों को कारण बताओ नोटिस दिया कि उनसे कर क्यों नहीं लिया जाए। कर माँगा गया तो विदेशी वित्त निवेश कम्पनियों ने शेयर बाजार को लुढ़का दिया। वित्त मंत्री शेयर बाजार के ध्वस्त होने और अर्थव्यवस्था के बिगड़ने के डर से ऐसे घबराए कि उनसे आयकर विभाग के नोटिस निलम्बित करवाए और फिर एक परिपत्र जारी करवा के आय कर विभाग को कहलवाया कि जो कम्पनी मॉरीशस के अधिकारियों से वहाँ की निवासी होने

का प्रमाणपत्र दे दे उसे मॉरीशस की मान लिया जाए। यह परिपत्र भारत-मॉरीशस सन्धि की धारा 13 और हमारे आयकर कानून की धारा पाँच और छह का उल्लंघन करता है। दिल्ली उच्च न्यायालय ने इस पर याचिका स्वीकार कर ली है और सरकार से कागजात माँगे हैं।

इस परिपत्र पर हमारी गुलाबी और रंगीन अंग्रेजी प्रेस ने वित्त मंत्री यशवन्त सिन्हा की कोई आलोचना नहीं की। रामविलास पासवान की जितनी भर्त्सना हुई उसका सौवाँ अंश भी वित्त मंत्री पर नहीं आया। यशवन्त सिन्हा ने विदेशी निवेश कम्पनियों को कोई तीन हजार करोड़ रुपये लूट ले जाने का रास्ता खोला और रामविलास पासवान ने अपने विभाग के तीसरी और चौथी श्रेणी के कर्मचारियों को मुफ्त टेलीफोन दिये। देश को अपनी घटिया यानी लोकलुभावन राजनीति के लिए कौन लुटा रहा है? यशवन्त सिन्हा या रामविलास पासवान?

[16 जून, 2000]

सूचना की आजादी देंगे अधिकार नहीं

भारत सरकार की राज्य मंत्री वसुन्धरा राजे ने नागरिकों को सूचना की स्वतंत्रता देने का जो विधेयक लोकसभा में रखा है उसके कुछ मसौदे कुछ महीनों से जनता में घूम रहे थे और चार मंत्रियों को उपसमिति को उसकी आलोचना भी भेजी गई थी। लेकिन विधेयक को देखकर यह कतई नहीं लगता कि मंत्रियों की उपसमिति ने आलोचना और परिवर्तन के लिए दिये गए सुझावों पर कोई मान दिया है। विधेयक लगभग वैसा का जैसा है और उसकी तारीफ में यही कहा जा सकता है कि लम्बे इंतजार के बाद सरकार ने आखिर एक कानून बनाने की पेशकश तो की। नहीं तो कोई तीन साल से इस मामले को बस्ते की नींद में सुला दिया गया था।

विधेयक लोकसभा में रखने की कोशिश में भी सरकार की तरफ से कोई तत्परता नहीं दिखाई देती। सुझाव दिया गया था कि सुप्रीम कोर्ट ने अपने अलग-अलग निर्णयों में सूचना के अधिकार को नागरिक का बुनियादी अधिकार माना है क्योंकि संविधान का अनुच्छेद 19ए अभिव्यक्ति का जो अधिकार देता है वह सूचना के अधिकार के बिना पूरा नहीं हो सकता। जिस नागरिक को पर्याप्त सूचनाएँ और जानकारी नहीं मिलती उसकी अभिव्यक्ति भी आधी-अधूरी रहेगी। लेकिन रखे गए विधेयक में नागरिकों को सूचना की स्वतंत्रता दी जानी है, उसे पाने का अधिकार नहीं। आजादी और हक में जो फर्क रखा गया है उसे समझने की जरूरत है।

नागरिक सूचना पाने के लिए स्वतंत्र है लेकिन सूचना देने वाला किस हद तक उसकी इस स्वतंत्रता को स्वीकार करके चलने देगा—यह सूचना देने वाले की इच्छा, नीयत और तत्परता पर निर्भर करता है। सरकार अधिकार नहीं दे रही, स्वतंत्रता दे रही है। यानी देने वाले का वर्चस्व वह बनाए रखना चाहती है। नागरिक को जानने का अधिकार हो तो सरकार को वह सब जानकारी और सूचना देनी पड़ेगी जो वह माँग रहा है। नागरिक अगर आजाद भर है सूचना पाने के लिए तो देने वाला माँगने वाले से बड़ा होगा। नागरिक आजाद है लेकिन उसे क्या जानकारी देना, क्या न देना सरकार की मर्जी पर है तो सरकार और नागरिक का सम्बन्ध क्या होगा? यही न कि सरकार लोकहित की लोक से भी बड़ी हित और रक्षक है और वही जानती और उसी को अधिकार है कि क्या बताए, क्या न बताए। लोकतंत्र में जब

सरकार और लोग आमने-सामने हों तो क्या सरकार को लोगों से बड़ी माना जा सकता है?

लोकतंत्र में सरकार लोगों के वोट से बनती है। जो लोग सरकार बनाते हैं वे जाहिर है कि सरकार से बड़े हैं। इसलिए अपना संविधान लोगों को सम्प्रभु मानता है, सरकार को नहीं। सरकार अपने मालिकों यानी नागरिकों से क्या छुपा सकती है क्या नहीं, इसका फैसला सरकार नहीं कर सकती, वोटर ही कर सकते हैं। अगर लोकतंत्र को इस बुनियादी अवधारणा को आप मानते हैं तो आप तय करेंगे कि राजकाज की सब बातें जानने का अधिकार नागरिकों को है। राजकाज चलाने में जितनी गोपनीयता या जितना छुपाना जरूरी है इसका फैसला भी नागरिक करेंगे। इसे आप मान लेते हैं तो नागरिकों को सूचना देना नियम होना चाहिए, उनसे कुछ भी छुपाना अपवाद होना चाहिए। स्वीडन में यह परम्परा है। वहाँ नियम से सब सरकारी सूचनाएँ सार्वजनिक हैं जब तक कि विशेष रूप से उन्हें गोपनीय रखने का अपवाद न किया जाए। सूचना न देने वाले सरकारी कर्मचारी के खिलाफ कार्रवाई करवाने की वहाँ स्वतंत्र व्यवस्था है। स्वीडन में नागरिक का जानने का यह अधिकार और सरकार का यह खुलापन 234 वर्षों से चल रहा है और इससे स्वीडन के न तो राष्ट्रहित नष्ट हुए हैं, लोकहित। तो ऐसा नहीं है कि नागरिक को सूचना देने का नियम हो और उससे कुछ छुपाना अपवाद तो सरकार चल ही नहीं सकती।

लेकिन आप इस विधेयक को देखें या राजस्थान, मध्य प्रदेश, गोआ, तमिलनाडु आदि के बनाए हुए कानूनों को-सब में सरकार सूचना देने को उत्सुक और तत्पर नहीं दिखाई देती। सरकारें अपने देश में जो भी जानकारी और सूचना देना चाहती हैं—वह बड़ी उदासीनता और बेमन से दे रही हैं। इस विधेयक और राज्यों के बनाए गए कानूनों के अध्ययन और सरकारों के रवैये और बरताव से साफ लगता है कि वे बताने से ज्यादा छुपाने पर आमादा हैं। राजस्थान में तो इसी साल के मई महीने में कानून बना। कोई पाँच साल के जन संघर्ष के बाद बना। लेकिन हाल ही एक ग्राम सेवक ने लोकहित का हवाला देकर सूचना देने से इनकार कर दिया। सभी बने हुए कानून और लोकसभा में रखा गया विधेयक लोकहित को सर्वोपरि मानते हैं। लोकहित में क्या नहीं है और क्या है इसे तय करने का अधिकार सरकारी कर्मचारी को है। उसके अधिकार और विवेक को चुनौती भी सरकारी ढाँचे के अन्दर ही दी जा सकती है। अगर इस चुनौती में भी नागरिक हार जाए तो उसके पास कोई रास्ता नहीं है। बने हुए ये कानून और लोकसभा में रखा गया विधेयक नागरिकों को अदालतों में जाने का अधिकार नहीं देते। इसका मतलब यही कि जो भी सूचना सरकार देना मंजूर करती है वह भी न दे तो उसकी पुकार सुनने वाला सरकार से स्वतंत्र और स्वायत्त कोई संस्थान नहीं है। सब कुछ तय सरकार के अन्दर ही होना है। सरकार बहुत आसानी से एक हाथ से जो दे रही है उसे दूसरे हाथ से वापस ले

सकती है और नागरिक को ठेंगा दिखाने की भी जरूरत नहीं। चित भी मेरी पट भी मेरी और अंटा मेरी माई-बाप सरकार का। कर लो आप जो कर सकते हो। सूचना पाने के लिए स्वतंत्र तो आप हो ही।

सूचना देने के मामले पर राज्य सरकारों और केन्द्र का यह जो रवैया स्पष्ट होता है, इससे सत्य यही उजागर है कि हमारे शासकों-राजनेताओं और अफसरों-का राजकाज चलाने का वही ढंग है जो साम्राज्यवादी अंग्रेजों का था। ये लोग नहीं मानते कि मालिक नागरिक हैं और उनकी बनाई सरकार में वे सेवक हैं। मालिक को अपनी बनाई सरकार के राजकाज की सब बातें जानने का अधिकार है—सेवक ना नहीं कर सकता। एक साम्राज्यवादी राजतंत्र ही अपने को लोगों से बड़ा और ऊपर समझ सकता है। यह तो सब कहते हैं कि हमारा प्रशासनिक ढाँचा अब भी वही है जो अंग्रेजों ने बनाया था लेकिन सचाई यह भी है कि सरकार में बैठे राजनेताओं और अफसरों का रवैया भी वही है जो साम्राज्यवादी शासकों का था। संविधान के पचास और लोकतंत्र के तिरपन साल हमारे राजनेताओं और सरकारी अफसरों को समझा नहीं पाए कि वे नागरिकों के जनादेश से सत्ता में हैं। नागरिकों से छुपा कर लोकतंत्र में सरकार नहीं चलाई जा सकती। विधेयक में कहा गया है कि सरकार को जनता के प्रति और पारदर्शी, और जवाबदेह बनाने के लिए सूचना की स्वतंत्रता दी जा रही है लेकिन क्या यह विधेयक कानून बन कर भी सरकार के कामकाज को खुला और पारदर्शी बना सकता है? विधेयक को आप गौर से पढ़ें तो साफ हो जाएगा कि इससे उन्हीं लोगों को सूचना मिलना वैधानिक और सुविधाजनक होगा जो पहले ही कई तरीकों से सूचना पा लेते हैं। जो भी कानून मूल सिद्धान्त की तरह यह नहीं मानता कि नागरिक को वह सब जानने और सूचना पाने का अधिकार है जो सांसद या विधायक को है वह जनोन्मुखी नहीं हो सकता क्योंकि नागरिकों के वोट से जो लोग सांसद और विधायक बनते हैं उनके अधिकार उनको बनाने वाली उन्हें चुनने वालों से बड़े और ज्यादा नहीं हो सकते। आजादी मालिक देता है, अधिकार अपनी व्यवस्था में से अपने को मिलती है। सूचना की आजादी देने वाली सरकार क्या नहीं जानती कि एक सेवक मालिक को आजादी नहीं दे सकता। सवाल आजादी और हक के शब्दों का नहीं है। सवाल रवैये का है और जाहिर है कि सरकार का रवैया लोकतांत्रिक नहीं है।

फिर यह विधेयक निजी उद्योग-व्यापार के संस्थानों को अपनी हद से बाहर मानता है। इसके दायरे में सार्वजनिक हित के कामों में लगी स्वयंसेवी स्वैच्छिक संस्थाएँ भी नहीं आतीं। सिर्फ सरकारी, अर्धसरकारी और सरकार द्वारा बनाई गई स्वायत्त संस्थाएँ और निगमों की ही जानकारी इसके कानून बनने पर मिल सकती है। जब राज्य अपने कानून बना रहे थे तो उन्हें सलाह दी गई थी कि वे ऐसे क्षेत्रों को छोड़ दें जो उनके दायरे से बाहर हैं इसलिए निजी उद्योग-व्यापार संस्थान

और गैरसरकारी संस्थाएँ छूट गईं। केन्द्र के विधेयक से उम्मीद थी कि वह इन संस्थानों और संस्थाओं को सूचना की आजादी के कानून में लाएगा। यह इसलिए भी अनिवार्य है कि दुनिया का सबसे भयानक और बड़ा औद्योगिक हादसा भारत के भोपाल में हो चुका है। वहाँ दिसम्बर '84 में यूनियन कारबाइड के कारखाने से ऐसी जहरीली गैस रिसी थी जिसने कोई ढाई हजार लोगों की जान ले ली और जिस-जिस ने उस ठंढी रात में उस गैस से भरी हवा में साँस ली उसकी तीन पुश्ते बेकार हो गईं। जब गैस रिसी तो कोई नहीं जानता था कि वह क्या है, उससे बचने के क्या उपाय हैं और जिसके शरीर में साँस से वह गैस चली गई है उसका क्या इलाज है। दो-तीन दिन बाद पता चला कि वह मिथाइल आइसोसाइनेट नाम की जहरीली गैस थी और कोई नहीं जानता था कि उसके काटे-मारे का क्या इलाज है। जिसे जो समझ आया वही दवा उसने मरते हुए लोगों को दी। यूनियन कारवाइड ने नहीं बताया कि वह गैस क्या थी, कैसे रिसी और उसका इलाज क्या है। मध्यप्रदेश और केन्द्र सरकार ने इस बहुराष्ट्रीय अमेरिकी कम्पनी को इजाजत दी थी। उन्हें भी मालूम नहीं था कि वहाँ कौन-कौन-सी और कैसी-कैसी गैसों का इस्तेमाल होता है और उनके खिलाफ क्या एहतियात बरतनी चाहिए और अगर वे रिस गई तो इलाज क्या होगा।

भोपाल में यूनियन कारबाइड के कारखाने से रिसी गैस के शिकार लोगों का श्राद्ध अब भी नहीं हुआ है और जो जिन्दा है वे अब भी मरे जैसे हैं। कुछ मुआवजा यूनियन कारबाइड से मिला है लेकिन उसके खिलाफ आपराधिक कार्रवाई कोई नहीं हुई। न भोपाल में हुए इस औद्योगिक हादसे से कोई सबक सीखा गया है। तब से हम खुले बाजार की अर्थव्यवस्था में आ गए हैं और बहुराष्ट्रीय कम्पनियों और अन्तरराष्ट्रीय पूँजी को बुलाने के लिए पलक पाँवड़े बिछाए हुए हैं। सार्वजनिक क्षेत्र के घाटा खाने वाले उद्योगों का नहीं मुनाफा कमाने वाले कारखानों का भी निजीकरण कर रहे हैं। भोपाल फिर घटित होकर हजारों लोगों की जान न ले और हमारे वातावरण में जहरीली गैसें न फैलें इसका कोई कानून हमारे यहाँ होना चाहिए कि नहीं? क्या सूचना की आजादी के कानून में यह अनिवार्य नहीं होना चाहिए कि जो भी कारखाने यहाँ हैं और खुलने वाले हैं उन्हें बताना पड़ेगा कि वे किन रसायनों का इस्तेमाल कर रहे हैं, उनसे क्या और कैसी गैसें बन रही हैं और उनके रिसने से क्या होगा और उनका इलाज कैसे होगा और इस सब में उस उद्योग की जिम्मेदारी क्या होगी? अगर यह सूचना देने और जिम्मेदारी लेने को वे तैयार न हो तो उनका लाइसेंस रद्द किया जाए और नये उद्योगों को अनुमति न दी जाए। लेकिन आप पाएँगे कि सूचना की स्वतंत्रता के विधेयक में इनका कोई जिक्र नहीं है।

देश का यह भी अनुभव है कि सेवा और निर्माण के लिए हमारे यहाँ कई स्वैच्छिक संस्थाएँ हैं जो विदेशों से आर्थिक सहायता लेकर चलती हैं। इन संस्थाओं

के जरिये कई विदेशी निहित स्वार्थ भारत के गाँव-गाँव में अपने पाँव पसारते हैं। कई लोग ये संस्थाएँ खड़ी करके विदेशी सहायता को हड़पने और समाज विरोधी, राष्ट्रद्रोही गतिविधियों में चाहे-अनचाहे जाने-अनजाने लग जाते हैं। यह स्वैच्छिक सेवा की भावना और खुले लोकतांत्रिक समाज का सरासर दुरुपयोग है। इन संस्थाओं की जिम्मेदारी होनी चाहिए कि वे अपने बारे में समाज को पूरी सूचना दें। जनता के सामने अपनी आय और अपने खर्च का हिसाब रखें और इस तरह इस देश के कानून और इसके समाज के प्रति अपनी जवाबदेही साबित करें। सरकारी संस्थाएँ को ही नहीं, सार्वजनिक सेवा की सभी संस्थाओं को भी अपनी जवाबदारी निभानी चाहिए।

[28 जुलाई, 2000]

जनता की तलवार नेता की ढाल है

हँसी आती है और शर्म भी कि पूर्व हर कानून मंत्री राम जेठमलानी को राज्यसभा में अपने बचाव और खुलासे के लिए सूचना की स्वतंत्रता के उस विधेयक का हवाला देना पड़ा जिसे सूचना के जन अधिकार के आन्दोलन में लगे सभी लोगों ने बिलकुल नाकाफी पाया है। आपको मालूम है कि राम जेठमलानी से इस्तीफा लिये जाने के बाद सरकार ने कहा था कि जो गोपनीय दस्तावेज उन्होंने राज्यसभा में देने के लिए अपने बयान के साथ लगाए हैं उनके 'चोरी' हो जाने के मामले की जाँच की जाएगी। इस घोषणा और जाँच का मखौल उड़ाते हुए जेठमलानी ने कहा कि संविधान के अनुच्छेद 19 के प्रावधानों को प्रभावी बनाने के लिए सूचना की स्वतंत्रता का जो विधेयक संसद में रखा गया है उस पर अन्तरराष्ट्रीय समुदाय ने भारत को बधाई दी है। अब (मेरे खिलाफ इस) जाँच के बाद अपनी सदाशयता पर चढ़ी औपनिवेशिक मानसिकता पर सारा संसार हँसेगा। संसार के उदार लोग प्रधानमंत्री और उनके जवान कानून मंत्री से जो सवाल पूछेंगे उनसे उन्हें शर्मिन्दा होना पड़ेगा भगवान के लिए हमें इतना हास्यास्पद मत बनाइए।

जाँच को सरकारी घोषणा और दस्तावेज की गोपनीयता पर सरकार की ऐसी हँसी उड़ा कर ही राम जेठमलानी सन्तुष्ट नहीं हो गए। उन्होंने कहा—'मुझ पर सरकारी गोपनीयता कानून को तोड़ने और गोपनीय दस्तावेज की चोरी करने के आरोप हैं। ये दोनों ही आरोप अदालत में दंडनीय अपराध माने जाते हैं। ऐसे कई फालतू लोग मिल जाएँगे जो पास के थाने में जाकर रपट लिखवा दें। लेकिन कर के तो देखें। मैं उम्मीद करता हूँ कि मिथ्या अहंकार आड़े नहीं आएगा और सरकार अपनी गलती समझ कर जाँच को रद्द कर देगी। यह कहना कि अपने खुद के पत्र, व्यवहार की कॉपियाँ रखना चोरी है, कानून के बुद्धू से बुद्धू विद्यार्थी को भी सदमे में डाल देगा।' जेठमलानी ने संसदीय व्यवहार और चलन पर आधिकारिक विद्वानों का हवाला दिया और दावा किया कि इसे सब मानते हैं कि सांसदों को गोपनीय दस्तावेज का उपयोग करने का अधिकार है। इसलिए मैंने जो किया वह सार्वजनिक उत्तरदायिता, ईमानदारी और आचरण की सख्त से सख्त कसौटी पर खरा उतरता है। उसकी जाँच करना इस सदन के सदस्यों के विशेषाधिकारों पर

सरासर आक्रमण है। मेरे पत्र व्यवहार की प्रतिलिपियाँ मेरे कहने पर बनवाई गईं। अगर उनके खिलाफ कुछ भी किया गया तो मैं देख लूँगा।'

इतना कहने के बाद राम जेठमलानी ने गोपनीयता की नई परिभाषा रखी—हाल ही पेश किये गए सूचना की स्वतंत्रता के विधेयक ने जिन दस्तावेजों को गोपनीय माना है उनके अलावा कोई दस्तावेज ऐसा नहीं है जिसे प्रत्येक नागरिक व्यक्तिशः और आम जनता सामूहिक रूप से देख न पाए। कोई दस्तावेज इसलिए गोपनीय नहीं हो जाता कि उसे गोपनीय रखने पर सहमति है या ठप्पा लगा दिया गया है या तिजोरी में रख दिया गया है। अब जरा आप सूचना की स्वतंत्रता के विधेयक में गोपनीय मानी गई जानकारी या दस्तावेज की सूची देखिए। वह जानकारी नहीं दी जा सकती जो भारत की एकता और सम्प्रभुता, राज्य की सुरक्षा, भारत के रणनीतिक और आर्थिक हितों या अन्तरराष्ट्रीय सम्बन्धों के निर्वहन पर प्रतिकूल असर डालती हो। वह जानकारी नहीं दी जा सकती जो लोक सुरक्षा और व्यवस्था किसी अपराध की जाँच-पड़ताल या जो अपराध करने को उकसाने या अदालत में चलते मामले की सुनवाई और फैसले पर हानिकारक असर डाल सकती हो। जिस जानकारी से केन्द्र-राज्य सम्बन्ध और केन्द्र और राज्यों के बीच आपसी विश्वास में ली या दी गई जानकारी या उनके अधिकारियों और एजेंसियों के विचार विनिमय पर गलत असर पड़ता हो—जनता को दी नहीं जा सकती। कैबिनेट के कागजात मंत्रिमंडल की कार्यवाही के कागज, सचिवों और दूसरे अधिकारियों के कागज भी दिखाए नहीं जा सकते। कार्यपालिका के निर्णयों या नीति निर्धारण के पहले की प्रक्रिया में दी गई सलाह या राय या सिफारिशों और उनसे सम्बन्धित कार्रवाई के कागज या कार्यवाही भी जनता को बताई नहीं जा सकती। कानून से सुरक्षित उद्योग और व्यापार को गोपनीय जानकारी या वैधानिक आर्थिक और व्यापारिक जानकारी या किसी सरकारी अधिकारी की होड़दार अवस्था या जो किसी व्यक्ति को अनुचित लाभ या नुकसान पहुँचाने वाली जानकारी हो वह भी लोगों को बताई नहीं जा सकती। संसद या किसी राज्य की विधानसभा को विशेषाधिकारों या अदालत के कानूनी आदेश को भंग कर सकने वाली जानकारी भी नहीं दी जा सकती।

इतने सारे निषेधों के अलावा ऐसी भी कई परिस्थितियाँ इस विधेयक में हैं जिनमें कोई जन सूचना अधिकारी सूचना देने से इनकार कर सकता है। इनमें लोक हित सबसे बड़ा है जिसका निर्धारण भी सरकार के लोग सरकार के अन्दर ही करेंगे। इसके खिलाफ किसी गैरसरकारी एजेंसी को अपील नहीं जा सकती और सूचना न मिलने पर किसी अदालत के दरवाजे पर दस्तक भी नहीं दी जा सकती। सूचना न देने वाले अधिकारी को कोई सजा नहीं हो सकती। इस विधेयक के न दाँत हैं, न कान हैं, न आँखें। पर राम जेठमलानी इसे ऐसे पेश कर रहे हैं जैसे यह कोई आदर्श विधेयक हो जो प्रत्येक नागरिक के अभिव्यक्ति के अधिकार को सार्थक बनाता

हो। यह विधेयक सच पूछिए तो न तो सरकारी गोपनीयता कानून को रद्द करता है, न नागरिक को अधिकार देता है कि यह अपनी बनाई सरकार के कामकाज को देख-परख सके। यह सरकार को कतई पारदर्शी नहीं बनाता। यह उसे नागरिकों की नजर से बचाता है। यह विधेयक नहीं मानता कि जो जानकारी किसी सांसद या विधायक या पार्षद या पंच को दी जा सकती है, वह नागरिक को भी दी जानी चाहिए क्योंकि पंच, पार्षद, विधायक और सांसद आखिर नागरिक के वोट से चुना जाता है और मालिक को उस जानकारी से वंचित नहीं किया जा सकता जो उसके प्रतिनिधि को दी जा रही है। और सूचना की स्वतंत्रता के विधेयक की दुहाई देने वाले राम जेठमलानी सांसदों के विशेषाधिकारों का हवाला दे रहे हैं। वे नहीं कहते कि नागरिक के भी विशेषाधिकार या अधिकार हैं। इस विधेयक के समीक्षकों का कहना है कि यह उन्हीं लोगों को सूचना देना और पाना सुविधाजनक और वैधानिक बनाता है जो पहले ही कई स्रोतों सूचना प्राप्त कर सकते हैं।

जैसे राम जेठमलानी का ही मामला ले लीजिए। कानून मंत्री होते हुए उन्होंने भारत के प्रधान न्यायाधीश और एटॉर्नी जनरल के आचरण के बारे में पत्र लिखे। कानून मंत्री को ऐसी बहुत सी जानकारी मिली जो आम तौर पर नागरिक तो क्या सांसदों और विधायकों को भी नहीं मिलती। उन्हें देखने को भी मिले जो गोपनीय हैं और हर किसी को देखने को मिल सकते। उन्हें वे कागज भी देखने को मिले होंगे जो सूचना की स्वतंत्रता के विधेयक में भी गोपनीय बताए गए। मंत्री बनने के समय उन्होंने गोपनीयता की शपथ ली थी और उसकी भी कुछ जिम्मेदारियाँ हैं। लेकिन राम जेठमलानी कहते हैं कि मंत्री होते हुए उन्होंने जो पत्र व्यवहार किया उसकी प्रतिलिपियाँ रखने और उनका उपयोग करने का उन्हें अधिकार है। ये प्रतिलिपियाँ उन्होंने अपने बयान के साथ नत्थी को थीं। राज्यसभा के सभापति ने माना कि यह पत्र व्यवहार सार्वजनिक नहीं किया जा सकता इसलिए उन्हें इजाजत नहीं मिली कि वे उसे अपने बाँटे गए बयान में लगा सकें। राज्यसभा के सभापति और सरकार ने जिन कागजात को गोपनीय माना उन्हें राम जेठमलानी गोपनीय नहीं मानते। दस्तावेजों का उपयोग राम जेठमलानी करना चाहते थे और जिनका जिक्र उन्होंने किया उसे सरकार ने गोपनीयता कानून का उल्लंघन माना और कहा कि जाँच होगी। लेकिन उस जाँच की ही हँसी राम जेठमलानी ने उड़ाई और चुनौती दी कि सरकार जो करना चाहती है करे, वही हँसी की पात्र बनेगी और उदार लोकतांत्रिक संसार में उसकी प्रतिष्ठा गिरेगी। इतना नहीं, उन्होंने यह भी कह दिया कि इससे प्रधानमंत्री की सितम्बर में प्रस्तावित अमेरिकी यात्रा पर भी असर पड़ेगा जैसे खुलेपन और अभिव्यक्ति की आजादी का मानदंड तय करने वाला समाज अमेरिका का ही है।

अब देखना यह है कि भारत सरकार राम जेठमलानी को गोपनीयता की परिभाषा को मानती है या चुनौती देती है। वह अपने दस्तावेज की गोपनीयता को क्या उसी

तरह फालतू मानती है जैसे राम जेठमलानी? अगर सरकार कुछ नहीं करती है तो इसका मतलब होगा कि यह एक बड़बोले पूर्व मंत्री और कानून के जानकार और एक सरकार की आपसी लड़ाई है और इससे आगे और राजनीतिक नुकसान न हो तो जिस तरह राम जेठमलानी सरकार की तारीफ कर गए और अटल सरकार के मंत्री होने पर गर्वित होकर चले गए वैसे ही सरकार उनकी चुनौतियों, टिप्पणियों और परिभाषाओं पर चुप्पी साध कर बैठ जाएगी। यानी कोई बीस दिन से जो खुला तमाशा चला वह एक बड़बोले संयमहीन राजनेता और दुबकी हुई सरकार का आपसी मामला था और इसका न तो सरकारी गोपनीय दस्तावेज से कोई लेना-देना है, न सरकारी गोपनीयता कानून या सूचना की स्वतंत्रता के विधेयक से। वैसे राम जेठमलानी ने अपनी कथनी और करनी से यह तो बता ही दिया कि अपने सामने न तो वे अदालत को कुछ समझते हैं, न भारत न्यायाधीश को, न एटार्नी जनरल को, न सरकार को। कानून का उनका ज्ञान और उनकी समझ ऐसी ईश्वरीय और दैविक है कि कोई चुनौती दे ही नहीं सकता। सूचना की स्वतंत्रता के जिस विधेयक को वे अपनी ढाल की तरह इस्तेमाल कर रहे हैं वह दरअसल उन्हीं के जैसे विशेषाधिकारी और घुड़क सकने वाले व्यक्ति के काम का है। जो लोग सूचना के जन अधिकार के लिए काम कर रहे हैं वे तो इसके मौजूदा रूप में कानून बनने का विरोध ही कर रहे हैं और उनकी माँग है कि इसे सिलेक्ट कमेटी को दे दिया जाना चाहिए ताकि इसे सुधारा जा सके।

अगर यह विधेयक ऐसे ही पास हो गया तो राम जेठमलानी इसके बारे में चाहे जो कहें और चाहे जैसा इसका उपयोग करें इतना साफ है कि आम नागरिक का सूचना पाने का दायरा बहुत सीमित हो जाएगा और सरकारी गोपनीयता कानून के अलावा सरकार के पास एक कानून और होगा जिससे वह अपने आसपास परकोटा खड़ा कर सके। इससे न तो सरकार पारदर्शी होगी, न लोकतंत्र के सम्प्रभु नागरिकों का अपनी सरकार पर कोई अंकुश होगा। जब सूचना न देने वाले अधिकारी के खिलाफ कोई कार्रवाई नहीं हो सकती, न उसे सजा मिल सकती है तो सरकार की उत्तरदायिता कैसे सिद्ध होगी? लोकहित का अन्तिम निर्णायक शासन होगा या नागरिक? सूचना की स्वतंत्रता का विधेयक नागरिक को लोकहित का रक्षक नहीं समझता। राजस्थान में पाँच साल के संघर्ष के बाद बने कानून के बावजूद एक ग्रामसेवक ने एक जिम्मेदार कार्यकर्ता को सूचना देने से इसलिए इनकार कर दिया कि माँगी गई सूचना उसकी राय में लोकहित में नहीं थी। भारत सरकार तो कभी भी कह सकती है कि फलाँ जानकारी लोकहित में नहीं है। तब नागरिक क्या करेगा? वोट देकर सरकार बदलने और फिर कानून बदलवाने के अलावा उसके पास चारा क्या होगा?

[4 अगस्त, 2000]

बढ़े हुए दाम सौदेबाजी के मुद्दे हैं

रसोई गैस, किरोसिन और डीजल के बढ़े हुए दाम कुछ घटवाकर कलकत्ता और दिल्ली 'शुभ विजया' कहने की ममता की इच्छा को अभी कोई पखवाड़े भर ही हुआ होगा। हो सकता है कि वे शुभ विजया कह सकें। लेकिन यह भी हो सकता है कि इसी तरह की शुभकामनाएँ देकर जनता से यश कमाने का मौका उन्हें मिले ही। पेट्रोलियम पदार्थों की अन्तरराष्ट्रीय कीमतें बढ़ी हैं और अपनी अर्थव्यवथा को ठीक से देसी-विदेशी दबाव और बढ़ जाएँ इस पर पुनर्विचार का भरोसा अब प्रधानमंत्री ने ममता बनर्जी को दिया है उसका उल्लेख दाम घटने में न हो। तब वे क्या राष्ट्रीय जनतांत्रिक गठबन्धन से हट कर एक और कड़ुआ घूंट पीकर रह जाएँगी, फिर अगले साल की शुरुआत में जिस विधानसभा चुनाव को जीतने में वे एड़ी-चोटी का जोर लगा रही हैं उनकी तृणमूल कांग्रेस का क्या होगा? ममता बनर्जी के लिए यह विकट समय है। प्रधानमंत्री ने दो दिन पहले अपना दूत भेजकर उन्हें कहा था कि रसोई गैस, घासलेट और डीजल के बढ़ाए गए दाम कुछ घटा दिये गए और इसकी घोषणा छह अक्टूबर को हुई बैठक के बाद कर दी जाएगी और उन्होंने फिर फोन करके कहा है कि यह वे वापस ले रही हैं। यानी केन्द्र से भेजे गए दूत की बातें और खुद प्रधानमंत्री के टेलीफोन पर दिये गए आश्वासन को उन्होंने वापस ले लिया है।

प्रधानमंत्री का घुटना खराब है। कभी वे ममता बनर्जी के दबाव में झुक जाते हैं तो कभी लालकृष्ण आडवाणी, जॉर्ज फर्नांडीज, प्रमोद महाजन और यशवन्त सिन्हा के दबाव बढ़ाने की आदत से बचने के लिए अब घुटने का ऑपरेशन करवा रहे हैं और लगे हाथ उसका इस्तेमाल उन्होंने ममता बनर्जी को कुछ दिन रुके रहने के बहाने किया है। ममता बनर्जी को सावधान हो जाना चाहिए। कुछ विशेषज्ञों का मानना है कि उनके ऑपरेशन के बाद घुटने का दर्द तो ठीक हो सकता है लेकिन हो सकता है कि घुटना नहीं। तब क्या प्रधानमंत्री उनके आगे झुकेंगे? और अगर वे रसोई गैस, किरोसिन और डीजल के दाम घटाते नहीं तो ममता बनर्जी और अमित पांजा को सरकार और गठबन्धन से हटने के अलावा कोई चारा नहीं बचेगा। फिर वे

वाम मोर्चे से चुनाव में कैसे निपटेंगी? कांग्रेस के साथ मिलकर महाजोत बनाएँगी? और विधानसभा चुनाव में अगर वाम मोर्चे के विरोधी वोट महाजोत और भाजपा में बँट जाएँगे तो जीतेगा फिर वाम मोर्चा। तो ममता बनर्जी को अपना भविष्य सोच-समझ कर तय करना है।

वे अगर तेल पदार्थों के दाम घटवाने के लिए सरकार और गठबन्धन से लड़ते हुए अलग होंगी तो लोकलुभावन राजनीतिक लोग कहते हैं कि उनकी छवि सुधरेगी। वे गरीबों के हितों के लिए मंत्री पद और सत्तारूढ़ गठबन्धन को छोड़ दे सकने वाली महानायिका मानी जाएँगी। उनके नौ सांसदों वाली तृणमूल कांग्रेस के हटने से गठबन्धन वैसे अल्पमत में नहीं आएगा जैसा जयललिता के अलग होने से पिछले साल हुआ था। फिर भी उनका हटना सरकार और गठबन्धन को झटका देगा। ममता बनर्जी इन दिनों तेलुगुदेशम के चन्द्रबाबू नायडू से गठजोड़ बनाए हुए हैं। कहते हैं, प्रधानमंत्री के दूत जब उनके तुष्टीकरण का फॉर्मूला लेकर गए तो उन्हें कहा गया कि शाम तक रुकें। इस दौरान ममता बनर्जी ने चन्द्रबाबू नायडू से फोन पर बात की और जब दोनों ने पाया कि फॉर्मूला सन्तोषदायी है तो उन्होंने मीडिया से बात की और बताया कि शुक्रवार को मंत्रिमंडल की बैठक में दाम घटाने का निर्णय हो जाएगा। तृणमूल कांग्रेस की तरह तेलुगुदेशम ने भी दाम घटाने की माँग की है। और हालाँकि चन्द्रबाबू नायडू कह चुके हैं कि इस मामले पर सरकार संकट में नहीं पड़ेगी, ममता से उनके गठजोड़ ने भाजपा को चौकन्ना कर दिया है। तृणमूल और ममता के हटने से गठबन्धन किसी संकट में पड़े या न पड़े चन्द्रबाबू नायडू इस सरकार को गिरा सकते हैं। वे गठबन्धन में नहीं हैं और उनका समर्थन मुद्दों पर है। चन्द्रबाबू नायडू प्रधानमंत्री पद के महत्त्वाकांक्षी और दावेदार भी हैं इसलिए उनके ममता बनर्जी से एकजुट होने में भाजपा और गठबन्धन के दूसरे दावेदारों को चिन्तित और सक्रिय कर दिया है। यह संयोग नहीं है कि ममता बनर्जी के दवाबी हथकंडों पर न झुकने की प्रधानमंत्री को सलाह देने वालों में जॉर्ज फर्नांडीज भी हैं।

ये जो मंत्री लोग प्रधानमंत्री को न झुकने की सलाह देने पहुँचे थे उन्हीं ने फैलाया है कि ममता बनर्जी को पेट्रो पदार्थों की बढ़ी हुई कीमतों से गरीबों को होने वाली दिक्कतों की उतनी चिन्ता नहीं है जितनी अपनी पार्टी के सांसदों की। ममता ने इस्तीफा देने और गठबन्धन से हटने की घोषणा तब नहीं की जब रसोई गैस, किरोसिन और डीजल के भाव बढ़ाए गए। तब की जब प्रधानमंत्री ने मंत्रिमंडल का विस्तार किया। इस विस्तार में उन्हें नाराज करने वाली बात यह थी कि पश्चिम बंगाल से भाजपा के दूसरे सांसद सत्यव्रत मुखर्जी भी मंत्री बना दिये गए थे। पश्चिम बंगाल से भाजपा के दो ही सांसद हैं और वे दोनों मंत्री हो गए हैं जबकि तृणमूल के नौ सांसद हैं और डेढ़ मंत्री-ममता बनर्जी रेलमंत्री और अजित पांजा विदेश राज्य

मंत्री। सत्यव्रत मुखर्जी को मंत्री बनाने के पहले न सिर्फ ममता से सलाह नहीं की गई, उनके तृणमूल कांग्रेस से किसी को लिया भी नहीं गया। कहते हैं, प्रधानमंत्री ने जो तुष्टीकरण फॉर्मूला भिजवाया था उसमें अजित पांजा को कैबिनेट मंत्री पद और तृणमूल के एक और सांसद को मंत्री बनाने की व्यवस्था भी थी। ममता बनर्जी की तरफ से बोलने वाले मंत्री पद की इस सौदेबाजी से साफ इनकार करते हैं। वे कहते हैं कि यह मुद्दा ही नहीं है। भाजपाई सूत्रों का फिर भी दावा है कि कम से कम तीन तृणमूल सांसद आनन्द मोहन विश्वास, डॉक्टर रंजीत पांजा और विक्रम सरकार मंत्री बनने को मरे जा रहे हैं। ममता बनर्जी जानती हैं कि वे अगर गठबन्धन से अलग हुईं तो भाजपा मंत्री पद का लालच देकर कुछ सांसदों को तोड़ सकती है। तो ममता अगर अपने विद्रोह को पल्लू में बाँध कर गठबन्धन और सरकार में बनी रहें तो वे विश्वसनीयता खोएँगी और इसका असर अगले साल के चुनाव पर पड़ेगा और अलग हो जाएँ तो उनकी पार्टी को सत्ता के लालच से तोड़ा जा सकता है और इसका भी असर चुनाव पर पड़ेगा।

तेल पदार्थों के दामों में कमी करवा के ममता बनर्जी पश्चिम बंगाल को बताना चाहती थीं कि गठबन्धन और सरकार पर उनका पौव्वा कोई घटा नहीं है। यह इसलिए जरूरी था कि अभी दो महीने से वे जोर दे रही थीं कि पश्चिम बंगाल में कानून और व्यवस्था की हालत ऐसी बिगड़ी हुई है कि संवैधानिक तरीकों से सरकार चल नहीं रही है इसलिए केन्द्र या डिसमिस करे। वामपंथी काडर और तृणमूल काडर के बीच वहाँ हिंसक झड़पें चल भी रही हैं। लेकिन उन्हीं के बहाने केन्द्र वाम मोर्चे की निर्वाचित सरकार को डिसमिस नहीं कर सकता। अनुच्छेद 356 के तहत केन्द्र की ऐसी हर कार्रवाई न्यायपालिका में जाती है और न्यायालय सरकार की बरखास्तगी को उचित नहीं पाता। बिहार में समता पार्टी के दबाव में वाजपेयी सरकार पहले ऐसा करके देख चुकी है। कांग्रेस ने राज्यसभा में अपने बहुमत का इस्तेमाल करते हुए वहाँ उसे दचकनी दी और बिहार में केन्द्र को अपने हाथ खींचने पड़े। वहाँ राष्ट्रपति शासन लगवाने को उत्सुक जॉर्ज फर्नांडीज को ही केन्द्र ने पश्चिम बंगाल का जायजा लेने भेजा था। उन्होंने लौट कर गृहमंत्री लालकृष्ण आडवाणी को रपट दी कि पश्चिम बंगाल में हालत बिहार से बदतर हैं। गृहमंत्री आडवाणी और मुख्यमंत्री बसु के बीच गाली-गलौज की भाषा में पत्र व्यवहार हुआ।

बाद में स्पष्ट हो गया कि पश्चिम बंगाल में ममता के कहने पर केन्द्र ने अगर राष्ट्रपति शासन लगाया तो उसका वही हश्र होगा जो बिहार में हुआ था इसलिए केन्द्र सरकार ने यह विचार छोड़ ही दिया और इसका असर ममता बनर्जी की स्थिति और पव्वे पर पड़ा। राष्ट्रपति शासन लगवाने की विफलता को ममता बनर्जी तेल पदार्थों की कीमतें घटवाकर धोना चाहती थीं। वे बंगाल को बताना चाहती थीं कि

वाम मोर्चा तो सिर्फ विरोध करके रह जाता है। ममता अगर तय कर लें तो सरकार को दाम घटाने पर मजबूर कर सकती हैं। लेकिन तेल पदार्थों की बढ़ी हुई कीमतों में से कुछ घटाने पर भी सरकार अगर तैयार नहीं हुई तो बेशक ममता बनर्जी की बड़ी किरकिरी होगी। जिस तरह की राजनीति वे करती आ रही हैं उसमें जिम्मेदारी से सरकार चलाने के बजाय जनता के सामने सरकार को झुकाना और उससे ज्यादा से ज्यादा प्राप्त करना अधिक महत्त्वपूर्ण रहा है। लोक लुभावन राजनीति का तर्क ही यही है कि आप एक साथ सरकार और विपक्ष की भूमिका में काम करते हैं। अगर न राष्ट्रपति शासन लगा, न तेल पदार्थों के बढ़े हुए दाम घटे तो बंगाल की जनता के सामने साफ हो जाएगा कि ममता और उनके साथी मंत्री भले ही बने रहें वे सरकार को अपनी मर्जी से नहीं चला सकते। यह जाहिर होना ममता बनर्जी के गले नहीं उतरेगा।

जिस तरह ममता बनर्जी तेल पदार्थों के दाम कम करवा कर राष्ट्रपति शासन न लगवा पाने की खीझ उतारना चाहती हैं उसी तरह वे राष्ट्रपति शासन लगवाने की माँग भी इसलिए कर रही थीं कि वाम मोर्चे के काडर से हिंसक तरीके से निपटना मुश्किल पा रही हैं। वे जानती हैं कि अगले साल का विधानसभा चुनाव के तभी जीत सकती हैं जब वाम मोर्चे के काडर को चुनाव प्रक्रिया में बड़े पैमाने पर हस्तक्षेप करने के काबिल न रहने दें। यह आसान नहीं है। पिछले चौबीस साल से पश्चिम बंगाल में वाम मोर्चे की सरकार है। वाम पार्टियाँ अपना काम काडर के जरिये करती हैं। उनके गाँव-गाँव कस्बे-कस्बे और नगर-नगर में अपने काडर खड़े करके जमीन में उनके पाँव मजबूत किये हैं। यह काडर पार्टी के काम के अलावा वोट डलवाने की जिम्मेदारी भी लेता है। लोग अगर आसानी से उनके कहे पर वोट नहीं डालते तो वे दादागिरी भी करते हैं। वाम मोर्चे की इस ताकत से वे सभी परिचित हैं जो उनके खिलाफ चुनाव लड़ते हैं। ममता बनर्जी से बेहतर इस सच्चाई को कोई नहीं जानता। इसलिए वे चाहती थीं कि वाम मोर्चा सरकार डिसमिस हो जाए तो पुलिस-प्रशासन के साथ मिल कर उनका काडर वाम मोर्चे के काडर को निष्फल कर सके। इसके बिना बढ़ते जन समर्थन के बावजूद ममता बनर्जी चुनाव नहीं जीत सकतीं। केन्द्र सरकार ने विधानसभा चुनाव जीतने में ममता बनर्जी की मदद नहीं की है। वे इसलिए भी नाराज हैं।

ममता बनर्जी गठबन्धन में रहें या जाएँ इतना साफ है कि पश्चिम बंगाल की कानून-व्यवस्था और तेल पदार्थों के बढ़े हुए दाम उनके लिए जन समस्याओं से ज्यादा अपने सत्ता हितों को पूरे करने के मुद्दे हैं। बंगाल में अगर आम आदमी का जीवन सुरक्षित नहीं और हिंसा कहीं भी उसकी जान ले सकती है तो कानून व्यवस्था सुधरनी चाहिए और जरूरी हो तो राष्ट्रपति शासन भी लगना चाहिए, लेकिन इसलिए नहीं कि उसके बिना ममता बनर्जी चुनाव नहीं जीत सकतीं। तेल

पदार्थों के दाम भी घटने चाहिए क्योंकि वे आम आदमी की पहुँच से बाहर हो गए हैं, पर इसलिए नहीं कि उनको घटाने से ममता बनर्जी को छवि सुधरेगी। लेकिन गठबन्धन राजनीति का एक अभिशाप यह भी है कि जन समस्याएँ पार्टियों की सत्ता सौदेबाजी की छड़ियाँ हो जाती हैं।

[7 अक्टूबर, 2000]

दिवाली की मिट्टी का दिया

हम नहीं जानते कि दिवाली का त्योहार कैसे और क्यों शुरू हुआ। राम चौदह साल के वनवास और लंका विजय करके अयोध्या लौटे तो वहाँ दिवाली मनाई गई लेकिन उससे दिवाली की शुरुआत नहीं हुई। दिवाली के दूसरे दिन बलि की पूजा होती है और पाणिनी को बलि पूजा के उद्धरण लोक साहित्य में मिले। यानी लक्ष्मी पूजा के साथ बलि पूजा का चलन और भी पुराना है। दिवाली के एक दिन पहले यानी चौदस को नरकासुर के वध से जोड़ा जाता है जो कि कृष्ण ने किया था। यह दरअसल नरक चौदस ही कहलाती है। और इसके भी एक दिन पहले धनतेरस मनाई जाती है और धन्वंतरि जयन्ती भी। अगर हमारे मानने में धन ही लक्ष्मी का प्रतीक होता है तो धन तेरस और लक्ष्मी पूजा अलग-अलग क्यों होती? धन ही लक्ष्मी नहीं है ऐसा मानना उद्यम और पराक्रम को दिवाली से जोड़ता है।

इसलिए इस लोकधारणा में थोड़ी ही सच्चाई है कि ब्रह्मा त्योहार बाँट रहे थे तो उन्होंने ब्राह्मणों को रक्षाबन्धन, क्षत्रियों को विजयादशमी, वैश्यों को दिवाली और शूद्रों को होली का त्योहार दिया। लेकिन आप पाएँगे कि इनमें से एक भी त्योहार ऐसा नहीं है जिसे वर्णाश्रम को माननेवाले भी सिर्फ एक वर्ण वाले ही मनाते हो। ब्राह्मणों को जो त्योहार ब्रह्मा ने दिया वह सच पूछिए तो श्रावणी है। श्रावणी यानी उस दिन सब ब्राह्मण जनेऊ बदलते हैं। लेकिन उसी त्योहार को सब लोग रक्षाबन्धन के रूप में मनाते हैं। आप जानते हैं कि राखी सभी घरों में बँधती है, सिर्फ ब्राह्मणों के घर नहीं। इसी तरह विजयादशमी सिर्फ क्षत्रियों का त्योहार नहीं है। नवरात्र में दुर्गा पूजा यानी शक्ति की उपासना सिर्फ क्षत्रीय नहीं करते सभी लोग करते हैं। बंगाल को दुर्गा पूजा गुजरात की अम्बा पूजा से अलग है। गुजराती स्त्री-पुरुष, लड़के-लड़की, बच्चे-बूढ़े नौ दिन जो डांडिया नाचते हैं वैसा तो देश में कहीं नहीं होता। दशहरे पर हमारे घर तलवार की पूजा होती है लेकिन कलम-दवात की भी होती है जो कि बंगाल में सरस्वती पूजा के दिन होती है। इसी तरह दिवाली की शुरुआत धनतेरस से होती है। नरक चौदस, अमावस को लक्ष्मी पूजा, पड़वां को बलि पूजा, गोवर्धन पूजा, अन्नकूट पशुओं खास कर गाय, बैल और सांड के सींग रंगने, उनको सजाने और पूजने की भी प्रथा है। दूज के दिन भाई

दूज वैसा ही त्योहार है जैसा रक्षाबन्धन। रक्षाबन्धन के दिन बहन भाई के घर जाती है और भाईदूज पर भाई बहन के घर आता है। इन पाँच दिनों में समाज के सभी लोगों का कोई न कोई विशेष त्योहार हो जाता है। इसलिए दिवाली को आप सिर्फ वैश्यों का त्योहार नहीं कह सकते। वह सबका त्योहार है और अलग-अलग युगों में अलग-अलग प्रांतों में अलग-अलग ढंग से मनाया जाता रहा है। दिये जलाना, पटाखे छोड़ना, मिठाइयाँ खाना खिलाना सब जगह होता है। दक्षिण में दिवाली उसी दिन मन जाती है जिसे हम नरक चौदस कहते हैं। इसीलिए अब छोटी दिवाली-बड़ी दिवाली कहने का चलन चल गया है।

दिवाली पर लक्ष्मी पूजा के साथ जुआ खेलने और शराब पीने का भी चलन है, इसलिए उसे बनियों और राजपूतों का त्योहार तो नहीं कह सकते। आप देश भर में इस त्योहार के मनाने की विविधता निकाल दें और समानता पर ध्यान दें तो पाएँगे कि यह दरअसल खेती का त्योहार है। व्यापार का है लेकिन उससे भी ज्यादा खेती का। लक्ष्मी का जो स्वरूप देश भर में मान्य है वह उसका धन-धान्य की देवी होना है। उत्तर भारत में जहाँ गेहूँ ने धान की जगह ले ली है वहाँ भी लक्ष्मी को धन-धान्य से ही पुकारा जाता है। धान हमारी खेती में उगने वाला सोना है जैसा कि उत्तर-पश्चिम में गेहूँ भी है और इसलिए पंजाबी में गेहूँ को कनक ही कहा जाता है। यह स्वाभाविक ही है कि भारत जैसे खेतिहर देश में लक्ष्मी उसी को माना जाए जो हमारे खेतों में हाड़-तोड़ मेहनत से पैदा होने वाली सम्पदा है। खेती के अलावा हमारे यहाँ दस्तकारी और व्यापार भी बहुत होता रहा है। हड़प्पा और लोथल दोनों ही जगहों पर ऐसी वस्तुएँ मिली हैं जिनका व्यापार होता रहा है। ऐसे भी काफी सबूत हैं कि हमारे यहाँ व्यापारियों के संगठन रहे हैं और उनके पास अकूत सम्पत्ति भी रही है। व्यापार और उद्योग होते हुए भी हम हमेशा कृषि संस्कृति के देश ही रहे और चूँकि खेती ही हमारी अर्थव्यवस्था की धुरी रही है इसलिए उसी में असली लक्ष्मी विराजती है। *महाभारत* में एक प्रसंग है—एक बार लक्ष्मी ने गौओं के समूह में प्रवेश किया। गौओं ने उस रूपवती का परिचय पूछा। लक्ष्मी ने बताया कि उसका सहवास सबके लिए सुखकर है, वह लक्ष्मी है और उनके साथ रहना चाहती है। गौओं ने पहले तो लक्ष्मी को स्वीकार नहीं किया क्योंकि यह स्वभाव से ही चंचला मानी जाती हैं। लेकिन जब उसने बहुत से आग्रह किया तो गौओं ने उसे गोबर और गोमूत्र में रहने की अनुमति दी। गोबर और गोमूत्र में लक्ष्मी तो एक ऐसे खेतिहर देश में ही रह सकती है जो पशुधन पर आधारित हो। लक्ष्मी धन-धान्य में ही नहीं खाद के काम आने वाले गोबर और गोमूत्र में भी रहती हैं क्योंकि उसी से पैदावार बढ़ती है। लक्ष्मी को धान की खीलों और पताशों का भोग लगता है। पड़वा के दिन जो गोवर्धन बनता है वह भी गोबर का होता है और गाय-बैलों के सींग रँगने और उन्हें सजाने का मतलब भी यही है कि वे लक्ष्मी को साधने वाले हैं।

लगभग पूरे देश में दिवाली के पहले घर-आँगन और प्रतिष्ठान की सफाई और रँगाई-पुताई होती है और बर्तन से लेकर हर दैनिक उपयोग को हर चीज को चमकाया जाता है। यानी झाड़-झंखाड़-जालों-कुचलों से भरे घर में लक्ष्मी का वास नहीं हो सकता। यह सफाई-पुताई-रँगाई मेहनत-मजदूरी की माँग करती है और उद्यमी ही लक्ष्मी के रहने लायक घर बना सकता है। लगभग सभी जगह प्रथा है कि लक्ष्मी की पूजावाली रात समाप्त हो उसके पहले घर का कचरा निकाल कर बाहर कर देना चाहिए। पूर्वी उत्तर प्रदेश में दरिदर भगाने का चलन है। पुराने सूप और ढोलक बजाते घर की महिलाएँ-बच्चे शोर करते निकलते हैं—अइसर पइसर। दरिदर की निकालने, मालवा और राजस्थान में महिलाएँ घर को बुहार कर कचरा और झाड़ू बाहर रखती हैं और उस पर एक दिया लगा देती हैं। कचरे को दरिदर मानने का चलन सब जगह है जब कभी घर-दफ्तर-दुकान साफ किये जाते हैं तो कहते हैं दरिहर निकाल दिया। कोई अच्छी तरह मल-मल कर खूब पानी से नहीं ले तो वह दरिदर उतार देता है यानी दरिदर मैल भी है और जो रोज ठीक से काम न करने के कारण चढ़ता है। इसलिए हमारे यहाँ आलसी आदमी को दरिद्री भी कहा जाता है। यह दरिदर-दरिद्रता का अपभ्रंश हैं। दरिद्रता तभी आती है जब कोई मेहनत-मजदूरी, परिश्रम और उद्यम नहीं करता। इसलिए माना गया है कि उद्यम और पराक्रम से ही लक्ष्मी आती है। उद्यम और पराक्रम से जो लक्ष्मी पैदा होती है। वही सच्ची लक्ष्मी है। खेती को अपने यहाँ व्यापार और नौकरी से बेहतर माना गया है। और खेती कड़ी मेहनत, उद्यम और पराक्रम के बिना नहीं होती। शरीर श्रम और स्फूर्ति के बिना नहीं होता और स्फूर्ति लगन और प्रेरणा के बिना नहीं आती। आलसी आदमी दरिद्री होता है और मेहनती, उद्यमी और पराक्रमी व्यक्ति लक्ष्मीपति। इस धारणा और विश्वास के कारण लक्ष्मी पूजा घर-घर में होती है, सिर्फ वैश्य या धनपति के घर में नहीं। जो मेहनत-मजदूरी करके लक्ष्मी पैदा करता है दिवाली उस हर आदमी का त्योहार है। होली में जो सर्वहारापन है वही दिवाली की लक्ष्मी पूजा में है। इसलिए हर घर में दिये जलते हैं, पटाखे फोड़े जाते हैं। हमारी लक्ष्मी पूजा पूँजी की पूजा और उसे पकड़े रखने का लालच नहीं है। खेतिहर देश पूँजीवादी नहीं हो सकता, औद्योगिक देश हो सकता है। वे खेतिहर देश भी पूँजीवादी हो सकते हैं जिन्होंने खेती का उद्योगीकरण कर दिया है। खेती में मेहनत-मजदूरी-समानता और ठीक वितरण के जितने तत्त्व हैं आप पाएँगे कि उतने उद्योग में नहीं हैं। पूँजी और श्रम का जैसा संघर्ष उद्योग में है वैसा खेती में नहीं है।

लेकिन क्या यह खेतिहर भारत भूमंडलीकरण, उदारीकरण और निजीकरण के दौर में बदल रहा है? क्या यह लक्ष्मी की पूजा नहीं, पूँजी की साधना होगी? कहते हैं कि भारत का शहरीकरण और उद्योगीकरण होगा और तेजी से होगा तो यह न तो गाँवों में रहेगा, न खेती इसका मुख्य आधार रहेगी। विश्व बैंक और अमेरिका

से यह बात इतनी जोर से चलाई जा रही है कि सत्ता में बैठे राजनेता और उस पर काबिज नौकरशाह दस साल से खेती की अनदेखी कर रहे हैं और विदेशी पूँजी और तकनीक लाने में ऐसे लगे हुए हैं कि जैसे देखते-देखते देश का उत्तर-उद्योगीकरण हो जाएगा। इसलिए दस साल से हमारी खेती का उत्पादन 1.6 की दर से बढ़ रहा है आबादी 1.9 की दर से। यानी खेती का उत्पादन गिर रहा है और आबादी बढ़ रही है। विश्व बैंक, मुद्रा कोष आदि के दबाव में खेती पर जो अप्रत्यक्ष सब्सिडी अपने यहाँ थी उसे घटाया गया है और अमीर विकसित देशों के खाद्यान्नों के लिए दरवाजे खोल दिये गए हैं। हमारे ही बाजार में हमारे खेतों से उत्पादित अनाज बाहर से आए अनाज के सस्ते होने के कारण बिक नहीं पाता। बाहर का दूध और डेयरी उत्पाद हमारे दूध-घी, पनीर आदि से सस्ते हैं इसलिए हमारे यहाँ हुई श्वेत क्रान्ति पीली पड़ रही है। सरकार और उसके पैरोकार कहते हैं कि खुली होड़ का जमाना है, होड़ करो या नष्ट हो जाओ। लेकिन हमारी खेती होड़ कैसे करे?

आर्थिक सहयोग और विकास के संगठन में विकसित और विकासशील चौंतीस देश हैं जिनमें सब यूरोपीय देश शामिल हैं। यह व्यापार का सबसे अमीर संगठन है। यह दो साल पहले अपने किसानों को 3630 अरब डॉलर की सब्सिडी देता था जो अब और बढ़ा दी गई है। अमेरिका अपने किसानों को 220 अरब डॉलर की सब्सिडी देता है। जापान में प्रत्येक खेत पर सालाना 33000 डॉलर और यूरोप और अमेरिका में हर खेत पर 30000 डॉलर की सब्सिडी है। भारत में 55 करोड़ किसानों को कुल दस अरब डॉलर को अप्रत्यक्ष सब्सिडी मिलती है। अमेरिका में कुल 19 लाख किसान हैं। अब उनकी गिनती भी नहीं होती। अपनी खेती और किसान इन देशों को खेती और किसान से कैसे होड़ करेंगे? अपने किसान खेती उजड़ने पर आत्महत्या कर रहे हैं। हमारा बाजार विदेशी किसानों का माल खपाने के लिए खुला है। हमारी खेती में गए साल जितना उत्पादन हुआ। उससे ज्यादा रुपये सट्टा बाजार में कमाए गए। सट्टे के शेयर बाजार को चलाने के लिए हमारी सरकार ने मॉरीशस का रास्ता खुला छोड़ दिया है। हमारी खेती का माल गोदामों में सड़ रहा है और चालीस करोड़ लोगों को दो जून रोटी नहीं मिलती। सरकार विदेशी पूँजी के सट्टे बाजार को बढ़ा रही है, अपनी खेती को गिरा रही है। वह लक्ष्मी पैदा करने वाली खेती को बरबाद करके जुए के अड्डे वाली अप्सरा पूँजी को यह देश सौंप देना चाहती है। अपनी दिवाली की मिट्टी का दिया टिमटिमा रहा है। आज लक्ष्मी पूजा करें तो उसकी जोत बढ़ाइए और उसमें अपनी मिट्टी से पैदा हुई तिल, मूँगफली या सरसों का तेल डालिए। नहीं तो न यह देश होगा, न दिवाली।

[26 अक्टूबर, 2000]

उखड़े-उजड़े लोगों की नर्मदा नहीं है

टीवी पर एक चैनल की खबर में सुना तो विश्वास नहीं हुआ। अपने जैसे लोकतंत्र में कोई गृहमंत्री ऐसा वाहियात दावा कैसे कर सकता है? लेकिन दूसरे दिन अखबारों में भी पढ़ा कि केवड़िया में सरदार सरोवर बाँध का काम फिर शुरू करते हुए लालकृष्ण आडवाणी ने कहा कि बाँध का निर्माण फिर शुरू करवाना वाजपेयी सरकार की तीसरी गौरवशाली उपलब्धि है। पहली उपलब्धि थी पोकरण में अणु विस्फोट, दूसरी कारगिल में विजय और तीसरी सर्वोच्च न्यायालय द्वारा नर्मदा पर सरदार सरोवर बाँध आगे बनवाने पर हरी झंडी।

अणु विस्फोट करने का निर्णय सरकार ने लिया तो वह उसके खाते में जाएगा। हमारे कारगिल में आन घुसी पाकिस्तान की सेना को खदेड़ने का आदेश भी सरकार ने दिया इसलिए कारगिल भी वाजपेयी सरकार के खाते में लिखा जा सकता है। लेकिन वाजपेयी सरकार ने न तो कहा था, न वह कह सकती है और न सर्वोच्च न्यायालय सरकार के कहे पर कोई फैसला देता है इसलिए सरदार सरोवर बाँध पर निर्माण कार्य फिर शुरू करने का फैसला सरकार की उपलब्धि कैसे हो सकता है? क्या गृहमंत्री लालकृष्ण आडवाणी कह रहे हैं कि सर्वोच्च न्यायालय से यह निर्णय वाजपेयी सरकार ने करवाया? क्या कार्यपालिका के एक जिम्मेदार मंत्री का ऐसा कहना लोकतंत्र के सर्वमान्य सिद्धान्त और न्यायपलिका की स्वतंत्रता की अवमानना नहीं है? क्या इससे सर्वोच्च न्यायालय के निर्णय की स्वतंत्रता और उसकी विश्वसनीयता पर सवाल नहीं लगेगा?

लालकृष्ण आडवाणी चाहे जो दावा करें, हमें नहीं मानना चाहिए कि हमारे सर्वोच्च न्यायालय का निर्णय किसी सरकार की उपलब्धि माना जा सकता है। हमारी न्यायपालिका सरकार के लिए काम करने वाली संस्था नहीं है। वह सरकार की ही तरह संविधान की बनाई संस्था है और उसकी जिम्मेदारी कानून के मुताबिक न्याय करने की है। लेकिन सतत प्रतिक्रिया से संकीर्ण हुए लालकृष्ण आडवाणी से आप कैसे उम्मीद कर सकते हैं कि वे न्यायपालिका का गौरवगान करें और उसके निर्णय पर बहुत ही प्रसन्न हों तो उसे राष्ट्र में 'विकास' की विजय कहें? गृहमंत्री को यह भी समझ नहीं आ रहा कि जो लोग सरदार सरोवर का निर्माण फिर शुरू करने

का विरोध कर रहे हैं वे वही क्यों हैं जो पोकरण में अणु विस्फोट का विरोध कर रहे थे? उन्होंने कहा कि पश्चिम से प्रेरित ये लोग भारत के विकास के विरोधी हैं।

नर्मदा बचाओ आन्दोलन को पश्चिम से प्रेरित बताने वाले लालकृष्ण आडवाणी को मालूम है कि हिन्दुत्व की फाँसीवादी अवधारणा विकसित करने वाले तीनों सद्पुरुष—वीर सावरकर, केशव बलिराम हेडगेवार और माधव सदाशिव गोलवलकर—जर्मनी और इटली के उन्नीसवीं सदी के विचारकों से प्रेरित थे और राष्ट्रीयता की जर्मन अवधारणा को ही स्वीकार करते थे। गोलवलकर ने लिखा है—'जर्मनी ने यह भी बता दिया है कि जो जातियाँ और संस्कृतियाँ मूल से ही भिन्न हों उनका एक सम्पूर्ण इकाई में घुल-मिल जाना कितना असम्भव है। हिन्दुस्तान में हमारे लिए यह सबक सीखने और लाभ लेने लायक है।' जर्मनी और इटली भी पश्चिम में हैं और नाजियों और फाँसीवादियों से जितनी प्रेरणा संघ वालों को मिली है और मिलती है उतनी बेचारी मेधा पाटकर कहाँ प्रेरित हैं? वे और उनके साथी ज्यादा से ज्यादा गांधी की विकास की अवधारणा से प्रेरित हैं। आडवाणी और उनका संघ परिवार स्वदेशी छोड़कर पश्चिम के पूँजीवादी विकास के मॉडल को मानता है। जो लोग विदेशी पूँजी, विदेशी तकनीक और विदेशी बाजार के गुलाम हैं उन्हें किसी को पश्चिम से प्रेरित होने का दोषी बताना चाहिए?

बहरहाल, लालकृष्ण आडवाणी के इन उच्च विचारों से यह उत्तेजना इसलिए हुई कि वे सुने-पढ़े तभी जब नर्मदा पर सरदार सरोवर बाँध की पुनर्समीक्षा की याचिका पर सुप्रीम कोर्ट के प्रधान न्यायाधीश न्यायमूर्ति आनन्द और न्यायमूर्ति किरपाल का निर्णय पढ़ रहा था। तीसरे न्यायमूर्ति भरूचा इस निर्णय से सहमत नहीं हैं और उन्होंने अपना फैसला अलग दिया है। न्यायमूर्तियों और न्यायपालिका के प्रति पूरा सम्मान प्रकट करते हुए भी कहना चाहता हूँ कि इन्होंने निर्णय दिया है न्याय नहीं किया। भोपाल की गैस त्रासदी के मामले में भी हमारे सर्वोच्च न्यायालय ने न्याय नहीं किया था। जिस यूनियन कारबाइड के कारखाने से मारक गैस रिसी और जिससे कोई ढाई हजार लोग मरे और कई आने वाली पीढ़ियाँ विकलांग और बीमार हो गईं उसको चलाने वालों को कोई दंड नहीं दिया गया। उनसे पैसे लेकर गैस पीड़ितों में बँटवाने की व्यवस्था कर दी गई। सर्वोच्च न्यायालय भी ऐसे मामलों में मुआवजा दिलवाने भर का काम करे तो गरीब गैस पीड़ितों को न्याय कौन देगा? सोलह साल बाद भी वे न्याय की गुहार कर रहे हैं।

सरदार सरोवर के मामले में सर्वोच्च न्यायालय ने कहा 'लोकतांत्रिक व्यवस्था में यह निर्वाचित सरकार को तय करना है कि लोगों की भलाई के लिए कैसी योजना बनाई जाए। एक बार सरकार ऐसा निर्णय कर ले तो जब तक यह साबित न हो कि योजना बनाने या उस पर अमल करने में कानून का पालन नहीं किया गया है न्यायालय को योजना के क्रियान्वयन में दखल नहीं देना चाहिए।' सरकार

के नीतिगत निर्णय को अपने कार्यक्षेत्र से बार-बार बाहर बताने वाले न्यायालय ने यह समझने और देखने की कोशिश नहीं की कि नर्मदा परियोजना के अमल में अवैधानिकता हुई है और हो रही है। नर्मदा पंचाट की पवित्रता की न्यायालय ने बार-बार दुहाई दी है। पंचाट ने साफ कहा है कि जब तक इस परियोजना से उजड़ने वाले लोगों का पुनर्वास नहीं हो जाता और उन्हें जमीन के बदले जमीन और दूसरी सब सुविधाएँ नहीं मिल जातीं तब तक वे इलाके डूब में भी नहीं आ सकते कि जहाँ से उन्हें हटाया गया है। यानी पहले पुनर्वास होना है। बाद में उखड़नेवालों की जमीन पर बाँध का पानी आएगा। पुनर्वास की पहली और तोड़ी न जा सकने वाली शर्त है कि जमीन के बदले जमीन ही देनी होगी। गुजरात और महाराष्ट्र में सभी उजड़ने वाले आदिवासी हैं और मध्यप्रदेश के उजड़ने वाले 192 गाँवों में आदिवासी और गैरआदिवासी भी हैं। चूँकि इन्हें राहत और पुनर्वास पंचाट की शर्तों के अनुसार नहीं मिल रहा था इसीलिए नर्मदा बचाओ आन्दोलन शुरू हुआ और उसे लोगों का इतना समर्थन मिला।

मध्यप्रदेश सरकार ने तो इसी न्यायालय में बाकायदा हलफनामा देकर कहा है कि सब उजड़नेवालों को देने के लिए हमारे पास जमीन नहीं है। महाराष्ट्र सरकार ने भी कहा कि हमें वनभूमि को बाँटने की अनुमति मिले तभी हम उन उजड़नेवालों को जमीन दे सकते हैं। गुजरात में सुलभ जमीन और पुनर्वास कॉलोनियों के बारे में भी ढेर सारी शिकायतें थीं। इन सबको देख-समझ कर और उजड़नेवाले आदिवासियों, उनकी जमीन, उनके जंगल, उनके परिवेश और उससे होने वाली पीड़ा को समझ कर ही नर्मदा बचाओ आन्दोलन ने सर्वोच्च न्यायालय के दरवाजे पर दस्तक दी थी। आखिर आन्दोलन सन् छियासी में शुरू हुआ और अदालत में आया सन् चौरानबे में। इन आठ साल में वह नर्मदा नियंत्रण प्राधिकरण और राज्य सरकारों से ही नर्मदा पंचाट की शर्तों पर अमल करवाने की कोशिश कर रहा था। बाँधों और दूसरी परियोजनाओं के कारण उजड़े-उखड़े लोगों के पुनर्वास के मामले में हमारी सरकारी एजेंसियों का रेकॉर्ड दयनीय और बेरहम है। भाखड़ा-नंगल के ऊपर बने पोंग बाँध के लोग अब भी पुनर्वास के लिए भटक रहे हैं। एक हिसाब है कि कोई दस करोड़ लोग पिछली सदी में उखड़े-उजड़े हैं और अब भी बसाए नहीं गए हैं। बाँधों से ही अब तक कोई साढ़े पाँच करोड़ लोग उजड़े-उखड़े हैं। चूँकि इनमें से ज्यादातर लोग आदिवासी, दलित और पिछड़े हैं और उन्हीं के जल, जंगल, जमीन जिनसे उनका गुजारा होता था, उनसे छीने गए हैं इसलिए इन्हीं लोगों को उस विकास की कीमत चुकानी पड़ी है जिसके फल शहरी और सम्पन्न लोगों को मिले हैं। इनके हित और इनका पुनर्वास हमारे योजना बनाने और चलानेवालों की सर्वोच्च प्राथमिकता पर नहीं होता इसलिए उजड़े-उखड़े लोग अब भी दर-दर भटक रहे हैं। चूँकि नर्मदा परियोजना के उजड़े-उखड़े लोगों को तो देने के लिए जमीन

ही नहीं है इसलिए पंचाट की शर्त पूरी नहीं हो सकती और इसीलिए आन्दोलन को कहना पड़ा कि पूरी परियोजना की ही समीक्षा की जाए। मध्यप्रदेश सरकार ने भी बाँध की ऊँचाई घटाने की अर्जी इसीलिए दी कि उससे कम जमीन डूब में आएगी और कम लोग उजड़ेंगे।

लेकिन इस सबसे बड़े और गम्भीर मामले में सर्वोच्च न्यायालय ने आन्दोलन की नहीं सुनी, किसी स्वतंत्र एजेंसी से अध्ययन भी नहीं करवाया गया। नर्मदा पर बाँध बनानेवालों की हो जो रपट आई और राज्य सरकारों ने राहत और पुनर्वास पर जो कहा उसको ही मान लिया। राहत और पुनर्वास जो पंचाट की शर्तों को दरकिनार करके किया गया उसकी कोई स्वतंत्र जाँच करवाने की जरूरत भी न्यायालय ने नहीं समझी। उलटे कहा—'ऐसी योजनाएँ तो दूर दराज और अलग-थलग पड़े इलाकों में ही होती हैं। यहाँ रहनेवाले लोग निरक्षर होते हैं या हाशिये पर रहते हैं और उनकी आमदनी बहुत कम होती है। सच है कि ऐसी परियोजनाओं से ऐसे लोगों के पुश्तैनी घर उजड़ जाते हैं। इन लोगों का विस्थापन इन्हें अपने अतीत, संस्कृति, रीति-रिवाज और परम्पराओं से काट देता है। लेकिन बड़ी भलाई के लिए नदी के साधनों का दोहन जरूरी है। नदी सिर्फ उन्हीं लोगों की नहीं है जो किनारों पर रहते हैं। उससे दूर रहनेवालों को भी उसका लाभ मिलना चाहिए। अपने अतीत, संस्कृति, रीति-रिवाज और परम्पराओं से विस्थापन के कारण कटने वाले लोगों का गाँव डूब या प्रभाव में आते ही योजना क्रियान्वयन एजेंसियाँ राहत और पुनर्वास का काम शुरू करती हैं। राहत और पुनर्वास के कार्यक्रम ऐसे होने चाहिए कि गरीब हो या अमीर, जमींदार हो या कब्जा करने वाला, किसान हो या बटाईदार, नौकर हो या मालिक और आदिवासी हो या गैरआदिवासी, सभी की समस्याओं का हल और कष्टों का निराकरण हो सके। अच्छी तरह बनाया और अमल में लाया गया राहत और पुनर्वास कार्यक्रम उजड़े हुए लोगों के जीवन स्तर को विस्थापन के पहले से भी बेहतर बना सकता है। उदाहरण के लिए भाखड़ा-नांगल बाँध, नागार्जुन सागर, टिहरी, भिलाई इस्पात कारखाना, बोकारो और बाला लोहा और इस्पात कारखाना और अनेक योजनाओं के आसपास गाँवों में रहने वाले लोगों का जीवन उन गाँवों के लोगों के जीवन से बेहतर है जहाँ कोई योजना आई ही नहीं। यह मानना उचित नहीं होगा कि आदिवासी और अविकसित इलाकों में रहने वाले लोग वैसे ही रहते रहें, उन्हें विज्ञान और तकनीक के फल नहीं मिलें, उनका स्वास्थ्य बेहतर न हो और जीवनस्तर ऊँचा नहीं उठे। ऐसे लोगों को प्रोत्साहित नहीं किया जाना चाहिए कि अगर उन्हें बेहतर अवसर मिलते हों तो वे उनका लाभ लें, दूसरी जगहों पर जाएँ—'चाहे अपनी ही कोशिश से या मजबूरी में इसी इरादे से राहत और पुनर्वास के कार्यक्रम बनाए जाते हैं कि सरकार की ओर से इन्हें बेहतर पुनर्वास कॉलोनियों में रहने के अवसर मिलें। इस मामले में राज्यों के राहत और पुनर्वास

का कार्यक्रम—खासकर गुजरात के ऐसे हैं कि विस्थापितों की जीवन परिस्थितियाँ उनकी आदिवासी झोपड़ियों से बेहतर होंगी।'

किसी न्यायमूर्ति ने किसी आदिवासी से पूछा कि उसकी जंगल की झोपड़ी बेहतर है या महानगर की गंदी बस्ती का फ्लैट? और न्यायमूर्ति किरपाल और न्यायमूर्ति आनन्द ने मालूम नहीं किया कि इन बाँधों और कारखानों को बसाने से उजड़े लोग अब कहाँ हैं, क्या कर रहे हैं और उनकी हालत कैसी है। जो लोग उखड़े और उजड़ गए उनकी कोई भी जानकारी न्यायालयों के पास है? देश में अध्ययन हुआ है? फिर क्यों इस न्यायालय ने मान लिया कि बिना जमीन के भी पुनर्वास होगा और नर्मदा नियंत्रण प्राधिकरण का राहत और पुनर्वास उप दल ही उसकी व्यवस्था और निगरानी दोनों कर लेगा? न्यायालय विकास योजनाओं से लाभ पाने वाले सम्पन्न लोगों के साथ है या उनकी कीमत चुकानेवालों के साथ? न्याय किन्हें चाहिए? जो उजड़ गए उन्हें या जिन्हें लाभ मिलेंगे या मिलने वाले हैं। न्यायमूर्ति किरपाल का लिखा निर्णय उजड़े-उखड़े लोगों को सहानुभूति की एक नजर भी नहीं देता।

[3 नवम्बर, 2000]

पर्यावरण पर प्रभाव के इतने मतभेद

यह न्यायमूर्ति किरपाल की कृपा है कि सरदार सरोवर के कारण उखड़ने और उजड़ने वाले लोगों को उन्होंने सिर्फ यही कहा कि अपने परिवेश से निकल कर वे सरकारों, खास कर गुजरात सरकार के राहत और पुनर्वास कार्यक्रम का लाभ उठाएँ क्योंकि वह उनकी आदिवासी बस्तियों से बहुत बेहतर है। नहीं तो उनके लिखे फैसले के स्वर और उत्साह से तो लगता है कि बाँध बनने से जिनकी जमीन डूब में आनेवाली है और जिनका घर-आँगन उजड़ जानेवाला है उन्हें खुश होना चाहिए कि जंगल और कम उपजाऊ जमीन को छोड़कर उन्हें बेहतर जीवन स्तर पाने का अवसर मिल रहा है। न्यायमूर्ति किरपाल भारत के अभिजनों की तरह मानते हैं कि महानगरों की गंदी बस्तियों की झुग्गी-झोपड़ियों का जीवन जंगलों और आसपास की कम उपजाऊ जमीन पर रहनेवाले आदिवासियों के पारम्परिक जीवन से बेहतर है। वनोपज इकट्ठी करने और अनुपजाऊ जमीन पर खेती करने से बेहतर तो महानगरों की झुग्गी-झोपड़ी में रहकर कॉलोनियों और सोसाइटियों का कचरा बीनना है। जमीन और जंगल छिन जाने के बाद ये लोग यों भी महानगरों के भंगी होकर जीने के लिए ही अभिशप्त हैं। हमारे अभिजन मानते हैं कि महानगरों की गंदी बस्तियों के जीवन की गुणवत्ता आदिवासी और ग्रामीण जीवन की गुणवत्ता से बेहतर है। इसलिए न्यायमूर्ति किरपाल की तरह उन्हें गाँवों, जंगलों और पहाड़ियों से लोगों के उखड़ने का दुख नहीं होता, न उन्हें लोगों को अपने घर-आँगन से उजाड़ने का कोई अपराध-बोध है। विकास की यह कीमत तो चुकानी ही पड़ेगी। वे यह भी नहीं बताते कि यह कीमत हर बार आदिवासियों, दलितों और गाँव के गरीबों को ही क्यों चुकानी पड़ती है। उनकी माने यह विस्थापन बेहतर जीवन स्तर पाने का अवसर है।

इसी तरह न्यायमूर्ति किरपाल मानते हैं कि बड़े बाँध और नदी घाटी परियोजनाओं से पर्यावरण को कोई हानि नहीं होती बल्कि पर्यावरण सुधरता है। नर्मदा बचाओ आन्दोलन की याचिका में कहा गया था कि सरदार सरोवर बाँध को पर्यावरण की दृष्टि से कोई हरी झंडी नहीं मिली है। सन् सत्तासी में सशर्त स्वीकृति मिली थी और चूँकि शर्तें पूरी नहीं हुई इसलिए वह रद्द मानी जानी चाहिए। न्यायमूर्ति किरपाल ने अपने फैसले में कहा है अब तक भारत में सभी जगह ऐसी कई नदी घाटी

परियोजनाएँ पूरी हुई हैं। याचिका करनेवाले ने एक भी उदाहरण ऐसा नहीं दिया है जो बताता कि एक बाँध बनने से कुल मिलाकर पर्यावरण पर क्या बुरा प्रभाव पड़ा है। इसके बाद वे खुद ही कहते हैं—'इसके ठीक विपरीत पर्यावरण सुधरा है। ऐसा है इसलिए शंका करने का कोई कारण नहीं है कि इतना अनुभव प्राप्त होने के बाद यहाँ भी यानी नर्मदा घाटी में हालात अलग होंगे और पर्यावरण और खुशहाली में बढ़ोतरी नहीं होगी। भूलना नहीं चाहिए कि गरीबी को पर्यावरण के बिगड़ने का एक कारण माना जाता है। सिंचाई की व्यवस्था बेहतर होने से लोग खुशहाल होंगे। भाखड़ा बाँध का बनना इस तथ्य का उज्ज्वल उदाहरण है कि पुराने अविभाजित पंजाब का पिछड़ा इलाका किस तरह भारत का अनाज भंडार बन गया है और भाखड़ा-नांगल योजना से वहाँ का पर्यावरण बेहतर हो गया है।'

एक और जगह न्यायमूर्ति किरपाल कहते हैं 'भारत में बाँध बाँधने का कोई चालीस साल पहले का अनुभव है। यह अनुभव नहीं बताता कि बड़े बाँध बनाना आर्थिक रूप से ठीक नहीं होता या इससे पारिस्थितिकी और पर्यावरण में गिरावट आती है। बल्कि बड़े बाँधों से पारिस्थितिकी में सुधार होता है। बाँध बनाने से पर्यावरण पर क्या असर पड़ता है इसकी अच्छी जानकारी भारत में हैं।' अगर ऐसा है तो नर्मदा पंचाट ने सन् उनासी में निर्णय दे दिया था लेकिन पर्यावरणीय स्वीकृति देने में सरकार ने आठ साल क्यों लगाए? अगर बाँध बन्धने का पर्यावरणीय प्रभाव हमारे यहाँ खूब अच्छी तरह मालूम है और बाँध बनने से पर्यावरण और पारिस्थितिकी सुधरती है तो किसी भी नदी घाटी परियोजना को पर्यावरणीय स्वीकृति पहले लेना अनिवार्य क्यों बनाया गया? सन् पच्चासी में भारत सरकार के पर्यावरण और वन मंत्रालय ने नदी घाटी परियोजनाओं के पर्यावरण पर प्रभाव का आकलन करने के लिए निर्देश जारी किये क्योंकि ऐसी योजनाओं के अच्छे और बुरे दोनों असर होते हैं और बुरे असर सामाजिक-आर्थिक प्रभावों को शून्य कर सकते हैं। ऐसे खराब असर से पर्यावरण को बचाने के जो सुधारक और निवारक प्रयत्न किये जाएँगे उनकी लागत भी परियोजना की कुल लागत में जोड़ी जानी चाहिए। न्यायमूर्ति किरपाल तो मानते ही नहीं या जानते ही नहीं कि नदी घाटी परियोजना का पर्यावरण पर खराब असर हो सकता है इसलिए उन्होंने तो सरदार सरोवर बाँध को मिली सशर्त स्वीकृति को ही अन्तिम मान लिया, शर्तें पूरी हुई माना, बाहर की किसी एजेंसी से अध्ययनों और रपटों की जाँच भी जरूरी नहीं मानी और नर्मदा नियंत्रण प्राधिकरण के पर्यावरण उप दल पर विश्वास ही नहीं किया, बाँध को नब्बे मीटर से ऊपर बनाने की स्वीकृति देने के लिए भी जिम्मेदार करार दिया। लेकिन उनके साथी न्यायमूर्ति भरूचा ने न सिर्फ ध्यान दिया उनका असहमति का पूरा फैसला ही पर्यावरणीय स्वीकृति पर है।

न्यायमूर्ति भरूचा ने भी उसी सामग्री को अपने फैसले का आधार बनाया है जिस पर न्यायमूर्ति किरपाल ने बाँध को पर्यावरण सुधारने वाला माना है और सरदार

सरोवर को मिली सशर्त स्वीकृति में कोई गड़बड़ नहीं पाई है। फर्क यही है कि न्यायमूर्ति भरूचा उनसे उलटे निष्कर्ष पर पहुँचे हैं। उन्होंने कहा है—'योजना के पर्यावरणीय प्रभाव के बारे में पर्याप्त तथ्य और अध्ययन के बिना दी गई पर्यावरणीय स्वीकृति उस समय भारत सरकार की पर्यावरणीय स्वीकृति देने की नीति की शर्तों के विरुद्ध थी और इसलिए उसे कोई स्वीकृति माना ही नहीं जा सकता।' इस तथ्य से कि पर्यावरणीय स्वीकृति प्रधानमंत्री (राजीव गांधी, चौबीस जून 1987) ने दी, न कि पर्यावरण और वन मंत्रालय ने जैसा कि आम तौर पर किया जाता है, कोई फर्क नहीं पड़ता। उसके अपने ही दिशा निर्देशों से स्पष्ट होती उसकी नीति के अनुसार भारत सरकार पर्यावरणीय स्वीकृति तभी दे सकती थी जब (1) योजना के पर्यावरणीय प्रभाव के सभी तथ्य इकट्ठे कर लिये गए हों और उनका आकलन हो गया हो (2) आकलन से स्पष्ट हो गया हो कि योजना चलाई जा सकती है और (3) पर्यावरणीय सुधारक और निवारक उपाय और उनकी लागत तय कर ली गई हो। न्यायमूर्ति भरूचा ने बताया है कि किस तरह नर्मदा नियंत्रण प्राधिकरण ने न तो ये तथ्य इकट्ठे किये न अध्ययन करवाए। जो सशर्त स्वीकृति दी गई थी उसमें भी पर्यावरणीय प्रभाव के आगे और अध्ययन और आकलन की कोई बात नहीं कही गई थी और न ही वे कभी करवाए गए।

'पर्यावरण पर बुरा असर इस पीढ़ी और आगे आने वाली पीढ़ियों के लिए विनाशक हो सकता है'—न्यायमूर्ति भरूचा ने कहा है—'इस न्यायालय ने संविधान के अनुच्छेद 21 पर दिये अपने फैसलों में इस तथ्य को स्वीकारा है। यह न्यायालय ऐसी विशाल योजना पर अपनी स्वीकृति की मुहर नहीं लगा सकता जब तक कि उसे विश्वास न हो जाए कि इसके पर्यावरणीय प्रभाव पर विशेषज्ञ लोगों ने तथ्य इकट्ठे करके अच्छी तरह अध्ययन और आकलन कर लिया है। फिर इन लोगों को तय करना है कि योजना को पर्यावरणीय स्वीकृति दी जा सकती है या नहीं। और अगर दी जा सकती है तो पर्यावरण की सुरक्षा के लिए क्या उपाय किये जाने चाहिए और उनकी क्या लागत होगी। सशर्त स्वीकृति मिलने के बाद पर्यावरणीय पहलुओं पर सर्वेक्षण और अध्ययन हुए हैं पर वे अधूरे और अपर्याप्त हैं। अब जिन्हें तय करना है कि पर्यावरणीय स्वीकृति दी जाए या नहीं, वे ऐसे सर्वेक्षण और अध्ययन करने या करवाने के लिए स्वतंत्र होने चाहिए जो कि उनकी राय में जरूरी हैं। उन्हें अब तक किये गए सर्वेक्षणों और अध्ययनों का भी आकलन करना चाहिए। चूँकि बाँध बनाने और परियोजना के दूसरे काम पहले ही शुरू कर दिये गए हैं और हो रहे हैं इसलिए इसे भी यह तय करते हुए ध्यान में रखा जाना चाहिए कि पर्यावरणीय स्वीकृति दी जाए या नहीं। जब तक यह पर्यावरणीय स्वीकृति इन विशेषज्ञों से नहीं मिल जाती, बाँध पर आगे निर्माण कार्य नहीं होना चाहिए।'

इसके लिए न्यायमूर्ति भरूचा ने सन चौरानवे में भारत सरकार द्वारा बनाई गई

पर्यावरणीय प्रभाव के आकलन की एजेंसी को सही और उपयुक्त एजेंसी माना है। उनका निर्णय है कि पर्यावरण और वन मंत्रालय की पर्यावरणीय प्रभाव आकलन एजेंसी को पर्यावरण से सम्बन्धित अलग-अलग क्षेत्रों के विशेषज्ञों की एक समिति बनानी चाहिए जो सर्वेक्षण, अध्ययन आदि का आकलन करे। तब तक न्यायालय को सरकारों को बाध्य करना चाहिए कि वे नर्मदा पंचाट की शर्तों के अनुसार राहत और पुनर्वास पूरा करें। इसमें न्यायालय के अन्तरिम आदेश से जो शिकायत निवारण अधिकरण बनाए गए हैं उनकी पूरी मदद ली जानी चाहिए और उन्हीं की निगरानी में यह काम होना चाहिए। अपने आदेश में न्यायमूर्ति भरूचा ने कहा है कि पर्यावरण मंत्रालय विशेषज्ञों की समिति बनाए। यह समिति योजना के पर्यावरणीय प्रभाव का अध्ययन करने के लिए जो भी करना जरूरी समझे, करवाए। यह समिति इन अध्ययनों के आकलन पर तय करे कि पर्यावरणीय स्वीकृति दी जाए या नहीं। दी जाए तो पर्यावरण की रक्षा के उपाय क्या हों। जब तक विशेषज्ञों की समिति स्वीकृति न दे, बाँध के निर्माण का कार्य रुका रहेगा। हर पाँच मीटर ऊपर उठाने के पहले समिति से यह स्वीकृति लेनी जरूरी होगी। शिकायत निवारण अधिकारी जब तक प्रमाणित नहीं करें कि राहत और पुनर्वास पूरा हुआ है, आगे निर्माण पर्यावरणीय स्वीकृति के बाद भी नहीं चल सकता। तब तक अभी जहाँ लोग बसाए गए हैं बसे रहेंगे या अपने मूल स्थान पर लौट जाने को स्वतंत्र होंगे। इस तरह न्यायमूर्ति भरूचा ने पर्यावरणीय स्वीकृति और राहत और पुनर्वास को बाँध के निर्माण की शर्त बना दिया है और इसकी जिम्मेदारी विशेषज्ञों की समिति और शिकायत निवारण अधिकारियों को दी है।

न्यायमूर्ति किरपाल और न्यायमूर्ति आनन्द ने न सिर्फ बाँध को नब्बे मीटर तक बाँधने की अनुमति दी है, आगे निर्माण की स्वीकृति देने का अधिकार भी नर्मदा नियंत्रण प्राधिकरण के पर्यावरण उप दल और राहत और पुनर्वास उप दल को दे दिया है। कोई विवाद हो तो वह समीक्षा समिति के पास जाएगा। वहाँ भी विवाद न सुलझे तो प्रधानमंत्री के पास जाएगा। और प्रधानमंत्री का फैसला अन्तिम और सब पर बाध्य होगा। कोई अचरज नहीं कि इस फैसले को गृहमंत्री लालकृष्ण आडवाणी ने वाजपेयी सरकार की तीसरी बड़ी उपलब्धि कहा है। धन्य नरबदा मैया हो!

[4 नवम्बर, 2000]

न्याय के साथ नहीं, विकास के साथ है

नदी परियोजना पर सुप्रीम कोर्ट के फैसले के जितने गुन गाए जाएँ कम हैं। जैसे यह हिस्सा देखिए—'अब यह अच्छी तरह स्थापित हो गया है कि न्यायालय अपने कार्यक्षेत्र में काम करते हुए नीति निर्णय के क्षेत्र में अतिक्रमण नहीं करेगा। आधारभूत ढाँचे की कोई योजना ली जाए या नहीं, कैसी योजना ली जाए और उस पर किस तरह अमल किया जाए ये सब नीति निर्णय की प्रक्रिया की बातें हैं और इस प्रकार जो नीतिगत निर्णय लिया गया हो, न्यायालय उनका निपटारा करने में सक्षम नहीं है। बेशक यह देखने का कर्तव्य न्यायालय का है कि ऐसा निर्णय करने में किसी कानून का उल्लंघन तो नहीं हुआ है और संविधान जिस हद तक अनुमति देता है उससे अधिक तो लोगों के बुनियादी अधिकारों का अतिक्रमण नहीं हुआ है। तब भी किसी नीति निर्णय को चुनौती योजना का क्रियान्वयन होने के पहले ही दी जानी चाहिए योजना के क्रियान्वयन में कोई भी देरी का मतलब लागत का बढ़ना है। योजना पर काम शुरू हो जाने के बाद उस पर निर्णय को चुनौती आड़ लगाने के कारण से देहरी पर ही रोक दी जानी चाहिए अगर याचिका करने वाले को उसकी जानकारी रही हो और तभी वह न्यायालय के दरवाजे पर दस्तक दे सकता था। किसी याचिका के महज लोकहित याचिका होने का मतलब यह नहीं कि उस पर मुकदमेबाजी के साधारण सिद्धान्त लागू नहीं होंगे। आड़ लगाने का सिद्धान्त भी उनमें से एक है।

'लोकहितवाद एक नवाचार था और यह इसलिए शुरू किया गया था कि लोग अपने जिन मानवाधिकारों की रक्षा नहीं कर सकते उनकी रक्षा करने और उन्हें बनाए रखने की व्यवस्था हो। लेकिन समय के साथ लोकहितवाद का क्षेत्र ऐसा गुब्बारे की तरह बढ़ता गया है कि उसमें सार्वजनिक जीवन में ईमानदारी, लाइसेंसों के रूप में रेवड़ी बाँटने, पर्यावरण की रक्षा करने जैसे मामले भी आ गए। लेकिन गुब्बारे को इतना नहीं फुलाया जाना चाहिए कि वह फूट ही जाए। लोकहितवाद का ऐसा पतन नहीं होने देना चाहिए कि वह प्रचार पाने का साधन या निजी कुतूहल को तृप्त करने का मुकदमा बन जाए।'

न्यायमूर्ति किरपाल ने लोकहितवाद का यह जो मजाक उड़ाया है, वह दरअसल

सर्वोच्च न्यायालय का है। सर्वोच्च न्यायालय के ही एक प्रधान न्यायाधीश न्यायमूर्ति भगवती ने इसकी शुरुआत की और यहाँ तक पहुँचे कि उन्होंने दिल्ली नगर निगम को ठीक से सफाई करवा के हमें बताओ—जैसे आदेश भी दिये। नीति निर्णय के मामले में न्यायालय को हस्तक्षेप नहीं करना चाहिए इस पर बार-बार जोर देते हुए भी सर्वोच्च न्यायालय ने यह नहीं देखा, न इसकी कोई व्यवस्था दी कि किसी परियोजना और उसके असर की पूरी जानकारी सरकार लोगों को देती है या नहीं और लोकतंत्र में लोगों से पूछा जाना चाहिए कि नहीं कि ऐसी योजना बनाई जाए या नहीं। जिन लोगों के घर-बार, रोजी के साधन और प्राकृतिक संसाधन बरबाद होने वाले हों उनसे कभी हमारी सरकार ने पूछा कि ऐसी परियोजना पर अमल किया जाए या नहीं। जो न्यायालय लोगों के इस बुनियादी अधिकार के पालन की व्यवस्था नहीं देता वह कैसे कह सकता है कि योजना पर काम शुरू होने के पहले ही नीतिगत निर्णय को चुनौती दी जानी चाहिए, काम शुरू होने के बाद कोई सुनवाई नहीं होगी क्योंकि इससे योजना की लागत बढ़ती है।

नर्मदा पंचाट की है कि जिनकी जमीन सरदार सरोवर की डूब में आएगी उन्हें जमीन ही देनी होगी और मुआवजे की यह जमीन बाँध में पानी भरने और जमीन डूबने के पहले देनी होगी। ऐसे लोगों का पुनर्वास हो जाने के छह महीने बाद उनकी घर-जमीन डूब में आनी चाहिए। इस शर्त का पालन नहीं हुआ है। मध्य प्रदेश और महाराष्ट्र ने खुद ही सर्वोच्च न्यायालय को कहा है कि हमारे पास जमीन नहीं है। जब जमीन है नहीं तो उजड़नेवालों को मिलेगी कहाँ से? और जब तक राहत और पुनर्वास की ऐसी व्यवस्था नहीं हो जाती जमीन, जंगल और घर-द्वार डूब में नहीं आ सकते। फिर पर्यावरण की दृष्टि से अनुमति इस शर्त पर दी गई थी कि योजना के पर्यावरण पर प्रभाव के सभी अध्ययन किये जाएँगे और निवारक और सुधारक उपाय करने के बाद ही बाँध बनेगा। पर्यावरण की दृष्टि से अनुमति कानूनन जरूरी है। न्यायमूर्ति भरूचा ने अपने असहमति के फैसले में बताया है कि सरदार सरोवर को किस तरह यह अनुमति मिली ही नहीं है। सर्वोच्च न्यायालय का कहना है कि नीतिगत निर्णय कार्यपालिका यानी सरकार का क्षेत्र है। हमारा कर्तव्य यही है कि हम देखें कि किसी कानून का उल्लंघन तो नहीं हुआ है और लोगों के बुनियादी अधिकार तो कुचले नहीं गए हैं। नर्मदा बचाओ आन्दोलन ने सर्वोच्च न्यायालय के द्वार इसीलिए खटकाए थे कि न तो राहत और पुनर्वास नर्मदा पंचाट की शर्तों के अनुसार हो रहा है, न पर्यावरण के प्रभाव के अध्ययन हुए हैं, न उसके निवारक और सुधारक उपाय किये, गए हैं। सर्वोच्च न्यायालय ने न तो कानून के इन उल्लंघनों का कोई स्वतंत्र अध्ययन करवाया, न मोर्स आयोग और पाँच सदस्यों की रपट को मंजूर किया। उसने नर्मदा नियंत्रण अधिकरण और राज्य सरकारों की रपटें मान लीं। यानी सर्वोच्च न्यायालय में सरकारों और

उसकी एजेंसियों पर नर्मदा बचाओ आन्दोलन और स्वतंत्र अध्ययनों से ज्यादा भरोसा किया है। अपनी तरफ से कानूनों के उल्लंघनों का कोई स्वतंत्र आकलन नहीं करवाया है। विकास के मामले में उसने सरकार को सबसे बड़ी सत्ता माना है और न्यायालय में उसे चुनौती देने के जनता के अधिकार को भी बढ़ावा नहीं दिया है। फैसला कहता है—

'न्यायालयों को सरकार की सार्वजनिक योजनाओं और नीतियों को अनुमति देने वाले संस्थान नहीं बनना चाहिए। आमतौर पर सरकार ऐसे निर्णय काफी सोच समझ कर और सावधानी से लेती है। लोकतंत्र में समाज के छोटे से वर्ग के नहीं ज्यादातर लोगों के कल्याण की चिन्ता जिम्मेदार सरकार की ही होती है। अगर कोई नीति निर्णय काफी सोच-विचार कर लिया गया हो और जो न बदनीयती बताता हो, न कानून का उल्लंघन करता हो तो यह लोक हित में नहीं होगा कि न्यायालय से उन क्षेत्रों में जाने और छानबीन करने को कहा जाए जो कि कार्यपालिका के अधिकार में आते हैं। सोच समझ कर बनाई गई किसी योजना की सिर्फ इसलिए समीक्षा करने से अदालत को बाज आना चाहिए कि लोकहित में याचिका करने वाले का आरोप कि योजना के विरुद्ध विपरीत मत भी है। हो सकता है, सरकार ने वह मत समझ लिया हो। जब दो या उससे ज्यादा विकल्प और मत सम्भव हों और उन पर विचार करने के बाद सरकार ने कोई नीति निर्णय लिया हो तो यह न्यायालय का काम नहीं है कि उस पर नये सिरे से विचार करे और एक तरह से उस नीति निर्णय पर अपील में बैठे।

'इस न्यायालय को याचिका में यही करने को कहा गया है। यहाँ जो तथ्य बताए गए हैं। वे यही बताते हैं कि केन्द्र सरकार ने बाँध बनाने का फैसला किया क्योंकि जिन इलाकों में पानी का अभाव है वहाँ पानी पहुँचाने का यह एक उपाय था। उस वक्त मालूम था कि इससे लोग उजड़ेंगे और उनका पुनर्वास करना होगा। ऐसी कोई सामग्री इस न्यायालय के सामने नहीं है जो इस निष्कर्ष पर पहुँचाए कि यह निर्णय बदनीयती से लिया गया था। सख्त फैसला जरूरी नहीं है कि गलत फैसला हो।'

यानी सरकार किसी योजना पर सोच-विचार करके निर्णय कर ले और उसके क्रियान्वयन की प्रक्रिया और एजेंसियाँ तय कर दें और उससे किसी कानून का उल्लंघन न हो और लोगों के बुनियादी अधिकारों का भी ज्यादा दमन न हो तो सर्वोच्च न्यायालय उसके खिलाफ कोई फरियाद नहीं सुनेगा। कानूनों और शर्तों का उल्लंघन हो रहा है या नहीं—इसे भी न्यायालय अपनी तरफ से और स्वतंत्र एजेंसियों के जरिये नहीं देखेगा। वह सरकार और उसको एजेंसियों पर ही भरोसा करेगा। उसने लोकहितवाद का दायरा भी सीमित कर दिया है। देश में कोई पन्द्रह-बीस साल से सरकारों और विधायिकाओं के विरुद्ध न्याय पाने की एक छोटी-सी खिड़की जन संगठनों और लोकहित में निष्ठा रखने वाले नागरिकों के लिए सर्वोच्च न्यायालय ने

खोल रखी थी वह भी बन्द कर दी गई है। उसकी साँकल तभी खुलेगी जब याचिका किसी योजना के क्रियान्वयन और घपले के पहले दर्ज की गई हो। सरकारें और विधायिकाएँ लोकहित के बजाय निहित स्वार्थों के लिए जब काम कर रही हों तो न्यायालय लोकहित का नहीं सरकार के कार्यक्षेत्र का सम्मान करेंगे। न्यायपालिका अब लोगों की ओर से सक्रिय होने के बजाय अपने ही क्षेत्र में और कानूनी दायरे में सुनवाई करेगी। वह उन तक पहुँचने की कोशिश नहीं करेगी जो उस तक पहुँच नहीं सकते। जो लोग व्यवस्था की मार से मारे जा रहे हैं न्यायपालिका उन्हें बचाने आगे नहीं आएगी क्योंकि वह व्यवस्था के साथ है। लोकहितवाद से अब लोकहित नहीं, वर्गहित सधेगा। न्यायपालिका सत्ता प्रतिष्ठान में मान्य अवधारणाओं के साथ चलेगी न्याय की मौलिक स्थापनाओं पर नहीं। सरदार सरोवर बाँध पर उसके फैसले में ये सब बातें साफ हैं।

जैसे इस फैसले में बड़े बाँधों के बारे में वही सब बातें बेहिचक कही गई हैं जो बीस-तीस साल पहले मानी जाती थीं। बाँध से लोग उजड़ेंगे लेकिन उन्हें ठीक से बसा दिया जाए। उनके उखड़ने-उजड़ने की कीमत तो विकास की अनिवार्य कीमत है जो चुकानी ही पड़ेगी। इससे बाँध अनुपयोगी नहीं हो जाते कि उनसे हमेशा गरीब, दलित और आदिवासी ही उजड़ते हैं और लाभ उन्हीं लोगों को मिलते जो पहले से लाभ लेने स्थिति में हैं। यह विकास न्याय नहीं देखता, विकास देखता है कोई भी करे। जैसे न्यायालय ने यह सचाई नहीं देखी कि आजादी के बाद से बाँधों के कारण कोई पाँच करोड़ लोग उजड़े हैं और पहले बाँध के विस्थापित भी अभी बसे नहीं है। वैज्ञानिक अध्ययनों और तथ्यों के बावजूद सर्वोच्च न्यायालय ने माना नहीं है कि बाँध से पर्यावरण और पारिस्थितिकी को नुकसान होता है। उसने माना है कि बाँध से पर्यावरण सुधरता है जिसे पश्चिम के वे लोग भी अब नहीं मानते जिनसे विकास का यह मॉडल हमने लिया है। सर्वोच्च न्यायालय कहता है कि बाँध से सबसे सस्ती और सबसे स्वच्छ बिजली मिलती है। बड़े बाँधों के बिना उतने पानी का भंडारण नहीं हो सकता जितने की जरूरत है और होगी और सूखा पीड़ितों इलाकों को उनके अलावा किसी और तरीके से पानी नहीं मिल सकता। इन सब स्थापनाओं की वैज्ञानिक जानकारी और सामाजिक न्याय के आधार पर चुनौती दी जा चुकी है। लेकिन सुप्रीम कोर्ट के फैसले ने इन पर न्यायिक पुष्टि की मुहर लगाई है।

यानी सर्वोच्च न्यायालय विकास के उस मॉडल को ठीक मानता है जिसे औपनिवेशिक साम्राज्यों ने गुलाम राज्यों पर थोपा और जो अब खुले बाजार और बहुराष्ट्रीय कम्पनियों के हाथ चढ़ कर और ज्यादा निर्लज्ज ढंग से विकासवादी हो गया है। सामाजिक न्याय का इस विकास से कोई लेना-देना नहीं है। सर्वोच्च न्यायालय ने अपनी स्थिति ऐसे समय स्पष्ट की है जब भारत और उसके संसाधन खुले बाजार को सौंपे जा रहे हैं और राज्य कर्ता के बजाय बिचौलिए की भूमिका

में लाया जा रहा है। देश के सबसे घने जंगल नये बने उत्तरांचल, छत्तीसगढ़ और झारखंड में हैं। यहीं सबसे ज्यादा खनिज हैं। यहीं प्राकृतिक सम्पदा है। यहीं वे लोग हैं जिन्हें सुप्रीम कोर्ट ने अनपढ़, गँवार, बेरोजगार और गरीब कहा है और सलाह दी है कि उन्हें बेहतर दुनिया के लिए निकल चलना चाहिए। इन लोगों के संसाधनों को राज्य को सौंप कर और नीति निर्णय के राज्य के अधिकार को सर्वोपरि बनाकर सर्वोच्च न्यायालय भारत के विकास यानी विनाश यानी शोषण का रास्ता खोलकर जन आन्दोलनों को बेकार कर रहा है।

[15 नवम्बर, 2000]

अब नर्मदा ऐसे बचेगी

आठ साल चल लेने के बाद नर्मदा बचाओ आन्दोलन ने सुप्रीम कोर्ट के दरवाजे पर दस्तक दी क्योंकि न तो राहत और पुनर्वास नर्मदा पंचाट की शर्तों के अनुसार हो रहा था, न पर्यावरण और पारिस्थितिकी पर बाँध प्रभाव को रोकने और बचाने के उपाय हो रहे थे। सरकारें कानूनों का उल्लंघन कर ही थीं और नर्मदा घाटी में बसे लोगों के बुनियादी अधिकारों को कुचला जा रहा था। आन्दोलन सन् छियासी में शुरू हुआ और उसका असर बाँध के निर्माण के साथ बढ़ा। एक जन आन्दोलन को सरकारों और विधायिकाओं को प्रभावित करने के जो भी लोकतांत्रिक अधिकार और अवसर होते हैं उन सभी का उपयोग किया गया। सरकारों और विधानसभाओं से निराश होने के बाद ही आन्दोलन देश के सर्वोच्च न्यायालय में पहुँचा था।

आठ साल के अपने कामकाज और देश में विकास के कोई चालीस साल के अनुभव से आन्दोलन इस निष्कर्ष पर पहुँचा कि विकास का यह मॉडल न सिर्फ प्राकृतिक संसाधनों का सही इस्तेमाल नहीं करता, वह गरीबों, दलितों और आदिवासियों को इनसे वंचित करता है और वे साधनहीन होकर दर-दर भटकने पर मजबूर होते हैं और इस विकास के लाभ गरीबों और दलितों, गाँवों और जंगलों की कीमत पर साधन सम्पन्न और शहरी इलाकों को मिलते हैं। यह विकास विषमता बढ़ाता है और इससे वह सामाजिक न्याय नहीं मिलता जो कि विकास का पहला और अन्तिम लक्ष्य होना चाहिए। यह विकास चूँकि साधन सम्पन्न नागरीय जीवन की सूरत को पूर्ति करता है और इससे देश के अभिजनों और शासकों के निहित स्वार्थ जुड़े हुए है इसलिए जो इसकी कीमत चुकाने के लिए मजबूर हैं उनकी हालत की अनदेखी की जाती है। राजनेताओं, नौकरशाहों, विशेषज्ञों और बौद्धिकों को नजर में इस विकास का कोई विकल्प नहीं है और जो कहते हैं कि विकल्प है उन्हें विकास-विरोधी करार करके बदनाम और अपमानित किया जाता है। आन्दोलन ने नर्मदा परियोजना को इसलिए अदालत में चुनौती दी थी कि इस विकास से लोगों के बुनियादी अधिकारों और मानवाधिकारों का उल्लंघन होता है। पर्यावरण और पारिस्थितिकी पर विपरीत असर होता है और प्राकृतिक संसाधनों का रचनाकारी उपयोग नहीं होता, न उनके लाभ सब लोगों को मिलते हैं। सही है कि आन्दोलन

की विकास की अवधारणा वर्तमान सत्ता प्रतिष्ठान की निष्ठाओं से मेल नहीं खाती।

सर्वोच्च न्यायालय ने शुरू के वर्षों में सरदार सरोवर बाँध के आगे बन्धने पर रोक लगा कर राहत और पुनर्वास और पर्यावरण और पारिस्थितिकी पर बाँध के प्रभाव की जाँच और छानबीन की। वह ऐसी परियोजना को आगे बढ़ने से रोकने को तैयार दिखता था जिसके परिणाम आने वाली पीढ़ियों को भुगतने होंगे। वह विकास से जुड़े बुनियादी सवालों पर भी विचार करने को उद्यत दिखता था। लेकिन धीरे-धीरे उसका रवैया बदला और अब जो फैसला दो न्यायमूर्तियों ने दिया है उसका स्पष्ट सन्देश है कि विकास की प्रतिष्ठान को मान्य अवधारणा को अदालत में चुनौती नहीं दी जा सकती। सर्वोच्च न्यायालय स्वयं बड़े बाँधों के पक्ष में है। वह विस्थापित लोगों के मूल अधिकारों के बजाय सरकार की विकास करने को सत्ता और अधिकार को मानता है विस्थापितों का पुनर्वास जरूर किया जाना चाहिए लेकिन इस कारण बाँध नहीं रुक सकते, न वैकल्पिक तरीकों की जरूरत है। पर्यावरण की रक्षा भी जरूरी है लेकिन बाँध से पर्यावरण और पारिस्थितिकी तो निष्प्रभावी है। विकास की योजना बनाना सरकार का अधिकार है। कानून और लोगों के उचित अधिकारों का उल्लंघन नहीं होता तो योजना को चुनौती नहीं दी जा सकती और अदालत भी मामला तभी सुनेगी जब फरियाद योजना के अमल की शुरुआत के पहले की गई हो।

यह फैसला नर्मदा बचाओ आन्दोलन की अवधारणाओं और कोशिशों के खिलाफ है और इसलिए अखबारों ने आन्दोलन को सलाह दी है कि वह बाँध और विकास का विरोध करना छोड़कर अपनी सारी शक्ति इसमें लगाए कि विस्थापितों को ठीक राहत मिले और उनका पुनर्वास अच्छे से हो जाए। बाँध का पर्यावरण और पारिस्थितिकी पर अगर बुरा असर होता है तो उसके निवारण और बचाव के प्रयत्नों में मदद करे। यानी वह मान ले कि विकास का यही एक मॉडल है और जन संगठनों की मौलिक भूमिका विकास में जनता की ओर से मदद करने और उसके बुरे प्रभाव को कम से कम करने में है। जन संगठन का काम विकल्प पर विचार करने और उसके लिए जनमत बनाकर उसे सर्वमान्य बनाने का नहीं है। उसकी भूमिका सरकारी विकास में जन भागीदारी बढ़ा कर सहयोग करने की है। उसकी कोई स्वतंत्र भूमिका नहीं हो सकती। सरकारी और गैरसरकारी संगठनों की परस्पर सहयोगी भूमिका की यही अवधारणा है। इसलिए आजादी के बाद से सरकार चाहती रही है कि जन संगठन विकास में जन भागेदारी लाने की जिम्मेदारी लें और इस तरह सरकार की सहायता करें क्योंकि सरकार अपने विकास में लोगों को शामिल नहीं कर सकती।

लोक सेवी संगठनों की जो परिवर्तनकारी भूमिका आजादी के आन्दोलन ने बनाई और आर्थिक-सामाजिक आजादी के लिए सेवा और संघर्ष की जो भूमिका

राजनीतिक आजादी के बाद बनी—वह सरकारों और साधन सम्पन्न अभिजनों को स्वीकार नहीं है। और सरकार, अभिजन और देश के अखबार जो भूमिका लोक सेवा और संघर्ष के जन संगठनों को देना चाहते हैं वह नर्मदा बचाओ आन्दोलन को स्वीकार नहीं होगी। आन्दोलन सिर्फ इसलिए नहीं चला कि विकास के लिए अनिवार्य सरदार सरोवर बाँध से उजड़ने वाले लोगों का सही पुनर्वास होना चाहिए और उससे अगर पर्यावरण और पारिस्थितिकी बिगड़ती है तो उसे कम से कम करने के सुधारक और निवारक उपाय होने चाहिए। आन्दोलन और उसके समर्थक इस विकास को ही बुनियादी रूप से विनाशकारी मानते हैं क्योंकि इससे प्राकृतिक संसाधनों का ऐसा रचनाकारी उपयोग नहीं होता कि उनकी सहज-स्वाभाविक रूप से अपने को पुनर्जीवित करने की शक्ति बनी रहे। इससे जल, जंगल, जमीन के संसाधनों पर उन पर जीवित रहने वाले लोगों का अधिकार छिनता है, उनका उपयोग साधन सम्पन्न लोगों के लिए होता है इसलिए गरीबों और अमीरों के बीच विषमता की खाई बढ़ती है और सामाजिक न्याय नहीं होता। इससे आजादी के आन्दोलन के लक्ष्य और लोकतंत्र के प्रयोजन पराजित होते हैं। भारत जैसे सामाजिक, आर्थिक और राजनीतिक विषमता वाले गरीब देश में विकास का ऐसा मॉडल नहीं चल सकता जो अमीरों को और अमीर और गरीबों को और गरीब बनाता है। देश में चूँकि नब्बे प्रतिशत लोग गरीब हैं और उनमें से भी कोई चालीस प्रतिशत लोग गरीबी की रेखा के भी नीचे हैं तो सिर्फ दस प्रतिशत लोगों के लिए देश के कुल संसाधनों का दोहन नहीं किया जा सकता। यही अगर होने देना है तो आजादी की लड़ाई लड़ने, लोकतंत्र की व्यवस्था स्वीकार करने और समता और सामाजिक न्याय को राष्ट्रीय लक्ष्य मानने की जरूरत नहीं थी। संविधान के निदेशक सिद्धान्तों में ये सब वर्णित है। हमारी सरकारों और हमारे अभिजनों में अगर इन उद्देश्यों को पूरा करने की इच्छा शक्ति नहीं है तो लोकतंत्र में लोगों का अधिकार है कि वे सरकारों को बदलें और लोकमत को इस लायक बनाएँ कि सरकारों पर लगातार अंकुश रहे और वे लोक हित की नीतियाँ बनाएँ और उन्हें लोक हित में ही पूरा करें। सर्वोच्च न्यायालय ने पन्द्रह साल लोकहितवाद के बाद अब साफ कह दिया है कि यह सरकार के कामों में दखल नहीं देगा। नर्मदा बचाओ आन्दोलन ने न्यायालय में जाने के बाद भी आन्दोलन और नर्मदा घाटी और लोगों के हितों के लिए संघर्ष करने का अपना बुनियादी काम जारी रखा था। न्यायालय ने उसे एक-दो बार हड़काया भी था कि वह हमारे पास आया है तो अपना आन्दोलन निलम्बित करे। लेकिन आन्दोलन ने सेने के लिए अपने सारे अंडे सर्वोच्च न्यायालय की टोकरी में कभी नहीं थे। इसलिए आज वह फैसले से निराश और दुखी भले हो, समाप्त नहीं हुआ है। लोगों ने उसका साथ और समर्थन नहीं छोड़ा है। सर्वोच्च न्यायालय ने भले ही कह दिया हो कि उसका दरवाजा अब बन्द है लेकिन आन्दोलन की शक्ति और दूसरे विकल्प

कायम हैं। लोगों के राहत और पुनर्वास और पर्यावरण—हितों के लिए संघर्ष करते हुए आन्दोलन विकास की अवधारणा बदलने और नये मॉडल का विकास करने के संघर्ष को जारी रख सकता है। लोकतंत्र और शान्तिपूर्ण अहिंसक आन्दोलन की परम्परा ने उसके लिए वे सारे रास्ते खोल रखे हैं जो सर्वोच्च न्यायालय में आने के पहले भी खुले थे और जिन पर आन्दोलन आठ साल से चल ही रहा था।

इसके बावजूद सचाई है कि सुप्रीम कोर्ट के फैसले ने जाग्रत जनमत या विकास के निहित स्वार्थों को एक नई वैधता और मान्यता दी है और इस अर्थ में आन्दोलन कमजोर हुआ है। लेकिन इस स्थिति को आन्दोलन सुप्रीम कोर्ट और उसके फैसले के विरुद्ध नया अभियान चला कर बदल नहीं सकता। देश की लोकतांत्रिक चेतना और सार्वजनिक जीवन का क्षेत्रफल इसे उचित नहीं मानेगा कि सर्वोच्च न्यायालय के खिलाफ कोई आन्दोलन अभियान का नया मोर्चा खोले। फैसला आन्दोलन को कितना ही नामंजूर हो और वह उसे चाहे जितना रद्द करे, स्वयं उसके हित में भी नहीं है कि वह सुप्रीम कोर्ट के खिलाफ चले। कानून का राज लोकतंत्र के लिए अनिवार्य है और उसके लिए न्यायपालिका की प्रतिष्ठा पहली शर्त है। कानून के राज और लोकतंत्र के बिना तो नर्मदा बचाओ आन्दोलन भी नहीं चल सकता, न वह समता और सामाजिक न्याय के वे लक्ष्य पूरे कर सकता है जो उसे चलने का कारण और होने की वैधता देते हैं। आन्दोलन को कहना पड़ेगा कि वह सुप्रीम कोर्ट के फैसले को सम्मानपूर्वक निरस्त करता है। लेकिन लोगों को न्याय दिलाने का संघर्ष जारी रखेगा। सुप्रीम कोर्ट का फैसला आखिर विधायिका के बनाए कानूनों के मुताबिक दिया गया है। हम इन कानून बनाने वालों और उनकी मानसिकता को बदलें और समुचित न्याय की व्यवस्था करेंगे। हम ऐसे कानून बनवाएँगे जो आखिरी आदमी के हितों को विकास की कसौटी मानेंगे। आखिर इस देश के लोगों ने जिन लक्ष्यों के लिए आजादी की लड़ाई लड़ी वह भी ऐसे क्रान्तिकारी परिवर्तनों के सपनों की होली है।

सुप्रीम कोर्ट का यह फैसला देश की आर्थिक आजादी को भूमंडलीकरण के नाम पर समाप्त करने वाली देसी-विदेशी ताकतों का हौसला बढ़ाएगा और उन्हें नये अवसर देगा। यह लोगों और लोक हितों के विरुद्ध राज्य और बाजार की ताकतों को मजबूत करेगा। इसलिए हमारी आर्थिक आजादी की लड़ाई अब और तेज और निर्णायक होने वाली है। जिस देश के लोगों ने अंग्रेजों के साम्राज्यवाद के विरुद्ध राजनीतिक आजादी को लड़ाई लड़ी उन्हीं के नाती-पोतों को अमेरिकी आर्थिक साम्राज्यवाद के खिलाफ आर्थिक आजादी की नई लड़ाई लड़नी है। नर्मदा बचाओ आन्दोलन दरअसल देश की व्यापक आर्थिक आजादी की इस नई लड़ाई का एक विशेष और महत्त्वपूर्ण मोर्चा है। नर्मदा नहीं बचेगी तो हमारी आर्थिक आजादी भी नहीं बचेगी और आर्थिक आजादी नहीं बची तो नर्मदा के बचने का क्या मतलब

रह जाएगा? इसलिए नर्मदा बचाओ आन्दोलन को अब अपने को आर्थिक आजादी की नई लड़ाई से नये सिरे से जोड़ना चाहिए। आर्थिक आजादी की लड़ाई को नर्मदा, किसानों, मजदूरों, दस्तकारों और स्वपोषित छोटे उद्योगों के आन्दोलनों को अपने अन्दर शामिल करना चाहिए। जो लोग जल, जंगल, जमीन पर रहने वालों के अधिकारों के लिए लड़ रहे हैं वे भी आर्थिक आजादी की लड़ाई ही लड़ रहे हैं। उन्हें भी नर्मदा को अपनी लड़ाई मानना चाहिए। भूमंडलीकरण और उदारीकरण से हमारी खेती और उद्योगों को बचाने की लड़ाई भी आर्थिक आजादी की ही लड़ाई है। जब तक ऐसे पूर्ण में खंड को नहीं देखा जाएगा और पिंड में ब्रह्मांड के दर्शन नहीं किये जाएँगे तब तक देश की आर्थिक आजादी की लड़ाई जोर नहीं पकड़ेगी।

आर्थिक आजादी की लड़ाई में यह भी मोर्चा शामिल है कि दिल्ली में ऐसी सरकार बैठाई जाए जो देश की आर्थिक आजादी को अपनी सम्प्रभुता और एकता-अखंडता जैसी हो अनुलंघनीय और सौदे से परे मानती हो। आज जो सरकार है उसे आर्थिक आजादी से ज्यादा आर्थिक वृद्धि की चिन्ता है। वृद्धि आजादी नहीं होती। कई बार तो उसके विरुद्ध होती है।

[16 नवम्बर, 2000]

बाजार पर छोड़ दीजिए, प्रधानमंत्री जी

कुमारकोम से प्रधानमंत्री के एकाग्रचिन्तन की दूसरी किस्त प्रकाशित होते ही उस पर टिप्पणी करना चाहता था। लेकिन दिल्ली में बिजली नहीं और धूप भी नहीं थी। प्रधानमंत्री ने कहा है कि नागरिकों को सरकार की तरफ देखने के बजाय अपने पराक्रम पर चलना चाहिए। अपना पराक्रम अभी जनरेटर और इन्वर्टर पर पहुँच नहीं पाया है। दिवाली की बची मोमबत्तियों पर ही निर्भर करना पड़ रहा है और उसके उजाले में एकाग्रचिन्तन पढ़ना ही आँखों पर भारी पड़ रहा है। सच कहता हूँ एकाग्रचिन्तन में ऐसा स्वयंप्रकाश नहीं है कि वह अपने आप पढ़ लिया जा सके। दूसरी किस्त का आधे से ज्यादा भाग तो ऐसे घिसे-पिटे मुहावरों में ऐसी चलतू बातें कहता है कि किसी कस्बे के बीए के विद्यार्थी के लिखे निबंध जैसा लगता है। भारत जैसे देश के प्रधानमंत्री से गहरी और खास बातों की अपेक्षा की जाती है। लेकिन प्रधानमंत्री लेख लिख कर आमफहम बातों से अपनी आम छवि फिर पाने की कोशिश में हैं जिसे वे मानते हैं कि खो चुके हैं।

अब उनके जैसे नेता क्या विश्व बैंक भी दुखी होने लगा है कि 'भारत के लाखों-करोड़ों लोग आजादी के पाँच दशक बाद भी खाने को पर्याप्त अनाज और सोने के लिए ठीक-ठाक छत के मोहताज हैं। कई लोगों को पीने का पानी और मामूली इलाज भी नहीं मिल पाता। अगर बच्चों को अच्छा खाना, अच्छी शिक्षा और अच्छी परवरिश नहीं मिल पाती तो नुकसान सिर्फ उनका और उनके परिवारों का ही नहीं होता, देश को भी अपने चौतरफा विकास के लिए अमूल्य मानव संसाधन से वंचित होना पड़ता है।' फिर प्रधानमंत्री कहते हैं—'हमें इस वास्तविकता को बदलना चाहिए और हम बदल सकते हैं। इन बुनियादी विकासीय अपर्याप्तताओं को बदलने के लिए जरूरी प्राकृतिक संसाधनों की भारत में कमी नहीं है। हमारे पास प्रतिभावान और मेहनती नर-नारियों का विशाल समुदाय है। इनमें से कई विदेश गए हैं और वहाँ उन्होंने अपने पराक्रम से सफलता की अद्‌भुत गाथाएँ लिखी हैं, अपना और अपनी मातृभूमि का नाम रोशन किया है। मैं अक्सर अपने से पूछता हूँ—अगर भारतीय भारत के बाहर इतनी बाधाओं को पार करके ऐसी जरामरा सफलता पा सकते हैं तो हम भारत में ही यह सब क्यों नहीं कर सकते?

'हाँ, हम सबके लिए अमीरी और खुशहाली ला सकते हैं', प्रधानमंत्री का विश्वास है—'हम गरीबी, बेरोजगारी और विकासहीनता के सभी निशान मिटा सकते हैं। जरूरत एक प्रेरक राष्ट्रीय सपने की है। एक ऐसी शक्तिशाली प्रयोजनशीलता की है जो अपने विविधता वाले देश के सभी नागरिकों और समुदायों की हो। एक ऐसे एकाग्रचित संकल्प और पराक्रम की आवश्यकता है जो सबको मान्य राष्ट्रीय लक्ष्यों को प्राप्त कर सके।' इसके बाद स्वयंसेवक प्रधानमंत्री संघ सम्प्रदाय के 'हम करें राष्ट्र अराधन' वाले मंथन पर जाकर जवाहरलाल नेहरू की *भारत की खोज* में खो जाते हैं। एकता में अनेकता और धर्मनिरपेक्षता की भारतीय परम्परा और लोकाचार और लोकतांत्रिकता में लौटकर वे फिर कहते हैं—'ना कुछ की बातें को पीछे छोड़कर अब हमें भारत में राजनीति और प्रशासन को और सन्तुलित, और समानता तथा और तेज सामाजिक-आर्थिक विकास में लगा देना चाहिए। हमारे लोगों की विकास की भूख बढ़ रही है। लेकिन इस भूख को मिटाने के लिए सरकारी मशीनरी काफी तेजी से काम नहीं कर रही। ज्यादातर हमारे लोगों की जरूरतें बहुत बुनियादी और सधी-सादी हैं। बाहर से जोड़ने वाली अच्छी सड़कें, पीने के लायक बेहतर पानी और स्वास्थ्यकर सुविधाएँ, किसानों को काफी और भरोसेमन्द बिजली आदि। केन्द्र और राज्य सरकारों ने इन जरूरतों को पूरी करने के लिए कई नीतियाँ और कार्यक्रम बनाए और इनके लिए बजट में काफी पैसा भी रखा गया। लेकिन इन पर ठीक से अमल नहीं होता और इसका खमियाजा दलितों, आदिवासियों और पिछड़े लोगों को ही उठाना पड़ता है। सत्ता में रही सभी पार्टियों ने विकास की रणनीति में इस खामी को महसूस किया है।'

इसका हल प्रधानमंत्री यह बताते हैं कि नागरिक जिम्मेदारी लें। वे अधिकारों से ज्यादा कर्तव्यों पर जोर दें। विकास नौकरशाहों पर छोड़ा नहीं जा सकता और हर समस्या के हल के लिए सरकार की ओर देखा नहीं जा सकता। सरकारी और गैरसरकारी विकास कार्यक्रमों में जनता की खुली भागीदारी, काम करने का बेहतर ढंग और अनुशासन आए बिना विकास नहीं हो सकता। सांसदों, विधायकों और पंचों-सरपंचों की जिम्मेदारी की भी बात कही गई है और उन्हें कानून बनाने वाले और सरकार के ओवरसियर की तरह काम करने को कहा है। अब अगर आपने इस देश में पचास साल से चले आ रहे विकास कार्यक्रमों की विफलता पर कुछ भी पढ़ा और सुना हो तो ये सब बातें सुनी-सुनाई लगेंगी। जवाहरलाल नेहरू और उस समय के कई नेता जन-भागीदारी के आह्वान में यही बातें कई बार और ज्यादा प्रभावशाली ढंग से कह चुके हैं। लेकिन अटल बिहारी वाजपेयी यह सब दूसरे मकसद से कह रहे हैं। उनका लक्ष्य है और अपनी उन खुले बाजार की पोषक नवपूँजीवादी नीतियों का औचित्य ठहराना जिन्हें उन्हीं के संघ सम्प्रदाय के लोग देश को बेचने की नीतियाँ कह चुके हैं। प्रधानमंत्री पूछते हैं कि भारत को बेचने की

हिम्मत कौन कर सकता है? किसमें दम है कि भारत को खरीद सके?

कुमारकोम के एकाग्रचिन्तन की पहली किस्त उन्हें अनुदार और सच्चे स्वयंसेवक कहने वालों को भ्रम में डालने के लिए थी और दूसरी उन पर देश को बेच देने का आरोप लगाने वालों के लिए है। उस पर ध्यान देने के पहले हमें समझ लेना चाहिए कि अटल बिहारी वाजपेयी यह भ्रम भी फैलाना चाहते हैं कि मजबूत, सम्पन्न और अपने में स्थित भारत का सपना देखने और दिखाने वाले जैसे वे पहले नेता हैं। भारत ने जो लगभग सौ साल तक स्वतंत्रता संग्राम लड़ा वह एक नये भारत को बनाने का भी संग्राम था। उसमें से भारत का सपना भी खूब अच्छी तरह निकल कर आया। उसकी तो शुरुआत ही रोटी, कपड़ा और मकान और गरीबी, गैरबराबरी और अवसरहीनता को मिटाने के संकल्प से हुई और उसे कोई तीस साल तक एक ऐसे नंगे फकीर महात्मा ने नेतृत्व दिया जो बीसवीं सदी का शताब्दी पुरुष माना जाता है। उस गांधी ने तो आखिरी आदमी को ही राजनीतिक आजादी, सामाजिक न्याय और आर्थिक समानता का पैमाना माना था। उसका विश्वास राज्य पर नहीं, लोकशक्ति पर था और वह भारत को बनाने की पूरी जिम्मेदारी नागरिकों पर ही छोड़ देना चाहता था। वह इंग्लैंड में पढ़ा और दक्षिण अफ्रीका में उसने चौबीस साल समाज कार्य किया और समझा कि भारत के सर्वांगीण विकास का रास्ता और तरीका भारतीय ही हो सकता है। आजादी की लड़ाई लड़ते हुए उसने भारत को बनाने के रचनात्मक प्रयोग किये। इस देश की गरीबी, बेरोजगारी, गैरबराबरी और असहायता की जितनी चिन्ता उस गांधी ने की, स्वतंत्रता संग्राम के किसी नेता ने नहीं की।

उन्हीं महात्मा गांधी के राजनीतिक उत्तराधिकारी जवाहरलाल नेहरू को भारत के लोगों की प्रतिभा, पराक्रम और क्रान्तदर्शिता में विश्वास नहीं था। वे यूरोप में बने उस भारतीय मन, बुद्धि और रवैये के प्रतिनिधि थे जो भारत को यूरोप बना देने में ही उसका मोक्ष देखते थे। आपके सम्प्रदाय के वीर सावरकर, डॉक्टर हेडगेवार और गुरु गोलवलकर भी उसी यूरोप के फासीवादी सपने को भारत में साकार करना चाहते थे। अंग्रेजी राज से मुठभेड़ में पैदा हुए इस आंग्ल-भारतीय समाज का ही सरकार और देश चलाने के दूसरे क्षेत्रों में आधिपत्य था। ब्रिटिश राज से लड़ते हुए भी इनने यही सीखा कि—संसार उन्हीं का है जिनके पास सत्ता है और वही उसे रखेंगे जो रख सकते हैं। उद्योग और व्यापार की जरूरतों से चले साम्राज्यवाद के इस मूलमंत्र को सन् सैंतालीस में सत्ता में आए भारतीयों ने साध रखा था। राजनीतिक जरूरत के कारण समाजवाद का लक्ष्य रखा गया और उसी के गीत गाए गए। लेकिन आजादी के राजनीतिक, सामाजिक और आर्थिक फल उन्हीं के पास गए जिनके पास उन्हें रखने और उनका रस निकालने, उनका मुरब्बा और अचार बनाने की क्षमता और तरीके थे। वे आखिरी आदमी तक तो दूर, नीचे और विपन्न स्तर पर रहनेवाले राजनेता, सरकार चलाने वाले नौकरशाह और व्यापार में लगे साधन

सम्पन्न लोगों ने जनता के नाम पर हुए विकास के अवसर और फल प्राप्त किये। राजनेता, नौकरशाह और उद्योगपति के मेल से एक स्वयंसेवी मध्यवर्ग पनपा और फैला जिसने विकास का सारा पानी अपने बाड़े में घेर लिया। समाजवाद के नाम पर गरीबी, बेरोजगारी और गैरबराबरी को यथावत रखा गया। और जैसा कि कबीर ने कहा था—आजादी की गैया ने जो दूध दिया था उसका गगन मंडल में दही जमाया गया और मथा गया तो माखन-माखन (पढ़े-लिखे साधन-सम्पन्न) संतों ने खाया और छाछ जनता में बाँट दी गई।

जिन लोगों के पास सत्ता और प्रशासन था और जो लोग इनके भाई-बन्धु थे उन्होंने जटा खोलकर गंगा को धारण कर लिया। उससे छितरी बूँदों से जो मिल सकता था वह धरती के गरीब लोगों को मिला। सोवियत संघ के विघटन और कम्युनिस्ट देशों के पराभव ने इन गंगाधारियों को सहज ही समझा दिया कि अब समाजवाद और गरीबों के नाम पर सत्ता पर काबिज नहीं रहा जा सकेगा। उन्होंने रास्ता बदला और वे खुले बाजार की पूँजीवादी अर्थव्यवस्था के राजमार्ग पर आ गए। विश्व बैंक और मुद्राकोष नये संचालक संगठन हो गए। भूमंडलीकरण, उदारीकरण और निजीकरण खुल जा सिम-सिम के नये मंत्र बन गए। रास्ता इसलिए नहीं बदला गया कि वह गरीबी, बेरोजगारी और गैरबराबरी को समाप्त करने में विफल हो गया था।

प्रधानमंत्री कहते हैं कि भूमंडलीकरण, उदारीकरण और निजीकरण के जरिये बाजार को सर्वोपरि माननेवाली नीतियों पर देश में आम राजनीतिक सहमति है। कांग्रेस ने बनाई, तीसरे मोर्चे की पार्टियों ने आगे बढ़ाई और अब भाजपा के साथ गठबन्धन में बंधी पार्टियाँ उन्हें अपरिहार्य मानकर उनका पालन कर रही हैं। आखिर इन सभी पार्टियों और सरकारी तंत्रों में वही लोग हैं जो पहले समाजवाद के नाम पर सत्ता पर काबिज थे और अब नये खुले आर्थिक वृद्धि वाले संसार में चमकना चाहते हैं। साम्राज्यवाद अठारहवीं-उन्नीसवीं सदी के औद्योगिक-व्यापारिक यूरोप की जरूरतों से पैदा हुआ था और तब भारत में ऐसे लोगों की कमी नहीं थी जो मानते थे कि इसी में भारत का मोक्ष है। भूमंडलीकरण, उदारीकरण, निजीकरण आदि इक्कीसवीं सदी के अमेरिका और उससे पोषित यूरोप की जरूरत हैं और इस नवसाम्राज्यवाद में शामिल होने के अलावा कोई रास्ता नहीं है—यह भी भारत में वही लोग कह रहे हैं जिनके बाप-दादे अंग्रेजी राज और साम्राज्यवाद को भारत के लिए वरदान मानते थे। वही लोग इसका वैचारिक और आध्यात्मिक दर्शन भी बता रहे हैं जो पहले लाठी वाले की भैंस और उसी के दुहने के अधिकार को मानते थे। दर्शन का समर्थन करते हुए प्रधानमंत्री कह रहे हैं कि वैसा संसार बनाओ जो अमेरिका और यूरोप में है और जिसमें पढ़े-लिखे साधन-सम्पन्न भारतीयों ने गजब की सफलता और मोक्ष प्राप्त किया है। जो सूचना प्रौद्योगिकी भारत की एक प्रतिशत जनता को भी नहीं छूती वह हमारी अर्थव्यवस्था की इंजन बताई जा रही है और

उसके ग्लैमर में भाग-भाग कर भारत के संसाधनों से कौशल पाए लोग अमेरिका और यूरोप जाकर अपना और अपनी मातृभूमि का नाम रोशन कर रहे हैं।

प्रधानमंत्री को दुख है कि भारत में इतनी गरीबी, बेरोजगारी और गैरबराबरी है। वे जानते हैं कि इन नीतियों से दस साल में गरीबी, बेरोजगारी और गैरबराबरी बढ़ी है। पाँचवें वेतन आयोग ने सब सरकारों का दिवाला निकाल दिया है। उनके उत्तर प्रदेश में विश्व बैंक से कर्ज लेकर सरकारी नौकरों-अफसरों को वेतन दिया जा रहा है। भूमंडलीकरण, उदारीकरण और निजीकरण से लाभ उन्हीं का है जो सत्ता के हत्थे पर हाथ रखे हुए हैं। वही अमेरिका और यूरोप के साधन-सम्पन्न लोगों के साथ भूमंडलीकरण हो रहे हैं। अमेरिका और यूरोप और उनके बनाए विश्व बैंक, मुद्राकोष और व्यापार संगठन सब कर्म बाजार पर छोड़ने पर जो दे रहे हैं। प्रधानमंत्री नाहक देश को विकास का सपना लेने को कह रहे हैं। महोदय, इस देश को बाजार पर छोड़ दीजिए। वही सर्वांगीण विकसित भारत बनाएगा। बाजार में खरीदी-बिक्री नहीं होती अब राष्ट्रों का निर्माण होता है। आप गांधीय समाजवाद से चले थे अब बाजार के समाजवाद में आ गए। धन्य हो।

[6 अप्रैल, 2001]

ऐसे शारजाह में क्यों जाना?

जिस किसी का भंडा फूटने पर आता है तो वह सियार की तरह साजिश-साजिश चिल्लाने लगता है। जैसे शारजाह में क्रिकेट कल्याण कोष के कर्ताधर्ता अब्दुल रहमान बुखातिर कह रहे हैं कि भारत, लन्दन और संयुक्त अरब अमीरात के कुछ लोग रेगिस्तान में क्रिकेट के नखलिस्तान का बवंडर करने में लगे हुए हैं। शारजाह में 169 वन डे मैच अब तक खेले जा चुके हैं। संसार के और किसी भी मैदान पर इतने वन डे नहीं हुए हैं। इस समय भी वहाँ एक त्रिकोणीय वन डे टूर्नामेंट चल रहा है। फिर उसका गुणगान करने के बजाय बुखातिर उसे बदनामी से बचाने की कोशिश क्यों कर रहे हैं?

एक तो इस टूर्नामेंट में भाग लेने के लिए भारत नहीं गया। सरकार ने एलान किया है कि भारत तीन साल तक वहाँ खेलेगा नहीं। यह निर्णय क्यों लिया गया इसके कारण औपचारिक रूप से बताए नहीं गए। लेकिन सब जानते हैं कि इस फैसले का एक यही कारण नहीं है कि वहाँ पाकिस्तान भी खेलने आने वाला था और अभी सरकार पाकिस्तान से क्रिकेट सम्बन्ध फिर शुरू करने को तैयार नहीं है। शारजाह में न खेलने के फैसले का पाकिस्तान से उतना सम्बन्ध नहीं है, जितना मैच फिक्स करने और रिश्वतखोरी पर सीबीआई की रपट से है। रपट में वैसे तो शारजाह का कई बार जिक्र आया है लेकिन भारतीय क्रिकेट बोर्ड के कामकाज पर जो अध्याय है उसमें कहा गया है—'पिछले दशक में बोर्ड की जिन नीतियों ने मैच फिक्सिंग और दूसरे दुराचार बढ़ाने में सीधे योगदान किया है उसमें एक है शारजाह, सिंगापुर, टोरंटो जैसी विवादास्पद जगहों पर बार-बार खेलने जाना।' रपट मानती है कि इन जगहों पर तमाशे का वातावरण होता है और खिलाड़ियों के सट्टेबाजों के चंगुल में फँसने की ज्यादा गुंजाइश होती है। यह भी कहा गया है कि आयोजकों को जब पर्याप्त आमदनी नहीं होती तो वे मैच फिक्स करके कमाई करने की कोशिश करते हैं। रपट ने माना है कि सट्टेबाजी और रिश्वतखोरी का दूसरा कारण बहुत ज्यादा वन डे खेलना है। खिलाड़ियों को इतने अधिक वन डे खेलने पड़ते हैं कि किसी मैच में पैसे खाकर या ऐसे ही हार जाने की उन्हें फिक्र नहीं होती।

लेकिन रपट का अन्त तो बिलकुल चेतावनी बल्कि भयावह चेतावनी में होती

है—'क्रिकेट की सट्टेबाजी में लग रहे अन्धाधुंध धन और भूमिगत अपराधी सरगनों के शामिल होने से खिलाड़ियों को दिया जाने वाला लालच और उनके काम न करने पर मिलने वाली धमकियाँ—दोनों ही बढ़ने वाली हैं। क्रिकेट को वापस पटरी पर लाने के लिए सुधार के बड़े कदम उठाने पड़ेंगे।' छह महीने पहले दी गई इस रपट में सीबीआई को सबसे बड़ा खतरा यह लगा था कि अपराधी सरगने अगर मैच फिक्स करने और सट्टाखोरी में सीधे आ गए तो खिलाड़ियों का देश और खेल के लिए खेलना लगभग असम्भव हो जाएगा। सब जानते हैं कि अपराधी सरगनों की बात न मानी जाए तो इनकार करने वाले को मौत के घाट उतारने में उन्हें कोई हिचक नहीं होती। पहले वे बड़े-बड़े लालच देते हैं और बात न बने तो सजा-ए-मौत। भारतीय खिलाड़ियों को अपराधियों के इस दुष्चक्र से बचाना बेहद जरूरी है।

भारत के शारजाह में तीन साल न खेलने के निर्णय के पीछे इरादा यही है कि खिलाड़ियों को अपराधी सरगनों के चंगुल से बचाया जाए। इस इरादे के पीछे दो शंकाएँ साफ हैं। पहली यह कि शारजाह में बहुत सट्टाखोरी होती है और दूसरी यह कि वह अपराधी सरगनों का अड्डा है। जाहिर है कि इन शंकाओं और भारत के खेलने न जाने के फैसले ने शारजाह को क्रिकेट मैदान के नाते बदनाम किया है। खासकर इसलिए कि सीबीआई की रपट छह महीने से जगजाहिर है और उसमें कई जगह शारजाह और अपराधी सरगनों का जिक्र है। भारतीय टीम के भूतपूर्व फिजियोथेरेपिस्ट डॉक्टर अली इरानी ने सीबीआई से पूछताछ में कहा कि 'एक बार अजहरुद्दीन ने उनसे कहा था कि चूँकि वे अनीस इब्राहिम के लिए मैच (फिक्स) कर रहे हैं इसलिए किसी और के लिए नहीं कर सकते।' खुद अजहर ने भी अपने बयान में कबूल किया है कि शारजाह में कुछ बार उनने दाऊद इब्राहिम को देखा है क्योंकि वे वहाँ क्रिकेट मैच देखने आया करते थे। अजहर ने दाऊद से टेलीफोन पर बात होने से इनकार किया है। अबू सलेम के बारे में पूछ जाने पर अजहर ने कहा कि उन्होंने दो-तीन बार फोन करके कुछ मैच फिक्स करने को कहा था। लेकिन अजहर ने कहा कि उन्होंने इनकार कर दिया।

अब दाऊद इब्राहिम तो भारत में इतने बदनाम हैं कि अपराधी सरगना कहते ही कई लोगों को उन्हीं का नाम याद आता है। जिस अनीस इब्राहिम के लिए मैच फिक्स करने की बात अजहर ने डॉक्टर अली इरानी को कही है वे दाऊद के भाई हैं और शारजाह दुबई आदि से ऑपरेट करते हैं। अबू सलेम भी अपराधी सरगना हैं। शारजाह क्रिकेट देखने और अब्दुल रहमान बुखातिर की मेहमाननवाजी के लुत्फ उठाने जो भी पत्रकार, टीवी वाले और फिल्मी दुनिया के लोग जाते रहे हैं उनको भी दाऊद इब्राहिम और दूसरे अपराधी सरगनों को वहाँ के क्रिकेट मैदान में सक्रिय देखा है। पंजाब क्रिकेट संघ और बोर्ड के भी अध्यक्ष रहे इन्दरजीत सिंह बिंद्रा ने भी कहा है कि शारजाह में अजहर को एक बेशकीमती बीएमडब्ल्यू कार

एक ऐसे क्रिकेटप्रेमी ने भेंट की थी जो कि पाकिस्तान क्रिकेट के प्रेमी होने के नाते मशहूर हैं। उन्होंने *टेलीग्राफ* में छपी इस खबर का भी हवाला दिया है कि एक बार अजय जडेजा किसी सट्टेबाज को भारतीय टीम के ड्रेसिंग रूम में ले आए। जब प्रेस फोटू खींचने वालों ने फोटू लेने की कोशिश की तो जडेजा और अजहर ने उसे ढँक लिया और तुरत-फुरत बाहर कर दिया।

शारजाह क्रिकेट से अपराधी सरगनों और सट्टेबाजों का लगाव इस तरह जगजाहिर है। अब्दुल रहमान बुखातिर ने शारजाह के रेगिस्तान में क्रिकेट का व्यापार पाकिस्तान के पूर्व कप्तान आसिफ इकबाल के साथ मिलकर और बड़ी सूझबूझ से खड़ा किया है। पैकर सर्कस सन् सतहत्तर और अठहत्तर तक चला। उसमें जाने वाले खिलाड़ी अपने देशों की टीमों में लौट आए क्योंकि क्रिकेट प्रतिष्ठान ने पैकर की शर्तें मंजूर कर ली थीं। सन् उनहत्तर में आसिफ इकबाल पाकिस्तानी टीम लेकर भारत आए और यहाँ सीरीज हार गए। उसके बाद वे बच नहीं सकते थे इसलिए हटाए जाने पर उन्होंने संन्यास ले किया और बुखातिर के साथ मिलकर शारजाह में क्रिकेट का व्यापार खोल लिया। भारत के खिलाड़ी पैकर के हजारों डॉलरों से वंचित रह गए थे। उन्होंने देखा कि जो पैकर सर्कस में गए वे ससम्मान अधिकृत क्रिकेट में लौट आए हैं। उनके तो दोनों हाथों में लड्डू हैं। इसलिए भारतीय खिलाड़ियों का भी लालच भड़का और वे शारजाह के सर्कस में उत्साह से पहुँच गए। क्रिकेट कल्याण कोष ने खेलने वाले खिलाड़ियों को सपरिवार बुलाया और आवभगत के अलावा खेलने के बहुत से पेट्रो-डॉलर भी दिये। पुराने खिलाड़ियों—खासकर भारत-पाकिस्तान के पुराने खिलाड़ियों को भी इतना पैसा दिया जितना उन्होंने उमर भर खेल कर कमाया नहीं था। तो वर्तमान और पुराने खिलाड़ी तो शारजाह क्रिकेट व्यापार में भागीदार हो ही गए। मीडिया पर भी बुखातिर-इकबाल की जोड़ी ने खूब ध्यान दिया। पहले भारत-पाकिस्तान के खेल संवाददाता, समीक्षक, लेखक और खेलप्रिय सम्पादक, फिर रेडियो-टेलीविजन के कमेंट्रीकार और दर्शकों में ग्लैमर बढ़ाने के लिए भारत-पाकिस्तान की फिल्मी और टीवी हस्तियों को भी बुलाया गया और ऐसी खातिर-तवज्जो की कि उनके लिए शारजाह आकर्षण का केन्द्र हो गया। फिर दूसरे देशों के खिलाड़ियों, पूर्व खिलाड़ियों, टीवीवालों और प्रेस को भी बुलाकर अच्छी तरह खिलाया-पिलाया गया। धीरे-धीरे खिलाड़ियों, पूर्व खिलाड़ियों और मीडिया की ऐसी वाहवाही शारजाह के क्रिकेट कल्याण कोष के क्रिकेट को मिली कि अन्तरराष्ट्रीय क्रिकेट संघ ने भी रेगिस्तानी क्रिकेट को मान्यता दे दी। प्रायोजकों, विज्ञापनदाताओं और टीवी वालों की रुचि और पूँजी ने शारजाह क्रिकेट को नकदी से लबालब कर दिया।

पैरोकारों की जबान तो ऐसी खुली कि क्या कहना! अभी भारत-आस्ट्रेलिया की वन-डे सीरीज के आखिरी मैच में लक्ष्मण ने मेकग्रा को एक कवर ड्राइव मारा। टोनी

ग्रेग कमेंट्री कर रहे थे। उन्होंने कहा—'वाह क्या शॉट है। इस पर तो तेंदुलकर को भी नाज हो सकता है। और ब्रेडमन को भी। लेकिन देखिए कि क्या ट्रेजेडी है लक्ष्मण यह शॉट खेलने शारजाह नहीं जाएँगे। भारत वहाँ नहीं खेल रहा है। मैं कहता हूँ कि इसका लाभ किसे मिलेगा? पाकिस्तान को मिलेगा! और भारत वंचित रह जाएगा!' जैसे पैकर के सेल्समन थे वैसे ही टोनी ग्रेग शारजाह के भी सोल एजेंट हैं। उन्हें मालूम है कि वहाँ के क्रिकेट व्यापार की जान भारत-पाकिस्तान प्रतिद्वंद्विता में है। वहाँ जाकर बसे भारतीयों और पाकिस्तानियों के लिए तो क्रिकेट मैच ही श्रेष्ठता के युद्ध का पर्याय है। शारजाह में जब भारत-पाकिस्तान खेलते हैं तो भारतीयों और पाकिस्तानियों की भावनाएँ वही होती हैं जो दो युद्धरत देशों के नागरिकों की। वे न सिर्फ यह युद्ध देखने आते हैं, उनको प्रभावित करनेवाले विज्ञापनदाता और उनके खेल को भारत-पाकिस्तान और दूसरे देशों में ले जाने वाले टीवीवालों में भी होड़ होने लगती है। इसको क्रिकेट कल्याण कोष भुनाता है और काफी पैसा उन लोगों में बाँटता है जो इस धंधे को चलाने और कमाऊ बनाए रखने में मददगार हैं। शारजाह में अकेला भारत या अकेला पाकिस्तान खेले तो जनता और पूँजी वैसी टूट कर नहीं पड़ती। शारजाह क्रिकेट व्यापार दरअसल भारत-पाक दुश्मनी को भुनाने का धंधा है। दोनों देशों के अपराधी सरगनों और सट्टाखोरों के लिए भी यह चाँदी बनाने का मौका होता है और वे शारजाह में जितने सक्रिय होते हैं उतने अपने-अपने देश में नहीं हो सकते क्योंकि वहाँ पुलिस और जासूस उनके पीछे पड़े होते हैं। शारजाह खुली पूँजी और खुली चरागाह है। सबको मालूम है कि इस चरागाह में बकरे बनने से रोकने के लिए ही भारत सरकार ने भारतीय खिलाड़ियों को वहाँ खेलने की अनुमति नहीं दी।

भारत सरकार को मनाने के लिए खुद अब्दुल रहमान बुखातिर दिल्ली आए थे और दूसरे शहरों में भी गए थे। उन्हें बड़ी शिकायत थी कि जो लोग बीस साल से उनकी मेहमाननवाजी के स्वीमिंग पूल में गोते लगा रहे हैं वही अब उनकी मदद नहीं कर सकते। इस नमकहरामी से बहुत दुखी होकर वे गए। तीन साल तक भारत शारजाह में न खेले और यह रेगिस्तानी क्रिकेट मैदान सट्टाखोरों और अपराधी सरगनों के अड्डे के नाते बदनाम हो जाए तो क्रिकेट का व्यापार कैसे चल सकता है। आसिफ इकबाल ने इस्तीफा दे दिया है। पता नहीं उनसे लिया गया या उन्होंने दिया। टूर्नामेंट चल रहा है। भारत की जगह न्यूजीलैंड को बुला लिया गया हैं लेकिन चूँकि टूर्नामेंट चल रहा है इसलिए जाँच करने को अन्तरराष्ट्रीय क्रिकेट संघ की टीम भी शारजाह आ रही है। यह वही टीम है जिसे क्रिकेट में सट्टेबाजी और रिश्वतखोरी के खिलाफ रपट तैयार करने और इन्हें मिटाने की तरकीबों की सिफारिश करने को कहा गया है। भारत के तीन साल के लिए अलग हटने से अब्दुल रहमान बुखातिर और क्रिकेट कल्याण कोष को जो घाव हुए हैं उनमें नमक

रगड़ने के लिए अन्तरराष्ट्रीय क्रिकेट संघ की जाँच टीम आ रही है।

बुखातिर बेचारे इसलिए फट पड़े हैं। वे दिल्ली, लन्दन और अमीरात में शारजाह क्रिकेट को बदनाम और बर्बाद करने की साजिश तो देख ही रहे हैं, अपने धंधे को भी चौपट होता पा रहे हैं। इसलिए वे कह रहे हैं कि दुनिया में मैच फिक्सिंग और सट्टेबाजी कहाँ नहीं होती? फिर शारजाह को ही निशाना क्यों बनाया जा रहा है? अपने बोर्ड के सचिव जयवन्त लेले ने भी कहा है कि क्या मुम्बई में अपराधी सरगने और सट्टेबाज नहीं हैं? बुखातिर कहते हैं कि रिश्वतखोरी तो खिलाड़ी और सट्टेबाज के बीच की चीज है। इसका समय और स्थान से कोई सम्बन्ध नहीं होता। फिर वे कहते हैं कि मैच फिक्स करने के आरोप सबसे ज्यादा पाकिस्तानी खिलाड़ियों पर लगते हैं। लेकिन शारजाह में मैच फिक्स होते तो वहाँ बार-बार पाकिस्तान कैसे जीतता?

पाकिस्तानी खिलाड़ियों की विश्वसनीयता ही अगर शारजाह को पाक साबित करने वाली हो तो फिर साबित करने को बचता ही क्या है? अच्छा ही हुआ जो भारत वहाँ नहीं गया। क्रिकेट के लिए यह और भी अच्छा होगा कि शारजाह की लू उतर जाए। क्रिकेट धंधे, सट्टाखोरी और अपराधी रसातल में जाने से बच जाएगा।

[14 अप्रैल, 2001]

लोकतंत्र पर हमले का जवाब ऐसे दोगे!

संसद फिर जुटी। हमेशा की तरह वही ग्यारह बजे। दोनों सदनों ने गुरुवार को शहीद हुए सातों व्यक्तियों को श्रद्धांजलि दी और उनकी बहादुरी और कर्तव्य परायणता की प्रशंसा की। फिर संसद ने आत्मघाती आतंकवादी हमले की भर्त्सना की और देश की आजादी और एकता और अखंडता की रक्षा करने और आतंकवाद का सफाया करने का संकल्प लिया। शहीदों की स्मृति में एक मिनट का मौन रखा और संसद मंगलवार तक के लिए उठ गई। गहरी जड़ों के और अपनी शक्ति में आश्वस्त लोकतंत्र बौखला कर बिखरते नहीं।

यह स्पष्ट है कि पाँच आत्मघाती आतंकवादी भारतीय लोकतंत्र को हिला नहीं सकते क्योंकि लोकतंत्र वही नहीं है जो संसद भवन में चलता है। लोकतंत्र सौ करोड़ भारतीयों की अदम्य इच्छा शक्ति, सदियों के आत्मानुभव और अपने होने और बने रहने का दृढ़ निश्चय है। संसद भवन में जो चलता है वह तो अपने लोकतंत्र का एक स्वरूप है। लोकतंत्र पत्थर, मिट्टी और चूने की वह इमारत नहीं है जिसे उड़ाने को विस्फोटकों से भरी गाड़ी लेकर वे आत्मघाती अहाते में घुस आए थे। वह विस्फोटक उनके कोई काम नहीं आया। वे विस्फोट कर भी देते तो जो टूट कर बिखरती वह पत्थर की इमारत होती। जो लोकतंत्र भारत के मानस में अविच्छिन्न है उसे कोई विस्फोटक भेद कर तहस-नहस नहीं कर सकता। हमारी आजादी और हमारा लोकतंत्र वह फौलाद है जिसे आतंकवादी तोड़ नहीं सकते। संसद के अहाते में घुसकर गोलीबारी और बमबारी करने वाले आतंकवादी इसीलिए भारतीय जन जीवन को ठप्प या बदहवास नहीं कर सके।

अगर हम जानते हैं कि हमारा लोकतंत्र ऐसा अच्छेद्य, अहाह्य, अक्लेघ और अशोष्य है तो ऐसा क्यों और कैसे हो सका कि हमारी ही एक मोटर गाड़ी में सत्ता के हमारे ही चिह्न लगाकर आतंकवादी संसद की सुरक्षा की पहली पंक्ति पार कर गए और अगर हमारे सुरक्षाकर्मी उन्हीं मार नहीं गिराते तो वे संसद भवन को उड़ाकर हमारे राजनीतिक नेतृत्व का सफाया कर देते। सत्ता के जिम्मेदार लोग कह रहे हैं कि चुप लोकतंत्र पर हमला हुआ है। राष्ट्र की एकता और अखंडता पर आसन्न संकट है। यह समय सवाल पूछने का नहीं, एक होकर मुट्ठी तानने का है। हम

अपने मतभेद और सवाल भुलाकर एक नहीं हुए तो संकट हमें लील जाएगा और हमारा कोई अस्तित्व नहीं रहेगा। एक अनुभवी और शक्तिशाली देश को इस तरह क्या डराया जा रहा है?

आजाद होने के छह महीने के भीतर विभाजन की आग में जलते देश के राष्ट्रपिता की देह को अपने ही एक हिन्दुत्ववादी आतंकवादी ने गोली मार कर शान्त कर दिया था। तब भी हम नहीं बिखरे। बत्तीस साल बाद हमारी ही सुरक्षा व्यवस्था के एक सिपाही ने हमारी प्रधानमंत्री को उनके घर में गोलियों से छेद दिया। पहला हमारे राष्ट्र और दूसरा हमारे राज्य पर सीधा आक्रमण था। लेकिन क्या अपने राष्ट्र राज्य की रक्षा करने में हमने अपने लोकतंत्र को तिलांजलि दी या उसे स्थगित किया? ये दोनों आतंकवादी हमले थे और राष्ट्र के जीवन के नाजुक समय में हुए थे लेकिन हमने सवाल पूछना नहीं छोड़ा। अब हमें बताया जा रहा है कि ग्यारह सितम्बर को न्यूयॉर्क और वाशिंगटन में हुए आतंकवादी हमलों के बाद देखो अमेरिका किस तरह अपने राष्ट्रपति के साथ हो गया और किसी ने कोई सवाल नहीं पूछा कि यह हमला कैसे हो गया। सब अमेरिकी इकट्ठे होकर शस्त्र उठाए अफगानिस्तान में ओसामा बिन लादेन को मारने निकल गए। लोकतंत्र इसी तरह अपनी रक्षा करते हैं। खैर मनाओ कि हमारा ग्यारह सितम्बर उतना भयावह और मारक नहीं था। गर्व करो कि आत्मघाती आतंकवादी सिर्फ अहाते में घुस सके और हमारे वीर सुरक्षाकर्मियों ने उन्हें मार गिराया। सोचो कि अगर वे संसद में घुस जाते तो कैसा रक्तपात होता और लोकतंत्र की इमारत कैसे विस्फोट में ढह जाती।

[15 दिसम्बर, 2001]

यह जिम्मेदारी से भागने वाले बहानेबाजों का सम्प्रदाय है

आईडी स्वामी न तो संघ सम्प्रदाय के चिन्तक हैं, न संगठक। गृह मंत्रालय में लालकृष्ण आडवाणी के नीचे मंत्री हैं। लेकिन उस रात वे टीवी पर बता रहे थे कि संसद भवन के अहाते में घुसी विस्फोटकों और आतंकवादियों से लदी कार को पहले फाटक पर लगी सुरक्षा व्यवस्था के रक्षक अच्छी तरह चेक नहीं कर पाए क्योंकि हमारे सत्ताधारियों और राजनीतिकों को तलाशी लिए जाना बिलकुल पसन्द नहीं है। वह सफेद अम्बेसडर थी उस पर लालबत्ती लगी थी और गृह मंत्रालय का स्टिकर भी था और उसमें कमांडो थे। उन्हें सत्ता के रक्षक मानकर सरसरी निगरानी के बाद जाने दिया गया।

संसद पर आतंकवादी कार्रवाई देखकर भयभीत और विचलित स्टार टीवी के राजनीतिक सम्पादक राजदीप सरदेसाई स्वामी से तीखे सवाल पूछने और आत्मघाती आतंकवादियों के इतने अन्दर तक घुस आने के लिए उन्हें जिम्मेदार ठहराने के लिए तैयार नहीं थे। वे लालकृष्ण आडवाणी और प्रमोद महाजन की चलाई लाइन में शामिल हो गए थे कि सुरक्षा और खुफिया व्यवस्था कहीं टूटी ही नहीं। हमारे वीर रक्षकों ने हमला विफल कर दिया और इसलिए यह भगवान की कृपा का दिन है। फिर भी यह तो कोई भी पूछता कि पहले फाटक पर गाड़ी रोकी क्यों नहीं गई? तब तक *स्टार* और *आज तक* दोनों ग्राफिक्स में भी बता रहे थे कि आतंकवादी विजय चौक की तरफ से घुसे। उनके गोली चलाते चित्र लेने वाले अपने वीर फोटोग्राफरों से बातचीत भी सुना रहे थे। वे कह रहे थे कि यह सब आँखों देखा है। संसद भवन के बता देने के बावजूद कि आतंकवादियों की कार संसद मार्ग की तरफ से गेट नम्बर दो से घुसी सबकुछ साक्षात दिखा देने वालों ने गलती सुधारी नहीं थी। वे हमले से ऐसे बदहवास थे कि लोकतंत्र उन्हें बिखरता और देश टूटता दिख रहा था।

फिर भी अचरज तो था ही कि इतने विस्फोटकों और हथियारबन्द लोगों की कार को जाने कैसे दिया गया? और क्या यह वहाँ चैक करने वाले सिपाहियों की लापरवाही नहीं थी? इस पर गृहमंत्रालय में राज्यमंत्री स्वामी बता रहे थे चूँकि इस तरह की चाक चौबस्त जाँच सत्ताधारियों को पसन्द नहीं आती इसलिए सुरक्षा जाँच

करने वाले सत्ता के निशान देखते ही नजर नीची करके फेरते हैं और जाने देते हैं। हमारे सत्ताधारी और हमारा राजनीतिक वर्ग खाना तलाशी देने के मामले में हाइपर सेंसिटिव यानी नाराज होने की हद तक संवेदनशील है। कोई पसन्द नहीं करता कि कोई सिपाही उसकी पूरी जाँच करे। माना जाता है कि ऐसा करके वह अदना सिपाही हम पर शक कर रहा है। उसकी यह मजाल। हमारी मेहरबानी से वह यहाँ खड़ा है। हमें सलाम ठोककर उसे जाने देना चाहिए।

अपने सत्ताधारियों के इस चरित्तर की बात स्वामी ठीक कह रहे हैं। लेकिन सत्ताधारियों को पसन्द नहीं है इसलिए सुरक्षा जाँच पर कड़ाई से ध्यान न देने को चलने दिया जा सकता है? सत्ताधारियों की पसन्दगी से आतंकवाद और उसके खिलाफ सुरक्षा की अनिवार्यता बदलती नहीं। अपनी तो एक प्रधानमंत्री उन्हीं की सुरक्षा व्यवस्था में तैनात एक अंगरक्षक की गोलियों से मारी गई हैं। अपने यहाँ तो अंगरक्षकों और कमांडों की और भी कड़ाई से जाँच होनी चाहिए क्योंकि उन्हीं के भेस में हत्यारे अपने निशाने तक पहुँच सकते हैं। क्या कोई भी सरकार और उसका मंत्री सुरक्षा की अपनी जिम्मेदारी इसलिए छोड़ सकता है कि उसी के वर्ग के लोगों को जाँच करवाया जाना नापसन्द है?

जिस देश में बीस साल से आतंकवाद चल रहा है और अपने ही लोग बाहर से मदद लेकर खून खराबे में लगे हुए हैं वहाँ के सत्ताधारी सुरक्षा व्यवस्था के बारे में अगर ऐसे रवैये से पीड़ित हैं तो सरकार और मंत्रियों को तो और भी सावधानी बरतनी चाहिए। लेकिन यहाँ एक गृह राज्यमंत्री सुरक्षा व्यवस्था में घातक और शर्मनाक लापरवाही को सत्ताधारियों के आम चरित्तर पर थोप कर दावा कर रहा है कि वह तो टूटी ही नहीं। सुरक्षा की जिम्मेदारी उसके लिए तैनात और प्रशिक्षित सिपाहियों से हटा कर पूरे राजनीतिक वर्ग पर क्यों डाली जा रही है? क्योंकि मंत्री स्वामी जानते हैं कि सुरक्षा फेल हुई है और उसके लिए जिम्मेदार वही हैं। लेकिन वे मानने को तैयार नहीं हैं इसलिए अपने सत्ताधारियों के चरित्र को बहाना बनाया जा रहा है।

इस तरह के बहाने बनाना और सत्ता में अपनी विफलता की जिम्मेदारी बड़े वर्ग या समुदाय पर डाल देना संघ सम्प्रदायियों का विशेष चरित्र है। स्वामी तो बेचारे उस सम्प्रदाय के छोटे सेवक हैं। सरसंघचालक राजेंद्र सिंह उर्फ रज्जू भैया ने दो साल पहले इसका सर्वोत्तम उदाहरण देश के सामने रखा था। तब कुछ आतंकवादी एक मात्र हिन्दू राष्ट्र नेपाल की राजधानी काठमांडो से अपना एक यात्री विमान ले उड़े थे। वे पहले अमृतसर उतरे और काफी देर तक खड़े रहे तब हमारी देशभक्त सरकार के सुरक्षा तंत्र ने कुछ नहीं किया। विमान जब तक कन्धार में नहीं उतरा भाजपाई सत्ताधारियों से कुछ नहीं बना। वे बात चला-चलाकर अपहर्ताओं को थका भी नहीं सके। कन्धार तब तालिबान के राज में था और साफ था कि वे पाकिस्तानी

अपहर्ताओं की मदद में हैं। दिल्ली के संघ सम्प्रदायी सत्ताधारियों ने पचहत्तर साल की वीरता के सारे दावे छोड़कर स्वयं विदेश मंत्री को गिरफ्तार उग्रवादियों के साथ भिजवाया। एक वीर विदेश मंत्री तीन आतंकवादियों को रिहा करके एक सौ इकसठ यात्रियों की जान बचा के ले आया।

इस आत्म समर्पण पर देश धिक्कार करने लगा तो सरसंघचालक रज्जू भैया ने नहीं माना कि यह उनके स्वयंसेवक सत्ताधारियों की कायरता और सरासर अक्षमता है। वे भला भाजपाइयों के बारे में ऐसा सत्य कैसे बोल सकते थे। उन्होंने परम सत्य का उद्घाटन किया। उन्होंने कहा कि कन्धार इसलिए हुआ कि हिन्दू समाज ही कायर है। हिन्दुओं की कायरता देखकर ही डॉक्टर हेड़गेवार ने राष्ट्रीय स्वयंसेवक संघ की स्थापना की थी ताकि उन्हें संगठित करके वीर बनाया जा सके। उनने कहा नहीं लेकिन उनके कथन का मतलब था कि हिन्दू समाज चूँकि राष्ट्रीय स्वयंसेवक संघ में संगठित नहीं हुआ इसलिए अभी तक कायर बना हुआ है और इसीलिए कन्धार में स्वयंसेवकों की रक्षा को भी घुटने टेकने पड़े।

आप समझे कि नहीं? कन्धार इसलिए हुआ कि हिन्दू समाज कायर है और संसद भवन पर आतंकवादी हमला इसलिए हुआ कि हमारे सत्ताधारियों को जाँच करवाना पसन्द नहीं है। इन सत्ताधारियों में वीर स्वयंसेवक सत्ताधारी शामिल नहीं हैं। *नमस्ते सदा वत्सले मातृभूमे...*

[17 दिसम्बर, 2001]

ग्यारह सितम्बर या तेरह दिसम्बर?

जो लोग दुनिया को अमेरिकी नजर से देखते हैं कहते हैं कि 2001 की सबसे बड़ी घटना ग्यारह सितम्बर को अमेरिका पर आतंकवादी हमला थी। उस दिन सवेरे आतंकवादियों ने अमेरिकी विमान सेवाओं के ही चार विमान अगुवा किये। दो उड़ा के न्यूयॉर्क ले गए और उनसे विश्व व्यापार केन्द्र के दोनों टॉवरों को फोड़ दिया। तीसरे से पेंटागन को तोड़ा और चौथे से वे व्हाइट हाउस को उड़ाने वाले थे पर वह विमान बीच में ही दुर्घटनाग्रस्त हुआ या उड़ा दिया गया। विश्व व्यापार केन्द्र अमेरिका की व्यापारिक शक्ति और पेंटागन उसकी सैनिक शक्ति के केन्द्र थे। अमेरिका दुनिया का एकमात्र सैनिक महाबली और सबसे अमीर देश है। यह आतंकवादी हमला अमेरिका के सैनिक और आर्थिक शक्ति केन्द्रों पर किया गया। राजनीतिक शक्ति केन्द्र व्हाइट हाउस या तो बच गया या बचा लिया गया। अपने को अभेद्य और अजेय मानने वाला अमेरिका पहली बार आतंकवादी हमले का शिकार हुआ था इसलिए उसका विचलित और उद्वेलित होना समझ में आता है और वह इसे सबसे बड़ी घटना या दुर्घटना माने यह भी स्वाभाविक है। लेकिन यह दुनियाभर के लिए सबसे बड़ी घटना कैसे है? और इसके बाद दुनिया वह क्यों नहीं रह गई है जो इसके पहले थी? अमेरिका पर हुआ इसलिए इस हमले से आतंकवाद का भूमंडलीकरण कैसे हो गया?

यह दावा अमेरिका का है कि ग्यारह सितम्बर का हमला सभ्य संसार पर बर्बर आतंकवादियों का हमला है और इस हमले के जवाब में छेड़ा गया युद्ध विश्व का आतंकवाद के विरुद्ध युद्ध है। इस दावे को हम भारतीय कैसे मान लें जो कम से कम बीस साल से इसी तरह का आतंकवाद झेल रहे हैं। पहले पंजाब, फिर असम, फिर तमिलनाडु, फिर कश्मीर, मुम्बई और दिल्ली। हमारे इन प्रदेशों और नगरों पर आतंकवादी हमले बीस साल से हो रहे हैं। क्या हम असभ्य लोग हैं? हम पर हुए हमले बर्बर और मानवता के विरुद्ध अपराध नहीं थे? हमने भी आतंकवाद के विरुद्ध युद्ध छेड़ रखा है। हम तो भारतीय ही इस युद्ध में लगे हैं। हमने कभी दावा क्यों नहीं किया कि हम विश्व की ओर से युद्ध लड़ रहे हैं? हम एकमात्र

महाबली क्या छोटे-मोटे सैनिक महाबली भी नहीं हैं। क्या इसलिए आतंकवाद के विरुद्ध हमारे युद्ध का कोई महत्त्व नहीं? अमेरिका सबसे विकसित और अमीर देश है और हम एक विकासशील देश हैं। क्या इसीलिए आतंकवाद से हमारी लड़ाई कोई मायने नहीं रखती? हम अमेरिका से बड़े लोकतंत्र हैं—संसार के सबसे बड़े लोकतंत्र। इसलिए हमारे संसद भवन पर तेरह दिसम्बर को जो हमला हुआ, वह संसार भर के लोकतंत्र पर आतंकवादी हमला क्यों नहीं माना गया? अमेरिका, ब्रिटेन और यूरोप के दूसरे लोकतंत्रों ने उसे वैसा ही महत्त्व क्यों नहीं दिया जैसा ग्यारह सितम्बर को दिया था? क्योंकि शक्ति के गणित में सोचने और विश्वास करने वाले संसार में सभ्य वही है जिसके पास सैनिक और आर्थिक शक्ति है और उसी पर हुआ आतंकवादी हमला विश्व पर आक्रमण है जो दुनिया का सबसे शक्तिशाली और अमीर देश है। किसी घटना का बड़ा या छोटा होना इससे तय होता है कि जहाँ वह हुई वह देश छोटा है या बड़ा। यानी घटना का अपने आप में कोई महत्त्व नहीं है। इसलिए हम भारतीय अगर तेरह दिसम्बर को दुनिया की सबसे बड़ी घटना कहें और बताएँ कि लोकतंत्र की रक्षा के लिए सारे संसार की तरफ से लड़ी जा रही लड़ाई हम लड़ रहे हैं और यह आतंकवाद के विरुद्ध लोकतंत्र का अन्तिम युद्ध है तो क्या अमेरिका और ब्रिटेन हमारी अगुवाई कबूल कर लेंगे और हमारा वैसा ही समर्थन करेंगे और हमें वैसा ही सहयोग देंगे जैसा अमेरिका को मिला है और मिल रहा है?

यह भारत सरकार ही नहीं इसे धारण करने और अपने को देशभक्ति और स्वाभिमान का अमृत स्रोत बताने वाला संघ सम्प्रदाय भी लपक कर अमेरिका का सिपाही बनने गया था क्योंकि उसे लगा कि पाकिस्तान से भेजे जा रहे इसलामी आतंकवाद से लड़ने के लिए एक वीर योद्धा उसे मिल गया है। इसलामी आतंकवाद की समाप्ति देश की रक्षा के लिए ही नहीं, संघ सम्प्रदाय के लिए तो उससे लड़ाई भारत को हिन्दू राष्ट्र बनाने के लिए भी अनिवार्य है। इसलिए अटल जी की सरकार और हिन्दुत्व ब्रिगेड अमेरिका की लड़ाई को अपनी लड़ाई बनाने को बहुत उत्सुक था। उसे निराशा तब होने लगी जब अमेरिका ने पाकिस्तान को साथ लिया और भारत की तरफ देखा तक नहीं। एक अक्टूबर को आतंकवादियों ने जब जम्मू-कश्मीर की विधानसभा के दरवाजे पर बम विस्फोट करके बीसियों बेगुनाह लोगों को मार दिया तो प्रधानमंत्री वाजपेयी ने बुश को चिट्ठी लिखी जैसे अमेरिकी राष्ट्रपति दुनिया का थानेदार हो, जिस पर दुनिया में कहीं भी आतंकवादी घटना हुई हो उसे रोकने की जिम्मेदारी हो। तेरह दिसम्बर को जब लश्कर-ए-तैयबा और जैश-ए-मोहम्मद ने हमला किया और भारत ने कहा कि पाकिस्तान ने करवाया है तो अमेरिका ने नहीं माना। संयम का उपदेश दिया और कहा कि पाकिस्तान को जानकारी दो और उसके साथ मिलकर आतंकवादियों के खिलाफ कार्रवाई करो। अमेरिका से कोई

कहता कि तालिबान से मिलकर ओसामा बिन लादेन और अल कायदा पर कार्रवाई करो तो अमेरिका क्या करता? पक्के सबूत देने के बाद भी अमेरिका ने जब जैश-ए-मोहम्मद और लश्कर-ए-तैयबा को आतंकवादी संगठन घोषित करके प्रतिबन्धित किया तो राष्ट्रपति बुश ने कहा कि ये राज्यविहीन कश्मीरी आतंकवादी हैं। तब तक इन दोनों संगठनों का मुख्यालय और खाते पाकिस्तान में थे। अमेरिकी पाबन्दी के बाद उन्होंने अपने पते ठिकाने और नेता पाक कब्जे के कश्मीर के किये। लेकिन बुश ने नहीं माना कि ये पाकिस्तानी हैं और वहाँ की सरकार और आईएसआई इनके पीछे हैं। पाकिस्तान को संसद पर हमले और कश्मीर में आतंकवादी हिंसा से साफ बरी करने के लिए बुश ने इन्हें राज्यविहीन कश्मीरी आतंकवादी संगठन बताया ताकि कश्मीर और भारत में दूसरी जगह हो रही आतंकवादी हिंसा को पाकिस्तानी वर्णन की जंगे आजादी ही रखा जा सके।

यह अमेरिकी रवैया गवाह है कि अमेरिका पर आतंकवादी हमले के बावजूद आतंकवाद पर अमेरिका ने अपनी धारणा नहीं बदली है। वह दो महीने से अफगानिस्तान पर हमले करता आ रहा है। उसने वहाँ हजारों लोगों को मार दिया है। तालिबान सरकार बदल दी है। फिर भी उसके हाथ न तालिबान नेता मुल्ला उमर लगे हैं, न उसे जिन्दा या मरा ओसामा बिन लादेन मिला है। तालिबान और अल कायदा के नेता उसके हाथ में नहीं आए। जनरल मुशर्रफ कह रहे हैं कि लादेन तोरा-बोरा की पहाड़ियों और गुफाओं पर हुई अमेरिकी बमबारी में मारा गया होगा लेकिन अफगानिस्तान मानता है कि लादेन और उमर दोनों पाकिस्तानी संरक्षण में छुपे हुए हैं। अमेरिका की सारी लड़ाई लादेन को जिन्दा या मुर्दा पकड़ने की थी। वह पाकिस्तान में छुपा है अमेरिका इसका दोष भी पाकिस्तान पर नहीं लगा रहा। अमेरिका अपने पर हमले का बदला लेने के लिए स्वतंत्र है और दो माह से अफगानिस्तान में खूनखराबा कर रहा है। भारत का संयम का उपदेश दे रहा है और पाकिस्तान को बरी कर रहा है। भारत के लिए तो ग्याहर सितम्बर के बाद कुछ भी नहीं बदला है। पाकिस्तान का चलाया आतंकवाद कश्मीर और पंजाब से होता हुआ नई दिल्ली के संसद भवन तक आ गया है। आतंकवाद और उसे संरक्षण देने वालों के खिलाफ जिन्दगी और मौत की लड़ाई लड़ने वाला अमेरिका पाकिस्तान को बगल में बैठाए उसकी मदद कर रहा है। अमेरिका ऐसा बीस बरस से कर रहा है और उसके दोगलेपन की कीमत भारत अपने खून और अपनी प्रतिष्ठा से चुका रहा है। न पाकिस्तान का आतंकवाद को नीति की तरह चला कर भारत को तोड़ने और कश्मीर को हथियाने का अभियान रुका है, न अमेरिका का अपने हित के आतंकवाद को आतंकवाद कहने का मन बना है। क्या बदल दिया है ग्यारह सितम्बर ने? अमेरिका ने लड़ाई लड़ के अफगानिस्तान में अपनी दुश्मन सरकार को हटा दिया है और ऐसी सरकार बनवा दी है जो उसके हितों की रक्षा करेगी।

दुनिया में अपना प्रभाव क्षेत्र बढ़ाने के लिए आतंकवाद के विरुद्ध युद्ध को विदेश नीति का कदम बनाया है और स्वतंत्र राष्ट्रों को अस्थिर करने के लिए आतंकवाद का उपयोग पहले की तरह ही जारी है। क्या सबक लिया है अमेरिका ने ग्यारह सितम्बर से? पूछिए तो जरा उनसे जो ग्यारह सितम्बर को दुनिया की सबसे बड़ी घटना बता रहे हैं?

अमेरिका की शक्ति और वैभव के चकाचौंध से जो आँखें मिचमिचाई हुई हैं वे देख नहीं सकतीं कि ग्यारह सितम्बर होते ही अमेरिका ने अपनी तरफ देखने के बजाय बाहर एक मोर्चा एकदम और पूरी ताकत से खोल दिया। पूछा नहीं कि यह कैसे हुआ कि हमारे ही विमानों को बम बनाकर आतंकवादियों ने हमारी शक्ति और वैभव के प्रतीक चिह्नों को नष्ट कर दिया और हमें न पता चला, न हम इस हमले को रोक सके। अपनी खुफिया एजेंसियों और सैनिक प्रतिष्ठानों को क्यों पता नहीं चला कि हमला होने वाला है और इसे ऐसे रोकेंगे? दुनिया के सबसे बड़े महाबली की यह गति कैसे हुई? ये जरूरी सवाल पूछने के बजाय अमेरिकी बुश के पीछे होकर फायर करते क्यों निकल आए? उन्हें संयम की जरूरत क्यों नहीं हुई? क्योंकि अमेरिका जानता था कि आतंकवादी कौन है, क्या उसके हथियार हैं और कौन उसे संरक्षण दे रहा है। आखिर ओसामा बिन लादेन और उसका अल कायदा संगठन अमेरिका का बनाया हुआ भस्मासुर है।

आप जानते हैं कि रूसियों को अफगानिस्तान और पाकिस्तान में धार्मिक कट्टरता फैलाई, उसे अस्त्र-शस्त्र से सज्जित किया और तालिबान के जरिये अफगानिस्तान पर कठमुल्ला इसलामी राज कायम करवाया। यह सब करने में पाकिस्तान ने अमेरिका की पूरी मदद की है। इसलिए जब इसलामी जिहाद का मुँह अमेरिका की तरफ ही मुड़ गया तो उसे पराजित करके जाल में बाँधने के लिए अमेरिका को पाकिस्तान की ही मदद लेनी पड़ी। यह पाप दोनों ने मिलकर किया था और मिल कर ही वे उससे पीछा छुड़ा सकते थे। इसलिए देखिए कि इसलाम की दुहाई देते हुए भी पाकिस्तान तालिबान और उनके समर्थक पाकिस्तानियों के खिलाफ और अमेरिका के साथ हो गया। जो अमेरिका के खिलाफ थे उन आतंकवादी इसलामी गुटों को तो मुशर्रफ ने ठिकाने लगा दिया और तालिबान को अमेरिका ने निपटा दिया। लेकिन जो आतंकवादी भारत के खिलाफ हिंसा कर रहे हैं उन्हें अमेरिका पाकिस्तान के हवाले कर रहा है और उन्हें कश्मीरी आजादी के सेनानी भी बता रहा है। भारत में उधम मचाने वाले आतंकवादियों को रोकने पर अमेरिका पाकिस्तान पर उतना ही दबाव डालेगा जितना उसके अपने हित में है और जितने से पाक-अमेरिकी मिलीभगत में कोई फर्क नहीं पड़ता। ग्यारह सितम्बर का इस्तेमाल करते हुए अमेरिका ने कश्मीर पर मध्यस्थता करने का रास्ता खोल लिया है। और याद रखिए अमेरिका कश्मीर के भारत में

विलय को स्वीकार नहीं करता। वह उस कानून को नहीं मानता जिसे ब्रिटेन की संसद ने पारित किया था और जिस—इंडियन इंडिपेंडेंस एक्ट के तहत हमारे संघ राज्य का गठन हुआ है। भारत को तोड़ने में पाकिस्तान और अमेरिका की मंशा एक जैसी है।

आपके लिए कौन सी तारीख बड़ी है—ग्यारह सितम्बर या तेरह दिसम्बर?

[31 दिसम्बर, 2001]

ये सचिन तेंदुलकर हम भारतीयों के सौभाग्य हैं

ऐसा क्या है जो सचिन के बारे में कहा और लिखा न गया हो। जिसके कल पुर्जे गोलन्दाजों ने खोल न दिये हों, लोहे लंगर के ऐसे मशीनी बल्लेबाज से लेकर उन्हें बल्लेबाजी में भगवान का साक्षात् अवतार तक कहा गया है।

सब मानते हैं कि डॉन ब्रेडमैन के बाद वही सबसे बड़े बल्लेबाज हैं। लेकिन खुद ब्रेडमैन ने जिन्हें अपनी टीम का ओपनिंग बल्लेबाज चुना, दक्षिण अफ्रीका के उन बेरी रिचड्र्स ने कहा है कि ब्रेडमैन वन डे नहीं खेले। अगर खेलते तो वे वन डे के सचिन तेंदुलकर होते। एक और रिचड्र्स हैं—बेरी की तरह ही अपने जमाने के धुआँधार बल्लेबाज सर विवियन रिचड्र्स। उनके लिए तकनीक, संयम और रक्षा जैसी फालतू की चीजों का कोई मतलब नहीं था। उन विवियन रिचड्र्स ने कहा है—अगर कोई सम्पूर्ण बल्लेबाज होता हो तो सचिन 99.95 प्रतिशत सम्पूर्ण हैं। सचिन के दूसरे आदर्श गावस्कर ने लिखा है कि अपनी तमाम उपलब्धियों के बावजूद ब्रेडमैन का बल्ला थर्ड मेन से आता था। सचिन का सीधा आता है। तकनीक और खेलने के स्वभाव के नाते तेंदुलकर लगभग सम्पूर्ण बल्लेबाज हैं। बेरी रिचड्र्स, सर विवियन रिचड्र्स और सुनील गावस्कर ब्रेडमैन के बाद के तीन महान बल्लेबाज हैं और तीनों सचिन तेंदुलकर को कुछ मानो में तो ब्रेडमैन से इक्कीसा मानते हैं।

आज जब सचिन लन्दन के ओवल मैदान में खेलने उतरेंगे तो यह उनका सौवाँ टेस्ट होगा। उनके पहले सत्रह खिलाड़ी सौ टेस्ट खेल चुके हैं जिनमें तीन कपिल, गावस्कर और वेंगसरकर भारतीय हैं। इसलिए यह कोई ऐसा अनोखा अवसर नहीं है जो सचिन की विलक्षणता से मेल खाता हो। ज्यादा से ज्यादा यही कहा जा सकता है कि सौवाँ टेस्ट खेलने वाले वे सबसे जवान खिलाड़ी हैं लेकिन उन्होंने शुरुआत भी सोलह साल की उमर में कर दी थी। वे सौवाँ टेस्ट खेल रहे हैं यह उनकी प्रतिभा का वैसा उदाहरण नहीं है जैसा उनकी फिटनेस और समर्पण का। हाँ अगर वे अपने सौवें टेस्ट में इकतीसवाँ शतक मार दें तो यह जरूर उनकी अनन्यता का सूचक होगा क्योंकि इकतीस शतक एक गावस्कर ने ही मारे हैं और ऐसा उन्होंने अपने सौवें टेस्ट में नहीं किया था। फिर ओवल टेस्ट में उनका शतक उनके आलोचकों का भी जवाब दे देगा।

सचिन की तारीफ कर करके ऊबे और उनकी सफलता को मसाले के बिना पचाने में मुश्किल पाने वाले आलोचक कुछ साल से बता रहे हैं कि सचिन अग्नि परीक्षा में खरे नहीं उतरते। वे तभी अच्छा खेलते हैं जब दाँव पर मैच लगा न हो। दूसरी पारी में उनके ज्यादा शतक नहीं हैं और अपने अकेले बल्ले से मैच जिताने या बचाने वाले बल्लेबाज भी वे नहीं हैं। संकट हो या जब उनके खेलने की टीम को सबसे ज्यादा जरूरत हो या मौका करने या मरने का हो तो सचिन तेंदुलकर अक्सर विफल हो जाते हैं। ऐसी आलोचना करने वाले आँकड़ेबाज और कम्प्यूटर वाले लोग हैं। जैसे विजडन टेस्ट और वन डे में सचिन की एक भी पारी को संसार की पहली दस और सौ पारियों में नहीं पाता। भगवान ही उसका मालिक है। ये लोग खेल देखने और बल्लेबाज के गोलन्दाजों पर प्रभुत्व से पारी और खिलाड़ी की महानता नहीं आँकते। इनके लिए खेल एक आँकड़ा और कम्प्यूटर का एक डाटा है। जाहिर है कि कोई महान खिलाड़ी और खेल का महान पारखी इन आँकड़ों और कम्प्यूटरबाजों के मानदंड नहीं मानता। लेकिन अपने मीडियावालों का काम इनके बिना नहीं चलता इसलिए कुछ वर्षों से सचिन तेंदुलकर के सिंदूर नोचने की वाहियात कोशिश हो रही है।

आज से शुरू हो रहा चौथा और अन्तिम टेस्ट न सिर्फ सचिन का सौवाँ टेस्ट है यह इंगलैंड से इस सीरीज का निर्णायक टेस्ट भी है। इंगलैंड ने लार्ड्स का पहला टेस्ट जीता दूसरा ड्रा हुआ और तीसरा हेडिंग्ले, लीड्स में भारत ने जीता। अब अगर भारत यह टेस्ट जीत जाए तो वह न सिर्फ सीरीज जीतेगा, सोलह साल बाद विदेशी धरती पर पहली बार एक सीरीज जीतेगा। सचिन के टेस्ट क्रिकेट में आने के तीन साल पहले सन् छियासी में इसी इंगलैंड से भारत ने कपिल की कप्तानी में सीरीज जीती थी। सचिन के लिए मौका है कि वे अपने सौवें टेस्ट में शतक ठोक कर भारत को टेस्ट और सीरीज जिता दें। यह अग्नि परीक्षा है और इसमें खरे उतर कर सचिन अपने सभी आलोचकों को जवाब और प्रशंसकों को उपहार दे सकते हैं। यह उनसे सबसे बड़ी उम्मीदों और टीम के लिए मर मिटने का मौका है। क्या सचिन तेंदुलकर अपने सौवें टेस्ट में वह कर गुजरेंगे जिसके योग्य आरोप है कि वे हैं नहीं? आगे आगे देखिए होता है क्या!

लेकिन मान लीजिए कि अपने सौवें टेस्ट में उनसे कुछ न बने। आखिर यह वही ओवल मैदान है जिस पर डॉन ब्रेडमैन के डंडे अपने आखिरी टेस्ट में जीरो पर उड़ गए थे। डॉन ने सन् अड़तालीस में इस टेस्ट के बाद रिटायर होने की घोषणा कर रखी थी। तब इक्यावन टेस्ट में उनके 6,776 रन बने थे। अपनी आखिरी पारी में वे चार रन भी बना लेते तो उनकी औसत हमेशा के लिए सौ की हो जाती। चूँकि सारी दुनिया जानती थी कि ब्रेडमैन इसके बाद नहीं खेलेंगे इसलिए जब वे आखिरी पारी खेलने बल्ला लेकर उतरे तो खचाखत भरा ओवल मैदान ताली बजाता पाँवों

पर उठ खड़ा हुआ। इंग्लैंड के कप्तान नार्मल यार्डली ने पूरी टीम को पिच के पास बुलाया। हर खिलाड़ी ने अपनी टोपी उतारी और ब्रेडमैन के लिए तीन बार हिप हिप हुर्रे किया। खेल शुरू हुआ। पहली गेंद वे किसी तरह खेल गए। होलीज की दूसरी गेंद गुगली थी जो ब्रेडमैन के डंडे उड़ा गई।

क्या इस तरह जीरो पर आउट होने से ब्रेडमैन की महानता घट गई? क्या दुनिया ने देख लिया कि आखिर वे भी मिट्टी के ही बने थे। नहीं, इसके ठीक विपरीत ब्रेडमैन की आखिरी पारी क्रिकेट और उनकी महानता की कसौटी बन गई। इसलिए ओवल में अपने सौवें टेस्ट में सचिन जो भी करें या उनसे जो भी बने उससे सचिन के क्रिकेट जीवन की आखिरी परीक्षा नहीं होनी है। सचिन को अभी बहुत खेलना है। पैंतीस शतक बनाकर सुनील गावस्कर और बारह हजार रन बनाकर एलन बॉर्डर से आगे जाना है। इसके बाद उन्हें खुद अपने कीर्तिमान स्थापित करने हैं और फिर खुद एक कीर्तिमान बनना है जिसे शायद ही कोई लाँघ सके। सौ अन्तरराष्ट्रीय शतक और टेस्ट और वन डे में कम से कम पैंतीस हजार रन। और देश और दुनिया में विलक्षण प्रतिभा के अनन्य व्यक्तित्व। यह अपना सौभाग्य है कि वे अपने बीच हैं और इससे बड़ा सौभाग्य कि हम उन्हें खेलते देख रहे हैं।

[5 सितम्बर, 2002]

सुनता है धृतराष्ट्र ही क्या करें!

आपने सदाशयता में भलेमानस की तरह लिखा है राजकिशोर जी इसलिए पूछ रहा हूँ कि बताइए मैं फायर कहाँ कर रहा हूँ! एक छीजी हुई झाड़ी से हमारी टोली पर थ्री नाट थ्री से फायर किया गया। टोली ने कहा कि जरा देख लो। अब मैं मानता हूँ कि आप पर फायर हो तो न तो जमीन पर लेटकर डक करना चाहिए, न भाग कर बंकर में छुपना चाहिए। इसलिए नहीं कि हम मूर्ख दुस्साहसी हैं। इसलिए कि जो फायर करता है वह जानता है या उसे मालूम होना चाहिए उस पर भी फायर किया जाएगा। हमें जवाब में गोली चलानी पड़ी। आपकी गोली जरूरी नहीं कि वैसी ही हो जैसी आप पर चलाई गई थी। कोई बीस साल से सिख और संघ सम्प्रदायी आतंकवाद से लड़ते रहने के कारण अपन थोड़ी युद्धक तैयारी में रहते हैं इसलिए छीजी हुई झाड़ी पर लाइट मशीनगन से जवाबी फायर किया और वह एक दो राउंड में शान्त हो गई। इससे दूसरे सज्जन दुनाली लेकर आए और फायर करने लगे। एक राउंड उनके जवाब में भी फायर करना पड़ा।

फायरिंग की इस दुर्भाग्यपूर्ण बोली के लिए माफी चाहता हूँ लेकिन आपने सदिच्छा में भी मुझ पर फायर करने का ही आरोप लगाया है। फिर आप कहते हैं कि भई जोशी जी आप लोकसंग्रही, गांधी और विमर्श को मानने वाले प्राणी हैं। आपको चुप रह जाना चाहिए और फायर की अनदेखी कर के व्यापक महत्त्व के काम के तरीके ढूँढ़ने में लग जाना चाहिए। तो महोदय विमर्श जिस माने में मुठभेड़ है मुठभेड़ भी उसी माने में विमर्श है। फायर का जवाब फायर से देना भी अपनों से विमर्श करना है। लेकिन आपको विषाद है कि मशीन गन से फायर जरा ज्यादा हो गया। शायद आपको हम पर फायर करने वालों से सहानुभूति है। आप भी उन्हीं की तरह मानते हैं कि नामवर सिंह इस योग्य तो नहीं हैं कि उनके पचहत्तरवें साल के निमित्त साल भर व्यापक अर्थों का विमर्श चलाया जाए क्योंकि हमने उनके साहित्यिक कैरियर के असाहित्यिक उतार-चढ़ाव देखे ही कहाँ हैं!

आपने कृपापूर्वक माना है कि मैंने थोड़ा-बहुत साहित्य पढ़ा है इसलिए यह भी निवेदन कर दूँ कि माखनलाल चतुर्वेदी और मैथिलीशरण गुप्त से लेकर मंगलेश डबराल और उदय प्रकाश जैसे साहित्यकारों को पिछले पचास वर्षों में थोड़ा-बहुत

मैंने जाना भी है। मैं साहित्यिक राजनीति में नहीं पड़ता लेकिन मैंने देखा है कि सुनहरे मुकुट से सजे लोगों के पाँव भी कीचड़ में सने होते हैं। परेशान होता हूँ तो मुझे फिर भवानी बाबू याद आते हैं—

ना, निरापद कोई नहीं है
ठीक आदमकद कोई नहीं है....
कोई है, कोई है, कोई है जो दूध का धोया है
दूध किसी का धोबी नहीं है
ना निरापद कोई नहीं है
ठीक आदमकद कोई नहीं है
न मैं, न तुम, न वे
न वे, न तुम, न मैं।

पिछले अस्सी बरस के किसी भी महाकवि या आलोचक को ले लीजिए उसमें राजकिशोर और अशोक वाजपेयी भयावह कमियाँ निकाल देंगे। इसलिए जानते हुए भी कि विवाद होगा हमने नामवर को निमित्त बनाया क्योंकि आज के सभी साहित्य पुरुषों में वे सबसे व्यापक सरोकार वाले व्यक्ति हैं। हिन्दी समाज में व्यापक विमर्श के निमित्त वे हो सकते हैं। फिर आप जानते ही हैं कि कोई भी निमित्त, प्रतिनिधि और प्रतीक सौ टका सच्चा और फिट नहीं होता।

आपने ठीक नहीं कहा है कि हमें अब पता चला है कि वे पचहत्तर के हो रहे हैं। जी ना, हम गए साल से सलाह-मशविरा कर रहे हैं। साहित्यिक-गैर साहित्यिक सभी लोगों से पूछा है और उनके उत्साहवर्धक समर्थन के बाद ही इस साल मार्च में बाकायदा बैठक कर के तय किया कि निमित्त दिल्ली से शुरू कर के बनारस में पूरा करेंगे और इस बीच बारह शहरों में किन-किन मुद्दों पर विमर्श चलाएँगे और किन-किन लोगों को बुलाएँगे। साहित्य अकादमी का वह कमरा गवाह है। इसलिए आपका यह उलाहना भी काम नहीं करेगा कि अब सम्भावना बढ़ गई है कि निमित्त के भावी कार्यक्रमों के केन्द्र में व्यक्ति न हो कर व्यथाएँ हों। दिल्ली के पहले कार्यक्रम में हम पर सिर मुड़ाते ही ओले नहीं पड़े हैं। जिस छीजी हुई झाड़ी से फायर किया गया था उसे हम शान्त कर चुके हैं। आप जब यह पढ़ रहे होंगे, तो हम भोपाल में दूसरा कार्यक्रम सम्पन्न कर रहे होंगे और अक्तूबर में बिहार के पटना और बेगूसराय में अगले दो कार्यक्रमों की तैयारी में होंगे।

आपको यह जानकारी भी दे दूँ कि जो राजनेता शुभाशंसा के कार्यक्रम में आए थे उन्होंने महीने भर पहले से ही अपने दूसरे कार्यक्रम रद्द किये थे। उनसे तीन साल से मेरा सघन विमर्श चल रहा है कि हालात यही रहे तो हिन्दी समाज का क्या होगा? वे सक्रिय होने को तैयार हैं। वे सावधानी यही बरतना चाहते हैं कि यह

विमर्श राजनीतिक, झगड़े का टुकड़ा न बने। वे मुझसे कहते हैं कि इस विमर्श को गैरराजनीतिक मंचों से चलाना चाहिए। उन सबके पास नामवर जी की किताबें भेज दी गई थीं। वे जब देख-पढ़ चुके तो दो जानकार व्यक्ति उन्हें ब्रीफ भी करके आए। उनका कहना था कि हम साहित्यिक नहीं हैं, इसलिए आलोचना पर नहीं बोलेंगे। विमर्श को राजनीति से ऊपर रखेंगे लेकिन उन्हें आपने सुना कहाँ? पत्रकारिता में स्वयं उपस्थित रहने, तथ्यों को उलट-पुलट कर देखने और उनकी पुष्टि करने का दुराग्रह है। आपने और अशोक वाजपेयी ने सुनी-सुनाई बातों पर अपने पूर्वग्रह टाँग दिये। उमर भर पत्रकारिता करने के बावजूद हिन्दी इलाके के नेताओं के स्टीरियो टाइप पर ही आप भी चले।

अपने किये कराए पर अनुताप और प्रायश्चित अगर राजनेताओं में नहीं है तो हिन्दी समाज की हालत पर कितने साहित्यकारों और पत्रकारों को अनुताप और प्रायश्चित है? क्या उनकी कोई जिम्मेदारी अपने बृहत्तर समाज से नहीं है? मैं तो संयोजक हूँ और मेरी चिट्ठी पर साहित्यकार और राजनेता आए इसलिए उस दिन की सभा के तीनों सत्रों में किसने क्या कहा इस पर टिप्पणी नहीं करूँगा। लेकिन आप वहाँ कुल कितनी देर रहे और कितनों को सुन पाए? फिर भी आप मानते हैं कि अशोक वाजपेयी की टिप्पणी शब्दशः सही है। हिन्दी जगत को थोड़ा-बहुत मैं भी जानता हूँ। आप कहें तो उँगली पर गिन दूँ कि कितनों को राजनेताओं से निराशा हुई। वे अपने पूर्वग्रहों में जलते पहले ही चले गए थे। आपको भी मेरा जवाबी फायर इसीलिए विषाद में डालता है कि अशोक वाजपेयी और कृष्ण कुमार ने गलत क्या कहा? प्रभाष जोशी को अपनी गलती मान कर चुप हो जाना चाहिए था। यही तो सदाशयता और शिष्टाचार का व्यापक और उदात्त विमर्श है ना। मुझे दुख है कि मैंने आपको निराश किया लेकिन अभी आपको और निराशा होगी।

चलिए, अब कुछ पत्रकारिता पर विमर्श हो जाए क्योंकि आपने भी उसमें जीवन बिताया है और मैंने भी। मैंने कहा कि हम हिन्दी के पाठकों के लिए अखबार निकाल रहे थे लेखकों के लिए नहीं। लेखक भी पाठक ही होता है लेकिन सारे पाठक लेखक नहीं होते। फिर लेखक क्या साहित्यकार ही होता है? आप भी लेखक हैं और मैं भी और हम दोनों साहित्यकार नहीं हैं। जितना मैं जानता हूँ कृष्ण कुमार भी समाजवादी पृष्ठभूमि के शिक्षाशास्त्री हैं। वे भी लेखक हैं साहित्यकार नहीं। रघुवीर सहाय को जो छोटा सा कॉलम हमने *रविवारी* में दिया वह साहित्यिक कॉलम नहीं था। रघुवीर सहाय अपने अन्तिम वर्षों में *दिनमान* के सम्पादक रहे थे जो कि साहित्यिक साप्ताहिक नहीं—सामयिक मामलों का साप्ताहिक था। इसमें आपको लगता है कि मैं अपना अन्तर्विरोध साबित कर रहा हूँ। जी ना, लेखक और साहित्यकार का अन्तर अन्तर्विरोध नहीं है। लेखकों को कॉलम दिये बिना *जनसत्ता* ने हिन्दी के साहित्यकारों और कलाकारों को पहले पेज पर महत्त्व दिया तो इसलिए

कि हम साहित्यिकता और पत्रकारिता में फर्क कर रहे थे। यह कोई खब्त नहीं था। साहित्य को पत्रकारीय ढंग से कवर किया गया था।

आपको याद होगा कि *नवभारत टाइम्स* की सम्पादकी सँभालने के पहले हमारे मित्र राजेंद्र माथुर ने *टाइम्स ऑफ इंडिया* में तीन किस्तों का एक लेख लिखा था जिसमें बताया था कि किस तरह साहित्यकारों के वर्चस्व के कारण हिन्दी पत्रकारिता में प्रोफेशनलिज्म-पत्रकारीय कौशल बढ़ नहीं पाया। वे एक कोरी स्लेट पर शुरुआत नहीं कर सकते थे। *जनसत्ता* में हम कर सकते थे। हम पत्रकारिता को जल्दी में लिखा गया साहित्य नहीं मानते, न उसे साहित्य से दोयम दर्जे की विधा। हम पत्रकारिता को जनसंचार का स्वतंत्र माध्यम मानते हैं और उसकी स्वतंत्रता और उसके कौशल की भिन्नता को साहित्य की कृपा के बिना स्थापित करने पर कटिबद्ध थे। आपको यह भी याद होगा कि *जनसत्ता* शुरू करने के पहले मैंने दस साल *एक्सप्रेस* में अप्रेंटिस सम्पादकी की थी। मुलगावकर के साथ काम किया था जिनसे *हिन्दुस्तान टाइम्स* में देवदास गांधी भी आँख नहीं मिला सकते थे और रामनाथ गोयनका *एक्सप्रेस* में कहते थे कि मुलगावकर चाहें तो मुझे ओवररूल कर सकते हैं मैं नहीं करूँगा। उन मुलगावकर के अंग्रेजी सम्पादन को साहित्यकार खुशवन्त सिंह भारत में सर्वश्रेष्ठ मानते थे। और वे मुलगावकर कहते थे कि सम्पादक मैं चाहे जैसा हूँ लेकिन देश का सबसे समर्थ चीफ सब मैं हूँ। आप जानते हैं कि चीफ सब का काम सम्पादन का ही होता है। जॉर्ज वर्गीस के साथ भी मैंने काम किया जिन्होंने विदेशी मामलों पर लिखा अटल बिहारी वाजपेयी का लेख अच्छी तरह सम्पादित कर के छापा और उससे पूर्व विदेश मंत्री और अब के प्रधानमंत्री इतने नाराज हुए कि रामनाथ गोयनका से शिकायत की। इसका जिक्र जब जॉर्ज से किया गया तो उन्होंने अत्यन्त विनम्रता से कहा—'मैं सम्पादक हूँ। पोस्टमैन नहीं जो लेखक के लिखे को सीधे पाठक के पास पहुँचा दूँ।'

भारतीय अंग्रेजी पत्रकारिता और साहित्य लेखन में अन्तर और भिन्नता खूब अच्छी तरह स्थापित है। हिन्दी में बहुत गड्डमड्ड था। हिन्दी पत्रकारिता को जन संचार से जोड़ने के लिए उसे हिन्दी साहित्य से अलग स्वतंत्र और प्रतिष्ठित विधा के नाते स्थापित करना जरूरी था। यह हमारा संकल्प था। *जनसत्ता* निकालने के पहले तीन साल तक चंडीगढ़ में हमने शोध करने वाली एक मित्र से हिन्दी के सब अखबारों का सामग्री विश्लेषण करवाया था। उन्होंने हिन्दी अखबारों में छपने वाले लेखों, लेखकों और उनके कथ्य और शैली का विश्लेषण कर के कार्ड बनाए थे। इस शोध कार्य का लाभ हमें *जनसत्ता* निकालने के पहले के छह महीनों में मिला। हमने तय किया कि हम कोई सिंडिकेटेड लेख नहीं छापेंगे क्योंकि वे लगभग सब अंग्रेजी से अनूदित होते थे और कई अखबारों में छपते थे। हमने तय किया था कि हम अंग्रेजी से अनुवाद कर के लेख नहीं छापेंगे। हमने नहीं छापे। हमने तय किया

था कि हम निश्चित दिन निश्चित कॉलम नहीं छापेंगे क्योंकि लेख का विषय उस या उन दिनों की ज्वलन्त और आसन्न परिस्थिति से तय होगा इसलिए या तो खुद दफ्तर में लिखेंगे या तत्काल लिख सकने वाले लेखक से लिखवाएँगे। फिर सब तरफ लिखने वाले लिखने और पैसे के लिए लिखते हैं और किसी भी विषय पर सख्त और पक्का स्टैंड नहीं लेते। राजकिशोर जी अखबार का चरित्र अपनी वर्तनी और शैली से ही नहीं बनता, उसे उसमें लिखने वाले भी बनाते हैं और वही निश्चित स्वरूप और धार देते हैं।

हमने इसलिए कॉलम नहीं दिये कि हमें साहित्य और साहित्यकारों से छड़क पड़ती थी। मैं मानता हूँ कि किसी भी भाषा की सर्वश्रेष्ठ अभिव्यक्ति उसकी कविता में होती है। साहित्य एक समाज की सर्जनात्मक ऊर्जा और प्रतिभा का सबसे समृद्ध रचना संसार है। इसलिए मैंने तो खुद साहित्यकारों, संगीतकारों और खिलाड़ियों पर तत्काल लिखा ही *जनसत्ता* ने सब साहित्यकारों की स्वर्ण जयन्ती, षष्ठिपूर्ति, अमृत महोत्सव आदि पर पूरे पेज निकाले। उनकी खबरें भी पहले पेज पर छापीं। आज भी हमारा *रविवारी* हिन्दी के किसी भी अखबार से ज्यादा साहित्यिक है। पत्रकारिता को स्वतंत्र और अपने में पूर्ण विधा के नाते स्थापित करने और साहित्य को उसके उच्च उचित और महत्त्वपूर्ण स्थान देने में कोई अन्तर्विरोध नहीं है। *जनसत्ता*—इसका उदाहरण है। मंगलेश डबराल सोलह साल *रविवारी* के सम्पादक रहे। हमने उनसे कभी नहीं पूछा कि वे क्या छाप रहे हैं भले ही हिन्दी के कई साहित्यकारों ने शिकायत की, वे वामपंथी चलन चला रहे हैं। उन्होंने कहा तो *रविवारी* में लिखा, हमने उनसे नहीं कहा कि यह लिखिए और यह छापिए। साहित्य को यह स्वायत्तता आपने किस दैनिक अखबार में देखी है? साहित्यकारों ने अब भी अगर *जनसत्ता* का साथ नहीं छोड़ा है तो इसका श्रेय प्रभाष जोशी को नहीं इस अखबार की समझ और उसमें विकसित परम्परा को है। हम साहित्य को पूरा महत्त्व देते हैं लेकिन पत्रकारिता को उसकी पूँछ नहीं मानते।

आपने भाषा में तानाशाही का भी जिक्र किया। हर अखबार अपनी एक शैली और वर्तनी विकसित करता है। वह अपने लेखक भी तैयार करता है। हमारे यहाँ कम से कम साठ साथी अपने-अपने ढंग से प्रयोग कर रहे थे कोई एक सम्पादक प्रभाष जोशी नहीं। हमारे कई साथियों की अपनी विशिष्ट शैली होती थी और है। कई पाठक पढ़ते ही कह देते थे कि यह फलां का लिखा होगा। ऐसा तानाशाही में नहीं होता। और आपकी कृपा से कभी मुझे किसी की खबर रोकनी नहीं पड़ी, न किसी को बुला कर कहा कि ऐसी खबर करो। मुझ से अलग और विरोधी लाइन लेने वाले साथी का लेख और विश्लेषण मैंने खुद छापा है। इस स्वतंत्रता और सम्मान की हमारे यहाँ कभी कमी नहीं रही। मैं कैसे सम्पादन करूँगा यह आखिर मेरी समझ, क्षमता और विवेक पर निर्भर करेगा। कसौटी यह है कि मैं मित्र और

विरोधी समझ और विवेक को सम्मान का स्थान देता हूँ या नहीं। सम्पादकी नैतिक अधिकार से चलती है डाँट डपट और जोर जबरदस्ती से नहीं। आपको क्या बताना!

और आखिर में गांधी। सिगरेट और शराब पर आने के पहले गांधी की एक चिट्ठी की बात कहूँ। उनके आश्रम में ब्रह्मचर्य एक व्रत होता था। एक समर्पित कार्यकर्ता रहने आए और साल भर के दौरान उनके यहाँ पहले के तीन के बाद चौथा पुत्र हुआ। गांधी ने उन्हें लिखा—तू झूठा, बेईमान और लुच्चा है। तुझे आश्रम छोड़ देना चाहिए। कस्तूरबा ने भेंट में मिली वस्तु जमा नहीं करवाई तो उनके खिलाफ लिखा और एक दिन का उपवास किया। अपनी पहली पुस्तक—*हिन्द स्वराज* में उन्होंने संसद को वेश्या और बाँझ लिखा था। इस पुस्तक को ठीक करने की उम्मीद उनसे गोखले तक ने की थी। गांधी ने सिर्फ एक शब्द बदला और वह भी अपनी एक महिला मित्र के आग्रह पर। गांधी का या उनके नाम का कोई काम आचरण और साधनों की शुद्धि के बिना नहीं हो सकता। जो व्यक्ति शराब पीने को अपना सबसे प्रिय शौक माने वह गांधी का काम नहीं कर सकता। दुनिया में दूसरे सैकड़ों काम हैं मजे में कीजिए और पीजिए। गांधी के नाम का विश्वविद्यालय और उनकी हिन्दी दारू पी कर गाली बकने वाले से नहीं चल सकती। मैं थोड़ा-बहुत गांधी को समझता हूँ। अगर वे आचरण वाले व्यक्ति नहीं होते तो मेरिसबर्ग के प्लेटफॉर्म से उठ कर मनुष्यता के महानतम नेताओं में गिने नहीं जाते। गांधी को अपने आलोचकों और मित्रों से विमर्श में कितनी ऊर्जा बरबाद करनी पड़ी इसे देखना हो तो सौ खंडों का उनका वाङ्मय देख लीजिए। मैं इंडिया इंटरनेशनल सेंटर के बार में रमने के बजाय गांधी वाङ्मय के सामने ज्यादा समय लगाता हूँ और हाँ उपदेश नहीं देता। जितना बनता है, करता हूँ।

आपके लिए भी एक शुभाशंसा है। व्यासपीठ पर नहीं बैठना चाहिए। हाथ ऊँचे करके कहना पड़ता है कि हाय मेरी कोई नहीं सुनता। भीष्म पितामह ने भी *महाभारत* बहुत टालने की कोशिश की, शरशय्या पर सोना पड़ा। दुर्योधन नहीं सुनता राजकिशोर जी है व्यास कहे या भीष्म! सुनता है धृतराष्ट्र ही संजय से!

[30 सितम्बर, 2001]

उस क्रान्तिशोधक के लिए कुछ अन्य ही पथ मान्य थे

जेपी की जन्म शताब्दी पर हम उन्हें कैसे याद करें? यानी उन्होंने ऐसा क्या किया है जिसे हम भारत और उसके लोगों को उनका सबसे बड़ा योगदान मानें या उनके सतहत्तर साल के जीवन की सबसे बड़ी उपलब्धि कहें? भारतीय समाजवादी पार्टी की स्थापना और देश में समाजवादी आन्दोलन खड़ा करने में उनका काम? भारत छोड़ो आन्दोलन खड़ा करने में उनका काम? भारत छोड़ा आन्दोलन के महानायक? सर्वोदय में जीवनदान और भूदान-ग्रामदान आन्दोलन में उनका नेतृत्व? चंबल घाटी में चार सौ से ज्यादा डाकुओं और लगभग सभी गैंगों से आत्मसमर्पण करवा के डकैती नाम की संस्था की समाप्ति? या बिहार आन्दोलन चलाने और सम्पूर्ण क्रान्ति की अवधारणा देने? या दिल्ली में पहली विपक्षी सरकार बनवाने और कांग्रेस को सत्ता से हटाकर जनता पार्टी और जनता ताकतों को सत्ता के निकट दायरे में लाने? या लोकतांत्रिक सत्ता का दुरुपयोग करके अधिनायकवाद कायम करने वालों को पराजित करके फिर लोकतंत्र स्थापित करवाने के लिए? या जैसा कि खुद जेपी ने कहा था—अथक क्रान्तिशोधक के नाते?

आप कहेंगे कि अब जब हम जेपी को श्रद्धांजलि देने खड़े हुए हैं तो उनकी यह मीमांसा क्यों की जा रही है? इसलिए कि आप अगर सिर्फ पिंडदान करके उन्हें नमस्कार नहीं कर लेना चाहते और जेपी को अपने और देश जीवन से जोड़ रखना चाहते हैं तो ये प्रश्न तो पूछने पड़ेंगे। ये प्रश्न जेपी के बारे में उतने नहीं हैं जितने हमारे बारे में जो आज उन्हें कृतज्ञता से याद करना चाहते हैं। आखिर जेपी और इस देश के लोगों का एक अन्तर्सम्बन्ध रहा है और है। यह सम्बन्ध ही माँग करता है कि आप अपने लिए जेपी को रूपायित, परिभाषित और व्यवस्थित करें। जैसे अभी जो राजनेता और राजनीतिक पार्टियाँ हैं वे जेपी को इन्दिरा गांधी और कांग्रेस के खिलाफ आन्दोलन चलाने और सतहत्तर के चुनाव में कांग्रेस को सत्ता से उतारकर विपक्षी सरकार बनवाने के लिए याद करते हैं। सर्वोदय वालों से पूछें तो वे बड़े दुख और निराशा में कहेंगे कि जेपी ने तो सम्पूर्ण क्रान्ति के लिए आन्दोलन चलाया था। कैसी विडंबना है कि बिहार में लालू और केन्द्र में अटल

बिहारी वाजपेयी की सरकार बनी हुई है। दोनों उस आन्दोलन के कारण सत्तारूढ़ हैं और दोनों के ही लिए न सम्पूर्ण क्रान्ति का कोई मतलब है, न भ्रष्टाचार के खिलाफ संघर्ष का। आन्दोलन के दौरान जेपी ने ही इलाहाबाद में कहा था कि मोरारजी देसाई प्रधानमंत्री बन जाएँ तो संगठन कांग्रेस के लिए, चौधरी चरण सिंह बन जाएँ तो लोकदल के लिए और अटल बिहारी वाजपेयी बन जाएँ तो जनसंघ के लिए सम्पूर्ण क्रान्ति हो जाएगी। मैं जानता हूँ कि ये पार्टियाँ और नेता इस आन्दोलन में क्यों आए हैं। इसलिए बार-बार मैं छात्रों और युवाओं का आह्वान करता हूँ कि वे आगे आएँ और आन्दोलन को क्रान्तिकारी बनाएँ।

आज पच्चीस-सत्ताईस साल बाद हम देखते हैं कि छात्रों और युवाओं की क्रान्तिकारी शक्ति तो कहीं दिखाई नहीं देती। जो पार्टियाँ और नेता सतहत्तर के चुनाव के बाद सत्ता में आए थे वही पार्टियाँ और गोलबन्दियाँ बदल कर आज भी सत्ता में हैं। वे भ्रष्टाचार, भाई-भतीजावाद, लोकतंत्र के मखौल और निजी सत्ता के खेल में उसी तरह लगे हुए हैं जैसे इन्दिरा गांधी और उनके साथ के लोग लगे थे। फर्क है तो यही कि ऐसा सब करने में वे लोग ज्यादा सक्षम थे। इनसे तो यह भी ठीक से नहीं होता। ये सम्पूर्ण क्रान्ति की बात भी नहीं करते। जनता के उस सच्चे राज की जरूरत भी नहीं बताते जो कि जेपी का शुरुआती लक्ष्य था। उनके विचारों और आदर्शों को तो छोड़िए, जेपी को फूल चढ़ाने और जवानी याद करने की उत्सुकता भी इनमें नहीं है। जेपी इनके दुखद स्वप्न हैं जिसे ये जल्दी से जल्दी भूल जाना चाहते हैं। सतहत्तर के बाद जेपी वालों की जो सरकारें बनी हैं और जो राजनेता उनके साथ थे, उनका हश्र देखकर तो यही कहना पड़ेगा कि जेपी आन्दोलन न सिर्फ बुरी तरह विफल हुआ, उसने राजनीति सार्वजनिक जीवन और शासन को कुछ और रसातल में उतारा है। बिहार में लालू यादव और गुजरात में नरेंद्र मोदी अगर जेपी आन्दोलन के सपूत हैं तो जैसे पारिवारिक जीवन में रहे वैसे ही राजनीतिक जीवन में वे निपूते रह जाते तो आज उनकी जन्म शताब्दी उनका ऐसा श्राद्ध तो नहीं बनती। अगर सतहत्तर के बाद हुए राजनीतिक परिवर्तन से ही जेपी का चित्र बनाना और उन्हें नापना हो तो कहना पड़ेगा कि वे बुरी तरह विफल हुए। और इस राजनीतिक परिवर्तन के लिए उससे लाभान्वित होने वाले नेता और पार्टियाँ भले ही उन्हें याद करें या कृतघ्नता में भूल जाएँ इस देश के लोग तो जेपी को सतहत्तर के लिए याद नहीं करेंगे।

लेकिन आप पूछें तो सही पूछेंगे कि सतहत्तर क्या सिर्फ इस राजनीतिक परिवर्तन के लिए ही था? शायद नहीं। क्योंकि केन्द्र में पहली गैरकांग्रेसी सरकार बनने से ज्यादा महत्त्वपूर्ण घटना तो सतहत्तर में लोकतंत्र की बहाली है। सतहत्तर के बाद इतना तो निश्चित ही हो गया है कि अब किसी के लिए इमरजेंसी लगाना और आम लोगों के नागरिक अधिकार निलम्बित कर देना सम्भव नहीं होगा। प्रेस

और नागरिकों की लोकतांत्रिक स्वतंत्रताओं के प्रति देश अब इतना संवेदनशील हो गया है कि उनसे छेड़छाड़ करना किसी पार्टी गठबन्धन और नेता के लिए सम्भव नहीं होगा। अब उतना लोकतंत्र तो रहना ही है जितना सन् इकहत्तर में इन्दिरा गांधी के दुबारा प्रधानमंत्री बनने के पहले था। सन् अस्सी में तिबारा प्रधानमंत्री बनने के बाद खुद इन्दिरा गांधी भी उतने लोकतंत्र से छेड़छाड़ नहीं कर सकीं। कहने को लोग कहते हैं और शायद ठीक ही कहते होंगे कि इन्दिरा गांधी की तरह भाजपा और संघ परिवार भी संविधान की आड़ में फासीवादी तानाशाही लाने की कोशिश में लगे हुए हैं। सन् बानवे में भाजपा की सरकार ने संघ परिवारी संगठनों को बाबरी मसजिद तोड़ने जैसा असंवैधानिक, गैरकानूनी, अलोकतांत्रिक और भारत के समाज और धर्म की सभी परम्पराओं के विपरीत धतकरम अयोध्या में करने दिया। एक निर्वाचित लोकतांत्रिक सरकार के शासकीय संरक्षण के बिना यह ध्वंस किया नहीं जा सकता था। इसी तरह गोधरा में रामसेवकों से भरे रेल के डिब्बे के जलाए जाने का बदला संघ परिवारी संगठन गुजरात के मुसलमानों से नहीं ले सकते थे अगर मुख्यमंत्री नरेन्द्र मोदी राज्य के पुलिस-प्रशासन को नहीं कहते कि जो प्रतिक्रिया होगी उसे होने देना है और राज्य की एजेंसियों को उसे रोकने की कोई कार्रवाई नहीं करनी है।

उत्तर प्रदेश और गुजरात में भाजपा सरकारों की यह भूमिका इस शंका को निराधार नहीं रहने देती कि जिस तरह हिटलर ने लोकतांत्रिक तरीके से सत्ता पाकर नाजी तानाशाही कायम की थी वैसे ही केन्द्र में अपने ही बूते और दो-तिहाई बहुमत पर भाजपा की सरकार बनेगी वह लोकतंत्र और संविधान को समाप्त करके हिन्दू तानाशाही कायम करके भारत को हिन्दू राष्ट्र घोषित कर देगी। हम सब जानते हैं कि भाजपा ने लोकतांत्रिक और संवैधानिक मजबूरी में वे सब बातें स्वीकार की हैं जिनमें राष्ट्रीय स्वयंसेवक संघ का विश्वास नहीं है। संघ को भी संविधान सरदार पटेल ने मंजूर करवाया था नहीं तो वे उस पर से पाबन्दी हटाने को तैयार नहीं थे। भारत को लोकतांत्रिक धर्मनिरपेक्ष गणतंत्र बनाने वाला संविधान संघ को स्वीकार नहीं है। मौका मिलते ही वह भारत को हिन्दू राष्ट्र बनाने वाला संविधान लागू करेगा। इसमें न संघ वालों का सन्देह है, न संघ को समझने वालों को। इस भयावह सम्भावना को स्वीकार करते हुए भी हमें याद रखना चाहिए कि सन् सैंतालीस में पहली बार और सन् सतहत्तर में दूसरी बार देश की जनता ने साम्प्रदायिक और निजी तानाशाहियों को रद्द करके लोकतंत्र को अपने पर अपना शासन करने के तरीके के नाते चुना है। अगर यह भारत के लोगों की जीवन पद्धति और दर्शन में नहीं होता तो लोकतंत्र ऐसा टिक नहीं सकता था। भारत के स्वभाव और चरित्र के विरुद्ध अगर कुछ है तो वह संघ सम्प्रदाय का हिन्दुत्व है। इन्दिरा गांधी की तानाशाही जिन लोगों ने बर्दाश्त नहीं की वे भारत को हिन्दुत्ववादियों का हिन्दू राष्ट्र

भी नहीं बनने देंगे। संघर्ष की जो ट्रेनिंग उन्हें गांधी और जेपी ने कोई सौ साल तक दी है वह ऐसे ही नष्ट नहीं होगी।

पर यह विश्वास रखना भी अन्ततः थोड़ा नकारात्मक ही है क्योंकि यह उतने और वैसे ही लोकतंत्र की रक्षा करना है जिसे जेपी और देश ने अपर्याप्त पाया था। जैसे जेपी आन्दोलन की सबसे बड़ी चिन्ता चुनाव से धन बल, बाहुबल और पार्टीबल समाप्त करने की थी। उस आन्दोलन में ये सब पार्टियाँ शामिल थीं जो आज सत्ता में हैं। लेकिन सर्वोच्च न्यायालय और चुनाव आयोग ने राजनीति से अपराधियों और अपराध के असर को घटाने के जो सुझाव दिये हैं वे इन्हें मंजूर नहीं हैं। हमारी सारी राजनीतिक पार्टियाँ अपराधियों और अपराध के लिए उतनी जगह रखना चाहती हैं जितनी अभी उन्हें जरूरी लगती है। धन बल पर कोई अंकुश नहीं लगा है बल्कि राजनीति और शासन में उद्योग घरानों की दखलन्दाजी पहले से कई गुना बढ़ गई है। पार्टी तंत्र पहले से कमजोर हुआ है क्योंकि सभी पार्टियों का विखंडन हुआ है। लेकिन नेताओं, जाति और सम्प्रदाय का बोलबाला हुआ है और सभी पार्टियों में आन्तरिक लोकतंत्र लगभग समाप्त है। नेताओं ने जाति, क्षेत्र और सम्प्रदाय के आधार पर पार्टियाँ बना ली हैं जो कुल जनता से बेखबर सत्ता के लिए सौदेबाजी में लगी रहती हैं। उन पर आम जनता का न तो कोई अंकुश है, न भागीदारी। फिर जेपी की माँग थी कि सरकार चुनने वाली जनता को राइट टू रिकॉल यानी प्रतिनिधि को वापस बुलाने का अधिकार होना चाहिए। उसकी आज कोई बात तक नहीं करता। उलटे अटल बिहारी वाजपेयी चाहते थे कि संविधान में ऐसा परिवर्तन कर दिया जाए कि एक बार जो लोकसभा/विधानसभा चुन ली जाए उसे अपने पाँच साल के कार्यकाल के पहले कोई भंग नहीं कर सके। यह निर्वाचित प्रतिनिधि को वापस बुलाने के अधिकार के ठीक विपरीत उसे पाँच साल की निश्चित और निर्बाध ठेकेदारी देने का सुझाव था। वह मंजूर नहीं हुआ है। लेकिन इससे इतना तो साफ है कि हमारा लोकतंत्र पहले से कुछ ज्यादा मजबूत नहीं हुआ है। जेपी के राजनीतिक साथी, जिन्हें उन्हीं के कारण सत्ता मिली लोकतंत्र को मजबूत और वास्तविक बनाने के उनके काम को कतई आगे नहीं बढ़ा रहे हैं। देश में जो लोकतांत्रिक ताकत आपको दिखाई दे रही है वह उनके बावजूद लोगों की ताकत है।

जेपी ने अपना शुरुआती जीवन समाजवादी आन्दोलन में और उमर के पचासवें साल के बाद सर्वोदय आन्दोलन में लगाया। आज देश में समाजवादी तो बचे हैं लेकिन समाजवादी आन्दोलन जैसी कोई चीज नहीं है। फिर समाजवादियों में जॉर्ज फर्नांडीस और शरद यादव जैसे लोग भी हैं जिन्हें पतित समाजवादी कहना भी समाजवाद का मखौल उड़ाना होगा। एक समाजवादी पार्टी है, जिसमें सर्वेसर्वा मुलायम सिंह यादव हैं जिन्होंने समाजवाद का यादवीकरण कर दिया है। उनके साथी अमर सिंह जिनका काम और ईमान पैसे के लिए पैसेवालों के काम करवाना

है। भाजपा के प्रमोद महाजन की टक्कर में अगर कोई राजनीतिक दलाली करता है तो वे अमर सिंह हैं। कोई बता नहीं सकता कि वे किसी समाजवादी पार्टी में कैसे हो सकते हैं। शरद यादव की पार्टी के पदाधिकारी देश में शराब बनाने वाले सबसे बड़े उद्योगपति विजय माल्या को बनाया जाना था। जॉर्ज फर्नांडीस की समता पार्टी जया जेटली सुशोभित कर रही हैं और उनके बारे में कुछ भी कहना उचित नहीं होगा। सत्ता और राजनीति वाले समाजवादी या भूतपूर्व समाजवादी समाजवादी आन्दोलन के हँसाऊ और रुलाऊ कार्टून बने हुए हैं। जो सत्ता और पार्टी से बाहर हैं वे निष्ठा से संघर्ष में लगे हैं लेकिन एक होना और मिलकर काम करना उनकी फितरत में नहीं है इसलिए बावजूद समर्पण, निष्ठा और वैचारिक प्रखरता के उनका न तो काम बनता है, न ताकत दिखती है। वे समाजवादी आन्दोलन के खंडहर और संग्रहालय की तरह बिखरे हुए हैं। यही सर्वोदय आन्दोलन और उसके नेताओं या सेवकों का हाल है। कभी सर्वोदय आन्दोलन देश के गाँव-गाँव में था, भूदान और ग्रामदान होता था और समतामूलक अहिंसक समाज बनाने की चर्चा होती थी। सन् उनहत्तर में यानी गांधी शताब्दी वर्ष में बिहार का ग्रामदान जेपी ने करवाया। फिर विनोबा क्षेत्र संन्यास लेकर वापस पवनार चले गए। जेपी को सन् बहत्तर में लगा कि अहिंसक प्रतिकार के बिना ग्राम स्वराज नहीं आएगा। चौहत्तर में जब उन्होंने आन्दोलन शुरू किया तो विनोबा उनके साथ नहीं थे। जेपी के आन्दोलन को कुचलने के लिए इन्दिरा गांधी ने इमरजेंसी लगाई—विनोबा ने उसे अनुशासन पर्व कहा। सर्वोदय आन्दोलन चौहत्तर में ही विभाजित हो गया था। सतहत्तर के चुनाव में जेपी के साथ वाला सर्वोदय आन्दोलन जनता ताकतों के साथ था। विनोबा के साथ वालों ने इन्दिरा गांधी से सहानुभूति रखी। जनता पार्टी की सरकार के साथ सर्वोदय आन्दोलन भी श्रीहीन होकर बिखर गया। सत्ता और पार्टी के बाहर के समाजवादियों जैसे ही सर्वोदयी और गांधीवाले बचे हैं। सादगी से ईमानदार और नैतिक जीवन जी रहे हैं। सेवा भी कर रहे हैं। रचनात्मक काम में भी लगे हैं। लेकिन जो गांधी नोआखली में और जो जेपी तनाव, अशान्ति और संघर्ष की आग में कूद जाते थे उनके अनुयायी गुजरात के नरसंहार में ऐसे बिदके और बेअसर हुए कि अहमदाबाद के हरिजन आश्रम की रक्षा करने के लिए उसे बन्द करना पड़ा। जेपी के अहिंसक प्रतिकार की ताकत न सर्वोदयी दिखा पाते हैं, न समाजवादी। हालाँकि सम्पूर्ण क्रान्ति की बात करने वाले यही लोग बचे हैं।

तो जेपी का ऐसा क्या बचा है जिसका गौरव हम उनकी जन्म शताब्दी पर कर सकते हैं? शायद उनका जीवन और उनकी विचार यात्रा। गांधी के बाद जेपी ही एक सचमुच के लोक नेता हुए जो ईमानदारी से क्रान्तिशोधन करते रहे। उनकी विनम्रता देखिए कि उन्होंने सत्यशोधक कहलाना भी स्वीकार नहीं किया। उन्होंने कहा है—कुछ लोग ऐसा मानते हैं कि मेरे विचार बराबर बदलते रहे हैं, कभी

स्थिर नहीं रह सके। लेकिन वास्तविकता यह नहीं है। सही हकीकत तो यह है कि मैं अपने जीवन में शुरू से ही कुछ चीजों की खोज में लगा रहा हूँ और उस खोज की तीव्रता ही मुझे आज तक विभिनन दिशाओं में खींचती रही है। और—'सम्पूर्ण क्रान्ति के सपने को साकार होते देखने के लिए मैं इस दुनिया में न रह पाऊँ। लेकिन जब कभी समाज का अन्तिम व्यक्ति इज्जत के साथ जी सकेगा, अपनी शक्ति के अनुसार मेहनत कर सकेगा और अपनी आवश्यकता के अनुसार पा सकेगा तो मुझे सन्तोष होगा।'

इससे और उदात्त जीवन क्या हो सकता है?

[13 अक्टूबर, 2002]

आँधी थी, राज्यों के नहीं केन्द्र के खिलाफ

आप कह सकते हैं कि सन् सतहत्तर के बाद का सबसे स्तब्धकारी जनादेश 2004 आखिर अन्धों का हाथी है। जिस अन्धे के हाथ जो पकड़ आ गया है उसी को वह हाथी समझ और बता रहा है। इसमें तीन उद्घोषणाएँ खास हैं।

कहा जा रहा है कि देश में राज्य सरकारों के खिलाफ जैसे आँधी चल रही थी। वोटरों ने अपनी राज्य सरकारों के खिलाफ आँख मूँद के खुंदक में वोट दिये। दूसरा यह कि और जो भी हो यह जनादेश आर्थिक सुधारों के खिलाफ नहीं है क्योंकि खेती पर जीने वाले देहातियों ने ही नहीं, महानगरों, नगरों और कस्बों के शहरियों ने भी राज करने वालों को मजा चखाया है। तीसरा यह कि जब मतदाता राज करने वालों को सजा देने निकलता है तो वह नहीं देखता कि सुशासन और केन्द्र सरकार भी लोकतंत्र के लिए महत्त्वपूर्ण है। इसकी समझ न दिखा कर भारतीय मतदाता ने कोई परिपक्वता का परिचय नहीं दिया है। कुछ अन्धे यह बताते-बताते रुक गए हैं कि क्या करें, अपने ज्यादातर लोग जाहिल, जलकुक्कड़े और भुक्खड़ हैं और अपनी बदहाली के सामने देश की चमक और उसका उदय नहीं देखते। संकट की इस घड़ी में भी वे जानते हैं कि ब्रेख्त के राजा की तरह वे अपनी प्रजा नहीं बदल सकते।

आइए जरा इन उद्घोषणाओं की जाँच-पड़ताल करें। सबसे पहले राज्य सरकारों के खिलाफ आँधी को लें। सही है कि आंध्र प्रदेश में चन्द्रबाबू नायडू नौ साल से राज कर रहे थे। वे समझे कि नक्सलियों ने तिरुपति जाते हुए उन्हें मार डालने की जो कोशिश की थी उससे उनकी वफादार प्रजा में उनके लिए बड़ी सहानुभूति पैदा हुई है और सारी दुनिया में मशहूर अपने साइबर राजा को वह टूट कर वोट देगी। इसलिए उन्होंने समय से पहले चुनाव करवाया और गरीब प्रजा ने न उन्हें हैदराबाद में बैठने दिया, न दिल्ली में। कांग्रेस के एसएम कृष्णा पड़ोस के कर्नाटक में भी वैसा ही साइबर सुशासन चला रहे थे। उन्होंने भी विधानसभा भंग की और लोकसभा के साथ विधानसभा चुनाव जोड़ दिये। उन्हें भी बेवफा जनता ने दुबारा सिंहासन देने से इनकार कर दिया। तमिलनाडु की महारानी जयललिता भी अपने विरोधियों से गिन-गिन के बदला ले रही थीं। उनकी प्रजा ने नाम के लिए भी उन्हें

एक सीट नहीं दी। केरल में कांग्रेसी मोर्चा राज कर रहा था। वहाँ भी मलयालियों ने वाम मोर्चे को सारी सीटें दे दीं। ठेठ दक्षिण से उठ कर यह आँधी ऊपर उत्तर में आई। अकालियों को भ्रष्टाचार का मजा चखाने वाले पंजाब के पुराने पटियाला राजा अमरिंदर सिंह और लगे हुए हरियाणा के धरती पुत्र ओमप्रकाश चौटाला भी जम के राज कर रहे थे। उन्हें भी जनता ने सजा दी। पंजाब में कांग्रेस को दो और हरियाणा में चौटाला को एक भी सीट नहीं मिली। इनके बाद यह आँधी छोटे और नये बने झारखंड और उत्तरांचल में देखी गई। झारखंड में राज करती भाजपा और उत्तरांचल में कांग्रेस को सिर्फ एक-एक सीट मिली।

पर इन आठ राज्यों में कुल जमा 171 सीटें हैं। आंध्र में 42, तमिलनाडु में 39 कर्नाटक में 28, केरल में 20, झारखंड में 14, पंजाब में 13, हरियाणा में 10 और उत्तरांचल में पाँच। आप जानते हैं कि देश में कुल 543 लोकसभा सीटें हैं जिनमें से चार के नतीजे अभी आए नहीं हैं। लेकिन 543 लोकसभा सीटों के देश में अगर 171 सीटों वाले राज्यों में राज्य सरकार को मतदाता ने सजा दी हो तो इसे क्या आप राज्यों का और वहाँ राज करने वालों को उखाड़ फेंकने का चुनाव कहेंगे? क्या एक-तिहाई इलाके से भी कम में बहने वाली हवा को आप अखिल भारतीय आँधी बता सकते हैं?

असम में कांग्रेस का राज है। वहाँ उसे 14 में से 9 सीटें मिली हैं जो कि आधी से दो ज्यादा हैं। असम में राज करने वालों के खिलाफ वोट नहीं गया है। बिहार में पन्द्रह साल से लालू-राबड़ी राज है। वहाँ उनके राष्ट्रीय जनता दल और साथियों को नतीजे देने वाली 37 में से 26 सीटें मिली हैं, तीन में चुनाव होना है। इसे आप लालू-राबड़ी के खिलाफ वोट कतई नहीं कह सकते। यह निश्चित ही उनके पक्ष में दिया गया वोट है। छत्तीसगढ़ में चार महीने से भाजपा का राज है और वहाँ 11 सीटें हैं। इनमें से 10 सीटें भाजपा को मिली हैं। यानी राज करने वाली भाजपा से चुनाव का सूपड़ा साफ कर दिया ऐसा जोरदार समर्थन उसे छत्तीसगढ़ ने दिया है। दिल्ली में तो कांग्रेस की शीला दीक्षित अभी पिछले साल दिसम्बर में विधानसभा चुनाव जीती हैं दूसरी बार। दिल्ली में सात सीटें हैं जो पिछली बार सभी भाजपा ने पाई थीं। फिर भी शीला दीक्षित की कांग्रेस सात में से छह सीटें जीत गई। यहाँ भी वोट राज करने वाले के खिलाफ नहीं गया।

गुजरात में कब से भाजपा राज कर रही है! अभी दो साल पहले नरेन्द्र मोदी ने वहाँ दो-तिहाई बहुमत से विधानसभा चुनाव जीता। वहाँ की 26 सीटों में से भाजपा को 14 सीटें मिलीं। कांग्रेस ने 12 सीटें जीत कर अपना खोया मैदान कुछ हद तक तो पाया फिर भी आधी से ज्यादा सीटें तो भाजपा को ही मिलीं। हिमाचल में गए साल से कांग्रेस का राज है। वहाँ की चार में से तीन सीटें कांग्रेस ने ही जीती हैं इसलिए आप वहाँ भी राज्य सरकार के खिलाफ वोट कतई नहीं मान सकते।

जम्मू-कश्मीर की छह सीटों में से चार कांग्रेस और उसके सहयोगियों को मिली हैं। वहाँ भी कांग्रेस और पीडीपी का राज है। मध्यप्रदेश में अभी दिसम्बर में भाजपा ने विधानसभा में दो-तिहाई बहुमत पाया है और राज कर रही है। वहाँ की 29 में से 25 सीटें भाजपा ने जीती हैं। पिछले लोकसभा चुनाव में जीती सीटों से चार ज्यादा। वहाँ तो निश्चित ही राज करने वालों के पक्ष में वोट गया है।

ओडीशा में पिछले पाँच साल से राज कर रहे बीजू जनता दल और भाजपा ने विधानसभा और लोकसभा दोनों के चुनाव जीते। वहाँ की 21 में से 18 सीटें राज करते आ रहे गठबन्धन ने ही जीती हैं। राजस्थान में भी पिछले दिसम्बर से भाजपा का राज है। वहाँ की 25 में से 21 सीटें भाजपा ने जीती हैं जो कि सन् 99 के चुनाव में जीती सीटों से पाँच ज्यादा हैं। महाराष्ट्र में कांग्रेस और राष्ट्रवादी कांग्रेस का राज है। वहाँ की 48 में से 23 कांग्रेस ने जीती हैं और 25 भाजपा-शिवसेना ने। लेकिन राज करने वालों ने पिछले चुनाव से सात सीटें ज्यादा जीती हैं इसलिए यह वोट भी राज्य सरकार के खिलाफ नहीं है। उत्तर प्रदेश देश का सबसे बड़ा राज्य है। वहाँ 80 सीटें हैं। गए साल से वहाँ समाजवादी पार्टी का राज है। वहाँ की सीटें चार पार्टियों ने बाँटी हैं लेकिन सबसे ज्यादा सत्तारूढ़ पार्टी को मिली हैं—39, इसके बाद नम्बर है इसके पहले राज करने वाली बसपा का—19 सीटें। तो जहाँ इतना बिखराव है वहाँ भी जनता की पसन्द तो राज करने वाली पार्टी ही है।

पश्चिम बंगाल को अलग से लेना चाहिए क्योंकि वहाँ तो कोई पच्चीस साल से वाम मोर्चे का राज चल रहा है। वाम मोर्चा राज करने में सिर्फ कांग्रेस से पीछे है और गठबन्धन के नाते तो पहले नम्बर पर है। अगर कहीं राज करने वालों के खिलाफ वोट होना चाहिए तो पश्चिम बंगाल में। फिर भी आप पाते हैं कि आंध्र से जो आँधी चली थी वह बंगाल की खाड़ी से होती हुई कलकत्ता भी नहीं पहुँची। वहाँ की 42 में से वाम मोर्चे ने फिर 35 सीटें जीत लीं। वहाँ न कांग्रेस की हवा पहुँची न भाजपा-तृणमूल की। कांग्रेस को छह सीटें मिलीं और तृणमूल को सिर्फ एक। वाम मोर्चा वहाँ पच्चीस साल से विधानसभा और लोकसभा दोनों के चुनाव जीतता आ रहा है। वहाँ एंटी इनकम्बेंसी का परिन्दा पर भी नहीं मारता जबकि बंगाली लोगों पर देश के सबसे सन्तुष्ट और यथास्थितिवादी होने का आरोप भी नहीं लग सकता।

तो आप देखिए कि देश के इन 13 बड़े राज्यों की सीटों की गिनती करें। तो वे 353 तक पहुँचती हैं। ये सीटें कुल सीटों की दो-तिहाई से ज्यादा हैं और इनमें भाजपा, कांग्रेस, वाम मोर्चा और तीसरे मोर्चे की पार्टियों के राज हैं। कई जगह मोर्चे और पार्टियाँ पाँच से ज्यादा साल से राज करती आ रही हैं। सबसे लम्बा राज करता वाम मोर्चा और सबसे लम्बा राज करता राष्ट्रीय जनता दल, इन्हीं राज करने वालों में शामिल हैं। लेकिन इनमें से प्रत्येक में जनता ने राज करने वाली पार्टी और मोर्चे को ही वोट दिया है। 171 सीटों वाले आठ राज्यों की तुलना में 353 सीटों वाले

13 राज्य हैं। तो क्या अब भी आप कहेंगे कि यह चुनाव राज करने वाली राज्य सरकारों के खिलाफ जनता का वोट है? एक-तिहाई में जो हवा थी वह दो-तिहाई में नहीं चली बल्कि उलटी चली।

लोकतंत्र और चुनाव नतीजे अगर संख्या के खेल से चलते हैं तो आपको मानना पड़ेगा कि यह चुनाव राज्य सरकारों के खिलाफ जनता का वोट कतई नहीं है। यह राज्यों में राज करने वालों के पक्ष में दिया गया वोट है। यह कहना सरासर झूठ है शासन करने वालों के खिलाफ खुंदक में जनता ने फैसला कर दिया। जनता को अपने राज्य के बाहर न देख सकने वाली रतौंधी बताने वाले ये लोग खुद सावन के अन्धे हैं। चुनाव के पहले अपने सावन में इनको जो दिख रहा था अब भी दिख रहा है। चुनाव में परिवर्तन से जो प्रकाश हुआ है उसे राज्यों के सिर अन्धेरे ठीकरे की तरह फोड़ कर ये अपना अन्धापन बचाए रखना चाहते हैं।

इसे राज्यों में सरकारों के खिलाफ वोट वाला चुनाव बताने वाले ये लोग वही हैं जो कल तक कह रहे थे कि पॉजिटिव—सकारात्मक—वोट का यह पहला चुनाव होगा क्योंकि देश में न सरकार के खिलाफ कुछ है, न हमारी पार्टी, न हमारे गठबन्धन के खिलाफ। लोग इस सरकार और इसकी नीतियों को जारी रखने के लिए वोट देंगे। लोग पहली बार चुनाव पहले इतना गुड फील कर रहे हैं। अंग्रेजी वालों का इंडिया शाइन कर रहा है और हिन्दी वालों के भारत का उदय हो रहा है। सेंसेक्स छह हजार से ऊपर है, मुद्रा भंडार में इतने डॉलर हैं कि आप गिन नहीं सकते। टेलीफोन, रसोई गैस, कार, फ्रीज जो चाहिए बाजार में भरा पड़ा है ऐसी समृद्धि तो भारत में कभी आई नहीं थी। कांग्रेस पचास साल में जो न कर सकी हमने पाँच साल में कर दिया। पाँच साल और दो हम भारत को विकसित देश और आर्थिक महाशक्ति बना देंगे। जनता ने न सिर्फ फिर मौका नहीं दिया राष्ट्रीय जनतांत्रिक गठबन्धन को 320 से 186 पर और भाजपा को 182 से 138 पर उतार बैठाया।

जी हाँ, राज करने वालों के खिलाफ आँधी चल रही थी। निश्चित। लेकिन वह आँधी राज्यों में राज करने वालों के नहीं, दिल्ली से राज चलाने वालों के विरुद्ध चल रही थी। जिन्हें इस आँधी ने अन्धा किया वे अब भी ध्वस्त हुए चन्द्रबाबू नायडू और एस.एम. कृष्णा को दिखा रहे हैं। विकास पुरुष अटल बिहारी वाजपेयी और लौह पुरुष लालकृष्ण आडवाणी तो ऐसे उखड़े कि उड़ते हुए दिख तक नहीं रहे हैं। उन्हें आप न ढूँढ़ें इसलिए सावन के अन्धे आपको राज्यों में घुमा रहे हैं।

[27 मई, 2004]

आर्थिक सुधार अन्धों की रेवड़ियों की तरह बँटे

सब जानते हैं कि कोई तेरह साल पहले शुरू किये गए आर्थिक सुधार अब लौटाए नहीं जा सकते। और यह भी सब जानते हैं कि जिस भी सरकार ने आर्थिक सुधारों को आगे बढ़ाया वह फिर चुनाव जीतकर नहीं आई। इन तेरह सालों में देश की सभी पार्टियाँ बारी-बारी से राज में रह चुकी हैं। पहले कांग्रेस थी जिसमें नरसिंह राव की अगुवाई में वित्त मंत्री मनमोहन सिंह ने सुधारों का पिटारा खोला। फिर देवेगौड़ा और गुजराल की राष्ट्रीय या तीसरा मोर्चा सरकारें आईं और गईं और फिर एक साल के ब्रेक के बाद भाजपाई गठबन्धन की सरकार लगभग पाँच साल चली। कांग्रेस, भाजपा, वाम मोर्चा और सभी रंगों की छोटी क्षेत्रीय पार्टियाँ राज में भागीदारी कर चुकी हैं और इनमें से कोई भी न सुधारों को रोक सकी है, न कोई अपनी अलग दिशा दे सकी है।

आर्थिक सुधारों में ऐसा कुछ सार्वभौमिक और सम्प्रभु है जिसे उनके अपने देश की अर्थव्यवस्था और लोगों पर असर को कोई रोक नहीं सका है। उनके सिवाय कोई विकल्प नहीं है ऐसा कहकर घुटने टेकने वाले उनसे मिले अवसरों का लाभ ले रहे हैं। उन्हीं का इंडिया शाइन कर रहा है। लेकिन भारत के जो आम लोग इन सुधारों के शिकार हुए हैं उन्होंने अपना विरोध खुलकर इस चुनाव के जरिये दर्ज किया है क्योंकि अटल सरकार सुधारों के लाभ पर जनादेश लेने उतरी थी। संघ सम्प्रदाय ने अपना विभाजक और साम्प्रदायिक एजेंडा ठंडे बस्ते में डाल दिया था। भाजपा गठबन्धन को लगता था कि आर्थिक स्वर्ग के प्रचार और कॉरपोरेट किस्म के चुनाव प्रबन्धन से वह चुनाव जीत जाएगा। अटल बिहारी वाजपेयी का नेतृत्व उसके सोने पर सुहागा होगा। लेकिन अब जब कि भाजपाई गठबन्धन और भाजपा खुद सीटें गँवा कर विपक्ष में बैठे हैं तो भाई लोग दावा कर रहे हैं कि जनादेश 2004 आर्थिक सुधारों के खिलाफ नहीं है। अगर कुछ है तो यह दिल माँगे मोर है क्योंकि ज्यादा से लोग जल्दी से जल्दी सुधारों के लाभ चाहते हैं और चूँकि कोई भी सरकार सबको सन्तुष्ट नहीं कर सकती इसलिए उतावले लोगों ने अपने वोट से उन्हें बाहर कर दिया है। जिस तरह भाजपा और उसके गठबन्धन के पैरोकार अपनी पराजय का दोष राज्य सरकारों और स्थानीय

मुद्दों को दे रहे हैं उसी तरह आर्थिक सुधारों के झंडाबरदार बता रहे हैं कि जो जल्दी से मोर नहीं दे सकते उन्हें जनता पाँच साल भी बर्दाश्त नहीं कर सकती। यानी इनके लिए भी यह एंटी इनकम्बेंसी वोट यानी राज करने वालों का भुगता गया खमियाजा है। भाजपाई गठबन्धन की नीतियों में जिस तरह पहले पैरोकार कोई खराबी नहीं देखते वैसे ही आर्थिक सुधारों के महामंत्र को ब्रह्मास्त्र मानने वाले कहते हैं कि जनता चाहती है कि ये सुधार और तेजी और सख्ती से किये जाएँ ताकि जिनका भारत उदय नहीं हो रहा है उनका इंडिया शाइन करने लगे। आर्थिक वृद्धि और उससे आने वाली समृद्धि को अपने आप में सबसे बड़ा लक्ष्य मानने वाले ये लोग नहीं समझते कि इन सुधारों की सहज प्रकृति में ही विषमता बढ़ाना है और भारत जैसे देश में तो खुले खेल फर्रुखाबादी से विषमता घातक अनुपात में बदल सकती है। भारत में गरीबी का कोई पन्द्रह साल से अध्ययन करने वाले साईंनाथ ने बताया है कि धीरूभाई अम्बानी ने अपने आखिरी वेतन के रूप में सिर्फ रिलांयस इंडस्ट्रीज से कोई नौ करोड़ रुपये उठाए थे। ओडीशा के कालाहांडी का भूमिहीन खेतिहर मजदूर किस्मत अच्छी हो तो साल भर में तीन हजार रुपये कमा सकता है। यानी धीरूभाई अम्बानी की आखिरी तनख्वाह और कालाहांडी के मजदूर की कमाई में कोई तीस हजार गुना का फर्क है। अमेरिका के समाज के लिए प्रोफेसर पॉल क्रुगमन ने लिखा है कि सबसे कम वेतन पाने वाले मजदूर और सबसे मोटी तनख्वाह कमाने वाले मुख्य कार्यकारी अधिकारी की कमाई में अगर एक हजार गुना का फर्क हो तो यह गैरबराबरी हमारे लोकतंत्र के लिए खतरनाक है। भारत के लोकतंत्र का क्या होगा अगर यह विषमता तीस हजार गुना हो?

सुधारों के पैरोकारों की दलील है कि अगर उनसे लाभ पाने वाले महानगरों के निवासियों और गाँवों में खेती के बरबाद होने से बदहाल होने वाले किसानों और खेतिहर मजदूरों ने एक तरह से वोट दिया है तो इसका मतलब है कि उनके वोट का सुधारों से कोई सम्बन्ध नहीं है। आर्थिक सुधारों का सबसे ज्यादा लाभ मुम्बई, दिल्ली, कोलकाता, बंगलूर, हैदराबाद जैसे महानगरों में हुआ है और यही चमचमाते और सामानों से लदे बाजार हैं। फिर ऐसा क्यों हुआ कि मुम्बई में शिवसेना भाजपा गठबन्धन छह में से पाँच सीट हार गया और दिल्ली की सात में से छह सीटें कांग्रेस ने जीत लीं। ये लोग यह भ्रम बनाए रखना चाहते हैं कि सुधारों से जहाँ भी लाभ होता है सबको होता है यानी सुधारों से विषमता नहीं बढ़ती।

इससे बड़ा कोई झूठ नहीं है। आर्थिक सुधार बराबरी के औजार नहीं हैं, न बाजार कहीं भी सामाजिक न्याय का माध्यम हो सकता है। मुम्बई और दिल्ली के नव दौलतिए इलाकों में भी बल्कि चमचमाते बाजारों में भी लगातार पोंछा लगाने वाले कोई अमीर नहीं हो गए हैं। वे अपनी आँखों से देखते हैं कि कई लोग एक

शाम में उतना पैसा खर्च कर देते हैं जितना वे हाड़तोड़ मेहनत से साल भर में कमा नहीं सकते। वे उतना पैसा पाने के लिए सरकार को वोट नहीं देते। वे यह विषमता बढ़ाने की सजा देते हैं। और आखिर यह लोकतंत्र है। वोट देकर काला निशान लगी उँगली विज्ञापन में दिखाने वाले अम्बानी पुत्र के वोट की कीमत एक लाख करोड़ नहीं होती। वह उतनी ही रहती है जितनी चमचमाते बाजार में पोंछा लगाने वाले के वोट की। इसलिए मुम्बई के मालाबार और नई दिल्ली में सुधारों पर लड़ने वाली भाजपा हार जाती है। गाँवों में भी सुधारों से अमीर हुए लोग हैं जैसे शहरों में हैं। लेकिन वे कुछ हैं और बदहाल हुए कई हैं। इसलिए गाँव और महानगर के वोट में फर्क नहीं दिखता।

अटल जी की भाजपाई गठबन्धन पहली सरकार थी जो सुधारों से गुड फील करने वालों से घिरी थी। इसलिए उसने इंडिया शाइनिंग और भारत उदय के विज्ञापन अभियान चला कर विश्वास किया कि जिन लोगों को लाभ मिला है वे तो वोट देंगे ही जो लाभ पाना चाहते हैं वे भी देंगे। इस सरकार ने पिछले पाँच साल से अमीरों और मध्यवर्ग को अपनी नीतियों से लाभ पहुँचाया और उन्हें अपना समर्थक वर्ग बनाकर ऐसा राजनीतिक आधार जमाने की कोशिश की जो आगे भी उनका साथ देता रहेगा। मीडिया भी इस वर्ग में शामिल है इसलिए उसे दिखा नहीं कि कितने लोग वंचित होकर बाहर हो गए हैं और जो लोग गरीबी की रेखा से ऊपर आ गए बताए जा रहे हैं वे दरअसल कागज में हैं। भूमंडलीकरण, उदारीकरण और निजीकरण का औचित्य गरीबी समाप्त करने में दिखाया गया जबकि वास्तविकता में वे अमीरी बढ़ाने के काम आ रहे थे। कहा गया कि ग्रोथ से अमीरी बढ़ने से ही गरीबी घटेगी। देखा नहीं गया कि वृद्धि जा कहाँ रही है। उसका समान क्या ठीक से वितरण भी नहीं हो रहा है। इस रतौंध के कारण सरकार और उसके पैरोकारों को फील गुड ही दिखा। लालकृष्ण आडवाणी जैसे हिन्दुत्व के जमीनी नेता भी विज्ञापन के मन लुभावन चस्के में आ गए।

भाजपाई गठबन्धन की सरकार आखिर बनियों की थी जो थोड़ी ऊपर उठ कर उद्योगपतियों और बहुराष्ट्रीय कम्पनियों की हो गई। जो नीतियाँ उसने चलाईं उनसे किसानी की लागत तो बहुत बढ़ गई लेकिन पैदावार के दाम लगातार गिरते गए। पंजाब से लेकर महाराष्ट्र और आंध्र और कर्नाटक के किसान कर्ज में लदते गए और आत्महत्या करते गए। भारत के किसानों की विपरीत परिस्थितियों में भी धैर्य से टिके रहने की क्षमता सदियों से प्रशंसा पाती और भारतीय जनजीवन को धारण किये रही है। यही किसान बरबाद होकर टूटने लगे। उनसे कहीं बढ़ी संख्या खेतिहर भूमिविहीन मजदूरों की है। उन्हें न गाँवों में खेती पर काम मिला न महानगरों में छुट्टी मजदूरी का। वे गाँव से शहर आने और शहर से खाली हाथ गाँव लौट जाने को मजबूर हुए। उनके रोजगार का कहीं कोई इन्तजाम नहीं हुआ।

अनाज से कूट-कूट कर भरे और सड़ते गोदामों से जिस भाव पर गरीबों को अनाज दिया गया उससे भी सस्ता वह दुनिया के बाजार में बेचा गया। सरकार बाहर सस्ता अनाज बेच कर घाटा उठाए तो चलेगा क्योंकि यह तो बाजार के चलन के अनुसार होता है। लेकिन गरीबी की रेखा के नीचे रहने वाले लोगों को मुफ्त अनाज नहीं दिया जा सकता क्योंकि यह विश्व बैंक, मुद्रा कोष और विश्व व्यापार संगठन के सिद्धान्तों के विरुद्ध है। भारत की अर्थ व्यवस्था इन गरीबों के भरोसे और इनके लिए नहीं चल रही है उसके नियामक ब्रेटनवुड संस्थानों के लोग हैं जिनके विरुद्ध जाने की हिम्मत और कुब्वत इस सरकार में नहीं थी।

सरकार के सर्वेक्षण ने बताया कि लोगों का जीवन स्तर ऊँचा उठ गया है, इसलिए उनमें अनाज की खपत घट गई है और उसकी जगह वे सब्जियाँ, फल और दूध के उत्पाद खाने लगे हैं। जबकि सचाई यह है कि लोगों की जेब में पैसा नहीं है कि वे अनाज खरीद सकें। अपने ही गोदामों में जो अनाज है वह अपने ही भूखे लोगों की पहुँच से बाहर है। और इसे अपने जीवन स्तर में आया उठाव बताया गया है। तभी तो मीडिया के जानकार कह रहे हैं कि बर्गर खाते-खाते लोग अघाते जा रहे थे इसलिए उन्होंने इटालियन पिज्जा खाने की इच्छा बताई है। इस देहाती भारत ने निश्चित ही भाजपाई गठबन्धन की खेती नीति के खिलाफ वोट दिया है। चन्द्रबाबू नायडू, एस.एम. कृष्णा, यशवन्त सिन्हा और राम नाईक समान रूप से हारे हैं।

छोटे-बड़े उद्योग और ग्रामोद्योग जिस तेजी से पिछले तेरह साल से बन्द हुए हैं उनकी गति पिछले पाँच सालों में और बढ़ी। ये सिर्फ सरकारी क्षेत्र के कारखानों के बन्द होने का मामला नहीं था। सत्तर और अस्सी के दशकों में देश में जगह-जगह जो औद्योगिक क्षेत्र पनपे थे और जहाँ कई तरह के उपयोगी उत्पादों का उत्पादन होता था वे या तो उचित नीतिगत समर्थन या संरक्षण या बाहर से आने वाले सस्ते उत्पादों के कारण बन्द हुए। जो उत्पादन करते थे वे व्यापार में लगे लेकिन मजदूर तो बेकार हो गए। खेती में मजदूरी के लिए गुंजाइश नहीं और कल-कारखानों में करने के लिए काम नहीं। औद्योगिक क्षेत्र उजड़ते गए और बाजार, मॉल, मल्टीप्लेक्स सस्ते ब्याज पर मिलने वाले पैसों से चमकने लगे। उत्पादन क्षेत्र की गिरावट से जो बेरोजगारी बढ़ती गई वह पढ़े-लिखों की बेकारी से कहीं ज्यादा थी। ये लोग जो भी काम मिले और जिस मजदूरी पर मिले करने को मजबूर थे। और सरकार दावा कर रही थी कि हर साल एक करोड़ रोजगार पैदा किये जा रहे हैं। उत्पादन तो घट रहा था, लेकिन रोजगार का उत्पादन ऐसे बढ़ रहा था। सरकार कह रही थी कि हम नौकरियाँ नहीं, रोजगार बढ़ा रहे हैं। दरअसल, कहीं कुछ बढ़ रहा था तो सूचना प्रौद्योगिकी और सर्विस सेक्टर में और इनमें वही लोग लग कर फल-फूल रहे हैं जो पहले से अच्छी हालत में हैं और

भूमंडलीकरण से लाभ ले सकते हैं। आप देख सकते हैं कि अटल सरकार इन बेरोजगारों की आह से जल गई।

भाजपाई गठबन्धन की सरकार आर्थिक सुधारों को अमीरों और खाते-पीतों के हितों में चला रही थी। ये लोग अब भी चाहते हैं कि नई सरकार सुधारों को इसी तरह आगे बढ़ाए। नये वित्त मंत्री ने कहा है कि इंडिया शाइनिंग करके पिछली सरकार ने गरीबों का मखौल उड़ाया और प्रधानमंत्री कह चुके हैं कि अगर वंचितों को लाभ नहीं मिला तो सुधार किस काम के? अगर सुधार ऐसे ही बढ़े तो यह सरकार भी वैसी ही कीमत चुकाएगी।

[28 मई, 2004]

दांडी के नाम पर चड्डी की चुटकी

इस पर तो बहस हो सकती है कि आज की कांग्रेस को नमक सत्याग्रह की कौस्तुभ जयन्ती पर दांडी कूच निकालने का अधिकार है या नहीं। लेकिन इतना तय है कि भाजपा और उसके संघ सम्प्रदाय का गांधी की इस धरोहर पर कोई दावा नहीं हो सकता। जंग लगे लौह पुरुष आडवाणी ने कहा है कि इस जयन्ती को राष्ट्रीय अवसर की तरह मनाया जाना चाहिए था। 'स्वतंत्रता संग्राम पर कोई कांग्रेस का एकाधिकार नहीं है। यह इस देश के सब लोगों की पवित्र धरोहर है।'

जरूर है। लेकिन भाजपा और उसके संघ सम्प्रदायी लोगों को क्या कहेंगे जो गांधी को राष्ट्रपिता कहे जाने पर एतराज करते रहे हैं और नहीं मानते कि यह राष्ट्र पन्द्रह अगस्त सैंतालीस को आजाद होकर बना और स्वतंत्रता संग्राम की उपज है। वे भारत को हिन्दू राष्ट्र मानते हैं जो कि उनकी आस्था से अनादि काल से चला आ रहा है। इसलिए उनका प्रचार है कि इस राष्ट्र के पुत्र तो हो सकते हैं पिता कोई नहीं हो सकता। इस अनादि राष्ट्र को प्राचीन से प्राचीन सिद्ध करने में संघ सम्प्रदायी और हिन्दुत्ववादी लगातार लगे रहते हैं।

हिन्दुत्व के आदि विचारक विनायक दामोदर सावरकर पर विश्वास करें तो यह हिन्दू राष्ट्र इसलिए हिन्दू नहीं कहलाया कि अरबी-फारसी में 'स' का 'ह' हो जाता है इसलिए वे सिंध नदी को हिन्द और उसके दक्षिणी किनारे के देश में रहने वालों को हिन्दवी और हिन्दू कहने लगे और इससे सिन्धुस्थान हिन्दुस्तान हो गया। सावरकर कहते हैं कि हमारी प्राकृत बोलियों में भी 'स' का 'ह' हो जाता है। इसलिए अरबी-फारसी बोलने वाले पश्चिम एशिया से हम हिन्दू नहीं हुए। हमीं अपने को हिन्दू कहते थे। इतनी प्राचीनता सिद्ध करने से भी सावरकर सन्तुष्ट नहीं हुए। उन्होंने कहा कि बाहर से आए आर्य अपनी संस्कृत में 'ह' का उच्चारण नहीं कर सकते थे इसलिए उन्होंने पहले से बही जा रही हिन्दू नदी को सिन्धु कहा होगा। जैसे प्राकृत में 'स' का 'ह' हो जाता है वैसे ही संस्कृत में 'ह' का 'स' हो जाना चाहिए। भाषा शास्त्र और व्याकरण का जो होना हो सो हो, सावरकर ने सिद्ध किया कि हिन्दू राष्ट्र आर्यों और संस्कृत के चलन से भी पहले का है। 'हिन्दू शब्द की प्राचीनता तो इतनी प्राचीन है कि कथा-पुराण भी उसके स्रोत का अंकन नहीं कर सकते' (*हिन्दुत्व*, पेज 10)।

अपनी शाखा में इस हिन्दू राष्ट्र की सौगन्ध खाने वाले स्वयंसेवक गांधी का भी पुण्य स्मरण करते हैं लेकिन राष्ट्रपिता के नाते नहीं महान हिन्दू के रूप में। गांधी को कांग्रेस ने सविनय अवज्ञा आन्दोलन चलाने के लिए डिक्टेटर के सर्वाधिकार सौंपे थे और यह आन्दोलन नमक कानून तोड़ने का होगा और इसे शुरू करने के लिए वे अपने साबरमती आश्रम से दांडी तक की पदयात्रा करेंगे ये सब निर्णय गांधी के थे। वे आश्रमवासियों को ही इस कूच पर ले गए क्योंकि अहिंसक सत्याग्रह का सच्चा उदाहरण पेश करना चाहते थे। आजादी का कोई भी आन्दोलन इतना नैष्ठिक अहिंसक और सत्याग्रही नहीं था जितना नमक सत्याग्रह। इससे आप गांधी और उनकी अहिंसा को अलग नहीं कर सकते। लेकिन हिन्दू राष्ट्र की सौगन्ध खाने वाले न अहिंसा में विश्वास करते हैं, न सत्याग्रह की गांधी पद्धति पर। उनके हिन्दू राष्ट्र का धर्म क्षात्र धर्म है। वे साध्य और साधन की एकता भी नहीं मानते जिसके बिना तो गांधी विचार और कर्म आगे ही नहीं बढ़ता। गांधी का नाम लिये बिना संघ के दूसरे सरसंघचालक गुरु गोलवलकर ने कांग्रेस धारा के नेताओं के बारे में लिखा है—'उसमें ऐसे नेता थे जिन्होंने मानो अपने लोगों में से सारा पौरुष निचोड़ देने की कसम खा रखी थी। यह आत्म-ध्वस्त करने वाला नेतृत्व था।' सच पूछिए तो हिन्दुत्व का विचार ही गांधी की अहिंसा और उनके सर्वग्राही नेतृत्व के विरुद्ध पैदा हुआ। खिलाफत और असहयोग आन्दोलन के जवाब में सावरकर ने *हिन्दुत्व* नाम की बीज पुस्तक लिखी और उसमें वर्णित हिन्दू राष्ट्र को स्थापित करने के लिए राष्ट्रीय स्वयंसेवक संघ बनाया गया। इस संघ ने स्वतंत्रता संग्राम की गांधी प्रेरित अहिंसक धारा में ही भाग नहीं लिया किसी हिंसक आन्दोलन में भी वह शामिल नहीं हुआ। और तो और सावरकर की हिन्दू महासभा से भी संघ दूर रहा।

संघ अंग्रेज सरकार को अपने संगठन के खिलाफ कोई कार्रवाई करने का मौका नहीं देना चाहता था। दूसरे विश्वयुद्ध के दौरान जब अंग्रेज सरकार ने गैर-सरकारी संगठनों में वर्दी के उपयोग और सैनिक ड्रिल पर पाबन्दी लगाई तो संघ ने अपना सैनिक विभाग बन्द कर दिया। संघ का संगठन साम्प्रदायिक दंगों में हिन्दुओं की रक्षा को ही अपना काम मानता रहा। भारत के आजाद होने तक संघ अपने अस्तित्व और अपनी सक्रियता के बाईस साल बिता चुका था। लेकिन इक्का-दुक्का उत्साही स्वयंसेवकों की किसी आन्दोलन में गिरफ्तारी के अलावा संघ ने आजादी के आन्दोलन में कोई भाग नहीं लिया।

संघ की स्थापना के बाद नमक सत्याग्रह और भारत छोड़ो आन्दोलन जैसे दो बड़े आन्दोलन हुए जिनसे भारत को आजादी मिली। लेकिन संघ ने इनमें कोई शिरकत नहीं की। नमक सत्याग्रह तो गांधी की अहिंसा और सत्याग्रह के जन प्रयोग का उत्तम उदाहरण था और उसका नेतृत्व खुद गांधी ने सीधे किया। लेकिन भारत छोड़ो आन्दोलन की तो घोषणा के बाद ही गांधी को और दूसरे सभी बड़े नेताओं

को गिरफ्तार कर लिया गया था। उसके बाद इस आन्दोलन में हिंसा हुई। लेकिन गृह विभाग की सन तैंतालीस में संघ पर तैयार की गई रपट में कहा गया—'यह कहना मुश्किल होगा कि राष्ट्रीय स्वयंसेवक संघ से विधि व्यवस्था को आसन्न खतरा है।' भारत छोड़ो आन्दोलन में हुई हिंसा के बारे में यह रपट कहती है—'संघ ने अपने को बिल्कुल कानून के दायरे में रखा है और अगस्त बयालीस में जो उपद्रव भड़क उठे थे उनसे खासकर अपने को अलग रखा।' तो न अहिंसक आन्दोलनों में, न हिंसक आन्दोलन में, न क्रान्तिकारी कार्रवाइयों में—स्वतंत्रता संग्राम की इन किन्हीं भी गतिविधियों में संघ और उसके स्वयंसेवकों ने भाग नहीं लिया। जनसंघ और भाजपा और अपने को संघ परिवारी संगठन बताने वाले तो तब थे ही नहीं। संघ ही था उसके स्वयंसेवक थे और उसका संगठन। आपने देखा कि उसने आजादी के आन्दोलन में कोई भाग नहीं लिया। वह अपने को हमेशा बचा कर रखे रहा ताकि भारत को हिन्दू राष्ट्र बनाने के लक्ष्य में लगा रहे। आप जानते हैं कि हमारा स्वतंत्रता संग्राम क्षात्र धर्म के अनुसार भारत को हिन्दू राष्ट्र बनाने का संग्राम नहीं था। शान्तिपूर्ण और अहिंसक जन संघर्ष ही उसकी मुख्य धारा थी। यह निश्चित ही पूरे देश की पवित्र धरोहर है लेकिन संघ सम्प्रदाय इस पर कोई दावा नहीं कर सकता। न वह इस धरोहर के विचार में विश्वास करता है, न उसमें इसने भाग लिया।

लेकिन सिर्फ इस कारण आप उसे और उसके संगठनों को इससे वंचित नहीं कर सकते। लालकृष्ण आडवाणी का कहना सही है कि सरकार को नमक सत्याग्रह की कौस्तुभ जयन्ती मनाने के लिए राष्ट्रीय समिति बनाकर सब लोगों को शामिल करना चाहिए था। संयुक्त प्रगतिशील गठबन्धन की सरकार ने ऐसा न करके अपने राष्ट्रीय कर्तव्य की अनदेखी की है। लेकिन आडवाणी को इसका दुख उतना नहीं है जितना एतराज कांग्रेस के इस जयन्ती पर एकाधिकार कर लेने पर है। उन्हें इसकी भी शिकायत है कि इस जयन्ती का दुरुपयोग सोनिया गांधी के प्रक्षेपण के लिए किया गया जो दरअसल किसी कार रैली को हरी झंडी दिखाने की तरह अमदाबाद से रवाना करके चली आईं। लेकिन भारत छोड़ो आन्दोलन के जमाने में संघ की शाखा में आराम-दक्ष करने वाले आडवाणी अगर देश की पवित्र धरोहर का सम्मान करना चाहते थे तो उनकी पार्टी और गुजरात में उसकी सरकार ने खुद होकर क्या किया? अगर वे मानते हैं कि इस धरोहर पर कांग्रेस का एकाधिकार नहीं है तो उन्हें और उनकी पार्टी को भी कुछ करना चाहिए था या नहीं। गुजरात में तो उनकी पार्टी की सरकार ही है जो गुजरात के सबसे बड़े और पराक्रमी बेटे के एक अनोखे कूच का सच्चा उत्सव मना सकती थी।

लेकिन भाजपा वालों की इस धरोहर और गांधी की समझ ही कुल कितनी है। उनके उपाध्यक्ष मुख्तार अब्बास नकवी ने एक बयान देकर कहा कि स्वदेशी गांधी ने स्वतंत्रता संग्राम में दांडी कूच का नेतृत्व किया। लेकिन आज की कांग्रेस

का नेतृत्व एक विदेशी सोनिया गांधी कर रही हैं। बेचारे नकवी नहीं जानते कि गांधी ने स्वदेशी—स्वदेशी जागरण मंच से नहीं सीखा था। उनके स्वदेशी में विदेशी का बहिष्कार नहीं, विदेशीपन को सिरे से खारिज करना था। वे अंग्रेजों से नहीं, अंग्रेजी साम्राज्य और अंग्रेजीपन से लड़ रहे थे। दक्षिण अफ्रीका और फिर भारत में भी उन्होंने अपने कई विदेशी मित्रों से सहायता ली। कई विदेशी उनके शिष्य और भारतीय स्वतंत्रता संग्राम के सिपाही हुए। अपनी बीज पुस्तक *हिन्द स्वराज* में उन्होंने उन भारतीयों का विरोध किया जो अंग्रेजों के बिना इस देश में अंग्रेजी राज चाहते थे गांधी तो स्वराज के जरिये भारतीयों और अंग्रेजों दोनों की मुक्ति चाहते थे।

उनके स्वदेशी का सबसे अच्छा उदाहरण तो इस नमक सत्याग्रह में ही है। बारह मार्च को दांडी कूच पर निकलने के दस दिन पहले यानी दो मार्च को गांधी ने वायसराय लॉर्ड इरविन को एक ऐतिहासिक पत्र लिखा था। भारत के स्वतंत्रता आन्दोलन का ही नहीं ऐसे किसी भी अहिंसक संघर्ष के दस्तावेज के नाते यह पत्र सचमुच अद्‌भुत था। लेकिन उससे भी अनोखा उसके भेजने का तरीका था।

गांधी ने उसे दिल्ली में वायसराय तक पहुँचाने के लिए एक अंग्रेज नवयुवक रेजिनाल्ड रेनॉल्ड्स को चुना जो आश्रम में रहने वाला भारत भक्त था। उसे वायसराय तक खुद पहुँचाने के पहले गांधी ने उसे पढ़ने को कहा और कहा कि वह तभी उसे ले जाए जब पूरी तरह सहमत हो। रेनॉल्ड्स ने उसमें सिर्फ एक कॉमा लगाने को कहा। बाद में उसने लिखा कि उससे कहीं कम उदारता से लिखे गए दस्तावेज को भी ले जाने में उसे कोई एतराज नहीं होता। गांधी ने खुद रेनॉल्ड्स के बारे में लिखा है—'पत्र ले जाने के लिए एक जवान अंग्रेज मित्र रेजिनाल्ड रेनॉल्ड्स को चुना जिन्होंने कि भारतीय (स्वतंत्रता संग्राम के) प्रयोजन को पूरी तरह आत्मसात किया है। मेरे लिए पत्र को इस तरह भेजना एक धर्म कार्य था जैसा कि यह पूरा संग्राम ही है। और मैंने इसके लिए एक अंग्रेज मित्र को अपना सन्देशवाहक चुना क्योंकि मैं अपने आप पर और अंकुश लगाना चाहता था कि कहीं मेरे किये से किसी एक भी अंग्रेज को कोई चोट न पहुँचे। अगर मुझमें आत्मसम्मान का कोई भी बोध हो तो इस चयन से मुझ पर किसी भी अनजान गलती के विरुद्ध अपने आप अंकुश लग जाए। इससे मुझे यह भी प्रसन्नता है कि मैंने अपने काम के साथ एक ऐसे पढ़े-लिखे सुसंस्कृत और समर्पित अंग्रेज को जोड़ा क्योंकि मेरी पूरी कोशिश के बावजूद इस कार्य से किसी अंग्रेज के जीवन की हानि हो सकती है।' नकवी साहब गांधी ऐसे 'स्वदेशी' थे।

[17 मार्च, 2005]

यह जीभ की लपालप है

इसे आप टीवी राजनीति कह सकते हैं। यानी बेकार का हल्ला ही हल्ला और असल तत्त्व कुछ नहीं। प्रधानमंत्री कार्यालय भी फालतू के विवाद में फँसा है। यहाँ दिक्कत यह है कि प्रधानमंत्री से लेकर उनके मीडिया सलाहकार तक राजनीतिक जीव कोई नहीं है। इसमें कोई शक ही नहीं कि विकास परिषद की बैठक में ग्यारहवीं पंचवर्षीय योजना के लक्ष्यों पर जो भाषण मनमोहन सिंह ने दिया उसमें 'राष्ट्रीय संसाधनों पर पहला हक अल्पसंख्यकों का खासकर मुसलमानों का होना चाहिए'—वाले जुमले को विकास के समग्र परिदृश्य और योजना के सन्दर्भ से जान-बूझ कर निकाल के उसका राजनीतिकरण किया गया है।

क्यों न किया जाए? लोकतंत्र में विकास राजनीति का सबसे बड़ा मुद्दा होगा ही खासकर भारत जैसे विकासशील देश में जहाँ संसाधन थोड़े हैं और लोग ज्यादा और उनकी समस्याएँ उनसे भी ज्यादा। आखिर मनमोहन सिंह ने क्यों कहा कि मैं मानता हूँ कि हमारी सामूहिक प्राथमिकताएँ स्पष्ट हैं—कृषि, सिंचाई और जल संसाधन, स्वास्थ्य, शिक्षा, ग्रामीण आधारभूत ढाँचे में अनिवार्य निवेश और देश के कुल आधारभूत ढाँचे में सार्वजनिक निवेश। साथ ही जनजातियों, अनुसूचित जनजातियों और आदिवासियों, दूसरे पिछड़े वर्गों, अल्पसंख्यकों और महिलाओं और बच्चों के लिए विशेष कार्यक्रम अनुसूचित जनजातियों और आदिवासियों के लिए योजनाओं को तो नई ऊर्जा देनी ही पड़ेगी। 'हमें ऐसी अभिनव हिकमती योजनाएँ बनानी पड़ेंगी जो सुनिश्चित कर सकें कि अल्पसंख्यक, खासकर मुसलमान इतने सशक्त हों कि विकास के लाभ में समान भागीदारी कर सकें। इनका तो साधनों पर पहला हक होना चाहिए। केन्द्र की तो दूसरी और भी अनगिनत जिम्मेदारियाँ हैं जिन्हें संसाधनों की कुल उपलब्धता में बैठाना होगा।'

मनमोहन सरकार दूसरी अनगिनत जिम्मेदारियों की तुलना में खेती, आधारभूत ढाँचे, अनुसूचित जातियों, जनजातियों, आदिवासियों, दूसरे पिछड़े अल्पसंख्यकों, महिलाओं और बच्चों को पहले महत्त्व क्यों दे रहे हैं और इन पर राष्ट्रीय संसाधन ज्यादा लगाने की बात क्यों कर रहे हैं? क्योंकि ये सब विकास और उसके लाभ से वंचित रह गए हैं। यह कांग्रेस और उसके गठबन्धन की राजनीति है कि जो क्षेत्र

और लोग पिछड़ गए हैं उन्हें प्राथमिकता देकर आगे लाया जाए और इस तरह समतावादी समाज बनाया जाए। जरूरत तो कई लोगों और क्षेत्रों को है और सभी राष्ट्रीय संसाधनों का बड़ा हिस्सा चाहते हैं। लेकिन कांग्रेस पिछड़ों और वंचितों को ही महत्त्व देगी, उन्हें ही प्राथमिकता दी जाएगी। यह कांग्रेस और उसके गठबन्धन की घोषित राजनीति है।

यह भी आर्थिक प्राथमिकताओं का राजनीतिकरण ही है। जो ऐसा करते हैं वे जानते हैं कि प्राथमिकताओं की सूची में जो दूसरी चीजें और लोग हैं उनका राजनीतीकरण दूसरे लोग अपनी-अपनी राजनीति के मुताबिक करेंगे। जब आप अल्पसंख्यकों और खासकर मुसलमानों के पहले हक की बात करेंगे तो संघपरिवारी संगठनों को एतराज होगा ही क्योंकि उनकी राजनीति हिन्दू बहुसंख्यकों को संगठित कर उन्हें विकास में प्राथमिकता देने की है। इसलिए जब संघ सम्प्रदायी संगठनों ने मनमोहन सिंह की बात पर एतराज करते हुए उसे मुसलिम तुष्टीकरण और साम्प्रदायिकता फैलाने वाली कहा तो वे निश्चित ही अपनी राजनीति कर रहे थे। प्रधानमंत्री कार्यालय को यह कहने की जरूरत नहीं थी कि प्रधानमंत्री तो सभी पिछड़ों और वंचितों की बात कर रहे थे और अपने देश के अल्पसंख्यक तो पिछड़े और वंचित हैं ही। उन्होंने सिर्फ मुसलमानों को पहला हक देने की बात नहीं कही। प्रधानमंत्री कार्यालय को या तो चुप रहना चाहिए था या कहना चाहिए था कि हमारे देश के सभी अल्पसंख्यक खासकर मुसलमान, आदिवासियों और जनजातियों की तरह ही पिछड़े और वंचित हैं और उन्हें आर्थिक विकास में वही प्राथमिकता मिलनी चाहिए जो आदिवासियों और जनजातियों को मिलती है।

लेकिन प्रधानमंत्री कार्यालय आखिर एक ऐसे अर्थशास्त्री का कार्यालय है। जो गरीबों और वंचितों को खास महत्त्व देने और उन्हें आगे लाने की अर्थनीतियों के नाम पर सबलों को और बल देने वाले अर्थशास्त्र को चलाता रहा है। यह अर्थशास्त्र कोई मनमोहन सिंह का शुरू किया गया नहीं है, न उनके वित्तमंत्री और फिर प्रधानमंत्री बनने से चल रहा है। यह अर्थशास्त्र दरअसल भारत के आजाद होते ही लागू हो गया था और पहली पंचवर्षीय योजना भी इसी के मुताबिक बनी थी। जवाहरलाल नेहरू उस योजना आयोग के पहले अध्यक्ष थे जिसने पहली पंचवर्षीय योजना पर काम शुरू किया था। नेहरू के कहने पर योजना आयोग से बात करने के लिए विनोबा भावे पवनार से पैदल चल कर दिल्ली आए थे। उन्होंने दो-तीन दिन योजना आयोग से बात की और फिर यह कह कर चल निकले कि आपकी योजना रिसन के सिद्धान्त पर बन रही है। इसमें रईसी ऊपर से रिस कर नीचे पहुँचेगी। रिसन के इस अर्थशास्त्र से भारत के गरीब और वंचितों का कोई लाभ नहीं होगा क्योंकि समृद्धि नीचे नहीं रिसती, ऊपर ही फैलती है। अब समृद्धि के इस जमाने में विनोबा को कौन अर्थशास्त्री भविष्यवक्ता मानेगा? लेकिन नियोजित विकास के पचास से

ज्यादा साल हो गए। अब ग्यारहवीं पंचवर्षीय योजना बन रही है। नियंत्रित समाजवादी अर्थव्यवस्था और खुले बाजार की पूँजीवादी अर्थव्यवस्था—दोनों के मुताबिक बनाई गई पंचवर्षीय योजनाओं में रिसन का सिद्धान्त चला है। खुद सरकार और योजना आयोग के आँकड़े ही बता रहे हैं कि गरीब और वंचित और गरीब और वंचित हुए हैं और समृद्धि रिसने के बजाय फैली है। भारत का खाता-पीता मध्यवर्ग तो बीस करोड़ का हो गया लेकिन आठ करोड़ आदिवासी और अनुसूचित जनजातियों तक तो समृद्धि रिस कर नहीं पहुँची। आज भी आदिवासी, अनुसूचित जनजातियों, और पिछड़े वर्गों के वही हाल हैं जो पहली पंचवर्षीय योजना बनाते समय थे। अब अल्पसंख्यक भी इनमें जुड़ गए हैं। और नव उदार आर्थिक नीतियाँ इसी तरह चलीं तो देश के किसान भी इनमें जुड़ जाएँगे। पहली पंचवर्षीय योजना के समय जितनी असमानता थी, ग्यारहवीं पंचवर्षीय योजना के वक्त उससे ज्यादा है। देश के संसाधनों पर सवर्ण और सबल वर्गों का शिकंजा पहले से भी ज्यादा मजबूत हुआ है। अब देश के संसाधन उन लोगों को दिये जाएँगे जो बेहतर उपयोग करके उन्हें बढ़ा सकें। उन्हें नहीं जो साधनहीन हैं और जिन्हें उनकी सख्त जरूरत है।

इसलिए नव उदारवादी प्रधानमंत्री की तरफ से यह कहा जाना सिर्फ जीभ की लपालपी—पिछड़ों और वचितों का देश के संसाधनों पर पहला हक होना चाहिए। आप देखिए कि भारतीय जनता पार्टी या कम्युनिस्ट पार्टियाँ यह पूछ भी नहीं रही हैं कि देश के संसाधनों पर गरीबों, पिछड़ों और वंचितों का पहला क्या कोई भी अधिकार क्यों नहीं हैं? अगर एतराज है तो बेचारी भारतीय जनता पार्टी को है। वह भी यह कि मुसलमानों को देश के संसाधनों पर पहला हक क्यों दिया, जो आजादी के पहले रहा है? ऐसी बात मोहम्मद अली जिन्ना कहा करते थे। यानी इस भारतीय जनता पार्टी को मुसलमानों को पहला हक दिये जाने की बात कहे जाने पर भी एतराज है। सबल और सवर्ण हिन्दुओं को पहला बल्कि विशेषाधिकार या सम्पूर्ण अधिकार भी दिया जाए तो उसे कोई दिक्कत नहीं होगी।

मनमोहन सिंह की बात पर, आप जानते हैं, लालकृष्ण आडवाणी ने क्या कहा। उन्होंने कहा—'अल्पसंख्यकों खासकर मुसलमानों का संसाधनों पर पहला हक होना चाहिए, कहना क्या है? अगर यह फूहड़ साम्प्रदायिकता नहीं तो क्या है। देश में करोड़ों लोग दयनीय हालत में गरीबी की रेखा के नीचे गुजर-बसर कर रहे हैं। प्रधानमंत्री जब देश के संसाधनों पर पहले हक की बात करते हैं तो मैं चाहता हूँ कि वे कहें कि गरीबी की रेखा के नीचे रहते लोगों का देश के साधनों पर पहला हक होना चाहिए।' उनकी पार्टी के अध्यक्ष राजनाथ सिंह ने कहा—'भारत के संसाधनों का बँटवारा साम्प्रदायिक लाइन पर नहीं होना चाहिए। धर्म और जाति के परे प्रत्येक भारतीय का देश के संसाधनों पर समान अधिकार है।' देश के गरीबों की इतना चिन्ता सांस्कृतिक राष्ट्रवादी लालकृष्ण आडवाणी और संविधान में लिखे अधिकार

का ऐसा गर्व भारतीय जनता पार्टी के अध्यक्ष राजनाथ सिंह को है। आप जानते हैं कि दो साल पहले जब सत्ता में थे आडवाणी तो किसको गुड फील हो रहा था। किसका इंडिया शाइन कर रहा था। आप जानते हैं कि अभी कल की बैठक में देश को राम और बाबर के बीच यही राजनाथ सिंह बाँट रहे थे।

हाल की राजनीति छोड़ें और हिन्दुत्व के स्थायी सिद्धान्त और सांस्कृतिक राष्ट्रवाद के शाश्वत वाद पर भी जाएँ तो हम जानते हैं कि सावरकर ने हिन्दुत्व को ही राष्ट्रीयता कहा था। और वे इस्लाम और ईसाइयत को इस आधार पर भारतीय और हिन्दू मानने से इनकार करते थे कि ये विदेश में जन्मे धर्म हैं। इन्हें मानने वाले भले ही हमेशा से भारत में रहते हों वे हिन्दुत्व को यानी भारतीय राष्ट्रीयता को प्राप्त नहीं कर सकते। जो हिन्दुत्व के इस सिद्धान्त को अन्तिम मानते हैं और इस तरह मुसलमानों और ईसाइयों को भारतीयता से ही बाहर कर देते हैं उन्हें देश के संसाधनों के साम्प्रदायिक विभाजन से एतराज क्यों होना चाहिए? अगर इस देश के संसाधनों पर पहला हक गरीबों का होना चाहिए तो फिर सर्वाधिक हिन्दुओं का कैसे हो सकता है? संघ वालों यानी भाजपाइयों ने मुसलिम तुष्टीकरण का पहला आरोप तो महात्मा गांधी पर सन् इक्कीस के बाद लगाया था क्योंकि मुसलमानों को भारत की आजादी के आन्दोलन में लाने के लिए उन्होंने खिलाफत आन्दोलन चलाया था। तब न तो भारत में कहीं चुनाव होते थे, न उनके वोटों के लिए तुष्टीकरण की राजनीति चलती थी। फिर भी जिन लोगों ने पहले राष्ट्रीय स्वयंसेवक संघ और फिर जनता पार्टी बनाई वे महात्मा गांधी और कांग्रेस पर मुसलमानों की बात करने पर मुसलिम तुष्टीकरण का आरोप लगाते थे। यानी मुसलमानों के हितों की कोई भी बात करना इनके लिए मुसलिम तुष्टीकरण है क्योंकि ये भारत में मुसलमानों के विरोधी हैं।

और मुसलमानों के पहले हक की बात करने वालों के राज में मुसलमानों का क्या हुआ यह सच्चर समिति ने बता ही दिया है। देश के आदिवासियों, जनजातियों और सबसे गरीब पिछड़ों से भी ज्यादा पिछड़े और गरीब इस देश के मुसलमान हैं। यानी कांग्रेस वाले जिसके हित की बात करते हैं। पहले उसी के हितों को बरबाद कर देते हैं। सन् सैंतालीस में आजादी के समय इन्होंने आदिवासियों, जनजातियों और पिछड़े वंचितों के नये भारत को बनाने की बात कही थी। कोई साठ साल बाद यह देश अम्बानियों, टाटाओं, बिड़लाओं और प्रेमजीयों का बन रहा है।

हमारी मालवी में एक कहावत है—साँप का घर साँप पावनो ने जीब की लपालप। साँप के घर साँप मेहमान आया। तो लेने-देने की क्या बात! दोनों ही जीभ की लपालप करते रहे। कांग्रेस और भाजपा गरीबों के नाम पर जीभ की लपालप कर रहे हैं।

[13 दिसम्बर, 2006]

ये घंटी किसके लिए बज रही है

यह संयोग हो सकता है कि जिस दिन सरकार ने साल का आर्थिक सर्वेक्षण संसद में रखा उसी दिन पंजाब और उत्तराखंड विधान सभा चुनाव के नतीजे आए। लेकिन इसमें कोई संयोग और सन्देह नहीं है कि ये नतीजे उसी आर्थिक स्थिति के परिणाम हैं जिसकी 9.2 प्रतिशत की प्रक्षेपित वृद्धि दर से सरकार बम-बम कर रही है।

हारने वाले कांग्रेसी मुख्यमंत्रियों ने तो मंजूर किया ही है कि उन्हें महँगाई मार गई। प्रधानमंत्री मनमोहन सिंह ने भी झिझकते हुए माना है इन प्रदेशों में कांग्रेस की हार का एक कारण महँगाई हो सकती है। उन्होंने यह भी कहा कि सरकार महँगाई को थामने की हर सम्भव कोशिश कर रही है। आर्थिक सर्वेक्षण चिन्ता से कह रहा है कि महँगाई बढ़ने का मुख्य कारण—गेहूँ, दालों, खाने के तेलों, फलों और सब्जियों के दामों में हुई बढ़ोतरी है। वह बताता है कि खेती की उपज की इन बुनियादी चीजों की कमी के कारण दाम बढ़े। इन चीजों का उत्पादन घट नहीं रहा तो बढ़ा भी नहीं है। साल में खाने के अनाज का उत्पादन 2,080.60 लाख टन से सिर्फ 2090.20 लाख टन बढ़ा है। साल में इससे कहीं ज्यादा तो खाने वाले मुख और भूखे पेट बढ़ गए होंगे।

पंजाब और उत्तराखंड के वोट देने वालों को महँगाई ने परेशान किया और पंजाब के किसानों को खेती में आए संकट ने लोगों ने पाया कि सरकार न अपने वादे पूरे कर रही है, न महँगाई पर लगाम लगा पा रही है। पंजाब के शहरों में भारतीय जनता पार्टी को मिले गजब के समर्थन का कारण आसमान छूती महँगाई है। उसकी तीन सीटें थीं जो बढ़ कर उन्नीस हो गई हैं। और पंजाब का किसान लौट कर अकाली दल के पास आ गया है। जितनी सीटें पिछली बार कांग्रेस को मिली थीं उतनी अब अकाली-भाजपा को मिल गई हैं। उत्तराखंड में भी यही हुआ है। पहले कांग्रेस के पास छत्तीस सीटें थीं अब भाजपा को चौंतीस मिली हैं।

यानी वोटर कांग्रेस को हटा सकने वाली पार्टी की तरफ जा रहे हैं और उसे उतनी ही सीटें दे रहे हैं जितनी पिछली बार कांग्रेस को दी थीं। हारने वाले कह रहे हैं कि उन्हें सत्ता में होने का खामियाजा भुगतना पड़ रहा है। सन् 2004 में जब आंध्र प्रदेश में चन्द्रबाबू नायडू, कर्नाटक में एसएम कृष्णा और दिल्ली में अटल

बिहारी वाजपेयी की सरकारें हारी थीं तब भी कहा गया था कि इन्होंने सत्ता में होने का खामियाजा भुगता। हालाँकि ये सब शाइनिंग इंडिया का रंगीन पोस्टर चमकाते हुए चुनाव में उतरे थे। जिनका इंडिया चमक रहा है उनके वोट, पैसे और चमक से सरकारें नहीं बचतीं। जिनका भारत दिनोंदिन और ज्यादा गहरे अन्धेरे में उतरता जा रहा है वे नाराज हो कर सरकार बदल देते हैं क्योंकि उन्हीं के पास वोट है। कुछ महीनों में उत्तर प्रदेश में चुनाव होंगे और लखनऊ से दिल्ली का रास्ता बनेगा। कांग्रेसी गठबन्धन की सरकार भी उसी रास्ते जाएगी जिस पर भाजपाई गठबन्धन की गई। ये घंटी उसी के लिए बज रही है।

गेहूँ, दालें, खाने के तेल, सब्जियाँ और फल सब खेती से उपजते हैं और भारत की खेती आर्थिक सुधारों के पन्द्रह सालों में लगातार गिरती जा रही है।

आज का आर्थिक सर्वे कह रहा है कि देश के सकल उत्पादन में खेती का योगदान घट कर 18.5 प्रतिशत रह गया है। आर्थिक सुधार सन् '91-'92 में जब इन्हीं मनमोहन सिंह ने शुरू किये थे तो खेती का योगदान 31.3 प्रतिशत था। पन्द्रह साल में खेती का यह हाल इसलिए नहीं हुआ है कि पन्द्रह साल से लगातार सूखा पड़ रहा है या हमारे किसान मेहनत-मजूरी छोड़कर उद्योग और सेवा क्षेत्रों की कमाई पर काहिली कर रहा है। जितने भी आयोग और समितियाँ बैठाई गई हैं वे सब कहते हैं कि खेती की इस बेहाली का कारण सरकार की नीतियाँ हैं जो उद्योगों और धनपतियों की कीमत पर खेती की अनदेखी करके व्यापार के उदारीकरण के नाम पर खेती और किसानी को बरबाद होने दे रही हैं। हर आठ घंटे में एक किसान आत्महत्या कर रहा है। विकास की वृद्धि दर में उछल कर किलकारी मरता मीडिया इन आत्महत्याओं की खबर को छापने लायक भी नहीं पाता। खेती और किसानी राष्ट्रीय चिन्ता का कारण तभी बनती है जब उसके कारण महँगाई बढ़ती है और नाराज लोग सरकार बदल देते हैं।

आर्थिक सर्वेक्षण कह रहा है कि खेती की लगातार घटती वृद्धि अर्थव्यवस्था की कुल वृद्धि और उसके समावेशी होने पर गम्भीर सवाल खड़े करती है क्योंकि आधे से ज्यादा आबादी खेती पर निर्भर करती है। सर्वे को मानने में शर्म आ रही है कि यह आबादी देश के दो-तिहाई लोगों की है जिन तक शानदार आर्थिक विकास के लाभ नहीं पहुँचते। लेकिन सर्वे का निश्चय है कि शानदार वृद्धि तो न सिर्फ होती रहनी चाहिए बल्कि और तेजी से बढ़नी चाहिए। यानी गैरबराबरी और बढ़ती रहेगी। सर्वे नहीं बताता कि वृद्धि दर नीचे की ओर कब और कैसे मुड़ेगी। ये सुनें, न सुनें, जनता ने घंटी बजा दी है।

[28 फरवरी, 2007]

फोर्ड नहीं आते, काम तो बोर्डे ही आते हैं

अपना बोर्ड भले ही दुनिया का सबसे अमीर क्रिकेट बोर्ड हो पर वास्तव में है वह गरीब का लल्लू ही जिसे कोई भी धुप्पल लगा के निकल जाए। बात सिर्फ दक्षिण अफ्रीकी कोच ग्राहम फोर्ड की नहीं है जो चेन्नई बात करके गए और इंलैंड जाकर मुकर गए। आस्ट्रेलियाई ग्रेग चैपल ही दो साल में ऐसा क्या कर धर गए जो उन्हें दिये गए भाव, रुपयों, सुविधाओं और अधिकारों का सही प्रतिफल कहा जा सके। टीम इतनी अनफिट और खेलने के इतनी नालायक तो पहले कभी नहीं थी। उनसे किसी ने पूछा कि साहब यह क्या बँटाढार किया आपने? उलटे बोर्ड में अभी तक उनके कसीदे पढ़ने वाले मिल जाएँगे।

अपना बोर्ड दरअसल यह साबित करता है कि अरबों रुपया होने का सुमति होने से कोई वास्ता नहीं है। अपने नव उदारवादी भड़वई पूँजीवादी विचारक और उनके पैरोकार सम्पादकों को यह पढ़ के मिर्ची लगती है कि खूब पूँजी होना और सुमति, क्षमता और सुव्यवस्था होना जरूरी नहीं होता। अपने बोर्ड को देखिए। उसने सामने आए सब मौकों को भुनाया और मालामाल हो गया। लेकिन इससे अपने क्रिकेट को सुधारने और खेल को समृद्ध करने में क्या मदद मिली? ग्राहम फोर्ड और जॉन एम्बूरी हमारी मेहमाननवाजी पर आए और घर जा के कह रहे हैं कि ऐसे बोर्ड और ऐसी टीम को क्या कोच करना जो अपनी ही सफलता की शिकार हो गई है। उन्हें भारतीय क्रिकेट का दबाव असहनीय लगता है। लेकिन अपने बोर्ड को समझ नहीं आता कि हम क्यों पड़े विदेशी कोच के चक्कर में। उनके पास नहीं है हमारे हजार रोगों की एक दवा।

लेकिन बोर्ड ही क्यों हमारे खिलाड़ी भी तो नहीं चाहते देसी कोच। सब अपने-अपने कारणों से विदेशी कोच चाहते हैं। बोर्ड वालों को ऐसा कोच चाहिए जो उनकी राजनीति के आड़े न आए लेकिन सितारा खिलाड़ियों को मार ठोक के ठीक करे और काबू में रखे। सितारा खिलाड़ियों को इसलिए चाहिए विदेशी कोच कि गधा हम्माली तो वह पूरी करे, नई-नई तरकीबें भी निकाले उन्हें खेल में मन लगाए रखने की और टीम हारे तो जिम्मेदारी भी ले और जनता पिटाई भी सहे लेकिन खिलाड़ियों पर उँगली तक न उठाए।

इसलिए देखिए कि चैपल के बावजूद बोर्ड अधिकारियों ने डेव वॉटमोर को पक्का कर लिया। पर खिलाड़ियों ने देखा कि वॉटमोर न सिर्फ अधिकारियों को पटा रहे हैं, मीडिया में खबरें भी लीक कर रहे हैं। बिलकुल चैपल की तरह तो उन्होंने रातोरात मन बदल लिया। वे ग्राहम फोर्ड की तरफ हो गए और जोर दिया कि वही सबसे ठीक कोच होंगे। बोर्ड वालों ने कहा तुम लोगों ने हमारी पसन्द वॉटमोर की छुट्टी की। देखते हैं, तुम्हारा फोर्ड कैसे हाँ करता है। फोर्ड के सामने ऐसी शर्तें रखीं कि उन्हें केंट में रहकर कोच करना ही ज्यादा सुरक्षित और फायदे का दिखा। एक साल में फोर्ड बेचारा क्या कर लेता। वह वहीं रह गया। और दुनिया के सबसे अमीर बोर्ड की नौकरी करने को कोई तैयार नहीं हुआ। कहते हैं दुनिया के नये पुराने कोचों में बात फैल गई है कि इंडिया जाकर नाहक अपनी फजीहत करवाना है। कोई सुनता नहीं, टैम पै पैसे नहीं मिलते, बदनामी अलग होती है। चैपल नहीं कह गए थे जीतना आस्ट्रेलिया की तरह चाहते हैं बोर्ड चलाते हैं जिम्बाम्वे की तरह।

बोर्ड ने कहा न सही फोर्ड हम बोर्डे से काम चला लेंगे। लेकिन यह भी काम निकालने के लिए ही है। कोई तय थोड़े किया है कि बोर्डे जैसे भारतीय क्रिकेट के सच्चे सेवकों को ही कहेंगे कि वे देश की टीम को तैयार करें। बोर्डे जब खेलते थे तब उन्हीं के साथ क्या न्याय किया गया? हक उनका बनता था लेकिन मौका आया तो कप्तान बना दिया पटौदी के छोटे नवाब मंसूर अली खां को। मिट्टी से लेकर शिखर तक लड़े बेचारे बोर्डे। लेकिन इंलैंड में सीखे और वहीं खेले और दुर्घटना में एक आँख चली गई तो भारत लौटे छोटे नवाब को खेलते साल नहीं हुआ और वेस्ट इंडीज में कप्तान कांट्रेक्टर को सिर में लग गई तो कप्तानी के लायक नवाब ही लगे। तब बोर्डे याद नहीं आए। अब आए जब एम्बूरी तक के मना कर दिया।

कहने को सब कह रहे हैं कि बोर्डे बड़े खिलाड़ी थे। इज्जतदार आदमी हैं। खेल को खूब जानते हैं। लेकिन वे बहत्तर बरस के हैं। उन्हें टीम सौंपना पीछे की तरफ देखना है। चैपल की उमर कितनी थी? बोर्डे के बाद की पीढ़ी के खिलाड़ी थे। भारत आ के कभी खेले नहीं थे। पर उन्हें तो टीम सौंप कर हम धन्य हो रहे थे वे भारतीय टीम का आस्ट्रेलियाई भविष्य बना रहे थे। उनके पास भविष्य की दृष्टि थी। बोर्डे के पास क्या है? इंलैंड के दौरे का काम निकल जाए। तब कोई नया और अच्छा विदेशी कोच ढूँढ़ लेंगे। बोर्डे फिर भी उत्साहित और खुश हैं। उन्हें किसी लायक तो समझा गया। आखिर हम अपने क्रिकेट के किसी काम तो आए। भारतीय क्रिकेट खिलाड़ी होने की यही कहानी है।

सुनील गावस्कर कमेटी में थे। कोच ढूँढ़ने और तय करने में उन्होंने रुचि ली। बोर्ड के कुछ अधिकारियों और मीडिया को अच्छा नहीं लगा क्योंकि जो वे करने की कोशिश कर रहे थे वह उनकी लाइन में नहीं था। तो उन्हें कमेटी में रखा क्यों गया? आखिर गावस्कर को कहना पड़ा—"मैंने भी इस देश के क्रिकेट के लिए

सोलह साल पसीना बहाया है। मेरी भी कोई राय है। मैं अपनी समझ से काम करूँ या आपकी समझ से?'' गावस्कर ने सिर्फ 10122 रन और 34 शतक बनाए हैं देश के लिए। और सिर्फ 214 बार देश की पारी शुरू की है। उनका हक नहीं है कि जो वे ठीक समझें, करें। चैपल को था। राइट को था। और भी हर किसी को होगा। लेकिन जो इस देश के क्रिकेट को समझता है। नस-नस को जानता है। वह कैसे तय कर सकता है कि क्या होना चाहिए। एक्सपर्ट तो कोई विदेशी ही हो सकता है ना!

वे कहते हैं कि इतना पैसा होते हुए भी बोर्ड दुनिया में मखौल का विषय बना हुआ है। और इतनी प्रतिभा और इतने बड़े खिलाड़ी होते हुए भी अपना क्रिकेट रसातल में जा रहा है। क्यों? क्योंकि हमारे बोर्ड के अधिकारी ठीक से काम करना नहीं जानते। वे देश के खेल, खिलाड़ियों और दर्शकों के प्रति जवाबदार नहीं होना चाहते। हम अपने प्रतिनिधि चुनकर संसद में भेजते हैं। हमारे वोट से ही हमारी सरकार बनती है। ये प्रतिनिधि और यह सरकार हमारे प्रति कितनी जिम्मेदारी दिखाती है? कितनी जवाबदारी से काम करते हैं हमारे सांसद? बोर्ड और उसके अधिकारी भी इसी तरह चुनकर आते हैं। वे कैसे जिम्मेदार और जवाबदेह हो जाएँगे जब विधायक, सांसद और सरकारें नहीं होती? हम देश में जो करते हैं वही क्रिकेट में नहीं कर रहे हैं?

लोग चाहते हैं कि क्रिकेट में इतना पैसा है तो उसे कम्पनी की तरह क्यों न चलाया जाए? कोई एक मुख्य कार्यकारी अधिकारी हो जो सारे कामकाज के लिए जिम्मेदार और जवाबदार हो। टीम चुनने वालों को वेतन मिले और वे एक निश्चित कार्यकाल में काम करें। देश की टीम चुने और देश के प्रति जवाबदार हों। खिलाड़ी अच्छा खेलें, देश को जिताएँ, तो उन्हें पैसा दो। नहीं तो निकाल के बाहर करो। ठीक है। पैसे के लेने-देने से ही खेल अगर सुधरता है और जवाबदारी आती है तो यह भी कर देखो। लेकिन यह भी देख लो कि सबसे रईस होते हुए भी भारत का क्रिकेट बोर्ड एक विदेशी कोच नहीं पा सका। और उसकी टीम से बेहतर आयरलैंड और बांग्लादेश की टीम विश्व कप में खेली। पैसा नसैनी तो बना सकता है सरग चढ़ा नहीं सकता। काम बोर्डे ही आते हैं। फोर्ड भाग जाते हैं।

[14 जून, 2007]

राष्ट्रपति बनाने वाले हम लोग कौन हैं?

प्रतिभा पाटील को राष्ट्रपति पद की उम्मीदवार बनाकर कांग्रेस के गठबन्धन ने सबको चकित कर दिया। खुद प्रतिभा पाटील भी अचम्भे में पड़ गईं। लेकिन लोकतांत्रिक प्रक्रिया में ऐसा होता है। यह कोई गठबन्धन राजनीति की मजबूरी नहीं है। पिछली बार जब एपीजे अब्दुल कलाम का नाम आया था तो वह भी ऐसे सलाह-मशविरे से ही अचानक निकलकर आया था। गठबन्धन है इसलिए लोग कहते हैं कि कांग्रेस के सुझाए शिवराज पाटील को वाम मोर्चे ने खारिज किया। कर्णसिंह भी उसे मंजूर नहीं थे। इसलिए दूसरे खारिज होते प्रतिभा पाटील आगे आ गईं।

लेकिन मान लीजिए कि अकेली कांग्रेस की सरकार होती तो क्या उसमें एक गुट या दूसरा धड़ा अपने नाम चला कर लेन-देन सौदेबाजी या दूसरे मुहावरे में कहें तो सलाह-मशविरा नहीं करता। कांग्रेस में तो हमेशा ही कई गुट और धड़े और मंच और फोरम रहे हैं। इसीलिए तो उसे कई पार्टियों की ढीली-ढाली छतरी पार्टी कहा जाता रहा है। पर यह भी मत मान बैठिए कि कांग्रेस आन्दोलन से निकली एक कमजोर संगठन वाली पार्टी है इसलिए उसमें ऐसा होता था। भारतीय जनता पार्टी और मार्क्सवादी कम्युनिस्ट पार्टी तो कार्यकर्ताओं की संगठित पार्टियाँ मानी जाती हैं। काडर वाली पार्टियाँ। लेकिन ये भी जब किसी निर्णय पर पहुँचती हैं तो क्या इनमें अलग-अलग धड़ों और गुटों की जोर आजमाइश नहीं होती? इनके गुट और धड़े आपस में लेन-देन और सौदेबाजी नहीं करते।

माकपा तो राष्ट्रीय स्तर पर सत्ता में नहीं आई। लेकिन भाजपा में तो पिछले बरसों में सबने देखा कि कैसे संघ वाले और कैसे विश्व हिन्दू परिषद और बजरंग दल के लोग अपनी-अपनी बात और अपने उम्मीदवारों को आगे बढ़ाने की जुगाड़ में लगे रहते हैं और किस तरह उनमें सख्त और जोरदार सौदेबाजी होती है। यह तक हुआ है कि भाजपा की तरफ से राष्ट्रपति को मंत्रियों और उनके विभागों की सूची भेजी गई और संघ ने ऐन मौके पर किसी का नाम कटवा दिया और किसी का मंत्रालय बदलवा दिया। सब जानते हैं कि लालकृष्ण आडवाणी किस तरह उप प्रधानमंत्री बनाए गए। उन्हें यह पद विश्वनाथ प्रताप सिंह की सरकार में देवीलाल को बनाए गए उप प्रधानमंत्री से कोई बहुत अलग तरीके से नहीं मिला था।

तो यह कोई गठबन्धन राजनीति की मजबूरी नहीं है। यह लोकतांत्रिक प्रक्रिया है। गठबन्धन में यह बाहर से भी साफ दिखाई देती है और संगठित काडरबद्ध पार्टियों में अन्दर-अन्दर चलती है। सभी जगह वही उम्मीदवार उभर कर आता है। जिस पर किसी को एतराज नहीं होता या जो सभी को सबसे कम हानिकारक लगता है। अक्सर ऐसा उम्मीदवार हलका और कम जाना पहचाना होता है। जिसके जितने ज्यादा नुकीले कोने होते हैं वह उतना ही कम स्वीकार्य और मान्य होता है। यह भी कोई मजबूरी या कमजोरी की बात नहीं होती। लोकतंत्र में वही आसानी से रड़कता और गति पाता है जिसके कोने पिस घिस कर सालिगराम हो चुके होते हैं। गठबन्धन में भी आखिर तो वही लोकतांत्रिक प्रक्रिया चलती है जो सुसंगठित पार्टियों में अन्दर ही अन्दर काम करती है। गठबन्धन में अलग-अलग पार्टियाँ लोकतांत्रिक अर्थ में यही करती हैं जो संगठित पार्टियों में अलग-अलग गुट या वैचारिक धड़े करते हैं। गठबन्धन कोई कमतर लोकतांत्रिक समूह नहीं होते। इसलिए प्रतिभा पाटील को गठबन्धन राजनीति की मजबूरी मत मानिए। उनका अब तक दौड़ में न होना उनकी कमतर राजनीतिक हैसियत या हलकी काबिलियत के कारण नहीं था। राष्ट्रपति बनने के पहले एपीजे अब्दुल कलाम की राजनीतिक या सार्वजनिक हैसियत क्या थी? वे कितने काबिल उम्मीदवार माने जाते थे जब तक कि राजग ने उन्हें अपना उम्मीदवार बना नहीं दिया था?

आजकल टीवी और अखबारों के कारण लोगों के उम्मीदवारों की बड़ी बात होती है। जैसे राष्ट्रपति अब्दुल कलाम को दूसरा कार्यकाल दिलाने वाले अखबार और टीवी चैनल उन्हें जनता का या लोगों का राष्ट्रपति बताते थे। मोबाइल पर एसएमएस या ईमेल पर अपना मत भेजने वालों को ये अखबार और चैनल आम लोग बता देते हैं। लेकिन क्या ऐसा करने वाले सचमुच इस देश के आम लोग हैं? कितनों के पास कम्प्यूटर हैं और कितने लोग मोबाइल से सन्देश भेजते हैं? आप पाएँगे कि अपने खाते-पीते मध्यवर्ग में से भी बहुत कम लोग हैं जो इस तरह एसएमएस और ईमेल करते हैं। इनके सन्देशों को लोगों या जनता का मत मान कर एपीजे अब्दुल कलाम को या नारायण मूर्ति को जनता का उम्मीदवार घोषित करना सरासर बेमानी है। यह दरअसल छोटे से मध्यवर्ग के भी एक छोटे से तबके का शगल है जिसे मीडिया लोकतंत्र के नाम पर चला देता है।

ऐसी ही करतूत का नतीजा है कि आरक्षण के विरुद्ध दिल्ली में प्रदर्शन करते मेडिकल छात्रों में से एक लड़की तख्ती लिये खड़ी थी जिस पर लिखा था—'भारत अब पिछड़ा नहीं रहा, आरक्षण नहीं चाहिए।' पिछले पन्द्रह वर्षों में आर्थिक नीतियों ने हमारे महानगरों में वृद्धि की जो चकाचौंध पैदा की है ये विद्यार्थी उसी को विकास मानते हैं। उन्हें ही नहीं हमारे कई अर्थशास्त्रियों को भी समझ नहीं आता कि यह देश के एक प्रतिशत लोगों की समृद्धि है और इसका देश के कम से कम अस्सी

प्रतिशत लोगों की फटेहाली गरीबी और बेरोजगारी से कोई लेना-देना नहीं है। वे उसी पिछड़ेपन में जी रहे हैं जिसमें इन तथाकथित आर्थिक सुधारों के पहले थे। अपने आईआईएम, आईआईटी और मेडिकल कॉलेजों में पढ़ने वाले विद्यार्थी नहीं जानते कि इस देश के ज्यादातर लोगों की असलियत क्या है। वे पन्द्रह साल की अपनी तरक्की को सारे देश की तरक्की मान कर चलते हैं और मीडिया उनकी इस गलतफहमी और खुशफहमी को बनाए रखना चाहता है। ये लोग अपने को वही हम लोग मानते हैं जिन्होंने अपने आपको इस देश का संविधान दिया है। ये उसी मध्यवर्ग के लोग हैं जो पिछले पन्द्रह साल में मुटियाया है और जो अब इस देश को चलाना चाहता है। यही एसएमएस और ईमेल भेजता है। इसी के राष्ट्रपति पद के उम्मीदवार एपीजे अब्दुल कलाम और नारायण मूर्ति हैं जिन्हें अखबार और चैनल जनता के उम्मीदवार कहते हैं। लोगों के राष्ट्रपति बताते हैं।

एपीजे अब्दुल कलाम को तो छोड़ दें क्योंकि वे राष्ट्रपति हैं और अगले महीने के बाद नहीं रह जाएँगे। वे जब बने थे तब अखबारों और चैनलों के मत सर्वेक्षणों से जनता के उम्मीदवार या राष्ट्रपति बन कर नहीं आए थे। अपन नारायण मूर्ति को लें। कोई सन्देह नहीं कि उन्होंने अपने अध्यवसाय और उद्यमशीलता से संचार तकनीकी की एक कम्पनी बनाई और उसे बड़ी सफलता से चलाया। ईमानदारी से धन कमाया। वापस उसे कम्पनी में निवेश किया और मुनाफा कमाया। हिस्सेदारों में तत्परता से बाँटा। उनकी योग्यता और तत्परता के कारण कम्पनी ने दिन दूनी रात चौगुनी तरक्की की। समय आया तो नारायण मूर्ति ने कम्पनी की बागडोर अपने सहयोगियों को सौंप दी और खुद उसके पथ प्रदर्शक होकर भिन्न भूमिका में सहयोगी हो गए। उन्होंने परिश्रम, कमाई और छोड़ देने की समझ बखूबी दिखाई।

लेकिन क्या एक कम्पनी चलाया और लाभ कमाया देश चलाना और लोकहित पूरा करना हो सकता है? अगर ऐसा होता तो लोग और राष्ट्र राज्य नहीं बनाते कम्पनी ही बनाते और उसी से देश को चलाने के तरीके निकालते। लेकिन हम जानते हैं कि राज्य भी प्राचीन हैं और कम्पनियाँ भी। राज्यों ने कम्पनियाँ बनाकर व्यापार-व्यवसाय और उद्योग चलाए। उनके जरिये लाभ भी कमाया। ब्रिटेन ने तो एक कम्पनी के जरिये ही भारत में अपना साम्राज्य कायम किया और फिर उस कम्पनी से राज लेकर चलाया भी। लेकिन ब्रिटेन ने ऐसा नहीं किया कि अपने उपनिवेश को कम्पनी में बदलकर प्रशासन को उद्योग-व्यापार की तरह चलाया हो। यानी पूँजीवाद के मातृ और पितृ देशों में भी राज चलाने और कम्पनी चलाने को एक जैसा काम नहीं माना गया।

लेकिन अपने देश में खुला पूँजीवाद और नवउदारवाद नया-नया है। और यह कहावत भी अपने ही यहाँ है कि नया मुल्ला जरा ज्यादा ही अल्ला-अल्ला करता है। इसलिए जिस नारायण मूर्ति ने पंचायत या नगर निगम का भी चुनाव नहीं लड़ा

और लोकतांत्रिक-सार्वजनिक जीवन का जिसे कोई अनुभव नहीं है और जिसने लोक सेवा का अलाभकारक कोई काम नहीं किया उसे हम राष्ट्रपति पद का योय उम्मीदवार घोषित करने में जरा भी नहीं हिचकते।

सच पूछिए तो पिछले कुछ समय से अपने मीडिया में जो बहस चल रही है उससे ऐसा निष्कर्ष निकलता है जैसे राजनीति करना और राजनीतिक होना राष्ट्रपति पद के लिए अयोग्यता माना जाना चाहिए। एपीजे अब्दुल कलाम की सराहना राष्ट्रपति होते हुए उनके किसी संवैधानिक पराक्रम के कारण नहीं है। इसलिए है कि वे राजनेता नहीं हैं। राजनीति करते दिखते नहीं हैं। और हमेशा ऐसे विकास की बात करते रहते हैं जिससे बीस साल बाद भारत की गिनती विकसित देशों में होगी। यानी हमारे मध्यवर्ग का भारत को अमेरिका नहीं तो यूरोप बनाने का जो सपना है उसे पूरा करते एक गैर राजनीति राष्ट्रपति ही दिखाई देते हैं। इसीलिए वे जनता के या लोगों के राष्ट्रपति कहे गए। नारायण मूर्ति भी लोगों के उम्मीदवार बताए गए। लोग यानी कौन? हमारे महानगरों का तेजी से अमीर होता मध्यवर्ग। यही हम लोग हैं। बाकी भारत तो बेचारा कोई गिनती में नहीं।

अब प्रतिभा पाटील के उम्मीदवार होने और राष्ट्रपति बनने की पूरी सम्भावना से ऐसा हुआ है कि उनमें से एक भी नाम दिखाई नहीं देता जिस पर मीडिया में कौन बनेगा राष्ट्रपति के नाम से जनता से वोट लिये गए थे। उनमें से भी कोई दिखाई नहीं देता जिसे जनता या लोगों का उम्मीदवार कहा गया था। यानी मीडिया की इतने महीनों की कवायद और मेहनत बेकार गई। मान लें कि मीडिया वास्तव में कुछ करवाने के लिए नहीं करता। वह तो लोक शिक्षण या लोक मत बनाने के लिए करता है तो भी प्रतिभा पाटील के उभर कर सामने आने से वह मुहिम भी बेकार हो गई। सब जानते हैं कि अपने यहाँ जनता के वोट से राष्ट्रपति नहीं चुना जाता। जो चुनने वाले हैं उन्होंने न अखबारों की सुनी, न चैनलों की। यानी मीडिया जो लोकतंत्र इस देश में चलाने में लगा है वह वास्तविक लोकतंत्र से बिल्कुल अलग है। यानी लोगों के निर्वाचित प्रतिनिधि जो सोचते और करते हैं वह मीडिया के लोगों के मत और विचार से भिन्न है। मीडिया को सोचना तो पड़ेगा कि उसके लोगों और इस देश के लोगों में यह अन्तर क्यों है? चुनाव के नतीजे ही मीडिया की विफलता नहीं बताते। राष्ट्रपति पद का उम्मीदवार भी उसे चकमा दे देता है। क्यों?

प्रतिभा पाटील के उम्मीदवार होने से अब यह सम्भावना एकदम बन गई है कि हम पहली बार महिला राष्ट्रपति पा लेंगे। इससे राष्ट्रपति चुनाव का चरित्र भी यकायक बदल गया है। सही है कि पहले भी—लक्ष्मी सहगल—राष्ट्रपति पद का चुनाव लड़ चुकी हैं। लेकिन पाँच साल पहले उनके चुने जाने की कोई सम्भावना नहीं थी। प्रतिभा पाटील का नाम उन्होंने आगे किया है जो उन्हें सचमुच राष्ट्रपति बना सकते हैं। इससे उनका महिला होना चुनाव में निर्णायक तत्त्व पैदा कर रहा है।

अच्छा तो यह होता कि वे बिना चुनाव के सर्वानुमति से राष्ट्रपति बनतीं। लेकिन सोनिया गांधी को उनका नाम घोषित करने के पहले अटल बिहारी वाजपेयी से जाकर बात करनी चाहिए थी। वे मायावती से बात कर सकती थीं तो अटल जी से क्यों नहीं। लगता है, चुनाव होगा भी तो प्रतिभा पाटील जीत सकती हैं।

माकपाई और पुराने मार्क्सवादी अब भी कह सकते हैं कि एक महिला के राष्ट्रपति होने की सम्भावना से यह सती समर्थक प्रभाष जोशी इतना खुश क्यों है? मेरा उनसे निवेदन है कि वे नन्दीग्राम में जाकर समझें कि माकपाई काडर औरत जात को क्या समझता है। गोपालन भवन की सुकन्याएँ—वृंदा कारात और सुहासिनी अली में तो इतनी शर्म और हिम्मत भी नहीं है कि नन्दीग्राम जाकर वहाँ की महिलाओं से बात कर सकें।

क्या एक महिला को राष्ट्रपति बनाकर हम नन्दीग्राम की शर्म मिटा लेंगे?

[16 जून, 2007]

घंटी तो फिर भी बज गई है

पखवाड़े भर से लोग पूछ रहे हैं कि ये सरकार रहेगी कि जाएगी? चुनाव होंगे? कोई नहीं पूछता कि अमेरिका से 123 समझौता सही है कि गलत? इसका कारण एक अंग्रेजी अखबार ने बताया कि लोग जानते ही नहीं कि समझौता क्या है। फिर भी अखबारों ने शहरों में सर्वे करा लिये हैं जिनका निष्कर्ष है कि वामपंथी फालतू अड़ंगे लगा रहे हैं। अब समझौते से मुकरे तो भारत की इज्जत धूल में मिल जाएगी। अन्तरराष्ट्रीय मामलों पर कोई हमारा विश्वास नहीं करेगा। संसार में अपना दम दिखाने का जो सुनहरा मौका मिल रहा है इसे हम गँवा देंगे। इन अखबारों का सम्पादकीय निष्कर्ष भी काफी पहले से ऐसा ही है। इसलिए इन निष्कर्षों को जनता की राय मानने की कोई जरूरत नहीं है।

साफ है कि लोगों को अमेरिका से समझौते की उतनी चिन्ता नहीं है जितनी सरकार के गिरने की। वे मध्यावधि से उतने डरे हुए नहीं हैं जितनी पार्टियाँ। लालकृष्ण आडवाणी और शरद पवार कह चुके हैं कि वे चुनाव के लिए तैयार हैं। इसका मतलब यह कि वे अपनी पार्टी के लोगों को आगाह कर रहे हैं कि खड़े हो जाओ चुनाव हो सकते हैं। इसका मतलब यह कतई नहीं कि वे चाहते हैं कि चुनाव हों। सच पूछिए तो इस वक्त कोई नहीं चाहता कि चुनाव करवा लिये जाएँ। वे वामपंथी भी नहीं जो केन्द्र की यूपीए सरकार से कह चुके हैं कि 123 समझौते पर आगे मत बढ़िए। बढ़ेंगे तो हम आपके साथ नहीं रहेंगे। इसका मतलब है कि मनमोहन सरकार बहुमत खो देगी और फिर उसके जाने के बाद चुनाव कोई डेढ़ साल पहले करवाने ही होंगे।

लेकिन ऐसी चेतावनी देते हुए भी वामपंथी चुनाव नहीं चाहते। पश्चिम बंगाल और केरल दोनों राज्यों में वामपंथियों की सरकार है और वे दोनों संकट में हैं। केरल में मार्क्सवादी कम्युनिस्ट पार्टी में भीषण फूट है और सिंगुर और नन्दीग्राम पश्चिम बंगाल में तीस साल से चली आ रही वामपंथी सरकार के उखड़ते जनाधार के विप्लवी उदाहरण हैं। उत्तर भारत में वामपंथियों का कोई विस्तार नहीं हुआ है। तीसरे मोर्चे का नेतृत्व उन्हें अभी मिला नहीं है। कांग्रेस से मिल कर चुनाव लड़ने का कोई प्रकट या अप्रकट इन्तजाम हुआ नहीं है। यानी पिछले आम चुनाव में उनकी

जो स्थिति थी आज उससे बेहतर नहीं है। केन्द्र में कांग्रेसी गठबन्धन सरकार को समर्थन देकर बंगाल और केरल की अपनी सरकारों के लिए उन्होंने रियायतें पाई हैं। लेकिन उनका फायदा उठाते हुए वे ऐसी हालत में पहुँचे नहीं है कि राजनीतिक लाभ मिल सके। उलटे वाम मोर्चे और माकपा के अन्दरूनी हालात बिगड़े हैं। अभी चुनाव में जाकर वाम मोर्चा क्या पा लेगा?

मनमोहन सिंह ने अमेरिका से जो समझौता तैयार किया है भारतीय जनता पार्टी उसके खिलाफ हो गई है। उतनी नहीं जितना वाम मोर्चा है। क्योंकि भाजपा को न अमेरिका से सामरिक रणनीति के मामले में कोई झिझक है, न नागरिक मामलों में आणविक ऊर्जा के सहयोग पर मनमोहन सिंह तो कह ही चुके हैं कि जिस समझौते का मसविदा उन्होंने तैयार करवा लिया है उसकी पहल तो भाजपा की गठबन्धन सरकार ने ही की थी।

लेकिन अब भाजपा सत्ता में नहीं है इसलिए उसे लग रहा है कि यह समझौता करके मनमोहन सिंह भारत की सम्प्रभुता अमेरिका के घर गिरवी रख देंगे। क्योंकि आणविक परीक्षण करने का हमारा अधिकार जाता रहेगा। कुछ और भी कारण उसने ढूँढ़ लिये हैं। जिस मनमोहन सिंह को वे किसी कारकून से बड़ा दर्जा देने को तैयार नहीं है वह ऐसा समझौता कैसे कर लाया जो हमसे हो नहीं रहा था। इसलिए अब वह इसे राष्ट्र की सम्प्रभुता और गरिमा से जोड़ रही है और अपने को उसकी सुरक्षा में लगा रही है। लेकिन इस समझौते के विरोध में अभी वाम मोर्चे वाले उससे आगे निकल गए हैं।

फिर भी क्या भाजपा चुनाव लड़ने को तैयार है? कतई नहीं। अभी वह उत्तर प्रदेश में हार चुकी है और उसके सदमे से बाहर भी नहीं निकली है। इस साल के आखिर में गुजरात में चुनाव हैं जो कि पार्टी और सम्प्रदायी संगठनों के मोदी विरोधी रवैये के कारण मुश्किल हो गए हैं। फिर अगले साल मध्यप्रदेश, राजस्थान और छत्तीसगढ़ में विधानसभा चुनाव हैं जिनमें फिलहाल उसके जीतने की उम्मीद कम ही है। दिल्ली में हो सकता है वह शीला दीक्षित की सरकार को हटा दें। लेकिन इन विधानसभा चुनावों से ज्यादा उसकी समस्या नेतृत्व की है। जिन्ना प्रकरण में राष्ट्रीय स्वयंसेवक संघ ने लालकृष्ण आडवाणी को लहूलुहान करके हटाया और राजनाथ सिंह को बागडोर सौंप कर खुद भी मैदान में उतरा। लेकिन उत्तर प्रदेश चुनाव ने दोनों को ही बेअसर साबित किया। आडवाणी अब फिर पार्टी पर अपनी पकड़ बनाने को खार खाए बैठे हैं लेकिन चाहते हैं कि संघ ने जो बिसात बिछाई है उसे समेटे। संघ अगर घोषित रूप से पूरी कमान नहीं सौंपेगा तो आडवाणी का अधिकार फिर स्थापित नहीं होगा। आडवाणी चाहेंगे कि उन्हें ससम्मान पार्टी सौंपी जाए और दखलन्दाजी बन्द की जाए। लेकिन जो आडवाणी खुद ही कह चुके हैं कि 2009 के आम चुनाव में पार्टी का नेतृत्व करने को न वे होंगे, न वाजपेयी और

भाजपा की तथाकथित चमकीली दूसरी पंक्ति अपने को अयोग्य साबित कर चुकी है तो मध्यावधि में ऐसा कौन-सा नेतृत्व अन्धकार को चीरता हुआ निकल आएगा जो भाजपा को नम्बर एक पार्टी बना दे? ठोकने को भाजपा चाहे जितना खम ठोक ले अभी वह चुनाव नहीं चाहती।

भाजपा से ज्यादा उत्तर प्रदेश ने कांग्रेस के ताजिये ठंडे किये हैं। भविष्य को और देश के नौजवानों को ध्यान में रख कर कांग्रेस ने राहुल गांधी को इस विधानसभा चुनाव में उतारा था ताकि उनके प्रधानमंत्री बनने का मार्ग प्रशस्त किया जा सके। मनमोहन सिंह और दूसरे नेताओं ने जाकर प्रचार भी किया कि राहुल गांधी देश के भविष्य हैं। अंग्रेजी अखबार देश के बहुसंख्यक नौजवानों और उनसे बदलते भारत की बड़ी बात करते रहे हैं। उन्हें नये चुनाव क्षेत्र में बदलने को राहुल गांधी से ज्यादा उपयुक्त युवा नेता कौन होगा। उनके जैसा आधुनिक और ताजा चेहरा तो किसी दूसरी पार्टी के पास है ही नहीं। इसलिए मीडिया और कांग्रेस का बड़ा प्रचार चला।

दलित और पिछड़ी और सदा की मौकापरस्त मायावती मैदान मार ले गई और उड़ान भरने को तैयार नया इंडिया और उसके प्रतिनिधि नेता राहुल गांधी एक सीट नहीं बढ़वा सके। कांग्रेस वही चौथी की चौथी रही। उसे मायावती के पल्लू से बन्धने पर मजबूर होना पड़ा। उत्तर प्रदेश में पुनर्जन्म लिये बिना कांग्रेस देश में खड़ी नहीं हो सकती यह फिर साबित हुआ और उसकी तुरुप का इक्का यो ही पिटा हुआ निकल गया।

सब मानते हैं कि मनमोहन सिंह और चिदम्बरम की सदारत में आर्थिक वृद्धि बड़ी तेजी से हो रही है। सेंसेक्स पन्द्रह हजार पार कर गया है। दस प्रतिशत की वृद्धि दर से दुनिया चकाचौंध है और सरकारी नीतियों से भारत का उद्योग व्यापार खूब फल-फूल रहा है। इतने अरबपति हो गए इतने खरबपति और करोड़पतियों की तो गिनती ही क्या। भारत के पैसे वालों का स्वर्ण युग आ गया है। लेकिन टीवी भले ही न दिखाए और अखबार न छापें किसानों की लगातार बढ़ती आत्महत्याएँ और किसानों के हाथ से जाती जमीन और छिनती मजदूरी, उजड़ते गाँव और उखड़ते लोग इस देश के ज्यादातर लोगों की बदहाली की कहानी कह रहे हैं।

असल में भाजपा के जमाने से कहीं ज्यादा अब इंडिया शाइन कर रहा है और तब की बदहाली से जनता कहीं अधिक बदहाल हो गई है। खरबपति के करोड़ों रुपये करोड़ों वोट में नहीं बदलते। उसका तो वही एक वोट है जो नंगे गरीब और कंगाल का भी है। कांग्रेस वाले सबसे ज्यादा चुनाव लड़े हैं। वे जानते हैं कि जनता इस बार उन्हें वोट नहीं देगी। एसएमएस भेजने वाले वोट मशीनों पर सब के सब भी आ जाएँ तो दस सीट नहीं जिता सकते। देश के उद्योग व्यापार और नये हुनर के अफसर मनमोहन सिंह, मोंटेक सिंह और चिदम्बरम को जनता के नेता नहीं

बना सकते। इनकी आर्थिक नीतियों का खमियाजा सोनिया गांधी को भरना होगा। वफादार कांग्रेसी भी इसे जानता है। इसलिए वह चुनाव नहीं चाहता। लालू, शरद पवार, करुणानिधि जैसे उसके सहयोगी भी नहीं चाहते।

चुनाव वही चाहते हैं जो राष्ट्रपति चुनाव में तथाकथित तीसरे मोर्चे की तरह आए और अब्दुल कलाम और भैरोंसिंह शेखावत दोनों की मिट्टी खराब कर गए। चन्द्रबाबू नायडू और मुलायम सिंह यादव जैसे ये पराजित क्षत्रप सिर्फ इस उम्मीद में चुनाव लड़ने को उत्सुक हैं कि पिछली बार हारे थे तो अब जीत सकते हैं। ये भाजपा के संग नहीं जाएँगे और कांग्रेस के साथ तो जाएँगे ही नहीं। इनको एकजुट करने और इनका नेतृत्व करने की सहज जिम्मेदारी वामपंथियों पर आती है। लेकिन वामपंथी अभी सरकार के समर्थन से हटने का रास्ता ढूँढ़ रहे हैं और अपने राज्यों में फिर अपने पाँव जमाना चाहते हैं। वामपंथियों के बिना यह तीसरा मोर्चा न तो चुनाव थोप सकता है, न लड़ सकता है। इसलिए आठ पराजित क्षत्रपों की क्षेत्रीय पाटियाँ अपनी उत्सुकता के बावजूद चुनाव कराने में समर्थ नहीं है।

फिर अमेरिका से जिस 123 समझौते के कारण सरकार के गिरने और मध्यावधि चुनाव के होने की नौबत आ सकती है उसे लेकर कोई चुनाव में नहीं जा सकता। इस समझौते को इतना ऐतिहासिक और भारत का भविष्य बनाने वाला बताया जा रहा है और जिससे हमारे उभरते मध्यवर्ग के सपने पूरे होने वाले हैं और जिसे भारत को बदलने वाले तमाम नौजवानों का पूरा समर्थन मिल रहा है वह कांग्रेस का भी चुनावी मुद्दा नहीं हो सकता। भाजपा और वामपंथी इसके विरोध को अपना अभियान नहीं बना सकते। दरअसल, इस समझौते का समर्थन या विरोध चुनाव के किसी काम का नहीं होगा भले ही इसके कारण यह सरकार गिर जाए। यह अपने लोकतंत्र की महिमा है कि अमेरिका का सहयोग या उसका विरोध हमारी घेरलू राजनीति में मतलब नहीं रखता। लोग अपने स्थानीय मुद्दों पर वोट देते हैं इसीलिए तो अपने यहाँ जमीनी लोकतंत्र है। ब्लेयर और बुश इराक के मामले पर अपनी जनता से झूठ बोल कर और वहाँ हमला करके भी चुनाव जीत गए क्योंकि अंग्रेजों और अमेरिकियों को इराक से ज्यादा अपनी माली हालत की फिकर रहती है। भारत के लोगों को अगर मनमोहन सिंह के अमेरिका की गोद में बैठने की फिकर नहीं है तो कोई बात नहीं। जिन्हें है वे अमेरिका जाकर अपना भविष्य बनाएँ।

फिर भी अगर मनमोहन सिंह इस समझौते पर दस्तखत करने आगे बढ़े तो वामपंथियों को सरकार से समर्थन वापस लेना पड़ेगा। उन्होंने अपनी स्थिति स्पष्ट करके सरकार को हस्ताक्षर करने न करने के लिए छोड़ दिया है। अमेरिका से समझौते के मामले पर सरकार गिरा कर उन्हें दुख नहीं होगा भले ही मध्यावधि चुनाव में फायदा न हो। कांग्रेसी गठबन्धन की पार्टियाँ मनमोहन सिंह और सोनिया

गांधी पर दबाव डाल रही हैं कि समझौते पर अभी थम जाओ और वामपंथियों को कगार पर मत खदेड़ो। लेकिन अभी शक्ति प्रदर्शन टल भी जाए तो वामपंथी अगले साल तक ही इस सरकार का समर्थन कर सकते हैं। 2009 के आम चुनाव के एक साल पहले तो उन्हें अपना अलग रास्ता लेना ही पड़ेगा। तो मध्यावधि हो या न हो 123 समझौते ने चुनाव की घंटी बजा दी है। जिन्हें लड़ना है ये तैयार हो जाएँ।

[25 अगस्त, 2007]

घर लौट के आने की जिम्मेदारी

दो महीने तक देश की राजनीति को ऊँचा-नीचा करने और खेलने में पानी को सिर तक आने देने के बाद मनमोहन सिंह को समझ आया कि अमेरिका से परमाणु सन्धि नहीं होती है तो निराशा होगी। लेकिन यह जीवन का अन्त नहीं है। सच पूछिए तो नागरिक उपयोग के लिए अमेरिका से परमाणु सन्धि करना मनमोहन सिंह की गठबन्धन सरकार का कार्यक्रम या वचन था भी नहीं। यह समझौता तो अमेरिकापरस्त भाजपाई करने में लगे थे कि उनकी सरकार चली गई। मनमोहन सिंह अमेरिका के प्रिय अर्थशास्त्री हैं जो राजनीति में बुला लिये गए हैं। उनके जरिये इस समझौते को सन्धि तक पहुँचाया जा सकता था। इसी सदाशयता का नतीजा हुआ कि 18 जुलाई, 2005 को राष्ट्रपति बुश और प्रधानमंत्री मनमोहन सिंह ने इस पर हस्ताक्षर किये। उद्योग, व्यापारी और तकनीकी लोगों का तबका इस पर बाग-बाग हो गया। सरकार को बाहर से मदद करने वाले वामपंथी आग-बबूला हो गए। लेकिन एक बहुत बड़े राजनीतिक वर्ग ने इसकी अनदेखी की। उसके लिए यह महत्त्व का नहीं था। कांग्रेस में भी सब इसके पक्ष में नहीं थे।

मनमोहन सिंह जानते थे कि इस समझौते पर देश की सहमति नहीं है। राय विभाजित है। देश को परमाणु बिजली मिलने से ज्यादा यह अमेरिकापरस्त विदेश नीति की तरफ भारत को झुकाता है। इस सन्धि को अमल में लाने के बाद भारत न सिर्फ परमाणु ईंधन के मामले में पराधीन हो जाएगा, वह अमेरिका के सामरिक रणनीतिक उद्देश्यों से भी नत्थी हो जाएगा। अगर वह अपने सामरिक कार्यक्रम के तहत परमाणु विस्फोट करेगा तो यह सन्धि टूट जाएगी। यानी परमाणु विस्फोट करने की हमारी स्वतंत्र इच्छा पर अमेरिका का अंकुश होगा। अमेरिका और दूसरे परमाणु देशों से हमारा उद्योग-व्यापार बढ़ेगा। आर्थिक विकास होगा। लेकिन क्या यह परमाणु बिजली पैदा करने का ही समझौता है? अगर सिर्फ वही है तो इस बिजली की लागत और मात्रा का हिसाब क्या है? अगर यह सिर्फ बिजली का नहीं, बल्कि इसके बहाने नई विदेश नीति बनाने का है तो इस मामले में आम राय होना जरूरी है। अब तक विदेश नीति के मामले एक आम सहमति से चलते आए हैं।

मनमोहन सिंह ने आम सहमति की इस जरूरत का सम्मान नहीं किया। क्या इसलिए कि उनका पिंड राजनीतिक नहीं है और जो उन्हें देश के हित में लगता है उस पर अमल करने से नहीं हिचकते? या वे आर्थिक सुधारों के लिए लगातार मचलते रहने वालों के दबाव में थे कि गाड़ी आगे नहीं बढ़ रही है। परमाणु सहयोग सन्धि देश के उद्योग व्यापार के लिए नया रास्ता खोल सकती है। लेकिन उस पर भी अमल न होने देने पर वामपंथी अड़े हुए हैं। क्या इसीलिए अगस्त के महीने में कोलकाता के एक अखबार को मनमोहन सिंह ने कह दिया कि वामपंथी समर्थन वापस लेते हैं तो ले लें? हम तो अमेरिका से परमाणु सन्धि पर अमल करेंगे।

ऐसे ललकार कर चुनौती देना मनमोहन सिंह जैसे भले और बेहद शिष्टाचारी आदमी के स्वभाव में नहीं है। फिर वे एक ऐसे गठबन्धन की सरकार के प्रधानमंत्री हैं जो वामपंथियों की बाहर से दी जा रही मदद से ही चल रही है। गठबन्धन में एक घटक दूसरे घटक को इस तरह चुनौती नहीं दे सकता। इस तरह गठबन्धन चल ही नहीं सकते। वामपंथी अमेरिका से परमाणु समझौते के लिए वचनबद्ध नहीं हैं। इस पर अगर वे कांग्रेस की सरकार से समर्थन वापस ले लें तो गठबन्धन तोड़ने की तोहमत उन पर डाली नहीं जा सकती।

लेकिन मनमोहन सिंह और उनकी सरकार के नवउदार मंत्री वामपंथियों से शब्दों की खुली लड़ाई में जूझ पड़े। लड़ाई के चलते-चलते ऐसा मौका आया कि सन्धि पर अमल का अगला कदम उठाना जरूरी लगा। अन्तरराष्ट्रीय परमाणु ऊर्जा एजेंसी के महानिदेशक मोहम्मद अलबरदेई भारत आए और उनसे परमाणु संयंत्रों की निगरानी पर बात होनी थी। इस एजेंसी से समझौते के बाद दूसरा कदम परमाणु ईंधन देने वाले देशों से समझौते का है। और फिर अमेरिकी संसद की अनुमति के बाद अमेरिकी राष्ट्रपति और भारत के प्रधानमंत्री अन्तिम रूप से हस्ताक्षर करेंगे।

वामपंथियों का आग्रह था कि जब तक यूपीए और वामपंथियों की बैठक में तय न हो जाए अलबरदेई से औपचारिक बातचीत न हो। कांग्रेस चाहती थी कि बातचीत चलाए रखने में कोई खराबी नहीं है। इसलिए विदेश मंत्री प्रणव मुखर्जी कोलकाता में ज्योति बसु से बात करने गए। वे कर ही रहे थे कि सोनिया गांधी ने झज्जर में समझौते का विरोध करने वालों को विकास विरोधी कह दिया। कोलकाता में बात तो टूट ही गई। यूपीए-वामपंथियों की नौ अक्तूबर की बैठक में वामपंथियों ने साफ कह दिया कि समझौते की तरफ एक भी कदम बढ़ाओगे तो हम समर्थन वापस ले लेंगे। वामपंथियों की इस चेतावनी ने यूपीए के घटक दलों के सामने मध्यावधि चुनाव खड़ा कर दिया।

राष्ट्रीय जनता दल के लालू प्रसाद यादव राष्ट्रवादी कांग्रेस के शरद पवार और डीएमके ने कहा कि यह समझ जरूरी है कि यह सरकार। मनमोहन सिंह इसी एक मुद्दे को लेकर उधम मचाए हुए हैं जबकि यह हमारे न्यूनतम कार्यक्रम में है भी

नहीं। न्यूनतम कार्यक्रम के कितने काम अभी अधूरे पड़े हुए हैं। उन्हें पूरे करने के लिए हमें सरकार चलानी चाहिए या अमेरिका से इस समझौते पर उसे कुरबान कर देना चाहिए? क्या इस मुद्दे को लेकर चुनाव लड़ा और जीता जा सकता है? क्यों हम इस एक मुद्दे को लेकर ऐसे अड़ रहे हैं जिसके बाद कुछ कहना ही न हो? चुनाव अनिवार्य हो जाएँ तो जरूर लड़ें, लेकिन यह तो कोई मुद्दा नहीं है सरकार तोड़ने का। वामपंथियों की समझौते पर जो राय है उसका सम्मान करना चाहिए। वे हमारे समर्थक हैं। उन्हें दूर करने की क्या जरूरत है। पहले सोनिया गांधी को समझ आया कि गठबन्धन के घटक चुनाव नहीं चाहते। वे समझौते से ज्यादा जरूरी सरकार को मानते हैं। उन्हीं ने गठबन्धन को बचाने की पहल की। नौ अक्तूबर की उसी बैठक में तय हो गया था कि सरकार को गिरने नहीं दिया जाएगा।

आपने अखबारों और टीवी पर देखा होगा। बैठक से निकल कर कम्युनिस्ट पार्टी के बर्धन ने रेलमंत्री लालू का हाथ ऊपर किया और माकपा के नेता यूपीए के मंत्रियों की गलबहियाँ लेते निकले। यह बताने के लिए था कि संकट टल गया है। दूसरे दिन लालू और शरद पवार ने पटना में कहा कि सरकार पर कोई संकट नहीं है और जल्दी चुनाव नहीं होने वाले हैं। पता नहीं लालकृष्ण आडवाणी कब से ज्योतिषी हो गए हैं।

कांग्रेस की तरफ से कहा गया कि समझौते की कोई निश्चित तारीख नहीं है। अलबरदेई ने भी कहा कि ऐसा नहीं है कि हमसे अक्तूबर में बात हो जानी चाहिए। यह बात हवा में थी कि समझौता टल रहा है। तभी बारह अक्तूबर को *हिन्दुस्तान टाइम्स* के नेताओं के शिखर सम्मेलन का उद्घाटन करने बाद सवाल-जवाब में मनमोहन सिंह ने कहा—अमेरिका से परमाणु सन्धि होनी चाहिए। नहीं होगी तो निराशा होगी। लेकिन यह जीवन का अन्त नहीं है। निराशाओं के साथ जीते हुए भी आगे बढ़ना पड़ता है। चुनाव अभी बहुत दूर हैं। डेढ़ साल हमें पूरा करना है। इसके बाद सोनिया गांधी ने कहा कि हम वामपंथियों से झगड़ना नहीं चाहते। यह गठबन्धन धर्म नहीं है। हम मध्यावधि चुनाव के भी पक्ष में नहीं हैं।

इसके बाद तय है कि अमेरिका से परमाणु सन्धि पर अमल की बात आगे नहीं बढ़ेगी। यूपीए के घटक और वामपंथी खुश हैं। उन्हें ताने दे रहे हैं भाजपा के जंग लगे लौहपुरुष लालकृष्ण आडवाणी में और उनकी पार्टी भी समझौते के विरुद्ध थी क्योंकि इससे भारत की सम्प्रभुता पर आँच आती। यह अमेरिका का पिछलग्गू हो जाता। उसकी रणनीतिक स्वतंत्रता समाप्त हो जाती। लेकिन आडवाणी मनमोहन सिंह को भारत का सबसे कमजोर प्रधानमंत्री, यूपीए सरकार को लूली-लंगड़ी और शासन करने के अयोग्य सरकार बता रहे हैं। वे बेचारे भूल गए हैं कि अटलजी ने राजग सरकार चलाने के लिए इतनी बार घुटने टेके कि ऑपरेशन ही करवाना पड़ा। गठबन्धन धर्म निभाने में भाजपा ने अपने सिद्धान्त ताक पर रखे।

सच पूछिए तो माकपा के सीताराम येचुरी ने कांग्रेस से यही कहा था कि गठबन्धन सरकार चलाने के लिए भाजपा ने हिन्दुत्व को ताक पर रख दिया आप एक समझौते पर अड़े हुए हो। आडवाणी का यह कहना सही है कि सत्ता में रहने के लिए कांग्रेस ने सिद्धान्त छोड़ दिये। लेकिन उनसे बेहतर कौन जानता है कि गठबन्धन में सिद्धान्तों का क्या होता है। उनके गठबन्धन में शिवसेना के अलावा हिन्दुत्व को मानने वाला कौन था? यूपीए चुनाव से डर गया यह भी सही है। लेकिन मई 2004 में राजग ने जैसा गच्चा खाया, यूपीए वैसा न खाए तो खराबी क्या है?

अपना इरादा यूपीए को राजग की आलोचना से बचाना नहीं है। बस यही बताना है कि गठबन्धन सत्ता में भागीदारी के लिए ही बनते हैं और सत्ता में बने रहने के लिए सब कुरबान करते हैं। राजग हो या यूपीए इसलिए यूपीए अमेरिका से एक समझौता ठंडे बस्ते में डाल दे तो कोई बड़ी बात नहीं है। वामपंथी जैसे यूपीए को धमकाते हैं—पैसे से डीन एआईडीएमके तेलुगुदेशम आदि ने राजग को कोई कम धमकाया और कम दोहन किया? लालकृष्ण आडवाणी शिवसेना प्रमुख बाला साहेब को मनाने दौड़े-दौड़े मुम्बई गए। और इन्हीं करुणानिधि ने एतराज किया तो संघ में सरकारी कर्मचारियों के जाने की पाबन्दी गुजरात सरकार ने उठाई थी तो वापस लगानी पड़ी। राजग के तो ब्लैकमेल के सामने समर्पण करने के अनेक किस्से हैं।

अब समझौते के समर्थक गठबन्धन धर्म और उसे पालने की मजबूरी की निंदा कर रहे हैं कि इसके चलते एक सच्चा, ईमानदार और भला प्रधानमंत्री सही काम नहीं कर सकता। लेकिन क्या इसीलिए आप गठबन्धनों को खत्म कर देंगे। गठबन्धन राजनीतिक मजबूरी है। इसके नाम पर रोएँगे तो कुछ नहीं बनेगा। इस मजबूरी को अवसर में बदलेंगे तो आम सहमति से काम करने का संस्कार पड़ेगा जो कि लोकतंत्र के लिए जरूरी है भारत में एक पार्टी का राज हुए ग्यारह साल हो गए।

इसके पहले नरसिंह राव की कांग्रेस सरकार भी अल्पमत में थी और दूसरों की मदद से ही चलती थी। और उसके भी पहले चन्द्रशेखर और विश्वनाथ प्रताप सिंह की मिली-जुली सरकारें थीं। यानी सच पूछिए तो अठारह साल से केन्द्र गठबन्धन चल रहे हैं और अभी और वे चलेंगे। लेकिन इन्हीं वर्षों में भारत ने चालीस साल से चली आ रही समाजवादी नीतियाँ छोड़ीं और खुले बाजार की पूँजीवादी अर्थव्यवस्था अपनाई जिससे एक तबका अमीरी के सातवें आसमान में सैर कर रहा है। 9.2 प्रतिशत की वृद्धि दर है और सेंसेक्स बीस हजार पर चढ़ने को मचल रहा है। तो गठबन्धन की राजनीति ऐसी कोई पतनशील भी नहीं है।

रही बात एक सादे सच्चे और ईमानदार प्रधानमंत्री मनमोहन सिंह के इस प्रकरण में अपमानित होने और विश्वसनीयता खोने की तो उन्हें सोचना और समझना चाहिए था कि वे एक गठबन्धन के मनोनीत प्रधानमंत्री हैं। न यह गठबन्धन उनका बनाया हुआ है, न वे इसके नैसर्गिक नेता हैं। फिर वे क्यों एक ऐसे समझौते पर इतने आगे

बढ़ गए जिस पर न गठबन्धन में आम सहमति थी, न राजनीतिक पार्टियों में, न संसद में? वे अमेरिका से सहयोग को भारत के लिए अच्छा मानते होंगे लेकिन कुल भारत ऐसा नहीं मानता। परमाणु बिजली से ज्यादा जरूरी दूसरे काम हैं। मनमोहन सिंह को बहुत बाद में समझ आया कि उनकी सरकार एक ही मुद्दे और वह भी अमेरिका से परमाणु समझौते के मुद्दे की सरकार नहीं है। उनकी सरकार ने देश के किसानों, मजदूरों और गरीब बेरोजगारों से जो वायदे किये थे वे अब भी अधूरे पड़े हैं। मनमोहन सिंह उन पर ध्यान देंगे तो घर लौट के आने से भटकने के पाप धुलेंगे।

[17 अक्टूबर, 2007]

कानपुर ने नाक बचा ली वरना हम तो गाफिल थे

वही तीन दिन में दक्षिण अफ्रीका को आपने कानपुर में हरा कर हिसाब बराबर कर लिया है। तीन टेस्ट की सीरीज को एक-एक से ड्रा करके हम दुखी नहीं हैं क्योंकि यह जज्बा अपनी टीम और बोर्ड में था ही नहीं कि दक्षिण अफ्रीका को अपने पिचों पर पराजित करके भेजना है और इस तरह टेस्ट में नम्बर एक होना है।

जीतने की लपलपाती इच्छा दक्षिण अफ्रीका में थी इसलिए वे दुखी और निराश हुए हैं। वे जीतने आए थे क्योंकि उन्हें साबित करना था कि भारत में भी जीत कर वे पाकिस्तान और बांग्लादेश की विजयों में जोड़ेंगे और इस तरह बता देंगे कि भारतीय उपमहाद्वीप के स्पिन सहायक पिचों पर भी हम जीत सकते हैं। उनका यह सपना पूरा नहीं हुआ। लेकिन वे सन्तोष कर सकते हैं कि भारत से हारे बिना जा रहे हैं।

दक्षिण अफ्रीका के इस दावे में दम नहीं है कि वे स्पिन खेलने में उस्ताद हो गए हैं। सदियों से स्पिन सहायक रहे चेन्नई का पिच पाटा कर दिया गया था। अमदाबाद में अच्छा पिच बनाने के चक्कर में धीरज परसाना ने दक्षिण अफ्रीकी शक्ति को बढ़ाने वाला पिच बनाकर भारत को हरवा दिया। वहाँ गेंद स्पिन नहीं हुई। यहाँ कानपुर का पिच तो तैयार ही नहीं किया गया। उसे वैसा ही छोड़ दिया गया था और वह पहले ही दिन अखाड़ा हो गया। 152 पर एक विकेट से दक्षिण अफ्रीका ने वहाँ 113 रनों पर 9 विकेट गँवाए। पिच के टूटने में तीन घंटे लगे जिसके दौरान उन्होंने डेढ़ सौ रन बनाए। लेकिन जब गेंद घूमने और उछल कर डंक मारने लगी तो दक्षिण अफ्रीकी बल्लेबाजों की सिट्टी पिट्टी गुम हो गई।

असली परीक्षा फिर भी तीसरे दिन हुई। जिस पिच पर श्रीशान्त और ईशान्त-नम्बर 10 और 11 कोई घंटे भर खेल कर 37 रन जोड़ गए उस पर दक्षिण अफ्रीका की टीम 121 रन पर ढेर हो गई।

हरभजन ही नहीं, कालिस और स्मिथ जैसे बल्लेबाज सहवाग को नहीं खेल पाए। भारत की 60 रन की बढ़त उतार कर बनाने को वे सिर्फ 61 रन दे सके। भारत ने लप्पेबाज सहवाग और सहमे जाफर को गँवा कर आठ विकेट से मैच जीत लिया इससे अपनी टीम के माथे तुर्रा नहीं लग जाता। ऐसे अखाड़ा पिच पर हम दक्षिण अफ्रीका को भी नहीं हराते तो किसे हराते? फिर कुंबले तो खेले ही नहीं।

कानपुर ने हमें दक्षिण अफ्रीका से सीरीज हारने और वह भी अपने घरेलू पिचों पर शर्म से बचा लिया। लेकिन अपने क्रिकेट और टेस्ट क्रिकेट में अपनी जगह की फिकर किसे है? आस्ट्रेलिया से थक कर और घायल हुई टीम को ऐसी पिचों पर उतार दिया जिन्हें ठीक से तैयार करने की इच्छा नहीं थी। टेस्ट क्रिकेट किसे प्यारा है? ज्यादा से ज्यादा कुंबले, सचिन, द्रविड़ और गांगुली को। बाकी तो सब लोग आईपीएल की मोटी मुर्गी से सुनहरे अंडे जनवाने में लगे हैं। क्रिकेट के धंधे में क्रिकेट का खेल गरीब की जोरू हो गया है।

[14 अप्रैल, 2008]

ऐसे तो सरस्वती ही खदेड़ दी जाएगी

इस्लामी कठमुल्लों और सुरक्षा एजेंसियों के दबाव में जब बांग्लादेशी लेखिका तसलीमा नसरीन भारत से खदेड़ी जा रही थीं तो न्यूयॉर्क में हिन्दू हठवादी चित्रकार मकबूल फिदा हुसेन को बाहर करने की कोशिश में लगे थे।

तसलीमा तो दिल्ली से उड़कर यूरोप में, शायद स्वीडन में अपने दिल और आँखों का इलाज करवाने चली गई। दिल्ली की यातना कालकोठरी से आजाद होकर लन्दन के हीथ्रो हवाईअड्डे पर उन्होंने कहा कि भारत की लोकतांत्रिक, पंथनिरपेक्ष सरकार इस्लामी कठमुल्लों से भी गई गुजरी है जो उनके अभिव्यक्ति के मानवीय और मौलिक अधिकार की रक्षा नहीं कर सकी। लेकिन न्यूयॉर्क में चित्रों के नीलामीघर ख्रिस्टी ने अमेरिकी भारतीय बुद्धिजीवी संगठन के दुराग्रह को मंजूर नहीं किया। इस हठवादी हिन्दू संगठन की माँग थी कि ख्रिस्टी भारतीय चित्रकार मकबूल फिदा हुसेन के चित्रों को नीलामी से हटा ले क्योंकि वह हुसेन को हिन्दू देवी-देवताओं के अश्लील और अपमानजनक चित्र बनाने का अपराधी मानता है। ख्रिस्टी ने कहा कि हम सब धर्मों और लोगों का सम्मान करते हैं। लेकिन हम कलाकार की स्वतंत्रता का भी सम्मान करते हैं। कला और संस्कृति में धार्मिक और जातीय प्रतीकों की व्याख्याएँ और पुनर्व्याख्याएँ होती हैं और ये अक्सर वैयक्तिक अभिव्यक्तियाँ होती हैं।

ख्रिस्टी ने दूसरे चित्रों के साथ हुसेन के चित्र भी नीलाम किये। अमेरिकी भारतीय बुद्धिजीवी मंच और हिन्दू जनजागृति समिति के लोग कोई दो घंटे तक विरोध प्रदर्शन करते रहे। हुसेन के चित्रों को दुनिया भर के एक अरब हिन्दुओं के विरुद्ध घृणा फैलाने वाले और हुसेन को कानून का भगोड़ा बताकर उसे शर्म करने को कहते रहे। लेकिन इसका कोई असर न तो ख्रिस्टी की नीलामी पर हुआ, न खरीद करने वालों पर। बल्कि *महाभारत* पर उनके चित्रों में से एक—गंगा और यमुना के युद्ध को रेकार्डतोड़ छह करोड़ रुपये मिले। हुसेन ने यह चित्र कोई सैंतीस साल पहले बनाया था। भारत के बाजार सेवक अखबारों ने इस नीलामी को तो खूब उछाला। लेकिन यह नहीं बताया कि तसलीमा नसरीन की तरह ही मकबूल फिदा हुसेन भी आत्म-निर्वासन में दुबई में रह रहे हैं। नसरीन को मुसलमान कट्टरपंथियों ने बांग्लादेश

और भारत से खदेड़ा है और भारत के ही नागरिक हुसेन को हिन्दूवादियों ने।

हिन्दू और मुसलमान कट्टरपंथी एक-दूसरे को अपनी ताकत दिखाने की होड़ में लगे हुए हैं। कला और कलाकार की अभिव्यक्ति की स्वतंत्रता का दोनों के ही लिए कोई मतलब नहीं है। दोनों ही कला को नहीं समझते और इसलिए कलाकार की अनिवार्य स्वतंत्रता भी उनकी समझ में नहीं आती। ऐसे वज्रमति लोग सभी समाजों में होते हैं। उदार, सहिष्णु, विविधता और बहुलतावादी भारत में भी रहे हैं। फिर भी सदियों से भारत ऐसा सर्वसमावेशी, सर्वग्राही और समन्वयवादी समाज रहा है तो इसलिए कि संकीर्ण, कट्टरतावादी और दुराग्रही लोग हमेशा इतने अल्पसंख्यक रहे हैं कि देश-समाज के जीवन का धर्म तय न कर सकें। दुनिया भर में जो लोग धर्म, जातीय और राजनीतिक कारणों से सताए गए उन्हें भारत में आकर शान्ति और सम्मान से रहने की जगह मिली। इसलिए सभी धर्मों और जातीयताओं के लोग यहाँ फले फूले। उन्होंने इस देश की मूल प्रवृत्ति और प्रक्रिया को अपनाया। यहाँ से अपना जीवन समृद्ध किया और इसकी समृद्धता में अपना योगदान दिया। इसीलिए यह ऐसा विविधता, बहुलता और उदारता वाला सहिष्णु और सुसंस्कृत देश बन सका।

ऐसा देश लोकतंत्र की शासन व्यवस्था ही अपना सकता था क्योंकि वही उसकी आत्मा को अभिव्यक्ति का पूरा अवसर दे सकती है। फिर क्यों ऐसा हो रहा है कि संकीर्ण कट्टरतावादी मुट्ठी भर लोग इस देश के बहुजन की चिन्ता किये बिना अपनी वाली चला ले जा रहे हैं? लोकतंत्र चलाने वाले जिन शासकों और उनकी पार्टियों को आम लोगों, उनकी परम्पराओं और उनके लोकतांत्रिक गणराज्य के स्थापक सिद्धान्तों के अनुसार शासन और अपनी राजनीति चलानी चाहिए, वे शोर मचाने और हिंसा करने वाले इन मुट्ठी भर लोगों के बन्धक क्यों और कैसे बन जाते हैं? लोकतंत्र तो उन आजादियों को पूरा मौका देकर खुल खेलने का मैदान देता है जो व्यक्ति और समाज को विचार-विमर्श में लगाती हैं। फिर यह क्यों और कैसे हो रहा है कि लोकतंत्र का ही उपयोग इन स्वतंत्रताओं को सीमित और संकुचित करने में हो?

तसलीमा नसरीन का ही मामला लो। उन्होंने बांग्लादेश में बाबरी मसजिद के ध्वंस के बाद हिन्दू अल्पसंख्यकों पर हुए अत्याचारों की बात उठाई अपनी कृति *लज्जा* में। बांग्लादेश इस्लामी गणराज्य है और वहाँ के कठमुल्लाओं को तसलीमा का यह प्रतिरोधी स्वर सहन नहीं हुआ। उन्होंने तसलीमा को इस्लाम विरोधी करार दिया। सरकार ने उनकी किताब जब्त की। पासपोर्ट ले लिया। कट्टरपंथियों ने सिर कलम करने का एलान किया। उन पर धर्मनिंदा का आरोप लगा। गिरफ्तारी का आदेश निकला। तसलीमा स्वीडन चली गई। वहीं की नागरिकता ले ली। पासपोर्ट बनवा लिया। चार खंडों में अपनी आत्मकथा लिखी। बांग्लादेश में सभी पर पाबन्दी लगी। सन दो हजार चार में वे भारत आकर बांग्ला भाषी कोलकाता में रहने लगीं।

कोलकाता जिस पश्चिम बंगाल की राजधानी है वहाँ तीस साल से वामपंथियों का राज है। वामपंथी धार्मिक संकीर्णता और कट्टरता को बर्दाश्त नहीं करते। वे राज्य में ही नहीं, समाज में भी धार्मिकता को दखल नहीं देने देते। उनके राज में तसलीमा नसरीन को रहने और लिखने की पूरी आजादी सहज ही होनी चाहिए थी। कुछ साल रही भी। लेकिन पिछले साल वामपंथी सरकार ने उद्योगीकरण का पूँजीवादी रास्ता पकड़ा। सिंगूर और नन्दीग्राम में उद्योग के लिए अंग्रेजों के बनाए सौ साल पुराने कानून से खेती की जमीन लेकर उद्योगपतियों को देनी शुरू की और इसे बड़ी बेशर्मी से लोकहित बताया। खेती की जमीन छिनने का सबसे बुरा असर मुसलमान किसानों पर हुआ। पुलिस गोलीबारी में, काडर की कार्रवाई में मुसलमान मारे गए। वे माकपा और दूसरी वामपंथी पार्टियों को छोड़कर विपक्षी पार्टियों में जाने लगे। उनमें वामपंथियों के खिलाफ आक्रोश पनपने लगा। पंचायत के चुनाव और अगले साल लोकसभा के चुनाव माथे पर मँडराने लगे।

सिंगूर और खासकर नन्दीग्राम ने सबके सामने साबित कर दिया कि वामपंथियों को गरीब किसानों, खेतिहर मजदूरों और मुसलमानों की कोई चिन्ता नहीं है। उद्योगीकरण का पूँजीवादी तरीका अपना कर अपने राज में वे भी वही करना चाहते हैं जो दूसरी राज्य सरकारें और पार्टियाँ कर रही हैं। सर्वहारा के हित होने का रंग-रोगन उतरने लगा तो वामपंथियों को भी अपने वोट बैंक की वैसी ही चिन्ता सताने लगी जैसी कांग्रेस और भाजपा को होती है। मजे की बात देखिए कि वे भी वही हथकंडे अपनाने लगे जो ये पार्टियाँ और उनके नेता अपनाते हैं। वामपंथियों को मालूम था कि जिन तसलीमा नसरीन को वे कोलकाता में रहने दे रहे हैं, उनका सिर उड़ाने या उन्हें भारत से भगा देने की माँग इस्लामी कट्टरपंथी कब से करते आ रहे हैं।

दूसरी पार्टियों की तरह वामपंथियों को भी लगा कि आम मुसलमानों को मना कर फिर अपनी तरफ लाने का यही रास्ता है कि कट्टरपंथियों की तसलीमा नसरीन को बाहर करने की माँग मान ली जाए। पहले सुरक्षा के नाम पर पुलिस अफसरों को उनके पास समझाने को भिजवाया कि वे कोलकाता से केरल चली जाएँ या कहीं और रहने लगें तो सुरक्षित रहेंगी। लेकिन वे तैयार नहीं हुईं। फिर थोड़े से कट्टरपंथियों ने इक्कीस नवम्बर को कोलकाता में ऐसा हिंसक प्रदर्शन किया कि सेना बुला ली गई। आरोप है कि यह प्रदर्शन माकपा ने ही करवाया था इसीलिए वह एकदम छूट पाकर इतना हिंसक हुआ और नन्दीग्राम में तो पुलिस भी तैनात नहीं की गई थी, यहाँ एकदम सेना बुला ली गई। जानकारों का यह भी कहना है कि प्रदर्शन में आक्रोश तो नन्दीग्राम पर था, तसलीमा नसरीन तो बहाना थीं।

लेकिन सरकार एकदम सक्रिय हुई और बिना किसी तैयारी के तसलीमा को बड़े घामड़ तरीके से ताबड़तोड़ जयपुर भिजवा दिया। वहाँ से उन्हें दिल्ली लाया

गया। तब से वे राष्ट्रीय राजधानी क्षेत्र के किसी अनजाने इलाके में नजरबन्द रखी गईं। किसी से मिलना-जुलना तो दूर डॉक्टरों की सार सँभाल से भी वंचित कर दिया।

तसलीमा का कहना है कि नजरबन्दी के अकेलेपन का ऐसा तनाव और दबाव उन पर पड़ा कि उनका ब्लड प्रेशर बेकाबू होने लगा। इसका असर उनकी आँखों और दिल पर होने लगा। लेकिन ठीक इलाज भी सुरक्षा के नाम पर नहीं होने दिया गया। एम्स में भर्ती किया तो डॉक्टरों ने कहा कि तीन-चार हफ्ते वहीं रहना पड़ेगा। लेकिन उनकी तबीयत की परवाह किये बिना उठा कर उन्हें विदेश मंत्री प्रणव मुखर्जी के पास ले गए जिन्होंने उन्हें धमका कर कहा कि वे बाहर चली जाएँ।

अपनी आँखों और अपने दिल के इलाज के लिए तसलीमा को मजबूरी में भारत छोड़ने का फैसला करना पड़ा। उन्हें कोलकाता के घर से अपना सामान और बैंक के कागजात लाने को कुछ घंटों के लिए भी जाने नहीं दिया। अब वे अगर कहती हैं कि भारत का धर्मनिरपेक्ष लोकतांत्रिक गणराज्य होना झूठा है क्योंकि उसकी सरकार इस्लामी कठमुल्लों के सामने वैसी ही झुक गई जैसी इस्लामी गणतंत्र की बांग्लादेशी सरकार झुक गई थी तो इसमें गलत क्या है? पश्चिम बंगाल के वामपंथी और केन्द्र के कांग्रेसी सरकार में होते भी एक महिला लेखिका की जान और अभिव्यक्ति की स्वतंत्रता की रक्षा करने को तैयार नहीं हुए। भारत के सभ्य समाज और लेखकों-कलाकारों ने भी अपनी सरकार को मजबूर नहीं किया कि अगर वे जाना नहीं चाहतीं तो बत और पूरी आजादी के साथ रहने दिया जाए।

हिन्दुत्ववादी कहते हैं कि तसलीमा नसरीन को भारत से खदेड़ देने के तीन मतलब हैं। पहला-वामपंथी और कांग्रेसी मुसलिम समुदाय के उन लोगों का तुष्टीकरण करने के लिए अपने संवैधानिक अधिकारों और स्वतंत्रताओं की बलि दे सकते हैं जो कि भारत के संविधान को हिकारत से देखते हैं। कोलकाता में इक्कीस नवम्बर का दंगा माकपा ने करवाया था ताकि तसलीमा नसरीन को कोलकाता छोड़ने पर मजबूर किया जाए और इस तरह नन्दीग्राम में उसके अत्याचारों से नाराज लोगों को मनाया जा सके। फिर कांग्रेस ने ऐसी परिस्थितियाँ पैदा कीं कि तसलीमा भारत छोड़ दें और वह दावा कर सके कि मुसलिम हितों की सच्ची रक्षक वही है।

दूसरा इस्लामी कठमुल्लों ने भारत सरकार से अपनी माँग मनवा कर भारत की न्यायपालिका और देश के कानून की गरिमा को गहरा आघात पहुँचाया है। याद रखिए कि कोलकाता हाईकोर्ट ने तसलीमा की पुस्तक *द्विखंडितो* को पास कर दिया था जिससे इस्लामी सिरफिरे बड़े नाराज थे।

और तीसरा अभिव्यक्ति की आजादी को उन्हीं लोगों ने चुनौती दी है जो सवाल पूछने वालों को कुचलने में भरोसा करते हैं। आज जो तसलीमा के साथ हुआ है कल किसी के साथ भी किया जा सकता है। तब मुल्ला ब्रिगेड के धमकाने से जो चुप नहीं होंगे उनसे घुटने टिकवाने के लिए सरकार क्या इन्हीं हथकंडों का

इस्तेमाल करेगी? क्या स्वतंत्रता अब सुरक्षित मकानों में अकेले नजरबन्द किये जाने से जानी जाएगी?

तसलीमा नसरीन के खदेड़े जाने से ये तीनों मतलब निकलते हैं। इसमें कोई शक नहीं। लेकिन ये तीनों ही मकबूल फिदा हुसेन के भारत से खदेड़े जाने पर भी उसी तरह लागू होते हैं जिस तरह तसलीमा नसरीन पर बस इस्लामी कठमुल्लाओं की जगह हिन्दुत्ववादी पुराणपंथियों को रख दीजिए। आप देखेंगे कि हुसेन के साथ विश्व हिन्दू परिषद, बजरंग दल, शिवसेना, भाजपा और राष्ट्रीय स्वयंसेवक संघ के वीरों ने भी वही किया है जो बांग्लादेश और भारत के इस्लामी कठमुल्लों ने किया बल्कि संघ परिवारियों की कारस्तानी और ज्यादा निन्दनीय और अस्वीकार्य है क्योंकि जो कुछ उन्होंने किया वह न धर्म में है, न भारतीय समाज की जीवित परम्परा में।

मकबूल फिदा हुसेन की बनाई गई सरस्वती पर हिन्दुत्ववादियों ने हमला 1996 में किया जब कि वह चित्र कोई बीस साल पहले का बनाया हुआ है। अचानक भोपाल की एक पत्रिका *विचार मीमांसा* में लेख छप गया—यह चित्रकार है या कसाई? लेख में हसेन को गाय काटने वाले मुसलमान कसाई के रूप में पेश किया गया जो सरस्वती, दुर्गा और द्रौपदी जैसी हिन्दू देवियों के नग्न चित्र बनाकर उनका जबरदस्ती अपमान करता है। हमला इतना सुनियोजित था कि भोपाल से इन्दौर, मुम्बई, अमदाबाद, नई दिल्ली सब जगह फैल गया। हुसेन के पुतले जलाए गए। चित्र हटाए गए, प्रदर्शनियाँ उजाड़ी गईं। जगह-जगह मुकदमे लगाए गए। हुसेन का जीना और काम करना हराम कर दिया गया। उनकी आँखें फोड़ने, कान काटने, जान लेने के इनाम घोषित किये गए।

अब भारतीय मूर्तिकला और चित्रकला में नग्नता से कहीं कोई परहेज नहीं है। बल्कि नग्नता तो पवित्रता की प्रतीक मानी गई है। अनगिनत मन्दिरों में नग्न मूर्तियाँ हैं। कोणार्क और खजुराहो के तो मन्दिरों की दीवारों पर ही मैथुनरत मूर्तियाँ हैं। यह भी बिल्कुल झूठ है कि मन्दिरों में देवी-देवता निर्वस्त्र नहीं बनाए जाते। दक्षिण में लज्जा गौरी तो नग्न ही बनाई जाती है। वह उर्वरता की देवी है जिसकी योनि उभार कर उकेरी गई है। एक मन्दिर में शिव-पार्वती है। पार्वती शिव की जांघ पर बैठी हैं और उनके वस्त्रविहीन उरोज पर शिव का हाथ है। यह पुरुष और प्रकृति का चित्रण है। खुद हुसेन की सरस्वती माउंट आबू के ग्यारहवीं सदी के विमला वसाही मन्दिर की निर्वस्त्र सरस्वती से प्रेरित है। और यह भी ध्यान में रखना चाहिए कि शिवलिंग किसका प्रतीक है और असम की कामाख्या आखिर योनि पूजन ही है।

फिर जिस धर्म और देश में मूर्तिपूजा सर्वत्र व्याप्त और मान्य है और जहाँ घर-घर मूर्तियाँ बनाई, पूजी और विसर्जित की जाती हैं वहाँ कौन चित्र या मूर्ति कैसे बनाई और पूजी जाएगी इसका विधि विधान तो हो सकता है। लेकिन उसका पालन और निगरानी नहीं हो सकती। हमारे यहाँ शिव की पार्थिव पूजा होती है। हथेली पर

मिट्टी से शिवलिंग बनाया जाता है और पूजा के बाद विसर्जित करते हैं। वैसे ही पार्वती बनती हैं, दुर्गा बनती हैं, गणेश बनते हैं। सब घरों और इलाकों में एक जैसी मूर्तियाँ बन ही नहीं सकतीं। इसलिए बनाने वाले की भावना और श्रद्धा ही सर्वोपरि है। मन चंगा तो कठौती में गंगा जैसे मुहावरे यों ही नहीं बन गए।

जिन हिन्दुत्ववादियों ने हुसेन की सरस्वती के निर्वस्त्र होने पर इतना बावेला मचाया और विवाद खड़ा किया वे न भारत की कला को समझते हैं, न भारतीय मूर्तिकला में नग्नता की प्रतिष्ठा को। उन्हें तो बस यही एतराज है कि हुसेन मुसलमान हैं और इस्लाम में जब पैगम्बर मोहम्मद का चित्र या मूर्ति नहीं बनाई जा सकती तो वे हिन्दू देवी-देवताओं के चित्र और वे भी नग्न कैसे बना सकते हैं। हम बर्दाश्त नहीं करेंगे। अब इस्लाम में ही नहीं, ईसाइयत में भी ईसा का चित्र नहीं बनाया जा सकता। ये दोनों ही धर्म मूर्तिपूजा के विरुद्ध हैं और इसीलिए इनमें मोहम्मद साहब और ईसा की मूर्तियाँ और चित्र वर्जित हैं। हिन्दू धर्म में मूर्तिपूजा और चित्रपूजा सगुण उपासना का अनिवार्य अंग है। इसमें वे वर्जनाएँ और वंचनाएँ अस्वीकार हैं जो इस्लाम और ईसाइयत में अनिवार्य हैं।

हुसेन भारत के चित्रकार हैं। पंढरपुर और इन्दौर में उनका बचपन बीता है। वे भारतीय दर्शन और हिन्दू धर्म को जानते-समझते और गुनते हैं। अपनी बेटी के विवाह के कार्ड पर उन्होंने शिव-पार्वती की उसी मूर्ति का अंकन किया था जिसका जिक्र मैं पहले कर चुका हूँ। राममनोहर लोहिया के कहने पर उन्होंने *रामायण* का चित्रण किया। वाल्मीकि और तुलसीदास की *रामायण/रामचरितमानस* का खूब अध्ययन किया। बनारस जब अध्ययन किया। बनारस के पंडितों से बारीकियाँ समझीं। बहस की। जब वे *रामायण* पर चित्र बना रहे थे तो कुछ मुसलमानों ने कहा कि इस्लामी विषयों पर चित्र क्यों नहीं बनाते? हुसेन ने उनसे कहा—इस्लाम में ऐसी सहिष्णुता कहाँ है? अगर लिखावट में भी कहीं गलती हो जाए तो कपड़े को वे तार-तार कर देते हैं। हुसेन ने *महाभारत* को चित्रित किया। अनेकों गणेश बनाए। शिव का अंकन उन्हें बहुत पसन्द है। वे मानते हैं कि हिन्दू लोग अपने भगवानों, अपने देवी-देवताओं की माँसलता, उनके विकसित होते जीवन को समझते हैं। वे पहाड़ के पत्थर पर सिंदूर लगाते हैं और वह हनुमान बन जाते हैं।

अभी हुसेन ने *तहलका* की शोभा चौधरी को कहा—भारत में संस्कृति और कला की इतनी बात होती है। लेकिन आजादी के साठ साल बाद भी चित्रकला के विद्यार्थी शरीर का अध्ययन ग्रीक कला से करते हैं। कॉलेजों में शेक्सपियर और कीट्स पढ़ाए जाते हैं। कालिदास का जिक्र तक नहीं होता। तभी तो भारत की कोई पहचान नहीं। भारतीयता की समझ नहीं। ये तो हाल हैं कि बनारस हिन्दू विश्वविद्यालय ने सुबलक्ष्मी, जेआरडी टाटा, मदर टेरेसा और मेरा सम्मान किया। हमारे माथे पर उन्होंने लाल टोपियाँ पहनाई और लबादे ओड़ा दिये। ये तो भारतीय संस्कृति के रक्षक हैं।

ऐसे तिरानबे बरस के मकबूल फिदा हुसेन ने ज्यादा नहीं तो दस हजार चित्र बनाए हैं जिन में से सिर्फ तीन पर विवाद है सारी दुनिया में वे मशहूर हैं। आधुनिक भारतीय चित्रकला के सबसे बड़े नाम हैं। करोड़ों में उनके चित्र बिकते हैं और हमने उन्हें भारत से खदेड़ कर दुबई में रहने पर मजबूर किया है। उनके साथ जो हुआ उसकी भी गवाह यही भारत सरकार रही है। अपने एक नागरिक, पद्‌म विभूषण, संसद सदस्य के भी अभिव्यक्ति के अधिकार की रक्षा के लिए इस सरकार ने कुछ नहीं किया जिस पर मुसलमानों के तुष्टीकरण का आरोप सुबह शाम लगाया जाता है। हुसेन को लगता है कि अब तो वे तभी भारत आ सकेंगे जब भाजपा की सरकार होगी। तब शायद सम्माननीय और सेक्यूलर दिखने के लिए वह अपने सिरफिरों को काबू में रखेगी। इस सरकार की तो रीढ़ की हड्डी ही नहीं है। उसे डर लगता है कि कुछ करेगी तो एक मुसलमान के तुष्टीकरण का आरोप साबित हो जाएगा।

इस तरह का भारत का सबसे बड़ा चित्रकार निर्वासित है और यहाँ आकर शरण लेने वाली बांग्लादेशी लेखिका तसलीमा नसरीन भी अब निर्वासित हो गई। हम कैसे पंथनिरपेक्ष लोकतंत्र हैं जहाँ न इस्लामी कठमुल्लों से, न हिन्दुत्ववादी सिरफिरों से हमारा राज्य एक लेखिका और एक चित्रकार के अभिव्यक्ति के मौलिक अधिकार की रक्षा कर सकता है। कहीं वोट बैंक न बिगड़ जाए, इसलिए निर्वाचित नेता और लोकतांत्रिक पार्टियाँ कट्टरपंथियों की धौंसपट्टी में अपने नागरिकों और सभ्य समाज के अधिकारों के साथ खिलवाड़ करते हैं।

भावनाओं को चोट पहुँचने के नाम पर कोई भी कहीं भी किसी पर भी सेंसरशिप लगवा सकता है। किसी को भी इस लोकतंत्र से बाहर खदेड़ सकता है। लोकतंत्र के शरीर के लिए लोकतंत्र की आत्मा को लुटा सकता है। क्या यह राज्य हमारी अपनी दुर्बलता का प्रतिनिधि नहीं है? इसकी कायर अकर्मण्यता में क्या हमारा सिद्धान्तहीनता और दब्बूपन नहीं है? आखिर वह हमारी सबकी अभिव्यक्ति की स्वतंत्रता है। जिसे हुसेन और तसलीमा के रूप में खदेड़ दिया गया है। इस तरह हम कब तक लोकतंत्र बने रह सकेंगे? कब तक हमारी सरस्वती फिर लुप्त नहीं होगी?

[6 अप्रैल, 2008]

सन् सत्तावन यह किसका सत्तावन है?

सन् सत्तावन का डेढ़ सौवाँ साल भी आज बीत गया। क्या इस साल में कभी और कहीं आपको लगा कि साठ साल में प्रौढ़ हुआ एक स्वतंत्र राष्ट्र अपने पहले मुक्ति संग्राम की जातीय स्मृतियों को गर्व और गौरव से सहेजे हुए है? उसका गर्वीला सिर उन लाखों लोगों के बलिदान पर स्वाभिमान से ऊँचा उठा हुआ है जो अपने दीन-ईमान के लिए लड़े और मारे गए, लेकिन जिन्होंने ब्रिटिश वर्चस्व को मंजूर नहीं किया। क्या कभी आपने महसूस किया कि हम लोग अपनी स्वतंत्रता और राष्ट्रीयता की बहुत कदर करते हैं और हमें वे बहुत प्यारी हैं इसलिए हम सन सत्तावन की लौ को खूब लगाए रखना चाहते हैं? सन सत्तावन की ऐसी कौन-सी घटना ऐसा कौन-सा महानायक/महानायिका और ऐसी कौन-सी भावना है जिसने इस साल में अपने लोगों को सिहरा दिया हो और उन अभिभूत लोगों की सामूहिकता से आप में सिहरन दौड़ गई हो। लेकिन चलिए ये लम्बे-चौड़े सवाल छोड़िए और यही बताइए कि इस साल में कहीं किसी को आपने अकारण और बिना प्रयोजन सन सत्तावन की बात करते हुए सुना है? आखिर एक देश के लोग अपने इतिहास को कैसे याद करते हैं? अपने जीवन में या अपनी पोथियों, गोष्ठियों और रस्म-रिवाजों में? मुझे तो सिवाय विश्वविद्यालयों की गोष्ठियों और एक-दो जगह की सभाओं की जनता में कहीं कोई याद, कहीं कोई हलचल, कहीं कोई विवेचना नहीं दिखाई दी। बल्कि लगा कि लोगों को अहसास ही नहीं है कि हम अपने पहले स्वतंत्रता संग्राम का डेढ़ सौवाँ साल मना रहे हैं।

पढ़े-लिखे और खाते-पीते जिन लोगों के लिए इसका मतलब होना चाहिए था वे तो कोशिश कर के इस तथ्य को अपने सामने से हटा देना चाहते थे कि यह सन सत्तावन का डेढ़ सौवाँ साल है। अपनी स्वतंत्रता और राष्ट्रीयता को अब वे सन सत्तावन और उसके बाद के नब्बे साल के संघर्ष से नहीं जोड़ते। उन्हें अब एक ऐसे संसार में जगह बनानी है जिसके विरुद्ध सन सत्तावन और सन सैंतालीस के महासंग्राम लड़े और जीते गए। इन लोगों का संसार अब भारत और उसके इतिहास में नहीं है। पहले वह यूरोप में था और अब अमेरिका में है।

जैसे सन् 2007 के पन्द्रह अगस्त के आसपास इन्दिरा नूयी के पेप्सी की सीईओ

बनने की खबर आई। टीवी चैनल *टाइम्स नाउ* के प्रधान सम्पादक अर्णव गोस्वामी ने बड़े उत्साह से खबर दी कि चेन्नई की एक लड़की कहाँ से कहाँ पहुँची है! फिर गोस्वामी ने सम्पादकीय टिप्पणी की तर्ज पर कहा वॉट एन अचिवमेंट ऑन द इंडिपेंडेंस डे। स्वतंत्रता दिवस पर क्या गजब की उपलब्धि है। अब परेशानी यह है कि एक अमेरिकी बहुराष्ट्रीय पेय कम्पनी में भारतीय मूल की एक महिला की पेशेवर और व्यावसायिक तरक्की को पेशेवरीय और व्यापारिक उपलब्धि नहीं, भारतीय स्वतंत्रता की महती उपलब्धि बताया गया है। ऐसी उपलब्धि जिससे हमारा स्वतंत्रता दिवस अपनी साठवीं वर्षगांठ पर धन्य नहीं तो गौरवान्वित जरूर हुआ है।

अब आप अचरज कीजिए कि झाँसी की रानी लक्ष्मीबाई और अवध की जीनत बेगम से लेकर सन बयालीस के भारत छोड़ो आन्दोलन की उषा मेहता तक की स्वतंत्रता संग्राम में लड़ने वाली तमाम महिलाओं का सपना क्या किसी अमेरिकी कम्पनी की सबसे बड़ी अधिकारी बनने का रहा होगा? इनका चरित्र, इनका संघर्ष और अपने स्वतंत्रता संग्राम में इनके योगदान को आप एक परम्परा में रखें तो लगेगा कि आजाद भारत के करोड़ों लोगों को पीने का स्वच्छ पानी दिलवाने की व्यवस्था करने वाली पानी वाली बाई ही उनकी मशाल को उठाने की अधिकारी होगी। दुनिया को पेप्सी और भारत के लोगों को तो रासायनिक खाद वाली जहरीली पेप्सी पिलवाने वाली पेप्सी की सीईओ नहीं। भारत में जितने लोग पेप्सी पीते होंगे, उनसे कई लाखों गुना लोग आज भी पीने लायक स्वच्छ पानी नहीं पाते। आजादी इन गरीब और बहुसंख्यक भारतीयों के पानी के लिए लड़ी गई थी। भारत में खाते-पीते लोगों को पेप्सी बेचने के लिए नहीं।

फिर क्यों हमारे मीडिया में किसी 'पानी वाली बाई' की तलाश नहीं होती और पेप्सी की सीईओ भारत में जन्मी इन्दिरा नूई बन जाए तो न सिर्फ बल्ले-बल्ले होने लगती है बल्कि चश्मा चढ़ाए सूट और टाई पहने सम्पादक इसे स्वतंत्रता दिवस की उपलब्धि बताने लगते हैं। क्या उन्हें अहसास है कि यह आजादी एक बहुराष्ट्रीय कम्पनी से साम्राज्य बने अत्याचारी और शोषणकारी राज को ही खत्म करके पाई गई है। इन्दिरा नूई इसकी नायिका कैसे हो सकती है? क्या किसी सम्पादक ने आजादी के साठवें और सन् सत्तावन के डेढ़ सौवें साल में बताया कि रानी लक्ष्मीबाई और अवध की बेगम हजरत महल सत्तावन की लड़ाई में कूदीं जबकि उनका सामाजिक, आर्थिक और राजनीतिक वातावरण उनके सेनानी हो सकने का कतई नहीं था। लक्ष्मीबाई अपनी झाँसी के लिए और हजरत महल अपने अवध के लिए लड़ी होंगी। लेकिन झलकारी बाई तो किसी राज्य के लिए नहीं लड़ीं।

उन्नीसवीं सदी के यूरोप के पूरे इतिहास को उठा कर देख लीजिए। एक जोन ऑफ आर्क के अलावा किसी महिला के इस तरह लड़ने का उदाहरण नहीं मिलेगा। लक्ष्मीबाई, हजरत महल और झलकारी बाई ऐसे तथाकथित सामन्ती और पिछड़े

हुए रूढ़िग्रस्त भारत से निकल कर आईं जिन्होंने तथाकथित प्रगतिशील ईस्ट इंडिया कम्पनी को ललकारा। किस देश के किस संग्राम में महिलाओं ने ऐसा नेतृत्व दिया और भागीदारी की? उन्नीसवीं सदी में लक्ष्मीबाई और झलकारी बाई जैसी महिलाएँ आपको दुनिया में कहीं नहीं मिलेंगी, यह भारत की ऐसी महिलाओं की लड़ी और लाई गई आजादी है। इनकी पुण्याई और कमाई आप इन्दिरा नूयी को सौंप देंगे? एक बहुराष्ट्रीय व्यापारिक कम्पनी की सीईओ होना भारतीय स्वतंत्रता संग्राम की बलिदानी राष्ट्रीय उपलब्धि कैसे हो सकती है? यह तो साफ दिखता है कि भारत का औद्योगिक, व्यापारिक वर्ग अपनी व्यापारिक उपलब्धि को राष्ट्रीय उपलब्धि बताना चाहता है। लेकिन वह स्वतंत्रता के इतिहास को कैसे हथिया सकता है?

लेकिन एक बार आप कहें कि इंग्लैंड में पढ़े और अंग्रेजी का चैनल चलाते अर्णब गोस्वामी की क्या समझ! छोड़िए उन्हें! तो किस पर जाएँ? हमारे एक बुजुर्ग मित्र हैं। अजित भट्टाचार्जी अस्सी पार हो गए हैं। उनके दादा काली मन्दिर के पुजारी हुआ करते थे। उस ब्राह्मण ने अंग्रेजी के असर में ईसाइयत कबूल की। उनके बेटे के बेटे अजित जब पढ़-लिख कर पत्रकार बनने की तैयारी में थे तो देश आजाद नहीं हुआ था। तब अजित भट्टाचार्जी के सामने अंग्रेजी के दो अखबार थे—*स्टेट्समैन* और *हिन्दुस्तान टाइम्स*। *स्टेट्समैन* में ज्यादा पैसा और ज्यादा बड़ी इज्जत थी। लेकिन अजित *स्टेट्समैन* में काम करने नहीं गए। उन्होंने *हिन्दुस्तान टाइम्स* से अपनी पत्रकारिता शुरू की क्योंकि यह अखबार भारत की आजादी के लिए लड़ने वाला अखबार था।

इसी *हिन्दुस्तान टाइम्स* के घराने ने कोई तिहत्तर साल पहले यानी आजादी की लड़ाई में हिन्दी अखबार निकाला *हिन्दुस्तान*। इस हिन्दी अखबार ने भी स्वतंत्रता संग्राम में अलख जगाई। आजकल यह अखबार अपना कायाकल्प करके निकल रहा है। इसने एक विज्ञापन श्रृंखला चलाई है—अब हिन्दुस्तान की बारी है। इसमें भविष्य का कोई 'अचीवर' अपनी उपलब्धि से जुड़ी *हिन्दुस्तान* की कतरन लिये खड़ा है। एक विज्ञापन में सन 2018 में पुलित्जर पुरस्कार जीतने वाली कविता प्रसाद *हिन्दुस्तान* की कतरन लिये खड़ी है। यानी हिन्दी वाले भी अब अपनी भविष्य की पत्रकार को पुलित्जर पुरस्कार का सपना बेच रहे हैं जिसे हिन्दी का *हिन्दुस्तान* पूरा करेगा। पुलित्जर अमेरिकी पत्रकारिता का पुरस्कार है। *वाशिंगटन पोस्ट* में काम कर रहे हमारे बेटे ने लिखा है—इस अखबार में काम करने वालों को इस बार छह पुलित्जर मिले हैं।

कविता प्रसाद को जरूर पुलित्जर मिले, लेकिन क्या उसे कोई बताएगा कि पुलित्जर भारतीय और हिन्दी पत्रकारिता की किस परम्परा से निकला और उसका प्रतिनिधित्व करता है? भारतीय खासकर हिन्दी पत्रकारिता का इतिहास अमेरिकी पत्रकारिता से कम गौरवशाली नहीं है बल्कि स्वतंत्रता संग्राम की तलवार बनकर

भारतीय पत्रकारिता कुंदन ही हुई है। महात्मा गांधी और लोकमान्य तिलक जैसे सम्पादक किस देश की पत्रकारिता में हुए हैं। *स्वदेश* अखबार के एक के बाद एक आठ सम्पादकों ने सारी उमर अंडमान की सजा में काटी, पर अंग्रेजों के खिलाफ अपने लोगों को जगाना नहीं छोड़ा। हिन्दी पत्रकारिता की इस परम्परा में से गणेश शंकर विद्यार्थी पुरस्कार, माखनलाल चतुर्वेदी पुरस्कार जैसे कई पुरस्कार निकले हैं। 'खूब लड़ी मर्दानी' लिखने वाली सुभद्रा कुमारी चौहान के नाम पर भी पुरस्कार है। लेकिन क्या हम अपना अखबार इन पुरस्कारों का सपना बेचकर बेच सकते हैं? पुलित्जर अमेरिकी पुरस्कार है और अमेरिका हमारे पढ़े-लिखे मध्यवर्ग का सपना है। *हिन्दुस्तान* अब इसी वर्ग के लिए निकलना चाहता है क्योंकि इसी के पास विज्ञापन का पैसा है। यही समृद्ध भारत बना सकता है। इस मध्यवर्ग का कोई हिन्दुस्तानी सपना नहीं है।

यह हिन्दुस्तान देश का अकेला अखबार था जिसने सन सत्तावन के डेढ़ सौवें साल के लिए सन सत्तावन के महासंग्राम पर हर हफ्ते एक पूरा पेज निकाला और उसे नये भारतीय नजरिये से देखने की अनिवार्यता बताई। ऐसा अखबार उपभोक्ता बाजार और 'रिच और फेमस' लोगों की जीवन-शैली बेचने में क्यों लग जाता है? क्योंकि उसे अपना भविष्य बनाना है और भारत का मध्यवर्ग सन सत्तावन और उसके बाद के स्वतंत्रता संग्राम में ऐसा कुछ नहीं पाता जो उसका भविष्य बना सके। ऐसा नहीं है कि सन सत्तावन और सन् सैंतालीस में से भारत का भविष्य नहीं निकला है। बल्कि भारत में आधुनिकता की शुरुआत ही सन् सत्तावन के संग्राम से हुई और उन्नीसवीं सदी में वही साम्राज्यवाद के खिलाफ दुनिया का सबसे बड़ा संघर्ष था। और सन सैंतालीस ने तो दो-दो महायुद्धों से ध्वस्त विश्व को मुक्ति और शान्ति का नया रास्ता दिखाया।

लेकिन सन नब्बे के बाद से इस भारत का भारतीय सपना बिला गया है। भूमंडलीकरण ने इसकी अर्थव्यवस्था को अमेरिका और यूरोप की अमीरी से क्या जोड़ा, इसका पढ़ा-लिखा मध्यवर्ग उदारीकरण के वरदान से मोटा-ताजा होकर उसी से जुड़ गया है। उसे अब भारत और उसकी जीवन-शैली और उसकी परम्परा में कुछ नहीं दिखता। वह उतना और वैसा ही भारतीय होकर रहना चाहता है जो उसे अमेरिकी यूरोपीय समाज में अलग और दे सके। यह मध्यवर्ग इतना सम्मानित पहचान समृद्ध और साहसी हो गया है कि इसने घोषित कर दिया है कि वही राष्ट्र है और इसके आर्थिक हित ही भारत के राष्ट्रीय हित हैं। इसलिए अर्णब गोस्वामी को इन्दिरा नूई के पेप्सी के सीईओ बनने को स्वतंत्रता दिवस की उपलब्धि बताने में कोई झिझक नहीं होती, न अटपटा लगता है। और हिन्दी का *हिन्दुस्तान* भी कविता प्रसाद को पुलित्जर पुरस्कार का सपना बेच रहा है। प्रधानमंत्री मनमोहन सिंह ऑक्सफोर्ड के सम्मान के जवाब में कहते हैं कि आपकी सिखाई अंग्रेजी और

आपके दिये आधुनिक प्रशासन और संस्थानों की बदौलत ही आज हम दुनिया में इतना कुछ कर पा रहे हैं।

ऐसे उपकृत प्रधानमंत्री के होते हुए क्या आप ऐसी माँग की उम्मीद कर सकते हैं कि ब्रिटेन सन सत्तावन के लिए भारत से माफी माँगे और उसकी बरबादी का हर्जाना दे? दस लाख से एक करोड़ तक भारतीय सन् सत्तावन में अंग्रेजों ने मारे, ऐसी इतिहासकारों की गिनती है। बंगाल से लेकर दिल्ली तक कोई गाँव नहीं था जहाँ पेड़ों से लटकाए लोग नहीं दिख रहे थे। अंग्रेजों ने पहले इस देश के उद्योग धंधों और व्यापार को बेरहमी से नष्ट किया और फिर ऐसे उद्योग और व्यापार पनपाए जिनकी आमदनी से अपनी औद्योगिक क्रान्ति को पुष्ट कर सकें। सन् सत्तावन नहीं होता तो अंग्रेज भारत का वही करते जो यूरोपीय देशों ने लैटिन अमेरिकी, अफ्रीकी और दूसरे एशियाई देशों का किया। साम्राज्यवाद के सर्वनाशी दमन चक्र से सन् सत्तावन ने ही भारत को बचाया। सन सत्तावन भारत के पुनर्जन्म का पुण्य गर्भ है।

सन् सत्तावन के डेढ़ सौ साल के दौरान हुई कई गोष्ठियों में कई जानकार इतिहासकारों ने बताया कि हमारे अभिलेखागारों में ऐसे हजारों दस्तावेज, फारसी अरबी दस्तावेज दबे पड़े हैं, जिन्हें अभी तक किसी ने देखा तक नहीं है। सन् सत्तावन के भारतीय स्रोतों की जानकारी की कमी की शिकायतें सभी करते हैं। लेकिन उन्हें खोजने और उनसे सामग्री लेकर सन सत्तावन के इतिहास को भारतीय नींव पर खड़ा करने की कोशिश कौन करता है? हमारे इतिहासकारों का हाल तो यह है कि अंग्रेजों ने अपने नजरिये से जो कुछ ढूँढ़ा और लिखा उसी को रिसाइकिल करते रहते हैं। भारतीय स्रोतों को कोई दुहना नहीं चाहता। सवाल मेहनत का ही नहीं है, इच्छा का भी है। पचास साल पहले जब सन सत्तावन की शताब्दी थी तो शिक्षा मंत्री अबुल कलाम आजाद ने सुरेन्द्रनाथ सेन को तटस्थ और तथ्यात्मक इतिहास लिखने में लगाया। आजाद भारत के इस इतिहासकार ने सबके बावजूद वही लिखा और वही निष्कर्ष निकाले जो अंग्रेज निकाल चुके थे। उनकी परम्परा अब भी फल-फूल रही है। एक अपवाद है तो अमरेश मिश्र का दो खंडों का *वार ऑफ सिविलाइजेसंस*।

इस साल बहुत से विशेषांक भी निकले। सबसे ज्यादा काम वामपंथियों ने किया। उन्होंने न सिर्फ सन् सत्तावन पर नई और अच्छी जानकारी निकाली, उसे नये नजरिये से देखने की कोशिश भी की। यह सब पढ़ने-देखने वाले आलोचक नामवर सिंह का कहना है कि रजनी पाम दत्त ने सन् सत्तावन पर जो लाइन ली थी, उसे छोड़कर भारतीय लाइन तो पचास साल पहले पीसी जोशी ने ले ली थी। लेकिन इस साल तो भारतीय दृष्टिकोण से देखने में वामपंथी बुद्धिजीवी और इतिहासकार ही सबसे आगे रहे हैं।

लेकिन सन् सत्तावन को जनता तक ले जाने और उसकी जातीय स्मृतियों को जगाने का लोकोन्मुखी कार्य किसी ने नहीं किया। एक मार्च जरूर मेरठ से दिल्ली

तक निकाला गया था—दस मई को विद्रोह और ग्यारह मई को विद्रोहियों के दिल्ली के लालकिले पहुँचने की याद में। लेकिन इसके सिवाय और कुछ नहीं हुआ। पहल भारत सरकार और कांग्रेस को करनी चाहिए थी। देश भर की सामाजिक-राजनीतिक संस्थाओं को शामिल कर के उनकी भागेदारी से सन् सत्तावन के सबक और चुनौतियाँ आम लोगों की बहस और जानकारों के विमर्श में लानी चाहिए थी। लेकिन सरकार और कांग्रेस को शायद यह डर था कि उनके चलाए कार्यक्रम को कहीं भाजपा और संघ हाईजैक न कर ले जाए। सरकार अब जनता में जाकर लोक-जागरण के काम कर सके, ऐसी न उसकी दृष्टि रह गई है, न उसमें कूवत है। लोक क्षेत्र के काम और कर्तव्य निजी क्षेत्र को सौंपते सौंपते वह इतनी लंगड़ी-लूली हो गई है कि जब संकट आता है तो हाथ-पाँव फूल जाते हैं। पाकिस्तान और बांग्लादेश को साथ लेकर पूरे उपमहाद्वीप का सन सत्तावन का समारोह मनाने का भी सुझाव था। लेकिन कुछ नहीं हुआ। बहादुरशाह जफर के अवशेष रंगून से लाने और दिल्ली के लाल किले के सामने नया स्मारक बनाने का प्रस्ताव भी रह गया।

कांग्रेस की तो बात ही न की जाए तो बेहतर है। सन सत्तावन की मशाल तो कांग्रेस ने ही उन्नीसवीं सदी में उठाई थी। बीसवीं सदी में महात्मा गांधी ने उसे लोक-संस्था में बदला और इतने लोगों को आजादी के आन्दोलन में खींच कर लाए, जितने दुनिया के किसी देश के मुक्ति संग्राम में नहीं लगे थे। इसी कांग्रेस ने सन सैंतालीस की अगुआई की। लेकिन आज एक जन संगठन के नाते इस पार्टी में इतना भी दम नहीं है कि सार्वजनिक जीवन में अपने मूल्यों के लिए खड़ी भी हो सके। जब भी कोई सैद्धान्तिक मुद्दा उठता है, कांग्रेस के लोग उसके विमर्श में नहीं दिखते, न उनसे कोई ऐसी कार्रवाई हो पाती है जिसे जन-कार्रवाई कहा जा सके। कांग्रेस और उसके लोग अब सत्ता की दावेदारी के लिए ही रह गए हैं। स्वार्थसिद्धि और भ्रष्टाचार ने इस संगठन को पोला कर दिया है। सन् सत्तावन के सबक और उसकी चुनौतियों को जनता में ले जाकर उनकी समझ बढ़ाने और उन्हें आज के सन्दर्भ में रखने की रचनात्मक क्रियाशीलता अब कांग्रेस में नहीं रही। और यह ठीक ही हुआ कि उसने सन् सत्तावन का कोई संकल्प नहीं लिया।

बल्कि लगता है कि आज हमारा मध्यवर्ग भारत की चिन्ता किये बिना कमाने-धमाने और भोगने में जो लगा है तो उसकी अगुआई कांग्रेस का नेतृत्व ही कर रहा है। मनमोहन सिंह उन नीतियों के लिए जिम्मेदार हैं जो भारत के आम लोगों की अनदेखी कर के खाते-पीते लोगों के उद्योग व्यापार को बढ़ा रही हैं। खेती और किसानी की बरबादी भी इसी कारण हो रही है। इन नीतियों का ही नतीजा है कि हमारा प्रभुवर्ग अपने ही देश को अपने आन्तरिक उपनिवेश में बदल रहा है। इन्हें बाहर सस्ता माल, सस्ती मजदूरी और सुरक्षित बाजार नहीं मिल सकता। इसलिए यह सब अपने यहाँ भी प्राप्त कर रहे हैं। आखिर अंग्रेज जिस साम्राज्यवादी ढाँचे

को छोड गए थे, उसे चलाने के लिए मैकाले की फौज ही चाहिए थी। सन नब्बे के बाद राजनीति पीछे हट गई और नौकरशाही ने बागडोर सँभाल ली। मनमोहन सिंह को प्रधानमंत्री बनवा कर सोनिया गांधी ने उस प्रक्रिया को उसकी तार्किक परिणति तक पहुँचा दिया है।

इस प्रभुवर्ग से आप उम्मीद नहीं कर सकते कि यह साम्राज्यवाद से भारतीय जनता की लड़ाई के दोनों मैदानों को याद करेगा। उसे नये ढंग से देखने और समझने की कोशिश करेगा और आज जो छद्‌म साम्राज्यवाद चल रहा है, उससे लड़ाई का नया मोर्चा खोलेगा। यह प्रभुवर्ग अपने हितों को ही राष्ट्रीय हित मानता है और इसे चिन्ता नहीं है कि देश के अस्सी से नब्बे प्रतिशत लोग वंचित होते जा रहे हैं। क्या किनारे किये जा रहे ये लोग फिर कोई सत्तावन करने को मजबूर होंगे? सन् सत्तावन और सन् सैंतालीस की क्रान्तियों को जरा जनता की नजर से समझने की कोशिश कीजिए तो धुँध साफ हो जाएगी।

आखिर सन सत्तावन को भुलाने का नतीजा तो भुगतना ही होगा।

[11 मई, 2008]

सर्वे चाहे जो कहें

यूपीए की चौथी सालगिरह पर अखबारों और चैनलों ने सर्वेक्षण कर के सरकार को आश्वस्त किया ही या कि कर्नाटक के नतीजे आ गए। सब कह रहे थे कि विधानसभा त्रिशंकु होगी लेकिन भारतीय जनता पार्टी 224 में से 110 सीटें जीत गई। इसके बाद उसे सरकार बनाने के लिए देवेगौड़ा के सेक्यूलर जनता दल से मदद लेने की कोई जरूरत नहीं रह गई। भाजपा ने निर्दलीयों से सौदा करके सरकार बना ली। कांग्रेस ने हालाँकि पिछले चुनाव के मुकाबले पन्द्रह सीटें ज्यादा जीत कर अपनी हालत कुछ सुधारी। लेकिन उसकी अस्सी सीटें उसे सत्ता में लाने से तैंतीस कम रह गई। जनता दल अट्ठावन में से तीस सीटें गँवा कर अट्ठाईस पर लटक गया। भाजपा को तो लगभग बहुमत मिल गया पर जनता दल त्रिशंकु हो गया।

सच पूछिए तो कर्नाटक विधानसभा चुनाव के नतीजे जनता दल के बिखराव के थे। लेकिन माना गया इसे कांग्रेस का पराभव कांग्रेस तो गई बार भी सत्ता की दावेदार नहीं थी। भाजपा तब भी उससे चौदह सीट आगे ही थी। लेकिन यह यूपीए का आखिरी और चुनाव का साल है। इसमें भाजपा का कर्नाटक जीतना अगले साल के लोकसभा में चुनाव कांग्रेस के लिए खतरे की घंटी बजा गया है। हालाँकि आप यह भी जानते हैं कि चुनाव के साल में किसी पार्टी के विधानसभा चुनाव जीतने का क्या मतलब होता है। भाजपा ने पिछली बार गुजरात फिर छत्तीसगढ़, मध्यप्रदेश और राजस्थान में एक के बाद एक विधानसभा चुनाव जीते थे। उसी के मद में प्रमोद महाजन ने अटल जी और आडवाणी से लोकसभा चुनाव छह महीने पहले करवा लिये। सब जानते हैं कि आम चुनाव में क्या हुआ।

इसलिए कर्नाटक में भाजपा का जीतना इसका इशारा नहीं है कि वह लोकसभा में भी जीतेगी। इसका मतलब यह भी नहीं है कि जनता अब देवेगौड़ा के जनता दल जैसे क्षेत्रीय दलों को खारिज करके भाजपा और कांग्रेस जैसी राष्ट्रीय पार्टियों को अपनाने के मूड में आ गई है। जनता दल ने कर्नाटक में तीस और निर्दलीयों ने सोलह सीटें गँवाई हैं और भाजपा ने इकतीस और कांग्रेस ने पन्द्रह सीटें बढ़ाई है। लेकिन इसके बिलकुल स्थानीय कारण हैं। और इसे पुन: उदय नहीं कहा जा सकता।

तो फिर यूपीए की चौथी सालगिरह पर किये गए जनमत सर्वेक्षणों का क्या

मतलब है? एक कसौटी तो यही देख लीजिए कि बेंगलुरू में विधानसभा चुनाव में जनता ने भाजपा को जिताया, पर *टाइम्स ऑफ इंडिया* का सर्वेक्षण कहता है कि वहाँ के ज्यादातर लोग आज चुनाव हो तो एनडीए के बजाय यूपीए को वोट देंगे। क्या लोग विधानसभा और लोकसभा चुनाव में फर्क करना सीख गए हैं? क्या वे नहीं जानते कि एनडीए की कर्ता पार्टी भाजपा है जिसे उन्होंने विधानसभा में जिताया है। जिस यूपीए को वे लोकसभा में वोट देने की बात कहते हैं उसकी कर्ता पार्टी कांग्रेस को उन्होंने विधानसभा में हराया है।

तो क्या लोग जो सामने हो उसे वोट देने की बात कहते और करते हैं और सामने से हटते ही उसकी बात करने लगते हैं जो अब सामने आया है। ऐसे माथा देखकर तिलक करने वाले लोगों के भरोसे क्या तो आप जनमत सर्वेक्षण कर सकते हैं और क्या एग्जिट पोल कोई अचरज नहीं कि सर्वेक्षण जिन्हें जनता का समर्थन पाते दिखाते हैं वे चुनाव हार जाते हैं। और एग्जिट पोल में जो हारते हुए दिखाए जाते हैं वे सच्चे चुनाव में जीत जाते हैं।

इसका मतलब यह मत निकालिए कि हमारे सर्वेक्षण करने वाले ठीक से काम करना नहीं जानते। या हमारे लोग विश्वसनीय नहीं हैं। वे कहते कुछ करते कुछ और हैं। हमारे लोग ऐसे होते तो यह लोकतंत्र चल नहीं सकता था। हमारे जनमत सर्वेक्षण और एग्जिट पोल ठीक-ठीक नहीं निकलते तो गड़बड़ शायद उनके पेश करने के तरीके में होती है।

यह तो कहा नहीं जा सकता कि जानबूझ कर बेईमानी की जाती है। लेकिन अभी मैंने आपको बताया कि *टाइम्स* के सर्वे में बेंगलुरू के ज्यादातर लोगों ने यूपीए को वोट देने की बात कही जब कि विधानसभा चुनाव में वे भाजपा को वोट दे चुके थे। यह बिलकुल हो सकता है कि जिन्होंने सर्वे में यूपीए को वोट देने की बात कही हो उन्होंने कांग्रेस को ही वोट दिये हों। लेकिन भाजपा को वोट देने वाले लोगों के सामने उनकी संख्या इतनी कम हो कि उनके वोट नतीजे लाने वाले नहीं निकले। *टाइम्स* के सर्वे में तो देश के दस महानगरों में कुल 1,600 लोगों से ही पूछा गया था। इतने लोग तो विधानसभा के एक मतदान केन्द्र में वोट देने आते हैं और एक विधानसभा क्षेत्र में सैकड़ों मतदान केन्द्र होते हैं बल्कि कई में तो हजारों।

कितना ही बड़ा सर्वेक्षण हो उसमें कवर किये गए लोग अपने चुनाव क्षेत्रों और देश को देखते हुए तो हाँडी में चावल की तरह ही होते हैं। एक चावल आप मसल कर कह सकते हैं कि हाँडी के सब चावल पक गए हैं या नहीं। ऐसा ही आप सर्वेक्षण में राय देने वाले के साथ नहीं कर सकते। क्योंकि वोट देने वाला चुनाव क्षेत्र हाँडी की तरह नहीं पकता और उसमें से किसी एक की राय को आप चावल की तरह मसल कर पूरी हाँडी का हाल नहीं बता सकते।

गनीमत है कि इस फितरत के कारण ही लोकतंत्र बचा हुआ है और वोटर

का वोट पवित्र और गुप्त बना हुआ है। जिस दिन वोट देने वाला हमारा राजनीतिक समाज हाँडी की तरह पकने लगेगा और किसी एक का मत चावल की तरह मसला जाकर पूरी हाँडी का हाल बताने लगेगा उस दिन लोकतंत्र पाकशास्त्र का और गणित का खेल हो जाएगा। प्रत्यक्ष वोट देने और चुनाव करने की जरूरत नहीं होगी। कम्प्यूटर के वर्चुअल संसार की तरह हमारा वर्चुअल लोकतंत्र होगा। जब तक जनमत सर्वेक्षण और एग्जिट पोल गलत निकलते हैं मान कर चलिए कि लोकतंत्र जीवन्त और वोट देने वाला सर्वोच्च है।

टाइम्स के जिस सर्वे में मनमोहन सिंह को अच्छा और सफल प्रधानमंत्री, यूपीए सरकार को अच्छी सरकार और आज चुनाव हो तो यूपीए को जीतने वाला गठबन्धन कहा गया है। उसमें देश के दस महानगरों के 1,600 लोगों से पूछा गया था। ये लोग कौन थे? *टाइम्स* कहता है कि ये हमारे समाज के सबसे ऊपरी आर्थिक-सामाजिक वर्ग के ए और बी श्रेणी के लोग थे। यानी वे लोग जो अगर आपका अखबार पढ़ते हों तो उनकी गिनती लेकर आप विज्ञापन एजेंसियों के पास जा सकते हैं कि हमें ऊँची से ऊँची दर वाला विज्ञापन दीजिए। सबसे ज्यादा खरीद करने और देश का जनमत बनाने वाले हमारे पाठक हैं। अब यह जानी-मानी बात है कि इस ए और बी श्रेणी के लोग देश के एक प्रतिशत भी नहीं हैं। इनकी माली हालत देश के आम मतदाताओं की तुलना में बेहतर है। इनके सुख-दुख इनके अपने हैं और ये सरकार और उसके कामकाज को उसी तरह देखते और तौलते नहीं कि जिस तरह मतदाता देखते और तौलते हैं। लकी राय लेकर और उसका भी प्रतिशत और औसत निकाल कर आप कैसे कह सकते हैं कि यह देश की राय है। ये खाते-पीते और अपनी समझ से देश चलाते मुट्ठी भर कुल 1600 लोग सवा सौ करोड़ देश के जनमत का प्रतिनिधित्व कैसे कर सकते हैं? देश के आम लोगों जैसी न इनकी माली हालत है, न सामाजिक, न राजनीतिक। ये देश के आम लोगों के प्रतिनिधि नहीं हैं। हो ही नहीं सकते।

लेकिन *टाइम्स* कहता है—चौथी सालगिरह पर यूपीए और उसके प्रधानमंत्री के लिए अच्छी खबर है। उसके काम और उसके प्रधानमंत्री की अच्छा और सफल बताने वालों का प्रतिशत पिछले साल से बढ़ गया है। उसकी रेटिंग ऊँची चली गई है। और तो और, आज चुनाव हों तो एनडीए के बजाय यूपीए को जिताने वाले लोग भी बढ़ गए हैं। *टाइम्स* इसे इस तरह पेश करता है जैसे यह देश की आम राय हो। वह जोर देकर नहीं बताता कि यह देश के सर्वोच्च वर्ग के सिर्फ 1,600 लोगों के बहुमत की राय है। चुनाव हों और यूपीए और उसके प्रधानमंत्री का सचमुच लोक आकलन हो तो ये वर्ग और ये लोग किसी गिनती में भी नहीं आएँगे। इसलिए इनकी राय और इनके आकलन को आम चुनाव के मद्देनजर कोई महत्त्व नहीं दिया जाना चाहिए।

हो सकता है कि *टाइम्स* सामाजिक-आर्थिक रूप से सर्वोच्च इन्हीं श्रेणियों के लिए निकलता हो और इन्हीं की राय के मुताबिक चलता हो। इसलिए इनकी राय और इनके आकलन को ही वह सबसे ज्यादा महत्त्व देता हो। लेकिन इनकी राय और आकलन को जनमत की राय बताना न तो सही है, न उचित। *टाइम्स* इसे और देश के यथार्थ को जानता है। फिर भी वह इस राय और आकलन को देश के जनमत की तरह पेश करता है क्योंकि वह चाहता है कि देश के लोग इन्हीं लोगों की राय को सच्चाई की तरह स्वीकार करें और जो इनका आकलन है. उसी को पूरे देश का आकलन मान लिया जाए। अब *टाइम्स* तो एक अखबार है और वह भी अल्पसंख्यकों की एक भाषा अंग्रेजी का अखबार अपने यहाँ परम्परा रही है और पाठकों में अपेक्षा भी कि अखबार कुल देश की तरफ से बोले। किसी एक छोटे-मोटे वर्ग का बोलकार होकर नहीं रहे।

लेकिन अब अखबार ही अपने विज्ञापनदाताओं, समर्थकों और पाठक विशेष के लिए नहीं निकलते। हमारी पार्टियाँ और उनकी सरकारें भी अपने वोट बैंक और आर्थिक समर्थकों के लिए चलती हैं। ये फैसले कुल समाज के लिए नहीं लेतीं अपना राजनीतिक आधार बढ़ाने और मजबूत करने के लिए लेती हैं। आप मालूम करके देख लीजिए कि आम आदमी की कसम खाने वाली यूपीए सरकार के निर्णय करने वाले लोग *टाइम्स* के सर्वे को कितना महत्त्व देते हैं और इससे कितने खुश हुए होंगे। क्योंकि *टाइम्स* उन्हीं लोगों को महत्त्व देता है जिनके लिए मनमोहन सिंह ने वे आर्थिक नीतियाँ बनाई जो नरसिंह राव से होती हुई गुजराल, देवेगौड़ा और अटल बिहारी वाजपेयी के जरिये अब फिर मनमोहन सिंह तक पहुँची हैं। इन्हीं नीतियों से देश का उद्योग व्यापार सत्रह साल से फलता-फूलता आ रहा है और वृद्धि की दर नौ प्रतिशत से ज्यादा हो गई है। मनमोहन सिंह ने इसका कोई प्रबन्ध नहीं किया है कि यह समृद्धि देश के सब लोगों में उचित और न्यायिक रूप से बँटे। इसलिए जितनी अद्‌भुत और न भूतो न भविष्यति यह समृद्धि है उतनी ही भयावह देश में असमानता और कंगाली है।

मनमोहन की यूपीए सरकार भी उतनी ही उद्योग व्यापार के हित में चलती है जितनी एनडीए की अटल बिहारी सरकार चलती थी। उसके पहले की गुजराल, देवेगौड़ा और नरसिंह सरकारें चलती थीं। इसलिए उद्योग व्यापार कहता है कि अच्छी चल रही है और चलती रहेगी। अखबार सर्वेक्षणों के जरिये उन्हें देश के जनमत की तरह छापते और टीवी चैनल दिखाते हैं। तभी तो इंडिया शाइन करता है और भारत उदित होता है। जब चुनाव होते हैं तो जनता उन्हें उतार कर पटिए पर बैठा देती है। आप देख लेना जो हाल एनडीए सरकार के हुए वही यूपीए सरकार के होंगे। सर्वेक्षण और एग्जिट पोल चाहे जो कहें।

[2 जून, 2008]

जीतना तो यहीं दिल्ली में है अगर नम्बर एक होना है

आस्ट्रेलिया टेस्ट बचाने में लगा हुआ है हालाँकि अभी वह उससे बचा नहीं है। भारत इसे जीतने में लगा है हालाँकि अभी उससे जीता नहीं गया है। मैच की यह अनिश्चित हालत इसलिए नहीं है कि कोटला का पिच अभी टूटा नहीं है और कोई ध्यान लगाए तो मजे में बल्लेबाजी कर सकता है। इसलिए है कि भारतीय गेंदबाजी खास कर अपनी स्पिन गेंदबाजी में वह धार और कौशल नहीं है जिससे अच्छे पिचों पर भी मैच जीते जा सकते हैं।

आप कह सकते हैं कि 616 विकेट लेने और 130 से ज्यादा टेस्ट खेलने वाले अनिल कुम्बले के कप्तान होने के बावजूद कोई ऐसा निष्कर्ष कैसे निकाल सकता है। कुम्बले, मुरलीधरन और वार्न के बाद क्रिकेट इतिहास के सबसे सफल स्पिन गेंदबाज हैं और अठारह साल से खेलने का अनुभव उनके पास है। जरूर है। लेकिन इस सीरीज में वे कोई ढाई सौ रन दे चुके हैं और उन्हें एक भी विकेट नहीं मिला है। भारत में यह पहली बार हो रहा है कि दो टेस्ट हो गए विकेट के मामले में वे ठन ठन पाल मदन गोपाल हैं। कन्धे में चोट के कारण वे मोहाली में खेल नहीं पाए। वहाँ नये आए अमित मिश्र ने पहली ही पारी में पाँच और दूसरी में दो विकेट ले लिये। कुम्बले की जगह कप्तानी कर रहे धोनी ने समझदार और आक्रामक कप्तानी की और आस्ट्रेलिया को 320 रन के विशाल अन्तर से हराया।

दिल्ली का कोटला कुम्बले का प्रिय शिकारगाह है। यहीं उन्होंने नौ साल पहले पाकिस्तान के दसों विकेट 72 रन पर लिये हैं। यहाँ सिर्फ सात टेस्ट में उनके पचपन विकेट हैं यानी हर टेस्ट में आठ विकेट। इस बार यहीं उनकी गेंदबाजी और कप्तानी दाँव पर है। वे कर दिखाने को इतने आतुर हैं कि अपनी गेंदबाजी के सबसे बड़े गुण-दिशा और टप्पे पर गजब के नियंत्रण और निरन्तरता में गड़बड़ा रहे हैं। दूसरे दिन की शाम से विकेट चटकाने में लगे हैं और फेल हो रहे हैं। मिश्र की गेंद पर हेडन का सनसनाता कैच शार्ट मिड ऑन पर पकड़ने में बाएँ हाथ की हथेली फड़वा बैठे हैं। मैदान से बाहर हैं। आज उतरे नहीं तो कल गेंदबाजी नहीं कर पाएँगे। उनकी दुर्भाग्यपूर्ण अनुपस्थिति में मिश्र की गेंदबाजी बिगड़ी है। उनके पास सिर्फ एक टेस्ट का अनुभव है। जब तब गेंद करने वाले सहवाग ने तीन विकेट

ले लिये हैं। कहा है कि हरभजन खेल रहे होते तो मैच अभी तक खत्म हो जाता। ऑफ स्पिन गेंदबाजी को इतनी मदद मिल रही है। हमारी गेंदबाजी के ये हाल हैं तभी तो आस्ट्रेलिया के जो चार बल्लेबाज आउट हुए हैं सबने बड़ा स्कोर बनाया है। कैटिच 64, हेडन 82, पोंटिंग 87 और हसी 54. आस्ट्रेलिया सिर्फ 275 रन पीछे है। अगर वह फालोऑन बचा गया तो भारत को फिर बल्लेबाजी करनी होगी और तभी आस्ट्रेलिया को बुलाना होगा जब बढ़त 350 से ज्यादा और ओवर 90 कम होंगे। जीतने के लिए भारत को पैनी गेंदबाजी से भी ज्यादा किस्मत की जरूरत होगी। जीतना यहीं है ताकि सीरीज तय हो जाए और नागपुर सिर्फ औपचारिकता रह जाए। आस्ट्रेलिया को हिलाना है तो जीतना यहीं दिल्ली में है।

[1 नवम्बर, 2008]

हाथ मलते रहे और टेस्ट पकड़ से निकल गया

आस्ट्रेलियाई बल्लेबाजों ने कोटला टेस्ट भारत के हाथ से उतना निकाला नहीं, जितना भारत ने खुद उसे निकल जाने दिया। जीत के लिए संघर्ष करती टीम एक बल्लेबाज के तीन-तीन कैच नहीं टपकाती न फोकट में रन बनने देती है। लेकिन भारतीय टीम ने तो चौथे दिन का खेल शुरू होते ही माइकल क्लार्क को 21 पर छोड़ा और फिर वे शतक के नजदीक जाते हुए लक्ष्मण और मिश्र की मेहरबानी से शतक पूरा कर सके।

फील्डिंग में जान लगनी चाहिए थी लेकिन टीम का हर बन्दा जैसे मान कर मैदान में उतरा था कि हमारे तो छह सौ रन जमा हैं। देखें आस्ट्रेलिया कैसे उतारता है। वह 577 तक पहुँच गया। गोलन्दाज जान्सन ने कुम्बले को ऊँचा उड़ा दिया था। किसी फील्डर पर भरोसा करने के बजाय कुम्बले खुद भाग कर गए और कैच लपका। फिर गेंद को गुस्से में जमीन पर दे मारी। वे नाराज थे। लेकिन किसे दोष दें? कप्तान अगर अपने खिलाड़ियों को प्रेरित नहीं कर पाए तो गलती किस की है? उन्होंने सौ से ज्यादा रन देकर तीन विकेट लिये। तीनों नीचे के बल्लेबाज। सही है कि उनके बाएँ हाथ में ग्यारह टाँके लगे हैं। वे फिर भी गेंद करने आए। लेकिन वेस्टइंडीज में तो उनका जबड़ा ही टूट गया था। वे पट्टियाँ बंधवा कर गेंद करने आए और ब्रायन लारा का विकेट लिया।

ऐसे कभी ना न करने वाले कप्तान की टीम ऐसी ढीली ढाली और पोलमपोल वाली क्यों थी। कप्तान जान लगा रहा था लेकिन दूसरे जान क्यों बचा रहे थे? एक मोहाली की जीत ही उनके लिए काफी है? यह टीम कभी नम्बर एक हो सकती है? जिसके पेट में जीत की आग नहीं लगी होती वह जहाँ है वहाँ भी रहने नहीं वाली है। खिसकेगी ही। माइकल क्लार्क आ के कह गए हैं कि आज वे जीतने के लिए खेलेंगे। कल तक जो हार से बचने के लिए खेल रहे थे उनका हौसला देखिए।

किसने बढ़ने दिया यह हौसला? भारतीय टीम ने। चौथे दिन के खेल में उसने काता कूता कपास कर दिया। बाकी कसर सहवाग और ईशान्त ने आउट होकर कर पूरी कर दी। आज फिर गम्भीर से ले कर जहीर तक को मैच बचाने के लिए

खेलना पड़ेगा और आस्ट्रेलिया मोहाली का बदला लेने के लिए चढ़ के खेलेगा। भारत को दिन भर और चढ़ के बल्लेबाजी कर के ली, क्लार्क, जान्सन, वाटसन और वाईट के ताजिए ठंडे करने पड़ेंगे ताकि नागपुर में उनकी सेहत ठीक रहे। हमारे पास सचिन, लक्ष्मण, गांगुली और धोनी हैं और गम्भीर और द्रविड़ क्रीज पर हैं। ऐसा नहीं है कि भारत पर हार का खतरा मँडरा रहा। लेकिन टीम ने कल जो होने दिया उसके बाद तो वह कुछ भी होने दे सकती है। डर इसी का है।

[2 नवम्बर, 2008]

तुम कभी जाओगे नहीं कुम्बले, सिंहासन तुम्हारा है

तय करने पर आए तो अनिल कुम्बले ने एक दिन नहीं लगाया। भारत कोटला टेस्ट को ड्रा कर रहा था। लक्ष्मण और गांगुली ने हाथ खोलकर खेलना शुरू ही किया था और बढ़त दो सौ से पार हुई थी कि सबसे पहले शिवरामकृष्णन ने कमेंट्री के दौरान घोषणा की कि अनिल कुम्बले ने संन्यास लेने का तय किया है। इसी टेस्ट से अन्तरराष्ट्रीय क्रिकेट खेलना छोड़ेंगे। नागपुर टेस्ट भी नहीं खेलने वाले हैं।

जिसने भी सुना यकीन नहीं किया। सुनील गावस्कर ने भी नहीं जो कमेंट्री टीम में थे और भारतीय खिलाड़ियों में अकेले हैं जिन्होंने लार्डस के मैदान में द्विशताब्दी मैच में बल्लेबाजी करते हुए खेलने से संन्यास की घोषणा की और दूसरे दिन आ कर 180 रनों की महान पारी पूरी की। विश्व क्रिकेट ने उन्हें अपनी काशी से विदा किया। गावस्कर की घोषणा भी उतनी नाटकीय और अप्रत्याशित नहीं थी जितनी अनिल कुम्बले की।

यह जरूर था कि उनके बाएँ हाथ में ग्यारह टाँके लगे थे और नागपुर टेस्ट के लिए उनके पूरी तरह फिट होने में सन्देह था क्योंकि वह तीन दिन बाद ही शुरू होने वाला था। कुम्बले ने चौथे दिन गेंदबाजी की थी। तीन विकेट लिये थे और अपनी ही गेंद पर पीछे दौड़ कर घायल हाथों से कैच पकड़ा था। तय उन्हें ही करना था कि वे खेलेंगे या नहीं। कुम्बले ने कहा—मैं शत प्रतिशत अपनी जान नहीं लड़ा सकता था। मैंने टीम को अब तक हमेशा पूरी तरह दिया है। अब शरीर साथ नहीं दे रहा था। बेंगलुरु में कन्धे में चोट लगी और यहाँ उँगली पर। मुझे लगा कि मेरा वक्त आ गया है। मैंने कल ही तय किया कि अब नहीं खेलूँगा। तय करना बहुत मुश्किल था। लेकिन किया और अब प्रसन्न हूँ।

कैमरे ने ड्रेसिंग रूम की बॉलकनी में खड़े अनिल कुम्बले को दिखाया। चेहरे पर निश्चिन्तता और शान्ति थी। उनके साथ कोच करस्टन थे। दोस्त द्रविड भी। धीरे-धीरे कोटला मैदान को मालूम पड़ा। कैमरे ने दिखाया कि लोग कैसे स्तब्ध रह गए हैं। कोटला वही मैदान है जहाँ नौ साल पहले फरवरी के एक दिन कुम्बले ने पाकिस्तान के दसों के दस विकेट लेकर भारत को जिता दिया था। क्रिकेट इतिहास में यह चमत्कार करने वाले वे दूसरे ही गेंदबाज थे। पहले इंग्लैंड के जिम लेकर

थे। वे ऑफ स्पिनर थे और उन्होंने दसों विकेट आस्ट्रेलिया के लिए थे। कुम्बले लेग स्पिनर थे और भारत के चिर प्रतिद्वंद्वी पाकिस्तान की पूरी पारी उन्होंने अकेले समेट दी थी। कोटला से उनका विशेष सम्बन्ध था। कोटला उन्हें प्यार करता है और वे कोटला को।

उस वक्त वे टीम के कपड़ों में थे और कमेंटेटर ने कहा कि अब तो मैच बच ही गया है। कुम्बले को सफेद कपड़े पहनने की जरूरत नहीं पड़ेगी। तभी चाय हुई और लक्ष्मण और गांगुली लौटे। तब मैच 31 ओवरों का बचा था। लक्ष्मण और गांगुली ने आठ ओवर और खेले और भारत की बढ़त 244 हो गई। सब माने बैठे थे कि जब एक घंटा और पन्द्रह ओवर बचेंगे तो मैच कप्तानों की आपसी सहमति से समाप्त होगा। लेकिन नहीं। कोटला ने देखा कि लक्ष्मण-गांगुली वापस जा रहे हैं। सफेद कपड़े पहने बॉलकनी से अनिल कुम्बले ने पारी घोषित कर दी थी। आस्ट्रेलिया को 21 ओवरों में जीतने के लिए 245 रन बनाने थे। दस रन प्रति ओवर से भी बड़ी चुनौती थी। मैच ड्रा में मरते-मरते एकदम जीवित हो गया था।

जैसा नाटक में होता है अन्त के पहले क्लाइमेक्स की सनसनी फैल गई। कुम्बले ने वक्त ही सही नहीं चुना था उसे गजब का नाटकीय मोड़ दे दिया था। अब वे अपनी टीम की कप्तानी और अपने सबसे प्रिय मैदान से जीवन में आखिरी बार गेंदबाजी करते हुए संन्यास लेंगे। पेवेलियन में बैठे हुए नहीं। इसलिए दस मिनट बाद जब वे अपनी प्रिय टोपी पहने पेवेलियन की सीढ़ियों से आखिरी बार उतरे तो मैदान पर दोनों तरफ खिलाड़ी उन्हें आखिरी बार अभिनन्दित कर रहे थे। वे टोपी हाथ में लिये आभार मान रहे थे। फोटोग्राफर आखिरी बार उनका फोटू लेने जुटे थे और कोटला मैदान अपने पाँवों पर खड़ा अपने महानायक का आखिरी बार अभिवादन कर रहा था।

कुम्बले की आँखें गीली हुईं कि नहीं मैं नहीं जानता मेरी आँखें डबडबाईं और गला रुँधा हुआ था। भारत का सबसे सफल और महान गेंदबाज अपना आखिरी ओवर करने उतरा था।

कप्तान कुम्बले ने नई गेंद तेज गोलन्दाजों को नहीं दी। आस्ट्रेलियाई बल्लेबाज आते तब तक वे गेंद करने का अभ्यास करते रहे। पहला ओवर वही करने वाले थे। हेडन और कैटिच क्रीज पर जाने के पहले कुम्बले से हाथ मिला कर उनका अभिवादन करने आए। कुम्बले ने नई गेंद से पहला ओवर किया। सब जानते थे कि अब यह बिदाई की रस्म है। आस्ट्रेलिया न 245 रन बना सकता था, न हेडन-कैटिच का इरादा था। दूसरे छोर से सहवाग ने ओवर किया। आठ ओवर कुल फेंके गए। कुम्बले के आखिरी ओवर में एक गेंद टप्पा खा कर वैसी ही तेजी से उछली जैसी कुम्बले की गेंदें आखिरी दिन उछलती थी। अठारह साल से। लेकिन टेस्ट में कुम्बले की आखिरी गेंद फुलटॉस थी जिसे हेडन ने सीधे ड्राइव करके ऑन पर चव्वा

मारा। कुम्बले को सबसे पहले बिदाई न्यूजीलैंड के अम्पायर बिली बाउडन ने दी। फिर हेडन और कैटिच ने अम्पायर अलीम डार ने सचिन और द्रविड ने। कोटला मैदान फिर पाँवों पर खड़ा हो गया। कुम्बले ने फिर टोपी पहनी और चलने लगे।

लेकिन उनकी टीम ने उन्हें चलने नहीं दिया। द्रविड और जहीर ने उन्हें कन्धे पर बैठा लिया। टीम अपने सबसे बुजुर्ग और योद्धा कप्तान को अपने कन्धों से बिदा देना चाहती थी। वह उन्हें कन्धों पर लिये पूरा मैदान घुमाना चाहती थी। पोंटिंग पूरी टीम को लिए मैदान में उतर आए थे। एक-एक खिलाड़ी ने उन्हें बधाई दे कर बिदा किया।

इसके बाद सबसे भावुक और अर्थवान क्षण आया। जो महेन्द्र सिंह धोनी अब कुम्बले से कप्तानी की बागडोर लेने वाले हैं उन्होंने सिर नवा कर अपनी गर्दन पर अपने कप्तान कुम्बले को बैठाया। सिर नीचा किये वे कुम्बले को विजय यात्रा पर ले निकले। साथ में पूरी टीम, स्टॉफ के लोग और खड़ा प्रतीक्षा करता कोटला मैदान!

किस भारतीय खिलाड़ी को इस तरह की आत्मीय और महान बिदाई मिली है? सुनील गावस्कर लार्डस के बजाय भारत के किसी मैदान से जाते तो शायद ऐसी ही बिदाई पाते! तुम कहाँ हो कपिल देव! देखो! सही समय पर इज्जत से संन्यास लेने वाले महान खिलाड़ी को हम कैसे बिदा देते हैं। पलकों के पाँवड़े बिछा कर अपने कन्धों पर बैठा कर उसकी विजय यात्रा निकालते हैं। कुम्बले 619 विकेट लेने वाले भारत के सबसे सफल और महान गेंदबाज ही नहीं थे। वे सबसे बड़े योद्धा और सबसे समर्पित और सबसे ईमानदार खिलाड़ी भी थे। उनसे होड़ में कोई आगे नहीं था। वे अठारह साल खेले और भारत को उन्होंने सबसे ज्यादा बार जिताया। लेकिन अपना गर्व, गौरव और मर्यादा कभी खोई नहीं। स्पिन के जादूगरों के देश में वे सबसे महान स्पिनर सिद्ध हुए। राष्ट्र आज उनके सामने कृतज्ञता से झुका है। उन पर गर्व कर रहा है। उन्हें हमेशा याद करेगा। उनका सिंहासन खाली रहेगा।

[3 नवम्बर, 2008]

कप्तान पोंटिंग का रक्षात्मक रवैया हमें शान से जिता गया

आस्ट्रेलिया से दो सत्र भी पूरे खेले नहीं गए। जीत के लिए उसे चौथी पारी में 382 रन बनाने थे। भारत में अब तक जीतने वाली टीम से ज्यादा से ज्यादा 276 रन बने हैं जो विश्व विजेता वेस्ट इंडीज ने बनाए थे। इतिहास ही नहीं, खुद अपना फॉर्म और मनोबल भी रिकी पोंटिंग के साथ नहीं था। उनकी टीम जब तक खेली पाँच रन प्रति ओवर बनाती रही। यह रन रेट टेस्ट में ज्यादा देर चलता नहीं। विकेट गिरते जाएँ तब भी आप मारते जाएँ तो वही होता है जो आस्ट्रेलिया का हुआ। 172 रन से वह आखिरी टेस्ट और 0-2 से सीरीज हार गया। पोंटिंग में न दम बचा था, न निश्चय था कि नागपुर जीतकर सीरीज बराबर करते और गावस्कर-बॉर्डर ट्रॉफी अपने पास रखते।

उनकी मन:स्थिति समझने के लिए चौथे दिन चाय के बाद का खेल देखना चाहिए। भारत 166 पर छह विकेट खो चुका था। उस वक्त उसकी कुल बढ़त 252 रन थी। धोनी का साथ देने के लिए हरभजन, जहीर, ईशान्त और मिश्र जैसे गेंदबाज थे। पोंटिंग एक तरफ से क्रेजा और दूसरी तरफ से ली, जॉन्सन और वॉटसन को लगाए रखते तो भारत की दूसरी पारी दो सौ से आगे नहीं जाती और उसकी बढ़त तीन सौ से कम रहती। तब आस्ट्रेलिया अपना विजय अभियान चला सकता था।

लेकिन चाय के बाद पोंटिंग वाइट, क्लार्क और हसी जैसे जब-तब गेंदबाजी करने वालों को लगाए रहे। गजब की उलट स्विंग कर रहे वॉटसन, जॉन्सन और ली की तरफ उन्होंने देखा तक नहीं। क्यों? क्या चाय के दौरान किसी ने आकर उनसे कहा कि आपकी ओवर रेट बहुत कम है और ऐसा आपने पूरी सीरीज में किया है। दंड में आप पर पाबन्दी लग सकती है। दंड क्या होता? उन्हें ज्यादा से ज्यादा एक मैच खेलने से रोक दिया जाता। आस्ट्रेलिया का अगला टेस्ट आस्ट्रेलिया में न्यूजीलैंड के खिलाफ है। पाबन्दी का खतरा मजे में मोल लेकर वे नागपुर जीतने की जिद पर लगे रहते। तब वे निश्चित ही वॉटसन, जॉन्सन और ली से गेंद करवाते। भारत पर दबाव बना रहता और वह टूट सकता था। जीतने की ऑस्ट्रेलियाई आदत पोंटिंग से

यही करवाती। जीतने के लिए आस्ट्रेलिया के कप्तान खेल के नियम कायदों की फिकर नहीं करते यह इतिहास से साबित बात है।

लेकिन पोंटिंग ने अपने जब-तब गेंद करने वाले वाइट, हसी और क्लार्क से बारह ओवर करवाए। धोनी और हरभजन ने क्रेजा को स्वीप मार-मार के और वाइट, हसी और क्लार्क की धुनाई करके 108 रनों की मैच जिताऊ साझेदारी की। टेस्ट का फैसला इसी साझेदारी में बने रनों से हुआ। पोंटिंग ने टेस्ट खुद थाली में रख के धोनी को दे दिया। कोई आस्ट्रेलियाई कप्तान ऐसा नहीं करता। स्वभाव से ही उद्‌दंड और आक्रामक पोंटिंग भी आमतौर पर ऐसा नहीं करते। उन्होंने मैच जीतने के बजाय पाबन्दी से बचने की कोशिश क्यों की? क्या अपने को मिले गेंदबाजों से खुदक में थे? क्या उन्हें पूरे दौरे भर लगता रहा कि इन गेंदबाजों को लगाकर वे आक्रामक ढंग से नहीं खेल सकते।

नागपुर में बारह विकेट लेकर मैन ऑफ द मैच रहे जेसन क्रेजा को उन्होंने तीन टेस्टों में बाहर क्यों रखा? वाइट को खेलाते रहना क्या रक्षात्मक नीति का उत्तम उदाहरण नहीं था? क्या उनको दी गई टीम सचमुच इतनी कमजोर थी कि उसे लेकर वे आक्रामकता के साथ खेल ही नहीं सकते थे?

पोंटिंग के रक्षात्मक रवैये का मखौल बेंगलुरू के पहले ही टेस्ट में जहीर खान ने उड़ाया था। वह टेस्ट जहीर और हरभजन ने बल्ले से बचाया था। शतकीय साझेदारी की थी और भारत को फॉलोआन से बचा लिया था। बेंगलुरू टेस्ट इसीलिए ड्रा हुआ कि आस्ट्रेलियाई गेंदबाजी में ऐसी धार नहीं थी कि सामने वाली टीम को दो बार आउट कर सके। नागपुर में पोंटिंग ने मंजूर किया कि बेंगलुरू के बाद हर टेस्ट पर भारत का वर्चस्व रहा और हम उसका पीछा करते रहे। आस्ट्रेलियाई कप्तान अव्वल तो ऐसा होने नहीं देते और हार भी जाएँ तो मानते नहीं कि हम पर सामने वाली टीम का दबदबा रहा। भारत से हार कर गए मार्क टेलर और स्टीव वॉ ने कब माना कि हमें दबा कर रखा गया?

रक्षात्मक रवैया अपना कर पोंटिंग खुश नहीं थे। लेकिन वे मजबूर थे। ली का हाल ही तलाक हुआ है और वे पूरे दौरे पर वह तूफानी गोलन्दाज नहीं हो सके जोकि वे हैं। क्लॉर्क, जॉन्सन, वॉटसन आदि भारतीय पिचों पर चल नहीं पाते। उलट स्विंग करना उन्हें नागपुर में ही समझ आया। तब तक जहीर और शर्मा आस्ट्रेलिया को ध्वस्त कर चुके थे। क्रेजा ने बारह विकेट जरूर लिये लेकिन पहली पारी में दो सौ और दूसरी पारी में डेढ़ सौ रन देकर। इतने रन देने वाला स्पिनर मैच का रुख थोड़े बदल सकता है? वाइट की लेग स्पिन किसी काम की नहीं थी। हेडन का फॉर्म में न होना और हसी का हर बार बड़ा स्कोर न बना पाना आस्ट्रेलिया की बल्लेबाजी को कमजोर किये रहा। क्लार्क ने एक शतक जरूर बनाया लेकिन वे भी कुल मिलाकर फीके रहे।

आस्ट्रेलिया को 2-0 से हराकर हम दूसरे नम्बर पर आ जरूर गए हैं लेकिन अब हम नम्बर एक हो ही जाएँगे ऐसा मान के नहीं चलना चाहिए। गांगुली और कुम्बले रिटायर हो गए हैं। द्रविड़, लक्ष्मण और सचिन की जगह भी दो-तीन साल में खाली होगी। कहाँ हैं उनकी जगह लेने वाले? युवराज, रोहित शर्मा, रैना, बद्रीनाथ, पुजारा आदि अभी सर्वोच्च स्तर पर साबित नहीं हुए हैं। अपनी टीम अभी बन रही है बनी नहीं है। और क्रिकेट में जब तक कुछ हो नहीं जाता हुआ माना नहीं जाना चाहिए। आस्ट्रेलिया से जीत कर हम खुश जरूर हों लेकिन अपनी सुध नहीं गँवानी चाहिए।

[11 नवम्बर, 2008]

इस चुनाव की सबसे बड़ी खबर तो शीला दीक्षित हैं

कहो कि यह अगर सत्ता का सेमी फाइनल था तो ड्रा हुआ है तो न कांग्रेस को अच्छा लगता है, न भाजपा को। कांग्रेस तत्काल मिजोरम में अपनी जीत को जोड़ कर 3-2 से मुकाबला जीतने का दावा करती है। वह जानती है और बाकी दुनिया भी कि मिजोरम का विधानसभा चुनाव राष्ट्रीय राजनीतिक चेतना और चुनाव समीकरण में कोई मानी नहीं रखते। लेकिन अपना हौसला बनाए रखने के लिए वह मिजोरम की अपनी जीत को छोड़ नहीं सकती। भाजपा तो मानने को ही तैयार नहीं है कि यह सेमी फाइनल था। उसका दावा है कि बहुत से मैच जीत कर वह तो पहले से ही फाइनल में पहुँच चुकी है। तीन में से दो राज्यों में हमने अपना बहुमत और राज कायम रखा है। राजस्थान में हम बराबरी से लड़े हैं। वहाँ भी कांग्रेस जीती नहीं है। कांग्रेस सिर्फ दिल्ली में जीती है। और हाँ यहाँ उसकी जीत चौंकाने वाली है। हम मंथन करेंगे कि ऐसा क्यों हुआ। लेकिन मध्यप्रदेश और छत्तीसगढ़ की हमारी जीत बहुत महत्त्वपूर्ण है। आप जानते हैं और ये पार्टियाँ भी कि ये सब दिल को बहलाने के अच्छे खयाल हैं। फाइनल के लिए अपना हौसला बनाए रखने और मीडिया को जवाब देने के लिए ये दलीलें काम की हैं। दिल्ली में शीला दीक्षित की हेट्रिक को चौंकाने वाली कहने और उन्हें बधाई देने से भाजपाई नेताओं को उज्र नहीं है। यही पर्याप्त है बताने के लिए कि इन विधान सभा चुनावों की सबसे बड़ी खबर शीला दीक्षित हैं।

सिर्फ इसलिए नहीं कि उन्होंने तीसरा कार्यकाल जीता है हालाँकि यह भी अपने आप में कम महत्त्वपूर्ण नहीं है। पाँच कार्यकाल लगातार जीतने का कीर्तिमान पश्चिम बंगाल के ज्योति बसु का है। लेकिन वहाँ तो अब इकतीस साल से वाम मोर्चे का राज है। वाम पार्टियों ने वहाँ मोर्चा बनाकर कोलकाता की राइटर्स बिल्डिंग से ले कर वीरभूम के गाँवों तक में ऐसा जोरदार संगठन बनाया है कि इक्के-दुक्के ही इधर-उधर पर मार सकते हैं। वाम संगठन चरित्र और स्वभाव से ऐसा खुला और लोकतांत्रिक नहीं होता कि व्यक्तिगत स्वतंत्रता को प्रोत्साहित किया जाए। नन्दीग्राम में सरकारी औद्योगिक परियोजना के लिए अपनी भूमि न देने वाले माकपाई काडर की ही पार्टी ने मार-पीट कर क्या हालत की है सारा देश जानता है। भद्रलोक का

लेखक मुख्यमंत्री बुद्धदेव भट्टाचार्जी भी पार्टी की लाइन पर न चलने वाले माकपाई काडर को अपना शत्रु घोषित कर के सबक सिखा देने पर प्रसन्न होता है।

ऐसे राजनैतिक समाज और इस्पाती संगठन तंत्र में पाँच कार्यकाल लगातार जीतना आसान है अगर पोलिटब्यूरो आपको हटाने पर उतारू न हो। पार्टी और कम्युनिस्ट आन्दोलन में ज्योति बसु का योगदान और स्थान ही उनके पाँच बार लगातार जीतने की गारंटी कर सकता था। वह तो उनकी उम्र हो गई और तबीयत लगातार खराब रहने लगी इसलिए ज्योति बसु ने मुख्यमंत्री पद छोड़ा। नहीं तो वे अपने आखिरी दिन तक पद पर रह सकते थे।

शीला दीक्षित की दिल्ली वामपंथियों की निश्चिन्त चरागाह नहीं है। सत्ता की चंचलता और अस्थिरता का भारतीय इतिहास में कोई शाश्वत उदाहरण है तो वह दिल्ली है। सिंहासनों के जमने गिरने का पाँच हजार साल का इतिहास तो आप उँगलियों पर बता सकते हैं। लोकतंत्र ने यहाँ की सत्ता को कुछ और मुश्किल बना दिया है। राष्ट्रीय राजधानी और राजनीति की केन्द्र होने के कारण दिल्ली की मुख्यमंत्री की गद्दी हमेशा ही डावाँडोल रहती है। दिल्ली का राष्ट्रीय सत्ताधीश नहीं चाहता कि दिल्ली का शासक उससे स्वतंत्र और स्वायत्त हो सके। दरबारी और मनसबदार उसे हमेशा ही दिल्ली के शासक से आगाह करते रहते हैं।

एक पार्टी जिसमें एक परिवार और एक व्यक्ति के हाथ में सर्व सत्ता केन्द्रित होती है उसमें तो शासक की और भी फजीहत है। उसे न सिर्फ चारों तरफ से उखाड़ने वालों की कोशिशें लगातार नाकाम करनी होती हैं बल्कि काम करने की वह स्वायत्त गुंजाइश भी निकालनी पड़ती है जिसके बिना उसका बने रहना असम्भव हो जाता है। शीला दीक्षित के पहले दिल्ली में भाजपा का राज था। पाँच साल में उसे कितने मुख्यमंत्री बदलने पड़े आप जानते ही हैं। फिर भारतीय जनता पार्टी तो ऐसी पार्टी है जो किसी परिवार और व्यक्ति विशेष पर निर्भर न होने का दावा करती है और संगठन और सामूहिक नेतृत्व का बखान करती है। उस में ही जब योग्य मुख्यमंत्री टिके नहीं रह सकते तो सोनिया गांधी और दस जनपथ के प्रभुत्व में रहने वाली शीला दीक्षित की राजनीतिक जिजीविषा को सलाम कीजिए।

सही है कि सोनिया गांधी और पार्टी तंत्र से तालमेल बैठाए और विश्वास पात्र बने रहे बिना शीला दीक्षित टिकी नहीं रह सकती थीं। लेकिन इसके लिए भी गजब के राजनीतिक कौशल और नफासत की जरूरत होती है। देश के कितने नेताओं में यह नफासत और कौशल आपने देखा है। महत्त्वाकांक्षा एक ऐसी जलती हुई स्त्री है जो वस्त्र उतार कर फेंकने को मचलती रहती है। महत्त्वाकांक्षा के बिना राजनीति में कोई टिका नहीं रह सकता लेकिन जैसे ही वह वस्त्र उतार कर मचलती है दूसरों के भूखे भुजदंड उसे दबोच कर मसल देते हैं। इस महत्त्वाकांक्षा को नथ कर रखने और उससे नृत्य कराने का भी आत्म संयम और नियंत्रण चाहिए। कितने नेताओं

को आपने अपनी राजनीतिक शक्ति को इस तरह घरेलू बनाते देखा है?

शीला दीक्षित ने यह सब करते हुए तीन बार दिल्ली के लोगों का जनादेश भी जीता है। सोनिया गांधी उन्हें बने तो रहने दे सकती थीं लेकिन जनादेश तो जनता ही देती है। शीला दीक्षित ने अपने नागरीय कामकाज से और अपनी राजनीतिक कुशलता से बदलती दिल्ली का विश्वास तीन बार जीता। ज्योति बसु के पाँच बार चुने जाने से यह गुणवत्ता में भारी ही पड़ेगा। इसलिए तीसरा कार्यकाल भी कोई कम बड़ी उपलब्धि नहीं है।

लेकिन सच बताऊँ कि यह लेख उसके बखान के लिए नहीं लिख रहा हूँ। शीला दीक्षित इस चुनाव की सबसे बड़ी खबर इसलिए हैं कि दिल्ली तो अब हमारी होगी ही भारतीय जनता पार्टी का यह विश्वास झूठा नहीं था। वे दो कार्यकाल काम कर चुकी थीं और उनके रहते दिल्ली बदली भी है। विकास हुआ है। लेकिन जो मिल चुका है लोग उस पर नजरें नहीं टिकते। जो नहीं मिला है उसकी चुभन बनी रहती है। पिछले एक साल में बढ़ी महँगाई की मार सब सह रहे हैं। मन्दी भी चारों तरफ है। लोग जानते हैं कि यह सब शीला दीक्षित का किया नहीं है। शायद मनमोहन सिंह के भी बस की ये बातें नहीं हैं। लेकिन इससे लोगों में गुस्सा और असन्तोष तो है ही। और वह वोट में भी नहीं निकले तो कहाँ निकलेगा? इसलिए दिल्ली के नागरिकों से सत्ता विरोधी वोट की उम्मीद कतई गलत नहीं थी।

फिर दिल्ली में मतदान 29 नवम्बर को था। 26 नवम्बर की रात दस आतंकवादियों ने समुद्र के रास्ते मुम्बई में घुस कर पहले छत्रपति शिवाजी टर्मिनस और फिर लियोपोल्ड कैफे से ताज महल और ओबराय होटलों पर हमला किया था। अन्धाधुन्ध गोलीबारी से लोगों को मारा और होटलों पर कब्जा कर लिया था जिनमें सैकड़ों दूसरे विदेशी लोग ठहरे हुए थे। 27 और 28 नवम्बर को भी कमांडो ने लड़ कर आतंकवादियों को मारा था। लेकिन सिर्फ दस हथियारबन्द आतंकवादी मुम्बई जैसे शहर को दो दिन अगुवा कर लें एक राष्ट्र के लिए यह कोई कम अपमान और शर्म की घटना नहीं थी। हमारी खुफिया एजेंसियों की ढिलाई और सुरक्षा एजेंसियों के तत्काल न काम करने के कारण ही यह हुआ इसे मानने से कोई इनकार नहीं करता। भारतीय जनता पार्टी लगातार कह रही थी कि यह सब इस सरकार के आतंकवाद के प्रति नरम रवैये के कारण होता है। इसका सबूत कहीं था तो मुम्बई में तीन दिन फलीभूत हुआ।

दिल्ली में मतदान के दिन 29 नवम्बर को भारतीय जनता पार्टी ने विज्ञापन देकर शहीदों को श्रद्धांजलि दी और आतंकवाद से सख्ती से निपटने के लिए वोट माँगे। दिल्ली में भारी मतदान हुआ। पहले से कहीं ज्यादा। अब जो दिल्ली की बनावट और मिजाज समझते हैं। उन्हें लगा कि ये सारे वोट भारतीय जनता पार्टी को गए होंगे। दिल्ली भारत विभाजन से आए शरणार्थियों से बसा और बना हुआ शहर है।

इन लोगों में पहले जनसंघ और फिर भाजपा लोकप्रिय रही है क्योंकि विभाजन पर यही राजनीति करती रही है और पाकिस्तान से आने वालों की भावनाएँ भड़काती रही है। फिर दिल्ली ने भी आतंकवादियों के बम विस्फोट कम नहीं सहे हैं। मुम्बई के बाद आतंकवादियों की सबसे बड़ी शिकार दिल्ली ही होती रही है। मुम्बई पर हमले की प्रतिक्रिया यहाँ होना स्वाभाविक था। और यह प्रतिक्रिया भाजपा के पक्ष में होगी ऐसा अन्दाज भी सही था।

दिल्ली के मंत्री डॉक्टर वालिया के दोस्त डॉक्टर दवे हमारे डॉक्टर हैं। दोस्त के मतदान के दिन उन्होंने छुट्टी रखी। दूसरे दिन दिखाने गया तो कहा कि मुम्बई नहीं हुआ होता तो हम जीत जाते। मैंने उनसे कहा कि मुम्बई हुआ है इसलिए आप जीतेंगे। जो लोग जोश से बड़ी संख्या में वोट देने आए थे उन्होंने भाजपा के खिलाफ वोट दिये हैं। आतंकवाद को लोग देश पर खतरा मानते हैं। लेकिन इस पर राजनीति अब उन्हें बर्दाश्त नहीं। वे मानते हैं कि इस राजनीति के कारण आतंकवाद के विरुद्ध हमारी लड़ाई कमजोर पड़ती है। डॉक्टर दवे को मैंने कहा कि मैं चार दिन से लगातार मुम्बई देख और पढ़ रहा हूँ। मुझे लगता है कि शहरी भारत को भाजपा का रवैया गलत लगता है।

आठ दिन बाद 29 नवम्बर के मतदान का नतीजा निकला तो अपना अन्दाज सही निकला। मुम्बई को अपना गुस्सा और आक्रोश दिखाने का मौका नहीं मिला है। दिल्ली को मिला तो वह मल्होत्रा और आडवाणी के साथ नहीं गई। उसने नागरीय, धर्मनिरपेक्ष और समझदार शीला दीक्षित को अपना समर्थन दिया। मुम्बई के पास शीला दीक्षित नहीं है। दिल्ली के पास थी तो उसने उन पर भरोसा किया। नेता सिर्फ राज चलाने को नहीं होता वह संकट में लोगों का भरोसा भी होता है। शीला दीक्षित के कारण दिल्ली ने दस साल के काम और पाँच साल के वादे को आतंकवाद की एक दुर्घटना से मिटा देना मंजूर नहीं किया जिस पर किसी का बस नहीं था। लेकिन यह विश्वास शीला दीक्षित ने कमाया है। और इसलिए वे सबसे बड़ी खबर हैं। उनके जीतने से उनकी जीत की परिस्थितियाँ ज्यादा महत्त्वपूर्ण हैं।

मैं जानता हूँ कि इससे भाजपा और संघ परिवार सहमत और खुश नहीं होगा। लेकिन शहरी भारत ने हिन्दुत्व के मुसलमान विरोधी बुनियादी विचार को एक बार फिर खारिज कर दिया है। भाजपा ने अगर आतंकवाद में से हिन्दुत्व का रवैया छोड़ा नहीं तो लोकसभा चुनाव में भी उसके वही हाल होंगे जो इस चुनाव में हुए हैं।

[10 दिसम्बर, 2008]

यह गठबन्धन की राजनीति का अन्त और कांग्रेस के पुनरोदय की शुरुआत है

यह आपको अपने हाथ से अपनी ही पीठ ठपकारना लगे तो मुझे माफ कर देना। लेकिन अपन कोई बीस दिन से हिन्दी की दो और अंग्रेजी की एक टीवी चैनल पर कह रहे थे कि इस चुनाव से गठबन्धन की राजनीति जा रही है और राष्ट्रीय पार्टियों का पुनरोदय हो रहा है। लेकिन सच खुद कांग्रेस को भी उम्मीद नहीं थी कि जनता उसे दो सौ सीटें थमा देगी और उत्तर प्रदेश में वह नम्बर दो पर आ जाएगी। यूपीए की सरकार तो सभी बनवा रहे थे और सभी पार्टियाँ अपने विकल्प खुले छोड़ रही थीं क्योंकि किसी को भी विश्वास नहीं था कि उसे कितनी सीटें मिलेंगी और किस गठबन्धन में उसे जाना होगा।

जनता ने ऐसी सब अनिश्चितताओं और झंझटों का निपटारा कर दिया। अब कांग्रेस सरकार बनाएगी और उसकी सहयोगी पार्टियाँ विनम्र सहायिका की भूमिका में होंगी। न उसे वामपंथियों के सामने हाथ पसारने होंगे, न समाजवादियों का अहसान लेना होगा। फिर भी कांग्रेस एकछत्र राज करने की घमंडी हालत में नहीं होगी और यह अपने लोकतंत्र के लिए भला होगा। जनता ने अगर कांग्रेस को दो सौ के करीब पहुँचाया है तो भाजपा को भी सौ से ज्यादा सीटें दी हैं। वाम मोर्चे समेत उसने सभी छोटी और क्षेत्रीय पार्टियों को निपटा दिया है। सबसे बड़ी धुलाई लालू, पासवान और मुलायम के चौथे मोर्चे की की है। मंडल ताकतों का पराभव जो पिछले चुनाव से ही हो रहा था। इस चुनाव ने तो मायावती की लपलपाती और निर्लज्ज महत्त्वाकांक्षा पर भी ठंडा पानी डाल दिया। लालकृष्ण आडवाणी के साथ प्रधानमंत्री पद के सभी उम्मीदवारों को उनकी यथायोग्य जमीन पर बैठा कर लोगों ने मनमोहन सिंह का रास्ता साफ कर दिया है। वे न खुद चुनाव लड़े, न उन्होंने पार्टी को लड़ाया। इसलिए उन्हें न तो जनादेश का अधिकारी कहा जा सकता है, न कांग्रेस की जीत का श्रेय दिया जा सकता है। जीत के लिए सोनिया गांधी और कांग्रेस के पुनरोदय के लिए राहुल गांधी जिम्मेदार हैं। चूँकि राहुल को अभी प्रधानमंत्री पद के लिए परिपक्व नहीं माना जा रहा इसलिए मनोनयन मनमोहन सिंह का ही होगा। यानी अभी देश को खड़ाऊ प्रधानमंत्री से ही काम चलाना होगा।

मंडल के साथ जनता ने कमंडल को भी निपटा दिया है। यही लालकृष्ण आडवाणी विश्वनाथ प्रताप सिंह के मंडल के जवाब में कमंडल ले कर राम रथ पर निकले थे। उन्हीं ने भाजपा को हिन्दुत्व के पगला देने वाले इंजेक्शन से जीवित किया था। देश का नेतृत्व करने का उनका यह आखिरी मौका था। जनता ने भाजपा को पिछले चुनाव के आँकड़े से भी उतार कर लालकृष्ण आडवाणी को अन्तिम रूप से खारिज कर दिया है। उनकी तर्ज और टेक की कमंडली राजनीति अब खत्म हुई। भाजपा के पास अब यही विकल्प है कि या तो वह नरेन्द्र मोदी को आगे करके देश का साम्प्रदायिक ध्रुवीकरण करे और समाप्त हो जाए या अपने को दक्षिणपंथी पार्टी बनाकर राष्ट्रीय स्वयंसेवक संघ से पूरी तरह मुक्त हो।

मंडल कमंडल का पराभव भूमंडल की राजनीति के दरवाजे खोल सकता है। लेकिन गए साल निकले वाल स्ट्रीट के दिवाले ने वित्तीय पूँजीवाद के अमेरिकी मॉडल की जान निकाल दी है। मनमोहन सिंह की नव उदारवादी नीतियाँ यों भी अप्रासंगिक हो गई हैं। कांग्रेस ने अगर भारत के किसानों और मजदूरों को प्राथमिकता देने के बजाय कारपोरेट्स को लड़ियाना जारी रखा तो उसका हश्र वही होगा जो सन् सतहत्तर में हुआ था।

[17 मई, 2009]

यह पुरुष पुरातन की वधू लक्ष्मी का खेला है

कहीं हॉलैंड पाकिस्तान को बाहर न कर दे इसलिए रुका हुआ था। नहीं तो बीसमबीस के इस विश्व कप की खबर तो अपने दोनों मैच हार कर आस्ट्रेलिया का बड़े बेआबरू होकर बाहर निकलना है।

यह बीसमबीस के खेल का चंचल आप्सराई स्वभाव है या आस्ट्रेलिया के खेल और वर्चस्व का पराभव? शायद दोनों। आस्ट्रेलिया जैसी टेस्ट और वन डे की चौंपियन टीम दो मैचों में बुरी तरह हार कर लीग दौर में ही बाहर हो जाए यह न तो उस टीम की सही ताकत का प्रदर्शन है, न खेल के लिए उचित और न्यायिक। पिछले पन्द्रह साल से आस्ट्रेलिया टेस्ट और वन डे में ऐसे जीतती आ रही है जैसे जीतना उसका हक हो। वन डे के पिछले तीनों विश्व कप उसके जीते हुए हैं। ऐसी शक्तिशाली और रोबदार टीम का बाहर होना अंग्रेजों के आहत मर्म को जरूर सन्तोष दे सकता है बाकी के क्रिकेट जगत को खुश नहीं कर सकता। बीसमबीस खेल ही ऐसा है कि इसमें किसी टीम और खिलाड़ी के हुनर और प्रतिभा की सच्ची परख नहीं होती। इसमें किसी की लॉटरी खुलती है। किसी का साथ किस्मत छोड़ जाती है। इसलिए बीसमबीस को तमाशा और डब्ल्यूडब्ल्यूएफ के मुस्तंडे पहलवानों की उठापटक कहा जा रहा है। सही है।

लेकिन यह आस्ट्रेलियाई खेल का पराभव भी है। पहले मैच में उसने 170 रन टाँग दिये थे जो कि ओवल की पिच पर वेस्टइंडीज जैसी टीम के लिए काफी होने चाहिए थे। वेस्टइंडीज के कप्तान क्रिस गेल टेस्ट क्रिकेट की मृत्यु पर दुखी न होने और बीसमबीस को पसन्द करने की बात कह कर विवाद और बदनामी झेल रहे हैं। उस शाम उन्होंने तय किया कि वे आस्ट्रेलिया को बताएँगे। ब्रेट ली, मिचेल जॉन्सन, वॉटसन और ब्रेकन जैसे तेज गेंदबाजों पर वे ऐसे टूट कर पड़े कि उनके कबूतर उड़ गए। अब ठस पोंटिंग और आस्ट्रेलिया के पास ऐसा एक स्पिनर या धीमा गेंदबाज नहीं था कि जो खेल की तूफानी गति को रोकता और गेल और फ्लेचर को खेल बदलने पर मजबूर करता। उनके तेज और मध्यम तेज गोलन्दाज ही गेंद करते और बुरी तरह पिटते गए। आस्ट्रेलिया की अपनी तेज गोलन्दाजी पर

निर्भरता उसे दयनीय बना गई। अकेले गेल ने ही उसे मारपीट के बाहर कर दिया।

लेकिन दूसरे मैच में श्रीलंका के स्पिनर अजंता मेंडिस ने आस्ट्रेलिया के धुरै बिखेर दिये। आस्ट्रेलिया, दक्षिण अफ्रीका, न्यूजीलैंड और इंग्लैंड की तरह स्पिन के सामने कमजोर नहीं पड़ती है। शेन वार्न आखिर एक आस्ट्रेलियाई है। लेकिन उस दिन मेंडिस के सामने आस्ट्रेलियाई बल्लेबाजों के पाँव भारी हो गए। वे समझ ही नहीं पाए कि मेंडिस को कैसे खेला जाए। ऐसे चक्कर में मेंडिस ने भारतीय बल्लेबाजों को भी डाला था। लेकिन एक सीरीज के बाद ही भारतीयों ने उसका ऐसा काट निकाला कि वह न सिर्फ बुरी तरह पिटा विकेट के लिए तरस गया। आईपीएल-2 में तो कोलकाता नाइट राइडर्स को उसे छुपा के रखना पड़ा। ऐसा नहीं है कि यह सब आस्ट्रेलिया को मालूम नहीं था। लेकिन वे मेंडिस को खेल ही न सके।

गेल और मेंडिस ने आस्ट्रेलिया को बाहर किया। सिर्फ इसलिए नहीं कि बीसमबीस में सँभलने का मौका ही नहीं मिलता। इसलिए भी कि आस्ट्रेलिया में अपने पाँव पर सोचने यानी जब जैसी जरूरत हो अपने को बदलने का लचीलापन नहीं है। वह उस और ठोस तरीके से खेलना चाहता है लेकिन अब उसमें ऐसी कूवत नहीं रही कि खेल को अपने ढंग से बदल ले। क्रिकेट चूँकि यों भी अनिश्चितताओं का खेल है इसलिए इसमें वही तीर मारता है जो हर परिस्थिति की काट अपने लचीलेपन से निकाल सके। आस्ट्रेलिया यह खूबी खोता जा रहा है। रिकी पोंटिंग में कल्पनाशीलता नहीं बची है। उनका ठस रवैया भी आस्ट्रेलिया के पराभव का एक बड़ा कारण है। वैसे उनके दिन अब आ गए हैं। इस बार की एशेज सीरीज के बाद आस्ट्रेलिया माइकल क्लार्क को कप्तान बना सकता है।

आस्ट्रेलिया के बिना बीसमबीस नडाल के बिना फ्रेंच ओपन की तरह है। फिर भी हालैंड ने पहले मैच में इंग्लैंड को हरा कर और आयरलैंड ने बांग्लादेश को बाहर कर के बीसमबीस की चंचलता और अनिश्चितता को बनाए रखा है। किसी दिन कुछ भी हो जाने के खतरे के कारण ही रवि शास्त्री ने कहा कि भारत फिर विश्व कप जीत जाए तो यह चमत्कार ही होगा। फिर भी आप भारत से उम्मीद लगाए रख सकते हैं क्योंकि कप्तान धोनी बहुत सिद्धान्त बाजी में नहीं पड़ते। वे अपने पाँवों पर सोचने और तरकीबें ढूँढ़ने वाले कप्तान हैं। फिर उनके पास कम से कम पाँच खिलाड़ी ऐसे हैं जिन में से कोई एक भी खेल को बदल सकता है गम्भीर, युवराज, रैना, रोहित और युसूफ। फिर हरभजन और ओझा को मारना भी मुश्किल है।

दक्षिण अफ्रीका, न्यूजीलैंड, श्रीलंका, वेस्टइंडीज और पाकिस्तान की टीमों में वह विविधता और सन्तुलन नहीं है जो धोनी की भारतीय टीम में है। इसके बावजूद

यह बीसमबीस का लॉटरी का खेल है। अपने रीति काल के एक कवि ने चंचल लक्ष्मी के स्वभाव पर कहा है—पुरुष पुरातन की वधू क्यों न चंचला होय। जी, यह पैसा यानी लक्ष्मी का खेल है। इसे जुआरी ही बस में करने की कोशिश करते हैं। समझदार तो इसका क्षणिक आनन्द लेते हैं। आठ में से कौन जीतता और किस के माथे पर लक्ष्मी मुकुट रखती है कौन जाने।

[11 जून, 2009]

जेपी आन्दोलन की दुविधा

पच्चीस जून की रात रामलीला मैदान में जेपी का भाषण खत्म हुआ तो हम उन्हें गांधी शान्ति प्रतिष्ठान में उनके कमरे में छोड़कर अपने घर गांधी निधि की राजघाट कॉलोनी में आ गए। रात में ही पता चला कि जेपी को गिरफ्तार कर लिया गया है। छब्बीस जून की सुबह इन्दिरा गांधी को आकाशवाणी से इमरजेंसी लगाते सुना। जेपी की गिरफ्तारी और इमरजेंसी का एक कारण यह बताया गया कि उन्होंने रामलीला मैदान से सेना और पुलिस को बगावत करने के लिए भड़काया।

जेपी का पूरा भाषण मैंने खुद हूबहू नोट किया था। क्या कहा था उन्होंने—'जब ये लोग देशभक्ति के नाम पर, लोकतंत्र के नाम पर, कानून के नाम पर जो भी हुक्म दें और उसका आप पालन करें तो यह पालन है या उसका अपमान है? यह सोचने के लिए मैं बराबर चेतावनी देता रहा हूँ। सेना को यह सोचना है कि जो आदेश मिलते हैं उनका पालन करना चाहिए कि नहीं? देश की सेना के लिए आर्मी एक्ट में लिखा हुआ है कि भारत के लोकतंत्र की रक्षा करना उसका कर्तव्य है। लोकतंत्र की संविधान की रक्षा करने का। हमारा कांस्टीट्यूशन डेमोक्रेटिक है और इसलिए कह रहा हूँ कि लोकतंत्र की रक्षा उसका कर्तव्य है...और यह प्रधानमंत्री उसको आदेश दे तो उसके पीछे कौन-सी ताकत होगी? जिस प्रधानमंत्री के हाथ-पैर इतने बँधे हो जो पार्लियामेंट में बैठ तो सकती हों, पर वोट नहीं दे सकती हों उनके आदेश?'

डेढ़ घंटे के उस भाषण में सेना को 'भड़काने' की यही बात थी और यह भी उन्होंने कोई पहली बार नहीं कही थी। वे तीन-चार महीने से कह रहे थे कि सेना और पुलिस को गैरकानूनी आदेश नहीं मानने चाहिए। अपने अखबार *एवरीमेंस* में दिये एक-एक इंटरव्यू में उन्होंने अप्रैल, 75 में ही कहा था—'पुलिस को यह बताना मैं अपना कर्तव्य समझता हूँ कि मैं उन्हें बगावत करने को नहीं कह रहा हूँ। उन्हें अपना कर्तव्य करना चाहिए। लेकिन उन्हें ऐसे आदेशों का पालन नहीं करना चाहिए जो गैरकानूनी हों और जिन्हें उनकी आत्मा न मानती हो।' सेना को उनकी सलाह थी—'सशस्त्र सेनाओं के सर्वोच्च सेनापति के नाते भारत के राष्ट्रपति

संविधान की रक्षा के लिए वचनबद्ध हैं। इसलिए यह निष्कर्ष निकालना तार्किक है कि तानाशाही खतरों से देश के संविधान की रक्षा करना हमारी सेना का कर्तव्य है। अगर कोई पार्टी या पार्टी का नेता अपनी पार्टी के हितों या नेता की सत्ता की रक्षा के लिए सेना का इस्तेमाल करना चाहे तो मेरी समझ में सेना का यह स्पष्ट कर्तव्य है कि वह इस तरह इस्तेमाल किये जाने से इनकार करे।'

उनके ऐसा कहते रहने पर कांग्रेस और सरकार के नेताओं ने कहा था कि जेपी के खिलाफ देशद्रोह का मुकदमा चलाया जाएगा। रामलीला मैदान के उस भाषण में भी जेपी ने कहा था—'और मेरे ऊपर देशद्रोह का मुकदमा चलाया जाएगा तो मैंने कहा ठीक है, चलाइए मुकदमा हमारे पर देशद्रोह का। जयप्रकाश नारायण जिस दिन देशद्रोही हो जाएगा इस देश में कोई देशभक्त नहीं रह जाएगा।'

जेपी संविधान और लोकतंत्र की रक्षा के लिए पुलिस और सेना करे बार-बार क्यों चेता रहे थे? क्या वे सेना को साथ लेकर उसकी बगावत से इन्दिरा गांधी की सत्ता पलट करना चाहते थे? क्या ऐसी सैनिक तानाशाही के लिए वे इन्दिरा गांधी को तानाशाह कहते और अपने लोकतंत्र और संविधान की दुहाई देते थे? उन्हें चेतावनी इसलिए देनी पड़ रही थी कि इन्दिरा गांधी ने सर्वोच्च न्यायालय में अपनी पसन्द के मुख्य न्यायाधीश बैठाने के बाद जनरल रैना को सेनापति बनाया था जो कश्मीरी थे और उनके नजदीक माने जाते थे। उन्होंने खुफियागिरी की जिम्मेदारी काक को सौंपी थी जो कश्मीरी तो थे ही इन्दिरा गांधी के वफादार थे। बीएसएफ उन्होंने अश्विनी कुमार को सौंपी थी जिन पर उनका भरोसा था।

इन नियुक्तियों के साथ ही दिल्ली के सरकारी और राजनीतिक हलकों में उन उपायों की बात भी होती रहती थी जिन्हें बिहार आन्दोलन से निपटने के लिए इन्दिरा गांधी अपना सकती थीं। इनमें एक उपाय जिस पर सरकारी मशीनरी में काम हो रहा था—सेना के इस्तेमाल का भी था। जेपी को यह वाहियात लगता था कि एक लोकतांत्रिक जन आन्दोलन को कुचलने के लिए एक निर्वाचित सरकार की प्रधानमंत्री सेना के इस्तेमाल के विकल्प को भी ध्यान में रखे हुए है। इस सम्भावना का सामना करने के लिए लोगों को सावधान करने और पुलिस और सेना को अपने कर्तव्य की याद दिलाने के लिए जेपी खुले तौर पर सार्वजनिक सभाओं में ऐसा कहते थे। वे कोई षड्यंत्र नहीं रच रहे थे, न पुलिस और सेना को बगावत के लिए भड़का रहे थे। वे एक सम्भावना से लोगों को खबरदार कर रहे थे। इसी को इन्दिरा गांधी और उनके कम्युनिस्ट सहयोगियों ने जेपी का देशद्रोह कहा। और बेचारे अपूर्वानन्द अब तक कहते हैं कि क्या जयप्रकाश जी सेना को राज्य से असहयोग करने को कह रहे थे तो वे भारतीय लोकतंत्र की सबसे बड़ी ताकत यानी अराजनीतिक सेना का राजनीतिकरण करके लोकतंत्र को मदद पहुँचा रहे थे? एक तो भारतीय लोकतंत्र की सबसे बड़ी ताकत उसकी अराजनीतिक सेना नहीं, उसकी राजनीतिक जनता

है जो इन्दिरा गांधी जैसी लोकप्रिय और ताकतवर नेता को भी सबक सिखा सकती है। दूसरे, जेपी पुलिस और सेना को राज्य से असहयोग करने को नहीं उनके लोकतंत्र को कुचलने में इस्तेमाल किये जाने के विरुद्ध लोगों और सरकार को चेता रहे थे। एक नेता को ऐसी सम्भावना के खतरे से लोगों को सावधान नहीं करना चाहिए?

और फिर बार-बार धौंस देने के बावजूद इन्दिरा गांधी ने जेपी पर देशद्रोह का मुकदमा नहीं चलाया। जैसा कि मैंने कहा, पच्चीस जून की रात रामलीला मैदान के भाषण में पहली बार जेपी ने पुलिस और सेना को नहीं 'भड़काया' था! वे दो-तीन महीनों से यह सब कह रहे थे। चूँकि इन्दिरा गांधी ने इमरजेंसी लगाने के लिए इसका इस्तेमाल किया था इसलिए जेपी का यह भाषण हमने भरी इमरजेंसी में चोरी-छिपे बाँटा और नई सरकार बनते ही लोक संघर्ष समिति की ओर से प्रकाशित किया। जेपी को सेना को भड़का कर एक निर्वाचित सरकार का तख्ता पलट करवाने की कोशिश करते दिखाना—उस व्यक्ति का सरासर अपमान करना है जो इस देश में लोकतंत्र की बहाली के लिए जिम्मेदार है।

पिछली बार मैंने कहा था कि लोकतंत्र की प्रक्रिया लोगों को अछूत बनाकर बाहर फेंकने की नहीं उन्हें अपना कर बदलने की है। इसका बड़ा सटीक उदाहरण दो दिन पहले अपने मार्क्सिस्ट मित्रों ने दिया। सरकार ने नक्सलवादियों पर पाबन्दी लगाई तो उन्होंने कहा कि यह गलत हो रहा है। हिंसक नक्सलवादियों पर पाबन्दी लगाने से कुछ हासिल नहीं होगा। वे नाम बदल कर फिर आ जाएँगे। उनसे पाबन्दी से नहीं, राजनीतिक ढंग से निपटा जाना चाहिए और तो और हमारे लालू प्रसाद जिनका बीस-पच्चीस साल से विचार की राजनीति से कोई लेना-देना नहीं है वे भी नक्सलियों पर पाबन्दी के खिलाफ हैं। मैं इस बात से शत-प्रतिशत सहमत हूँ। लोकतंत्र में पाबन्दी से नहीं, खुल कर राजनीतिक रूप से ही निपटा जा सकता है। लेकिन यह कहने के बाद एक सवाल भी मैं इन मित्रों से पूछना चाहता हूँ। जैसे हिंसक नक्सलवादी हमारे लोकतंत्र को नष्ट करने पर तुले हैं वैसे ही राष्ट्रीय स्वयंसेवक संघ के हिन्दुत्ववादी भी लोकतंत्र के लिए खतरनाक हैं। नक्सलवादियों ने जितनी निरर्थक हिंसा की और कर रहे हैं वैसी तो संघ वालों ने नहीं की है।

फिर क्या बात है कि संघ पर तीन बार पाबन्दी लगाई गई, लेकिन हमारे उदार लोकतांत्रिक साम्यवादी मित्रों ने एक बार भी नहीं कहा कि पाबन्दी लगाने से क्या होगा? हिन्दुत्व की फासिस्ट विचारधारा से हमें राजनीतिक रूप से निपटना चाहिए। अगर हम नक्सलवादियों से राजनीतिक रूप से निपट सकते हैं तो संघ से क्यों नहीं? नक्सल तो हिंसा के जरिये ही क्रान्ति करने में विश्वास करते हैं और लोकतंत्र में उनका कतई विश्वास नहीं है। जितनी निरर्थक और बेरहम हिंसा उन्होंने की और कर रहे हैं उतनी तो किसी राजनीतिक संगठन ने नहीं की है।

हम फिर भी उनसे पुलिस और सेना से निपटने के बजाय राजनीतिक रूप से निपटना चाहते हैं क्योंकि वैचारिक रूप से नक्सल उन्हें अपने लगते हैं। फर्क सिर्फ हिंसा का है। मार्क्सवादी कम्युनिस्टों ने मान लिया है। कि वे लोकतांत्रिक तरीके से काम करके बदलाव ला सकते हैं। लेकिन माओवादी कम्युनिस्ट यानी नक्सलवादी लोकतंत्र को धोखा और हिंसक क्रान्ति को ही एकमात्र तरीका मानते हैं। हम उनसे राजनीतिक रूप से निपट सकते हैं तो राष्ट्रीय स्वयंसेवक संघ और उसके हिन्दुत्व से क्यों नहीं? हिन्दुत्व आखिर एक राजनीतिक विचारधारा है। और अगर कोई लालकृष्ण आडवाणी की तरह उसे हिन्दू धर्म से जानबूझ कर गड्डमड्ड करके लोगों को धोखा नहीं दे रहा है तो उससे राजनीतिक रूप से निश्चित ही निपटा जा सकता है। लेकिन यह लोकतांत्रिक रास्ता हम नक्सलों के साथ तो चल सकते हैं संघियों के साथ नहीं चल सकते। जेपी ने चला तो हम उन्हें संघियों को राजनीतिक मान्यता और प्रतिष्ठा दिलाने का दोषी करार देते हैं।

जानता हूँ कि यह दलील देकर मैं—'सम्प्रदायवादी' बतलाए जाने का खतरा मोल ले रहा हूँ। लेकिन ठीक है। वैचारिकता कभी बनी-बनाई सीधी सरल रेखा पर नहीं चलती। काले और धोले से ज्यादा बीच का धूसर रंग होता है। इसी रंग से रँगी जेपी आन्दोलन की दुविधा है। एक ऐसी दुविधा जिसने उसकी क्रान्तिकारिता को चुनावी राजनीति के दलदल में डाल कर समाप्त कर दिया। जेपी ने बार-बार कहा था कि यह आन्दोलन दिल्ली की सत्ता पर गैरकांग्रेसी पार्टियों को काबिज करने के लिए नहीं है। यह आन्दोलन हमारी मौजूदा व्यवस्था में आमूल-चूल परिवर्तन करने के लिए है। लेकिन इमरजेंसी के चलते ही इन्दिरा गांधी ने जनवरी सतहत्तर में चुनाव की घोषणा की और धीरे-धीरे विभिन्न राजनीतिक पार्टियों के नेताओं को रिहा किया। उन्होंने एक अनौपचारिक जनता पार्टी बनाई और चुनाव के मैदान में उतरे।

जेपी चुनाव की राजनीति से कब का संन्यास ले चुके थे। वे यह भी कह चुके थे कि मोरारजी देसाई, चरण सिंह या अटल बिहारी वाजपेयी के प्रधानमंत्री बन जाने से सम्पूर्ण क्रान्ति नहीं हो जाएगी। लेकिन क्या वे राजनीतिक पार्टियों को इन्दिरा गांधी से चुनाव लड़ने के लिए छोड़कर अपना सम्पूर्ण क्रान्ति आन्दोलन चलाए रख सकते थे? क्या वे चुनाव से दूर रह कर इन्दिरा गांधी को जीतने और फिर सत्ता में आने देने के लिए मैदान खाली छोड़ सकते थे? क्या इन्दिरा गांधी की जीत पूरे जेपी आन्दोलन को बेकार और झूठा साबित नहीं करती? बिहार विधानसभा को भंग करने की आन्दोलन की माँग को खारिज करते हुए इन्दिरा गांधी ने कहा था कि वह पाँच साल के लिए चुनी गई है। उसका कार्यकाल पूरा होने पर चुनाव होगा तब लड़ कर आप अपनी सरकार बना लेना। लोकसभा चुनाव की घोषणा करते हुए भी उन्होंने यह चुनौती दी थी। क्या जेपी इसे अस्वीकार कर सकते थे?

जेपी ने चुनौती मंजूर की। पूरा आन्दोलन चुनाव में झोंक दिया गया। इन्दिरा गांधी तो हार गई और जनता पार्टी की सरकार भी बनी। लेकिन बस यही बदलाव हुआ। इसके बाद आन्दोलन फिर खड़ा नहीं हो सका। बेहद बीमार जेपी दो साल शरशय्या पर रह कर चले गए। जनता पार्टी की सरकार तो उनके सामने ही चली गई थी। आज इमरजेंसी की बरसी पर हम देखते हैं कि हमारे लोकतंत्र में कोई गुणात्मक बदलाव नहीं आया है। एक मारक दुविधा ने जेपी आन्दोलन के किये धरे पर पानी फेर दिया।

[26 जून, 2009]

गांधी और जेपी का लोकतंत्र

जेपी ने ग्रामदान आन्दोलन में बिहार का राज्यदान करवा के गांधी शताब्दी मनाई थी। राजगीर में सर्वोदय सम्मेलन हुआ था जहाँ जेपी ने विनोबा को पूरा बिहार ग्रामदान में दिया। ग्रामदान आन्दोलन की यह चरम उपलब्धि थी। आचार्य राममूर्ति ने तब एक अखबार में कहा था—'बिहार भारतीय संघ का पहला सर्वोदय राज्य बनेगा।'

बिहार के तीन-चौथाई गाँवों ने स्वेच्छा से ग्रामदान की यह योजना स्वीकार कर ली थी कि गाँव की जमीन की मिलकियत ग्रामसभा की होगी। हर परिवार अपनी जमीन के एक बीघे में से एक कट्ठा भूमिहीन को देगा। गाँव का अपना ग्रामकोष होगा। गांधी जी के सपने के ग्राम गणराज्य और विनोबा के ग्राम स्वराज्य को बिहार ने कबूल कर लिया था। उसे अब साकार करना था।

लेकिन ग्रामदान आन्दोलन अपने चरम पर पहुँच कर बिहार को भारत का पहला सर्वोदय राज बनाने की सबसे बड़ी चुनौती स्वीकार करने में नहीं लगा। राजगीर से विनोबा पवनार लौटे जहाँ खान अब्दुल गफ्फार खाँ से उनकी बातचीत होनी थी। पवनार से लौट कर विनोबा फिर कभी बिहार नहीं आए। सितम्बर सत्तर में पचहत्तर बरस के हुए और उन्होंने क्षेत्र संन्यास ले लिया। विनोबा राजगीर से पवनार गए तब जेपी भी एक साल की छुट्टी लेकर हिमालय में विश्राम के लिए चले गए। ग्राम स्वराज के प्रणेता विनोबा बिहार में ग्रामदान को साकार करने में नहीं लगे और पन्द्रह साल पहले जीवनदान करने वाले जेपी भी अपने बिहार को सर्वोदय राज्य बनाने के बजाय आराम के लिए हिमालय निकल गए। ऐसा क्यों हुआ? सर्वोदय आन्दोलन इसका कोई जवाब नहीं देता। अपने चरम पर पहुँच कर आन्दोलन बिखरा क्यों और विनोबा और जेपी दोनों ही उससे विमुख क्यों हो गए, इसका उत्तर ढूँढ़ने के लिए सर्वोदय आन्दोलन को नये सिरे से खगालना होगा। क्या विनोबा और जेपी को बिहार के राज्यदान में ऐसा कुछ दिख गया था जो उन्हें आन्दोलन की सबसे बड़ी चुनौती को वहीं छोड़कर अपने-अपने अलग रास्ते पर ले गया? पाँच साल बाद विनोबा और जेपी के जो रास्ते बिहार आन्दोलन के कारण अलग हुए, क्या उसकी शुरुआत गांधी शताब्दी वर्ष में बिहार दान के साथ ही हो गई थी?

विनोबा तो पवनार लौट कर क्षेत्र संन्यास में चले गए थे। लेकिन जो जेपी साल

भर की छुट्टी पर यह कह के गए थे कि लौटूँगा तो सोचूँगा कि मुझे आगे क्या करना है—थोड़े दिन भी हिमालय में विश्राम नहीं कर पाए। मुजफ्फरपुर के मुसहरी में नक्सलवादियों ने सर्वोदय के दो कार्यकर्ताओं को जान से मार डालने की धमकी दी। जेपी के पास यह खबर पहुँची तो वे और प्रभावती तत्काल लौट कर मुसहरी आए और नक्सलवाद से अहिंसक ग्रामस्वराज का मुकाबला शुरू हुआ। जेपी ने कहा कि मुसहरी में वे अपनी हड्डियाँ गला देंगे। डेढ़ साल जेपी मुसहरी में रहे और नक्सलवाद से अहिंसक ढंग से निपटने में लगे रहे लेकिन बिहार को सर्वोदय राज्य बनाने की ओर उनका ध्यान नहीं गया।

बांग्लादेश की स्थिति ने उन्हें मुसहरी से निकाला और वे संकट का ताप उतारने में लग गए। बांग्लादेश स्वतंत्र राष्ट्र हो गया तो जेपी चम्बल घाटी में डाकुओं का समर्पण करवाने और अहिंसक तरीके से डकैती नाम की संस्था को समाप्त करने में लग गए। फिर प्रभावती का कैंसर से निधन हो गया। चिड़े-चिड़ी का घोंसला उजड़ गया। जेपी अकेले रह गए। सन्ताप और अवसाद से उबरे तो यूथ फॉर डेमोक्रेसी की स्थापना की। जनवरी, 74 में गुजरात छात्रों के आन्दोलन में पड़े और तीन महीने बाद बिहार में छात्रों के आन्दोलन की अगुवाई स्वीकार कर ली। इन पाँच वर्षों में राज्यदान के साथ ग्रामदानी हुए बिहार को सर्वोदय राज्य बनाने में उन्होंने कोई काम नहीं किया। क्यों?

जेपी ने पाँच वर्षों में इसका कोई उत्तर नहीं दिया, न खुलासा किया। आप छानबीन करें तो उत्तर मिलेगा। जेपी की जेल डायरी में जो उन्होंने इमरजेंसी में चंडीगढ़ के पीजीआई अस्पताल में लिखी—'सन् चौवन से बीस वर्षों तक काम करते-करते जब मुझे विश्वास हो गया कि ग्राम स्वराज से अहिंसक क्रान्ति नहीं होगी तो मैं दूसरे मार्ग की खोज करने लगा। बीस वर्षों में मैंने बहुत कोशिश की कि सरकार की रीति-नीति में थोड़ा भी परिवर्तन आए लेकिन मेरी सारी मेहनत व्यर्थ गई। जवाहरलाल जी के समय में भी बेकार हुई। सरकार का रथ अपनी ही गति से चलता रहा। इस क्रम में मेरी अन्तिम मुलाकात इन्दिरा जी से सन तिहत्तर में हुई। परिणाम शून्य रहा।' क्या बिहार दान के साथ जेपी को लगने लगा कि अहिंसक संघर्ष के बिना सर्वोदय राज्य नहीं बन सकता?

इस डायरी में जेपी ने लिखा है—'शायद विनोबा जी सोचते थे... कि राजनीतिक व्यवस्था में परिवर्तन बिना संघर्ष, शान्तिपूर्ण संघर्ष के हो सकता है। लेकिन मेरा ग्रामस्वराज्य कार्य का वर्षों का अनुभव मेरे अन्दर विश्वास जगाता है कि ग्रामस्वराज्य अपने में एक मूल्यवान राजनीतिक संगठन है बशर्ते वह काम करे और कागजी बन कर न रह जाए। लेकिन ग्राम स्वराज्य में राजनीतिक व्यवस्था परिवर्तन लाने का सामर्थ्य नहीं है। मैंने अपनी सैकड़ों, हो सकता है हजारों, सभाओं में बताया था कि किस तरह ग्रामस्वराय के आधार पर नई पॉलिटी विकसित होगी और आज

की पॉलिटी का स्थान लेगी।' लेकिन जेपी ने बिहार दान के समय ही शायद देख लिया था कि वह कागजी है और उससे नया राजनीतिक समाज नहीं बन रहा है। वे व्यवस्था परिवर्तन में ऐसे शान्तिपूर्ण संघर्ष के तरीके की तलाश में थे जो ग्रामस्वराज्य को वास्तविक बना सके और ऐसा करने के लिए सरकार से सहयोग करने के बजाय उससे अहिंसक संघर्ष छेड़ना जेपी को जरूरी लग रहा था। उन्होंने डायरी में लिखा है—'विनोबा जी ने मुझसे कहा था कि वे संघर्ष की मेरी अवधारणा से सहमत हैं और मेरी सहायता करने को भी तैयार हैं लेकिन मुझे सरकार के विरुद्ध संघर्ष करना छोड देना चाहिए। ...विनोबा जी को यह भय था कि संघर्ष से भारतीय लोकतंत्र का गला घुट जाएगा।

सब जानते हैं कि विनोबा इस पक्ष में नहीं थे कि जेपी सरकार के विरुद्ध संघर्ष में पड़ें। विनोबा तो गांधी के सत्याग्रह को भी लोकतंत्र में जरूरी नहीं मानते थे। उनका मानना था कि उस सरकार से अहिंसक संघर्ष भी क्यों जो जनता ने अपनी मर्जी से वोट देकर बनाई हो। इसलिए वे सत्याग्रह को सौम्य से सौम्यतर और सौम्यतम बनाना चाहते थे। वे अप्रतिकार में विश्वास करते थे और जेपी को लगने लगा था कि अहिंसक संघर्ष के बिना व्यवस्था परिवर्तन नहीं होगा। विनोबा और जेपी की ये भिन्न धारणाएँ प्रकट तो हुईं सन चौहत्तर में बिहार आन्दोलन के दौरान लेकिन इनके बीज गांधी शताब्दी में हुए बिहार दान में ही दिखने लगे थे। इसलिए बिहार को पहला सर्वोदय राज्य बनाने के बजाय विनोबा पवनार चले गए और जेपी दूसरे कामों में लग गए। छुट्टी लेकर हिमालय जाते वक्त जेपी कह गए थे कि लौटूँगा तो सोचूँगा कि मुझे आगे क्या करना है। पाँच साल बाद बिहार आन्दोलन में उन्हें समझ आया कि उन्हें क्या करना है। सन् चौहत्तर में जेपी ने विनोबा को कहा था—'आप जानते ही हैं कि आज की अवस्था में सत्ता का जन जीवन पर कितना गहरा प्रभाव पड़ता है। इसलिए समाज परिवर्तन में सत्ता का सहयोग मिले तब तो बहुत सुन्दर बात होगी। परन्तु यदि यह सम्भव नहीं होता तो सत्ता में ही परिवर्तन होगा। यह एक आन्तरिक प्रक्रिया है समाज विकास की।' फिर उन्होंने अपनी जेल डायरी में भी लिखा—'इससे यह अर्थ नहीं निकालना चाहिए कि संघर्ष का वातावरण जब चाहा तब बनाया जा सकता है। वह तो तभी होगा जब युवा और बुद्धिजीवी हताशा और असमाधान की स्थिति में हों तथा अपने और सत्ता के बीच चौड़ी खाई देखने लगें—'सरकार से लेकर कालेज तक नीचे की सीढ़ी तक ऐसा हो तभी संघर्ष का वातावरण बना माना जा सकता है। संघर्ष शान्तिमय हो सकता है या उसका हिंसा में विस्फोट हो सकता है। यह स्पष्ट है कि शान्तिपूर्ण संघर्ष गांधी के भारत को अधिक स्वीकार होगा।'

क्या जेपी को गांधी शताब्दी में हुए बिहार दान के वक्त ही लगने लगा था कि अप्रतिकार से ग्राम स्वराज्य नहीं आएगा और शान्तिपूर्ण संघर्ष का रास्ता पकड़े बिना

देश में व्यवस्था परिवर्तन नहीं होगा। शान्तिपूर्ण संघर्ष को जेपी गांधी का रास्ता मानते थे। यानी गांधी शताब्दी में ही जेपी ने विनोबा का अप्रतिकार का रास्ता छोड़कर गांधी के अहिंसक संघर्ष के रास्ते पर चलने का निश्चय कर लिया था। मुसहरी, बांग्लादेश, डाकुओं के आत्मसमर्पण आदि में चार साल तो इसलिए लगे कि वह परिस्थिति नहीं थी जो इन्दिरा गांधी ने सन् बहत्तर में सर्वशक्तिमान होने के बाद पैदा की। बिहार आन्दोलन के दौरान जेपी को गांधी की बहुत याद आती थी। आन्दोलन की पहली जयन्ती अठारह मार्च पचहत्तर के दिन जेपी ने एक बयान दिया—'मैंने अपने विचार समय-समय पर स्पष्ट किये हैं। लेकिन बिहार में चुनाव के बाद बनने वाली नई सरकार से अपने व्यक्तिगत प्रभाव के बल पर मैं शायद उन्हें न मनवा सकूँ, उन पर अमल न करवा सकूँ। जो काम गांधी जी नहीं करा सके उसे मैं करा लूँगा ऐसी आशा मुझे नहीं है। लेकिन एक ऐतिहासिक तथ्य है जिसे याद रखना चाहिए। वह है आजादी मिलने के छह महीने के भीतर गांधी जी की हत्या। अगर वे सिर्फ पाँच वर्ष और जी गए होते तो इसमें सन्देह नहीं कि वे भारत की जनता को और युवकों को जगा और जुटा देते। वे भारत के शासकों को विवश कर देते कि वे अपनी लम्बी-चौड़ी और खोखली बातें बन्द करें और आँखें खोलकर भारत की इस वास्तविकता को देखें कि देश आज भी अपने गाँवों और बदबूभरी शहरी झुग्गी-झोपड़ियों में रहता है।'

'तुलना करने की बात नहीं है लेकिन मैं कहना चाहता हूँ कि अगर मैं कुछ वर्ष और जिन्दा रह गया तो शायद मेरे लिए बिहार के नये शासकों को मजबूर कर देना सम्भव हो कि वे अपने घरों और दफ्तरों से बाहर निकलें और गरीबी तथा पिछड़ेपन में डूबे बिहार को आमने-सामने देखें, समझें। लेकिन यह तभी हो सकता है जब छात्र युवा और जन संघर्ष समितियाँ काम करती रहें तथा अपने प्रतिनिधियों को अपने प्रभाव में रखें, सिर्फ इसलिए नहीं कि वे अपने वादे पूरे करें बल्कि इसलिए भी कि क्रान्तिकारी संघर्ष में भाग लेना जारी रखें। इस दृष्टि से इस वक्त हमारी यह कोशिश है कि संघर्ष समितियाँ मजबूत बनी रहें और ऊपर के नेतृत्व की ओर न देखकर अपने बलबूते काम करती रहें।'

यह जेपी ने सन पचहत्तर में कहा था और वे चार साल और जिए। लेकिन इस बीच इमरजेंसी लगी, चंडीगढ़ के अस्पताल में वे कैद में रखे गए और वहीं उनके गुर्दे जवाब दे गए। सवा साल वे डायलिसिस पर रहे। तब जाकर इन्दिरा गांधी ने चुनाव की घोषणा की। बीमार और डायलिसिस पर जीते जेपी ने विपक्ष को एक किया। मार्च सतहत्तर में जनता के लोगों को जितवाया और पहली बार केन्द्र में गैर कांग्रेसी सरकार बनी। फिर बिहार में भी जनता पार्टी की सरकार आई। केन्द्र और बिहार दोनों में जनता पार्टी की सरकारें होते हुए भी जेपी उन्हें मजबूर नहीं कर सके कि नये शासक गरीब और पिछड़ेपन से रूबरू हो सकें। मार्च सतहत्तर में केन्द्र में

और फिर बिहार में जनता पार्टी की सरकार को बीमार और हताश जेपी ने लगभग बिस्तर से देखा। नये शासकों ने न गांधी की सुनी थी, न तीस साल बाद जेपी की सुनी क्योंकि गांधी जो लोकसेवक संघ सत्ता की नकेल जनता को पकड़ाने के लिए बनाना चाहते थे वह उनका आखिरी वसीयतनामा बन गया जिस पर किसी ने अमल नहीं किया। और जेपी जिन छात्र युवा और जन संघर्ष समितियों को क्रान्तिकारी संघर्ष में लगाए रखना चाहते थे वे चुनाव के चक्कर में ऐसी फँसी कि जेपी के हाथ में नये शासकों को मजबूर करने की तलवारें नहीं रह गईं। जेपी के गुर्दे अगर जवाब न दे गए होते और वे हर दूसरे दिन मशीन से अपना पूरा खून साफ करवाने को मजबूर नहीं होते तो हो सकता है कि केन्द्र और बिहार में जनता सरकारें खड़ी कर के उन्हें इतनी मजबूत बनाते कि वे शासकों की सरकारों पर अंकुश लगातीं।

इसे आप चाहें तो भारत का दुर्भाग्य कहें या उसकी नियति। लेकिन जिसे जेपी ने सम्पूर्ण क्रान्ति का आन्दोलन कह कर चलाया था वह सिर्फ सत्ता परिवर्तन में सिमट कर समाप्त हो गया। न भ्रष्टाचार मिटा, न निर्वाचित प्रतिनिधियों पर जनता के सीधे अंकुश का तरीका निकला, न मतदाताओं को प्रतिनिधि को वापस बुलाने का वह अधिकार मिला जिसकी गूँज पूरे आन्दोलन में सुनाई देती थी। बिहार आन्दोलन का यही नतीजा निकला कि इन्दिरा गांधी सत्ता से उतार दी गईं और नये शासकों के आपसी झगड़ों से लोग इतने दुखी हुए कि उन्हीं इन्दिरा गांधी को उन्होंने फिर सेना सौंप दी। न जेपी इसके लिए लोकतंत्र की लड़ाई में कूदे थे, न गांधी ने ऐसे स्वराज्य के लिए इतना लम्बा और बड़ा संग्राम लड़ा था। जेपी को लगता था कि उनकी हालत गांधी जैसी नहीं होगी और लोकतांत्रिक सत्ता की नकल जनता के हाथ में देने का समय विधाता उनको देगा। गांधी आजादी के बाद सिर्फ छह महीने जी पाए। जेपी कोई दो साल जिए लेकिन शरीर से इस लायक रह नहीं गए थे कि सत्ता पर जनता के अंकुश की कोई व्यवस्था खड़ी कर पाते।

जिन रचनात्मक कार्यों में विनोबा लगे वे गांधी के ही शुरू करवाए गए थे। लेकिन गांधी विनोबा की तरह अराजनीतिक प्राणी नहीं थे। उनके हर कार्य में एक राजनीतिक धार होती थी और लोकतांत्रिक भारत में सत्ता की गतिशीलता की उन्हें बहुत गहरी समझ थी। वे जीवन भर कोई चुनाव नहीं लड़े न ऐसे पद पर रहे जिससे राजनीतिक सत्ता का इस्तेमाल कर सकें। उनकी जो भी सत्ता थी सब नीतिक सत्ता थी और वे लोकशक्ति को राजनीतिक शक्ति से ऊपर मानते थे। आजादी मिलने से पहले उनसे पूछा गया 'आजादी मिल जाने पर कौन सा काम आप सबसे पहले करेंगे?' गांधी का जवाब था 'सेटिंग डेमोक्रेसी ऑन द मार्च'—लोकतंत्र को आगे बढ़ाना। लेकिन गांधी के लिए लोकतंत्र को आगे बढ़ाने का मतलब यह नहीं था कि एक राजनीतिक पार्टी सत्ता में रहे और दूसरी पार्टी उस पर अंकुश रखें और सन्तुलन कायम करें। अगर वेस्टमिंस्टर मॉडल के ऐसे लोकतंत्र में उनका विश्वास

होता तो वे न तो कांग्रेस को भंग करने की सलाह देते, न उसकी जगह लोकसेवक संघ जैसा जन संगठन बनाने की पहल करते। इसके बजाय वे कांग्रेस के सामने एक और राजनीतिक पार्टी खड़ी करने की कोशिश करते ताकि लोकतंत्र को सही दिशा में कूच करवा पाते। उनका दो पार्टी प्रणाली में विश्वास नहीं था। वे हिन्द स्वराज में ही लिख चुके थे कि संसद कोई बुनियादी परिवर्तन के काम नहीं कर सकती क्योंकि वह सत्तारूढ़ पक्ष और उसके विपक्ष के निहित स्वार्थों को पूरी करने वाली संस्था हो जाती है।

गांधी लोकतांत्रिक ढंग से सत्ता पाने वालों पर भी जनता का सीधा अंकुश चाहते थे और इस तरह के सीधे भागीदारी वाले लोकतंत्र की अपनी अलग और सौ टका भारतीय व्यवस्था खड़ी करना चाहते थे। हत्या के एक दिन पहले उन्होंने लोकसेवक संघ का मसौदा तैयार किया ही था। जेपी भी गांधी की तरह राजनीतिक कार्य को भी रचनात्मक कार्य मानते थे। उन्होंने भी समाजवादी पार्टी की स्थापना करवाई थी और उसे चुनाव भी लड़वाए थे। लेकिन वे खुद न तो कोई चुनाव लड़े, न किसी राजनीतिक सत्ता के पद पर रहे। देश के पहले आम चुनाव के बाद ही उन्होंने चुनावी राजनीति का खोखलापन समझ लिया था। दो साल बाद वे सक्रिय राजनीति छोड़कर जीवनदान कर के सर्वोदय में आ गए थे। सन् चौवन से चौहत्तर तक यानी बीस साल वे राजनीति में रुचि लेते हुए भी राजनीतिक कार्रवाई में नहीं उतरे। बिहार आन्दोलन से वे व्यवस्था परिवर्तन के उस राजनीतिक कार्य में फिर लगे जिसमें गांधी अपने आखिरी दिनों में लगे थे। यह संयोग नहीं है कि गांधी की तरह जेपी भी लोकतंत्र को दो पार्टियों के भरोसे छोड़ नहीं देना चाहते थे। गांधी की तरह वे भी शासकों पर जनता का सीधा अंकुश चाहते थे। गांधी इस अंकुश के लिए लोकसेवक संघ बनाना चाहते थे जिसके लोकसेवक चुनावी राजनीति से अलग होते और राज्य शक्ति पर लोकशक्ति का प्रभुत्व स्थापित करते क्योंकि उन्हें लगता था कि राज्यशक्ति और लोकशक्ति में प्रभुत्व के लिए संघर्ष होगा।

जेपी लोकसेवक संघ के बजाय छात्र-युवा संघर्ष वाहिनी और जनता सरकारें कायम करना चाहते थे। ये जनता सरकारें वही काम करने वाली थीं जो गांधी के ग्राम गणराज्य। गांधी देश की सरकार को इन ग्राम गणराज्यों का महासंघ बनाना चाहते थे और जेपी चाहते थे कि जनता सरकारों की राष्ट्रीय जनता सरकार बने। गांधी और जेपी दोनों ही निर्वाचित प्रतिनिधियों की नकेल और उनकी सरकार पर अंकुश सीधे जनता को देना चाहते थे। प्रतिनिधि पर चौबीसों घंटे जनता की निगरानी को गांधी और जेपी दोनों भागीदारी का लोकतंत्र मानते थे। ऐसी निपट और खाँटी भारतीय व्यवस्था खड़ी करने का समय नियति ने न गांधी को दिया, न जेपी को। गांधी शताब्दी में बिहार का राज्यदान करवा के जेपी बिहार को ग्रामदानी सर्वोदय राज्य बनवा सकते थे। लेकिन ग्रामदान-ग्राम स्वराज्य आन्दोलन के प्रणेता विनोबा

को सत्ता से संघर्ष स्वीकार नहीं था। इसलिए पाँच साल प्रतीक्षा कर चुकने के बाद जब जेपी ने खुद ही बिहार आन्दोलन शुरू किया तो विनोबा उसके साथ नहीं थे। तीन साल बाद जब केन्द्र और राज्यों में जनता पार्टी की सरकारें बन गईं तो जो लोग जेपी की नीतिक शक्ति और पराक्रम के कारण सत्ता में आए थे वे इन्दिरा गांधी के रास्ते पर चल निकले। अब जेपी की शताब्दी मनाने को भी वही लोग सत्ता में रह गए हैं जो जनता पार्टी से टूट-टूट कर फिर एक गठबन्धन में है। हमने जेपी से यही सीखा और इसी तरह उनका ऋण उतारना चाहते हैं कि संविधान में संशोधन करवा के संसद के कार्यकाल को निश्चित पाँच साल का कर देना चाहते हैं ताकि जनता उन्हें अस्थिर न कर सके। ये वही लोग हैं जो जेपी के साथ प्रतिनिधि को वापस बुलाने का अधिकार जनता को दिलवाने का नारा लगाते थे। ये लोग जेपी के जनता सरकार के सपने को पूरा नहीं करेंगे, कर भी नहीं सकते। लेकिन अगर गांधी और जेपी के भागीदारी के लोकतंत्र का सपना पूरा नहीं होगा तो हमारे लोकतंत्र में बचेगा क्या? जेपी शताब्दी में कम से कम इसी पर विचार हो जाए कुछ अमल हो जाए! (*यंग इंडिया*)

[13 अक्टूबर, 2009]

एक मशाल का अचानक बुझना

डॉक्टर (तिवारीजी के सुपुत्र सुरेन्द्र) को हवाई अड्डे छोड़कर लौटा तो रास्ते में आईईएनएस की वह बिल्डिंग पड़ी जिसमें अक्सर जाने का कारण सिर्फ तिवारीजी हुआ करते थे। अब यहाँ आने का यह कारण नहीं रहेगा। यकायक सारे काम अर्थहीन लगने लगे। एक खाली, धुँधले और अन्तहीन आसमान में पंख चलाए बिना गुमसुम उड़ते हुए गुम हो जाना चाहता था। जीने और करने का क्या मतलब जब मरना इतना यकायक और अनिवार्य है?

शून्य में यम की तरह खड़ा यह सवाल तिवारीजी के लिए नहीं था। वे ऐसे सारे सवालों को पीछे छोड़कर चले गए। शून्य हमारे लिए बचा है। जिसका तिवारीजी के बिना सामना करना मुश्किल है। शायद इस शून्य से बचाने के लिए ही क्रिया कर्म का इतना तामझाम बनाया गया है। उन्नीस अक्टूबर को आप अपना शून्य और अपनी रुलाई इस कोशिश में छुपा सकते थे कि किसी तरह कल इन्दौर पहुँचना है। पहुँच गए तो अन्तिम यात्रा, कन्धा, चिता, परिक्रमा और पंच लकड़ी और इतने सारे लोग कि आप अकेले छूट नहीं सकते। फिर सारी समेटनी है, फूल चुनने हैं और ओंकारेश्वर जाना है।

ठीक उसी जगह जहाँ नर्मदा काले पत्थरों को मान देती बँट गई है। जहाँ से जय नरमदा मैया कहते हुए तिवारीजी फिसलते थे और दूर तक नर्मदा में बहते हुए चले जाते थे। ठीक उसी जगह से उनकी भस्मिदेह को नर्मदा में उसी तरह जय नरमदा मैया कहकर बहा देना है। जिस नर्मदा ने उस शरीर को बनाया था, उसी में उसे लौटना है भस्मिभूत होकर। क्या वे भस्मिरूप में नर्मदा में बह और लीन होकर भी उतने ही सुखी और सन्तुष्ट हुए होंगे, जितने अभी कल, परसों और नरसों हुए थे?

फिर हरिद्वार जाना है। सूरज डूबने से पहले। हर की पौड़ी के सामने गंगा में उनके फूल चढ़ा देने हैं। लेकिन अभी तो वहाँ पानी ही नहीं है। नर्मदा पूर आई हुई थी और बीच धार में नाव को खड़े रखना मुश्किल था। गंगा को हर की पौड़ी से दूर कर दिया गया है क्योंकि कुम्भ की तैयारी में वहाँ लोहे के बदसूरत पुल खड़े किये जा रहे हैं। गंगाजी दूर खिसका दी गई हैं। लेकिन बह रही हैं। सामने वह हर की पौड़ी है जहाँ से हमारी कितनी पीढ़ियों के फूल इसी तरह गंगा को चढ़ाए गए

और जहाँ देखते-देखते जीवन से लपलपाते तिवारीजी भी पुरखे हो गए।

अब जल्दी लौटना है क्योंकि सबेरे डॉक्टर को इन्दौर के लिए फ्लाइट पकड़नी है और रास्ते में भीड़ होगी। लोग जगह-जगह दशहरा जीतकर लौट रहे होंगे और आते समय जो सड़कें खाली मिलीं थी अब उनसे निकलना मुश्किल होगा। तिवारीजी ने भी जाने के लिए क्या दिन चुने। उसी दिन गए जिस दिन अड़सठ साल पहले जन्मे थे। नवरात्र के दिन और अन्नपूर्णा पर उनकी कितनी भक्ति थी। इसलिए सप्तमी को गए, अष्टमी को भस्मिभूत हुए, नवमी को नर्मदा में लीन हुए और दशहरा जीत कर हरिद्वार की गंगा में मिल गए। आपकी सद्‌गति हुई तिवारीजी। हम रह गए इस अन्धेरे अर्थहीन शून्य का सामना करने को। कैसे भरेंगे हम इसे फूल और काँटों से। प्रकृति में कोई शून्य नहीं रहता। लेकिन आदमी के जोन का शून्य कभी नहीं भरता। हम उसे यादों की गंध और भूल के पत्थरों से भरने की लगातार कोशिश करते हैं क्योंकि शून्य का सामना करते हुए गुमसुम जिया नहीं जा सकता।

क्या यह सम्भव था कि तिवारीजी एक बीमार और ठीक से न धड़कते दिल को लेकर जीते रहते? वे दिलदार आदमी थे। जिस पर रीझ गए उस पर दिल निछावर और जिससे रूठ गए उस पर दिल लौट कर नहीं जमता। ओंकारेश्वर की नर्मदा के पानी की तरह आप उनके आर-पार देख सकते थे। विज्ञान की अंगरेजी में इसे पारदर्शिता कहते हैं। संस्कृत में ऐसे पानी को जिसके तल तक देखा जा सके-प्रसन्न नीर कहते हैं। (क्या इसीलिए नर्मदा उस दिन मटमैली थी कि वह तिवारीजी की भस्मिदेह को लेते हुए प्रसन्न नहीं थी?) ऐसा पारदर्शी यानी प्रसन्न मन लेकर तिवारीजी अड़सठ साल जिए और आखिर तक उनके आर-पार देखा जा सकता था। इस बीच वे सशस्त्र क्रान्ति और अहिंसक आन्दोलन से गुजरे और फिर बाबूजी (लाभचन्दजी) के साथ *नई दुनिया* को बनाने में लग गए।

लेकिन तिवारी जी का पिंड संस्था बनाने और चलाने वाले का नहीं था। वे भरपूर और उन्मुक्त जीने वाले आदमी थे। संस्था बनाने, चलाने और उसकी प्रतिष्ठा कायम रखने के लिए जो संसार करना पड़ता है उसमें जीकर खुश रहने वाले आदमी वे नहीं थे। अगर अपनी वाली पर छूट कर जीने के लिए वे आजाद होते तो शायद कुछ और करते। सेना और साहित्य का रूझान होता तो हेमिंग्वे की तरह बन्दूक लटकाए जंगलों में शिकार करते या युद्धों में भाग लेते और अपने घावों को स्याही में घोलकर कागजों पर उतारते रहते। छोटी-सी नाव लेकर समुद्र में अकेले धँसते चले जाते और अपने से बातें करते लौट आते। लेकिन सुबह से लेकर रात तक कुछ न कुछ करते किसी न किसी में अपनी छटपटाहट निकालते रहते। पक्षियों में रुचि होती तो सलिम अली की तरह दूरबीन लटकाए जंगलों में भटकते। किसी पहचाने पक्षी को देखकर खुश होते और किसी अनजाने पक्षी को पा लेते तो उसी की तरह कूकते-कूँजते हुए उड़ने लगते। उनमें जीवन के लिए लपलपाती चाह थी। ठंड में

सवेरे सफेद जूतों निकर और स्वेटर में उन्हें बिला नागा तेजी से टहलते देखकर आप चहके बिना रह नहीं सकते थे कि इस उम्र में भी यह आदमी इतने उत्साह से इस तरह भरपूर जी सकता है। क्या ऐसा आदमी बीमार दिल लिये रेंगता हुआ जीता?

अगर सन् 1947 में देश आजाद न हो गया होता और *नई दुनिया* खुल नहीं गई होती और उसमें बाबू लाभचन्द छजलानी जैसे आदमी से तिवारीजी बंध नहीं गए होते तो पता नहीं वे क्या होते। तब तिवारीजी तीस बरस के थे और बमबारी, पिस्तौलबाजी के साथ मिल में काम भी कर चुके थे। उथल-पुथल और तूफान के दिन बीत चुके थे और थिर होकर बहती नदियों पर पुल बनाने, जंगलों में सड़कें बिछाने और नये निर्माण के दिन आ गए थे। ऐसे जमाने में तिवारी जी की छटपटाहट को पूरी और भरपूर अभिव्यक्ति कहाँ मिलती? कोई क्रान्ति का माहौल नहीं था जिसके लिए वे सिर पर कफन बाँध कर अलख जगाने निकल जाते। उनके जीवन की उफनती नर्मदा को थिर होकर बहने, बिजली बनाने और खेतों को सींचने में लगना था। अगर बाबूजी जैसे आदमी की सर्वग्राही दोस्ती में वे नहीं आते तो उनका बंध कर रहना बहुत मुश्किल होता।

व्यक्तित्व और मन की बनावट के नाते बाबूजी और तिवारीजी दो अलग तरह के आदमी थे। विपरीत या विरोधी नहीं एक-दूसरे के पूरक। इसलिए तिवारीजी को समझने के लिए बाबूजी को समझना जरूरी है। बाबूजी का पिंड मूलत: धारक था। यानी उनकी जीवनी शक्ति उनकी धारणा शक्ति थी। धरती सबको धारण करती है, सहन करती है, जीवन देती है और सबको अपने में समो लेती है। इसीलिए उसे माँ धरती, धात्री, धारक आदि कहते हैं। जिस आदमी में धरती का यह गुण और बल होता है वही बनाने वाला होता है। लेकिन धरती की उर्वरकता बनी रहे इसलिए वायु, अग्नि, आकाश और जल अनिवार्य है। यही पंच महाभूत हैं। बाबूजी की धरती के लिए तिवारी कभी आँधी, तूफान, कभी आग, तो कभी पानी होकर बरस सकते थे। घरेलू ढंग से समझना हो तो बाबूजी गृहस्थ थे और तिवारीजी श्रमण। गृहस्थी है इसलिए श्रमण भी जरूरी है। गृहस्थी को शुद्ध, स्वस्थ और निरन्तर बनाए रखने के लिए उससे बाहर रहने वाला साधु, ऋषि, श्रमण भी होना चाहिए। श्रमण को गृहस्थी ही धारण करती है लेकिन उसके प्रतिष्ठान बन कर पतित होने का खतरा तभी तक टलता रहता है जब द्वार पर कोई अलख जगाता खड़ा हो। और लगातार आगाह करता जाता हो कि चलते रहने में ही जीवन है। गृहस्थी बैठकर स्थिर हो सकती है अपनी गतिशीलता खो सकती है। उसे बनाने के लिए धारण शक्ति जितनी जरूरी है, चलाते रहने के लिए श्रमण वृत्ति भी उतनी ही चाहिए।

बाबूजी धारणा शक्ति वाले आदमी नहीं होते तो *नई दुनिया* नहीं बनती, न तिवारीजी जैसे फक्कड़, अलख जगाने वाले श्रमण वृत्ति के आदमी अखबार की दुनिया में फँसते। खुद तिवारीजी भी मानते थे कि उन्हें बाँधकर रखना और उनकी

शक्ति को निर्माण में लगाना बाबूजी के ही बस की बात थी। इसलिए वे बाबूजी को दोस्त, बड़ा भाई और नेता सब मानते थे और उन्हीं के सामने खुशी-खुशी अपनी वाली छोड़कर उनका कहा करते भी थे। गुस्सा, मतभेद, लड़ाई-झगड़ा, रूठा-रूठी सब चलता था। बाबूजी और तिवारीजी के बीच एक रचनात्मक द्वंद्व था इसलिए *नई दुनिया* बनती और चलती रही। तिवारीजी के बिना *नई दुनिया* एक व्यापारिक प्रतिष्ठान होकर रह जाती और बाबूजी के बिना उसमें प्रतिष्ठान होने की शक्ति नहीं रहती। इस माने में भी तिवारीजी और बाबूजी एक-दूसरे के पूरक थे कि एक यानी बाबूजी जंगल की टहनियों से लेकर कम्प्यूटर सेटिंग जैसी अणु ऊर्जा *नई दुनिया* को देते रहे और तिवारीजी उसे गति के साथ दिशा। रज्जू बाबू (राजेन्द्र माथुर) का कहना गलत नहीं है कि इन्दौर के बाहर अखबारी दुनिया में *नई दुनिया* की छवि और प्रतिष्ठा तिवारीजी के कारण थी।

अखबारी दुनिया की औद्योगिकता और व्यावसायिकता में तिवारीजी को जो जगह मिली थी, वह *नई दुनिया* की वजह से थी और इसे खुद उनसे बेहतर कोई जानता नहीं था। *नई दुनिया* और उसकी परम्पराओं से तिवारीजी का लगभग तादात्म्य हो गया था। उनके व्यक्तित्व के तीखे कोने घिस कर चिकने हो गए थे बाहर वे शालीनता और दोस्ती दोनों के लिए जाने जाते थे तो इसमें *नई दुनिया* और बाबूजी दोनों का योगदान था। लेकिन *नई दुनिया* की गतिशीलता और दूरदर्शिता में ऐसा कुछ तत्त्व था जिसे कलदार नरेन्द्र तिवारी कहा जा सकता है।

वैसे देखा जाए तो नरेन्द्र तिवारी ने अखबारी दुनिया में जो योगदान किया वह सब उनकी अखबार में रहते हुए कमाई गई पूँजी थी। अखबारी उद्योग, प्रबन्धन और अखबार में क्या होना चाहिए और कैसा होना चाहिए—यह सब जानने के लिए उन्होंने कोई ट्रेनिंग नहीं ली थी। उनमें वह सामान्य बुद्धि थी जो असामान्य होती है। अपनी इस सामान्य बुद्धि को अनुभव पर धार देते हुए उन्होंने एक ऐसी हटूटी पा ली थी कि बिना किसी लम्बे चौड़े विश्लेषण के मुद्दे की जान पर पहुँच जाते थे। इलना, आईईएनएस, प्रेस काउंसिल और पीटीआई में अपनी इस हटूटी के कारण ही वे जाने और माने जाते थे। बुनियादी रूप से दोस्त आदमी थे इसलिए जिसके साथ एक बार काम किया और जिससे पट गई वह उन्हें हर जगह चाहता था। व्यावसायिक संस्थाओं और मंचों में रहने के लिए तिवारीजी को उठा-पटक, लेन-देन और राजनीति नहीं करनी पड़ती थी। इसके लायक वे थे भी नहीं। पाँव के रेलों को छुपाते हुए ऊपर से खुश और गर्वीले रहना उनकी पारदर्शिता के कारण सम्भव भी नहीं था। कोई असली और कलदार नहीं होता। तो टिक नहीं सकता। खोटे सिक्कों और नकली नोटों की जिन्दगी चार दिन की भी नहीं होती। बाजार में चाहे जो होता हो जिन्दगी में खोटों और खरों को छाँटने की अलग छलनी है। उसमें कबीराई अन्दाज के तिवारीजी की चमक और फौलादी काठी अलग ही थी।

बाबूजी के जाने के बाद तिवारीजी एक अजीब से संकट में पड़ गए थे। बाबूजी उनके लिए क्या थे यह तो उन्होंने जैन परम्परा से अलग हट कर खुद उनकी अस्थियों का हरिद्वार में विसर्जन करके साबित कर दिया था। लेकिन बाबूजी एक दोस्त और एक बड़े भाई से ज्यादा कुछ थे। बाबूजी *नई दुनिया* के धारक थे और तिवारीजी उसके नियामक। बाबूजी के जाने के बाद ये दोनों भूमिकाएँ तिवारीजी को लेनी पड़ी जो कि उनके स्वभाव और उनकी बनावट से मेल नहीं खाती थी। ये दोनों भूमिकाएँ खेलते हुए उन्हें अपनी असली पिंड पर खुद ही काबू करना पड़ता था और इससे उनके अन्दर कई तरह के तनाव और दबाव बढ़ते जाते थे। बाबूजी के होते हुए वे अपना गुस्सा, आक्रोश या निराशा अभिव्यक्त करके मुक्त हो जाते थे। उनके बिना तिवारीजी झुँझलाते और बिफरते भी थे लेकिन साथ ही एक तरह की असहायता भी महसूस करते थे। तिवारीजी आत्मदया वाले आदमी नहीं थे इसलिए अपने घाव और तनाव किसी को दिखाते नहीं थे। लेकिन उनकी सबसे बड़ी चिन्ता यही थी कि कहीं ऐसा कुछ न हो जाए कि संस्था को चोट पहुँचे। नियामक चेतना को खुलकर काम न करने देकर वे एक ऐसे अनिर्णय में फँस जाते थे जो उनके मूल व्यक्तित्व का सार नहीं था।

जब कोई अपनी निजता को, अपने व्यक्तित्व को पूरी तरह अभिव्यक्त नहीं कर पाता तो एक तरह की निराशा और दंशहीन गुस्सा आता है। तिवारीजी पर आखिरी चार सालों में इस निराशा और गुस्से के कारण तनाव बढ़ता जा रहा था और इसे वे हर किसी के सामने अभिव्यक्त कर नहीं सकते थे। बाबूजी थे नहीं कि उनके सामने खाली होकर और फिर भी उनका स्नेह पाकर मुक्त हो जाएँ। एक माने में तिवारीजी का पूरक तत्व बाबूजी के साथ ही चला गया था और उसके बिना वे सहज-सम्पूर्ण नहीं हो पाते थे। तिवारीजी मौत से डरने या उसकी फिक्र करने वाले आदमी नहीं थे। जान हथेली पर लेकर चलते थे और जीने की इच्छा उनके अन्दर लपलपाती लपट की तरह थी। एक माने में विधाता ने उन्हें स्नेह दिया कि लपलपाती आग को पहले अंगारा फिर धीरे-धीरे राख नहीं बनने दिया। वे एक मशाल थे और एकदम बुझ गए। उनके बिना कितने दिलों के कोने कितने सालों तक सूने रहेंगे कौन जानता है!

[*नई दुनिया*, 3 नवम्बर, 1985]

लोक को राजनीति के केन्द्र में लाने के लिए

हवाला खूब चलता है। इसे लगभग पूरा देश बरसों से जानता था। लेकिन भिलाई के जैन बन्धुओं की डायरियों से निकल कर वह फूटा तो जैसे भारतीय राजनीति में अणु बम फट गया हो। कोई पार्टी और कोई नेता इसके धमाके से बचा नहीं है।

हमारी पूरी राजनीतिक व्यवस्था के ही जैसे परखच्चे उड़ गए हैं। वामपंथी पार्टियों राहत में हैं कि उनको न जैन बन्धुओं से चुनाव लड़ने को पैसा मिला, न उनके नेताओं ने पूँजीपतियों का काम करवाने के पैसे लिये, लेकिन जानकार सब जानते हैं कि वामपंथी पार्टियों को रूस और चीन से जो पैसा मिलता था वह आता तो था हवाले के जरिये ही।

तो हमारी राजनीतिक व्यवस्था के हमाम में आखिर सब नंगे देख लिये गए हैं। और महीने दो महीने में चुनाव होने वाले हैं। सारे सर्वेक्षण कहते हैं कि हवाला इस चुनाव का सबसे बड़ा मुद्दा होने वाला है। लेकिन एक मतदाता चाहे कि हवाले पर राजनीति करने और चलाने वालों को अपने वोट से सार्वजनिक जीवन से बाहर कर दे तो कैसे करे?

कोई पार्टी नहीं है जो हवाला और दूसरे किस्म के भ्रष्टाचार से आए धन से राजनीति न करती हो। बड़े ऊँचे नीतिक ओटले और कमल के फूल पर खड़ी भाजपा के पाँव भी उतने ही कीचड़ में हैं। फर्क अगर है तो डिग्री का होगा क्योंकि जो जितनी और जितनी देर सत्ता में होगा हवाला चलाने वाले उसे उतना ही खुश और तृप्त रखते हैं। भाजपा, माकपा और भाकपा वाले कितने लोगों के काम करवा सकते थे?

भाजपा का सबसे बड़ा ट्रेडमार्क राष्ट्रभक्ति रहा है। पैसों और धंधे के लिए देश की सुरक्षा तक को गिरवी रख सकने और तमाम किस्म के माफियाओं से मिले होने कांग्रेसियों के खिलाफ राष्ट्रीय सुरक्षा को भाजपा चुनाव का बड़ा मुद्दा बनाने वाली थी। खासकर पुरुलिया हथियार कांड के बाद।

पाया गया कि दाउद इब्राहिम के लोगों को पूर्व कांग्रेसी मंत्री कल्पनाथ राय ही नहीं, भाजपा सांसद ब्रजभूषण शरण सिंह भी शरण देते थे। जिस स्रोत से कश्मीर के आतंकवादियों को पैसा मिलता था उसी से लालकृष्ण आडवाणी की पार्टी को

भी चुनाव लड़ने के लिए पैसा मिला है। राष्ट्रीय सुरक्षा अगर कांग्रेसी हाथों में खतरे में है तो इन भाजपाई हाथों में कैसे सलामत रहेगी? और कहा जाता है कि शरद पवार माफियाओं के संरक्षक हैं तो बाला साहेब ठाकरे क्या हैं इसे मुम्बई में कौन नहीं जानता।

इन पार्टियों में से किस पर मतदाता भरोसा करे? किस पार्टी के उम्मीदवार वोट देकर जिताए? सब जानते हैं कि पार्टियाँ उसी को टिकट देती हैं जो चुनाव लड़ने लायक धनबल और बाहुबल जुटा सके। कोई भी पार्टी जनता की सेवा और लोकहित में काम करने वाले आदमी की जनता की माँग पर टिकट नहीं देती। हर पार्टी के अपने-अपने गणित और तंत्र हैं और सभी अपराधी माफियाओं और पूँजीपतियों से मिलीभगत पर राजनीति करती हैं। यह तंत्र देश के आम आदमी के नाम पर चलता है क्योंकि उसी से इसे वैधता मिलती है। लेकिन इस तंत्र में आम आदमी कहीं नहीं है। न उसका कहा कहीं चलता है, न उसके हित के लिए कहीं कुछ होता है।

हमारा राजनीतिक तंत्र इस देश के सम्प्रभु लोगों के नाम पर उसे चलाने वालों का है और उन्हीं के लिए चलता है। हमारी पार्टी व्यवस्था में शक्ति नहीं है कि इसे सुधार सके और लोकोन्मुखी बना सके। जो पार्टियाँ एक-दूसरे को सन्तुलित करके सुधारने के लिए लोकतंत्र में अनिवार्य हैं वे हमारे वहाँ एक-दूसरे को भ्रष्ट करके विशाल भ्रष्टाचारी तंत्र में मिलाने की साधन हो गई हैं। चूँकि हर पार्टी की धमकियों में भ्रष्टाचार के एड्स वाले जीवाणु का रक्त बह रहा है इसलिए वह न अपने को सुधार सकती है, न दूसरी पार्टी को।

हमारे पार्टी तंत्र के पास आम आदमी की बेबसी को दूर करने का कोई तरीका नहीं है, न वह चाहता है कि इसे मिटाया जाए। हमारी राजनीति व्यवस्था में अपने आपको दुरुस्त करने, परिष्कार करने और अपना कायाकल्प करने की कोई शक्ति नहीं है। और अगर कहीं कुछ किया नहीं जा सकता तो इससे आम आदमी की बेबसी और बढ़ती है उसका हौसला और टूटता है। अगर आप इस देश के चिन्तित और चिन्तनशील नागरिक हैं और हाथ पर हाथ धरे बैठे नहीं रह सकते, न भ्रष्टाचार के सर्वव्यापी तंत्र के पुर्जे बनकर अपनी चेतना और आत्मा को खोने का पलायनवादी रास्ता पकड़ सकते हैं, तो क्या करेंगे? अपना अलग संसार बनाने का संकल्प करने वाले विश्वामित्र ही जब भिन्न सृष्टि नही ंरच सके तो उनके जैसा संकल्प करके आप क्यों अलग तरह के पलायन में अलोप हों? प्राप्त परिस्थिति और व्यवस्था में से ही कोई रास्ता और तरीका निकालना होगा।

लेकिन क्या इस देश के मतदाता चाहें तो अपने वोट से इस पूरी राजनीतिक व्यवस्था को ही उखाड़ कर फेंक सकते हैं? वे अगर धर्म, जाति और दूसरे छोटे लालचों से नहीं बँटे तो ज्यादा से ज्यादा यही कर सकते हैं कि कुछ नामी-गिरामी और साबित अपराधियों और भ्रष्टवादियों को चुनाव में हरा सकते हैं। लेकिन

इसकी क्या गारंटी है कि जिसे ईमानदार और सेवाभावी मान कर चुना है वह संसद और विधानसभा में पहुँचने के बाद वही सब नहीं करेगा जो सारे नेता करते रहे हैं। इसकी क्या गारंटी है कि जिन लोगों ने उसे वोट दिये उनके हित के काम करने के बजाय वह उनके हित-स्वार्थ पूरे करने में नहीं लग जाएगा तो बदले में हवाला के लाखों-करोड़ों देने को तैयार रहेंगे। हमने देख लिया है कि निजी ईमानदारी और प्रामाणिकता राजनीतिक और तंत्रगत भ्रष्टाचार के खिलाफ कोई गारंटी नहीं है।

तो साँपनाथ और नागनाथ में से चुनने के लिए कोई नहीं है और एक की बांबी दूसरे से अलग नहीं है। पूरी राजनीतिक व्यवस्था को वोट से उखाड़ फेंकने का कोई तरीका नहीं है और जो तरीका अपनाया जा सकता है वह लोकतंत्र को ही उखाड़ कर फेंक देगा। हवाला हमारे राजनीतिक सार्वजनिक जीवन की बहुत बड़ी ट्रेजेडी है लेकिन इससे बड़ी ट्रेजेडी यह है कि इस देश का सम्प्रभु नागरिक चाहे भी तो अपने वोट से इसका कोई इलाज नहीं कर सकता। आम आदमी की यह निपट असहायता और बेबसी भ्रष्टाचार के दुश्चक्र में फँसे राजनेता से कहीं अधिक दुखदायी और हताश कर देने वाली है।

हमारे पार्टी तंत्र के पास इस बेबसी को दूर करने का कोई तरीका नहीं है न वह चाहता है कि इसे मिटाया जाए। हमारी राजनीतिक व्यवस्था में अपने आप को दुरुस्त करने, परिष्कार करने और अपना कायाकल्प करने की कोई शक्ति नहीं है। और अगर कहीं कुछ किया नहीं जा सकता तो इससे आम आदमी की बेबसी और बढ़ती है और उसका हौसला और टूटता है।

अगर आप इस देश के चिन्तित और चिन्तनशील नागरिक हैं और हाथ पर हाथ धरे बैठे नहीं रह सकते, न भ्रष्टाचार के सर्वव्यापी तंत्र के पुर्जे बनकर अपनी चेतना और आत्मा को खोने का पलायनवादी रास्ता पकड़ सकते हैं, तो क्या करेंगे? अपना अलग संसार बनाने का संकल्प करने वाले विश्वामित्र ही जब भिन्न सृष्टि नहीं रच सके तो उनके जैसा संकल्प करके आप क्यों अलग तरह के पलायन में आलोप हों?

प्राप्त परिस्थिति और व्यवस्था में से ही कोई रास्ता और तरीका निकालना होगा। आजादी के पहले भी सत्ताशाली लोगों के पाँव पालने में दिखने लगे थे और गांधी इस राजनीतिक व्यवस्था को रद्द करके दूसरी खड़ी करने से पहले सत्ता पर आम आदमी के अंकुश का तरीका ढूँढ़ने लगे थे। उन्हें काल ने समय ही नहीं दिया।

सन बहत्तर से चौहत्तर तक जवानों और उनके साथ जयप्रकाश नारायण ने कोशिश की कि भ्रष्टाचार के खिलाफ सीधी कार्रवाई की जाए और निर्वाचित प्रतिनिधि पर मतदाता के सीधे अंकुश की कोई व्यवस्था खड़ी हो। वह कोशिश भी राजनीतिक व्यवस्था के भँवर में फँसकर डूब गई। बोफोर्स के नाम पर राजनीतिक भ्रष्टाचार के खिलाफ एक और अभियान विश्वनाथ प्रताप सिंह ने चलाया जो एक तरफ साम्प्रदायिकता और दूसरी तरफ जातिवाद से और भी भारी पाटों में पिस कर

रह गया। भ्रष्टाचार और राजनीतिक व्यवस्था से लड़ने की लोगों की शक्ति और उनका सात्विक आक्रोश ही सम्प्रदायों, जातियों और उपजातियों में बँट कर बिखर और प्रवाह पतित हो गया।

अब हाल यह है कि पार्टियाँ तो कुछ करना चाहती ही नहीं, स्वैच्छिक संस्थाएँ भी अपने छोटे-छोटे मुद्दों और आन्दोलनों में बिखरी हुई हैं। और कार्यपालिका और विधायिका की निष्क्रियता के कारण न्यायपालिका ऐसी भूमिका में उतर आई है जो न तो लोकतांत्रिकता का स्वास्थ्य सुधारेगी, न उन समस्याओं के हल ढूंढ़ पाएगी जो मूलतः कानून की नहीं राजनीति की समस्याएँ हैं।

ऐसे में पार्टियों, गुटों, संस्थाओं, विचारधाराओं और निहित स्वार्थों के परे जाकर उन सब लोगों को संवाद करना चाहिए जो न यथास्थिति को बनी रहने देना चाहते हैं, न आम आदमी की बेबसी को और बढ़ने देकर देश का मनोबल टूटने देना चाहते हैं। हमारी राजनीति, अर्थनीति और तथाकथित आधुनिकता के दबाव में टूटती सामाजिकता यों भी लोक को वर्गों और वर्ग हितों में बाँट रही है। इनका एक लक्ष्य ही जैसे लोक शक्ति को प्रकट, संगठित और प्रभावित नहीं होने देता है। लोक को विखंडन की इस प्रक्रिया से बचाने के लिए भी जरूरी है कि सर्वग्राही और सर्वव्यापी संवाद हों।

ऐसे संवाद का पहला लक्ष्य ही राजनीति और अर्थनीति के केन्द्र में लोक को स्थापित करना है। हमारा राजनेता बजाय अपनी समस्याएँ निपटाने में ही अपने संसाधन लगाएँगे।

इस देश के वे राजनेता जो गरीबी-बेरोजगारी और गैर बराबरी मिटाने में विफल हुए हैं—वे इस देश के पूँजीपतियों और नौकरशाहों के साथ होकर विश्व बाजार की शक्तियों से मिल गए हैं। ये लोग नहीं चाहते कि देश के आम लोग राजनीति में ऐसी सक्रिय रुचि लें और भागीदारी करें कि राजनेताओं, नौकरशाहों और पूँजीपतियों की मिलीभगत तोड़कर उन पर अंकुश लगा सकें। एक देश के निहित स्वार्थों को हवाला और शेयर घोटालों में डाल कर तो अपना एजेंट बनाया जा सकता है लेकिन लोक को गुमराह नहीं किया जा सकता। जो राष्ट्र और बहुराष्ट्रीय कम्पनियाँ इस देश को बाजार और उपभोक्ताओं में लाना चाहती हैं, उन्हीं को यह खतरनाक लगता है कि लोक फिर राजनीति का केन्द्र न हो जाए। आम आदमी का ऐसा राजनीतिकरण हो कि वह कुछ नेताओं, पार्टी तंत्रों और निहित स्वार्थों के भरोसे देश को छोड़ने पर तैयार न हो। संवाद इसलिए कि लोकतंत्र का अपना पहला कर्तव्य निभाने के लिए आम आदमी का राजनीतिकरण किया जाए और उसे सक्रिय भागीदारी देकर राजनीति को निहित स्वार्थों का नहीं लोकहित का साधक बनाया जाए। (*राष्ट्रीय सहारा*)

[16 मार्च, 1996]

...तब तक देश भले रसातल में जाए

प्रधानमंत्री ने खुद ही मान लिया है कि उनकी सरकार का कोई विकल्प नहीं है इसलिए वह चलती रहेगी। देश को स्थिर सरकार और योग्य नेतृत्व देने वाली पार्टी की सरकार का अपने बने रहने पर अपनी ओर से बताया जा रहा सबसे बड़ा औचित्य यही है कि उसे हटाने वाला कोई दूसरा गठबन्धन है नहीं और न बनता हुआ दिख रहा है। इसलिए न तो वाजपेयी सरकार को कोई खतरा है और न वह अस्थिर है। कहने की जरूरत नहीं कि लोग ही नहीं खुद सत्तारूढ़ मुख्य पार्टी भी अपने से बेहतर प्रशासन की उम्मीद नहीं करती, न दिनोदिन बढ़ती जा रही अराजकता को रोकने के दावे का बहाना बना रही है।

देश में जो निपट राजहीनता है इसके लिए भाजपा गठबन्धन राजनीति को कोसती है। उसके नेता और पदाधिकारी बार-बार कह चुके हैं कि गठबन्धन राजनीति जो सीमाएँ, बाधाएँ और मजबूरियाँ थोपती है उनके चलते इससे बेहतर कुछ हो ही नहीं सकता। जनता ने अगर हमारी पार्टी को अच्छा नहीं तो स्पष्ट बहुमत भी दिया होता तो हम सरकार चलाकर बताते। ऐसा कहने के पीछे दोनों मंशाएँ हैं। एक तो जनता का कहना है कि वह जो भुगत रही है, उसी के किये का नतीजा है। दूसरा कि अगले चुनाव में हमें बहुमत दो ताकि हम आपको गठबन्धन राजनीति के लगभग अनिवार्य कुराज से बचा सकें। जनता को अपने किये की सजा देना और फिर भी उम्मीद करना कि उसे सद्‌बुद्धि आएगी और अगली बार वह उसे अच्छा बहुमत देगी एक ऐसी पार्टी का ही रवैया हो सकता है जिसमें अपने को उद्धारक समझने का नीतिक दम्भ हो। भाजपा में आप जानते हैं कि इसकी कोई कमी नहीं है।

सब जानते हैं कि भाजपा को न तो गठबन्धन राजनीति में विश्वास है, न वह इसे देश के लिए वांछनीय मानती है। उसने गठबन्धन राजनीति करने की आपद् धर्म के नाते स्वीकार किया है। वह अच्छी तरह जानती है कि अपने भरोसे और बल पर वह सत्ता में नहीं आ सकती और अपने कार्यकर्ताओं को अपने से लगाए रखने और अपने से आ जुड़े निहत स्वार्थों को पुष्ट करने के लिए जरूरी है कि बताया जाए कि हम सत्तारूढ़ हो सकते हैं। इसलिए भाजपा ने सत्ता में आने के लिए वह सब किया जो दूसरी पार्टियाँ करती हैं। कहा गया कि भाजपा जैसी अपने

को सिद्धान्तनिष्ठ और हिन्दुत्ववादी बताने वाली पार्टी यह सब कैसे कर सकती है तो उत्तर दिया गया कि हम राजनीतिक पार्टी हैं कोई साधु-संतों की जमात नहीं हैं। जैसी राजनीति होगी वैसा ही हमें करनी होगी और इस राजनीति के सूत्र सँभाल कर उसे बदलना हमारा काम है। लोक में विश्वास है कि 'काजल की कोठरी में कैसो ही सयानो जाए एक लीक कालिख की लागी पर लागी रहे।' लेकिन संघ से निकले भाजपाइयों को विश्वास है कि वे काजल की कोठरी में जाएँगे तो उसे अपने तेज, अपनी निष्ठा और तपस्या से अलग करके रख देंगे। अभी तक तो यही हुआ है कि इस कोठरी में भाजपाइयों के कारनामे कांग्रेसियों से बदतर ही निकले हैं और उनमें वह चारित्रिक शक्ति कहीं दिखाई नहीं दी है जो आजादी के बाद के कांग्रेसियों तक में थी।

बहरहाल यह विश्वास करना भी अच्छा है कि हम इस राजनीति में इसलिए उतरे हैं कि इसे बदल देंगे। और अभी जो भी गठबन्धन और समझौते कर रहे हैं वे इसलिए कि सत्ता में बने रहें, पाँव जमाएँ, उसके हत्थे पर अपनी पकड़ मजबूत करें और ऐसी परिस्थितियाँ पैदा करें कि जनता सिर्फ हम में विश्वास करे, हमें अच्छा बहुमत दे और फिर हम साबित करें कि हम देश को कहाँ से कहाँ पहुँचा सकते हैं। इसलिए सचाई यह है कि भाजपा इस गठबन्धन में है और नहीं भी है। वह सरकार चला भी रही है, नहीं भी चला रही है।

भाजपा नेताओं ने बार-बार यह बताने की कोशिश की है कि यह गठबन्धन की सरकार है अकेली भाजपा की नहीं। यह सिर्फ भाजपा कार्यकर्ताओं को सन्तुष्ट करने और उनको इस सरकार से खूब उम्मीदें करने से रोकने के लिए नहीं है। यह जनता को बताने के लिए भी है कि गठबन्धन की सीमाएँ होती हैं और सहयोगी पार्टियों को सन्तुष्ट रखे बिना सरकार नहीं चलाई जा सकती। जरूरी नहीं कि सहयोगी पार्टियों का भी वही एजेंडा और लक्ष्य हो जो भाजपा का है। और तो और, भाजपा ने अपने घोषणा पत्र तक को सरकार चलाने के लिए बनाए गए एजेंडे से अलग रखा है। गठबन्धन सरकार तो उसका कामचलाऊ संकल्प है। सेमीफाइनल है। सत्ता के जरिये वह अपने को जितना भी मजबूत कर सकती है और जितना भी अनुभव प्राप्त कर सकती है, करेगी और जब उसका अपना और अच्छा बहुमत होगा तब बताएगी कि कितना अच्छा शासन कर सकती है और देश को कहाँ से कहाँ पहुँचा सकती है। जब तक भाजपा ऐसी स्थिति में नहीं आती गठबन्धन चलाती रहेगी और जितना बन पड़ेगा करती रहेगी।

भाजपा के इस रवैये को आप राजनीतिक ईमानदारी भी कह सकते हैं और देश के साथ हर दर्जे की बेईमानी भी। भाजपा का गठबन्धन राजनीति में विश्वास नहीं है लेकिन अपने पार्टी हितों को आगे बढ़ाने के लिए कोई तीस-पैंतीस साल से वह गठबन्धनों में शामिल होकर सत्ता का जितना बड़ा टुकड़ा मिलता रहा है उसका

उपयोग करती रही है। संविद के जमाने में वह छोटी पार्टी थी और इसलिए उसका हिस्सा छोटा हुआ करता था। अब आज के गठबन्धन की वह मुख्य और सबसे बड़ी पार्टी है और उसका हिस्सा सबसे बड़ा है। भाजपा की आज जो ताकत है वह सिर्फ उसकी अपनी नहीं है। उसके ताकतवर होने में या उसे शक्तिशाली बनाने में दूसरी पार्टियों का कोई कम योगदान नहीं है। इसलिए भारतीय राजनीति की कोई सबसे स्वाभाविक गठबन्धन पार्टी हो सकती है तो भाजपा ही होनी चाहिए। और आज जहाँ वह पहुँची है वहाँ से उसे रचनात्मक गठबन्धन राजनीति को मजबूत करने और चलाने की मुख्य पार्टी होना चाहिए।

लेकिन एक बार खुद उसके गठबन्धन राजनीति में विश्वास न होने की बात अलग भी रख दी जाए तो वास्तविकता यह है कि कल तक उसकी सबसे बड़ी शिकायत यही थी कि दूसरी पार्टियाँ उसे अछूत समझती हैं। और पिछले साल की उसकी कोई सबसे बड़ी उपलब्धि है तो यही कि उसने अपना अछूतपन समाप्त किया है। सत्रह-अठारह पार्टियाँ उसके साथ सत्ता में भागीदारी कर रही हैं और उसका दावा है कि उसके बिना इस लोकसभा से कोई सरकार निकल ही नहीं सकती। चुनाव के पहले के गठबन्धन को ही वह ठीक और पवित्र मानती है लेकिन सरकार बनाने और चलाने के लिए उसने तेलुगुदेशम से समझौता किया जो कि चुनाव में उसके प्रतिद्वंद्वी संयुक्त मोर्चे की संयोजक पार्टी थी और जिसके खिलाफ उसने आंध्र में ही नहीं, पूरे देश में चुनाव लड़ा था। आज भी जब अन्नाद्रमुक उसे गरम तवे पर बैठाए रखता है और जयललिता लगभग रोज ही उसकी सरकार से समर्थन वापस लेने की धमकी देती रहती है तो भाजपा उन्हीं लोगों के भरोसे अपनी सरकार बचाने की बात करती है जो चुनाव में उसके खिलाफ लड़े हैं।

कह सकते हैं कि गठबन्धन राजनीति में सबकुछ जायज है जैसा कि प्रेम और युद्ध में होता है। लेकिन यह कहने के बाद और सत्ता में बने रहने के लिए सभी तरह के हथकंडे अपनाने के बाद आप गठबन्धन राजनीति का महज आपद् धर्म मानें और उसे उसी तरह करें तो यह पार्टियों के साथ बेईमानी हो या न हो, देश की जनता और उसके भविष्य के साथ खिलवाड़ जरूर है। ऐसे में देश के लोगों की यह धारणा बनती जा रही है कि सरकार को न शासन की चिन्ता है, न आम लोगों और देश के भले की, तो कोई गलत नहीं है।

पोकरण के जिन आणविक परीक्षणों और देश के आणविक शस्त्रीकरण को यह सरकार अपनी सबसे बड़ी उपलब्धि मानती है वे भी आखिर भाजपा के एजेंडे पर थे। न भारत की सुरक्षा को ऐसा कोई आसन्न संकट था कि परीक्षणों की वस्तुनिष्ठ अनिवार्यता बताई जा सके और न ये परीक्षण कोई इस सरकार की वैज्ञानिक-तकनीकी तैयारी के परिणाम हैं। तैयारी पहले से चल रही थी। इस सरकार ने मात्र परीक्षण करने का निर्णय लिया। इससे क्या हासिल हुआ इस बहस को एक बार छोड़ भी

दिया जाए तो इतना तो निश्चित है कि भाजपा ने आणविक नीति पर देश में जो आम सहमति चालीस साल से चली आ रही थी उसे तोड़ा। इस इरादे से कि इसका राजनीतिक लाभ उसे मिलेगा। यह बात अलग है कि पाकिस्तान के छह परीक्षण करने से वह मूँछ मरोड़ू और खम ठोंकू लाभ भी जाता रहा। इस गठबन्धन सरकार में जिस तरह दूसरी पार्टियाँ अपने-अपने एजेंडे पूरे कर रही हैं वैसे ही आणविक परीक्षण करके भाजपा ने अपना एजेंडा पूरा किया।

राजनीतिक लाभ लेने और सत्ता में होने के जायज-नाजायज फायदे उठाने में भाजपा किसी पार्टी से पीछे नहीं है लेकिन वह गठबन्धन राजनीति को न तो वांछनीय मानती है, न करणीय। ज्यादा से ज्यादा यह उसे आपद् धर्म के नाते स्वीकार है और पार्टी हित में इसका जितना भी उपयोग किया जा सके करने में उसे कोई हिचक नहीं है। इसे आप बेईमानी नहीं तो क्या कहेंगे। गठबन्धन राजनीति का आज से नहीं कोई तीस-पैंतीस साल से उपयोग करते हुए भी न तो भाजपा ने उसके प्रति रचनात्मक रवैया विकसित किया, न वह भारतीय राजनीति की स्वाभाविक गठबन्धन पार्टी बनी। इसका कारण तो निश्चित ही यह है कि वह गठबन्धन को महज उपयोग का अवसर मानती रही और उसकी सरकार की विफलता का सबसे बड़ा कारण है तो यही कि भाजपा समेत सभी पार्टियाँ इसे पार्टीगत लाभ उठाने का अवसर मानकर चल रही हैं। भाजपा संयुक्त मोर्चे की सरकार को अवसरवादी गठबन्धन कहकर देश हित में जल्द से जल्द समाप्त करने की आवाज उठाया करती थी। उसकी सरकार को तो देश हित में दरअसल एक दिन भी नहीं चलने देना चाहिए।

गठबन्धन राजनीति में कम से कम तीस-पैंतीस साल से पड़ी भाजपा अगर इस राजनीति में विश्वास नहीं करती और इसे आपद् धर्म मानकर एक पार्टी वर्चस्व की आकांक्षा से काम कर रही है तो कांग्रेस ऐसी पार्टी है जो गठबन्धन राजनीति में आजादी के बाद कभी पड़ी ही नहीं। सन् '77 तक तो वह एक पार्टी वर्चस्व की उदाहरण ही बनी रही। दो साल बाद उसने जनता पार्टी सरकार को गिराने के लिए चौ. चरण सिंह की सरकार बनवाई उसे बाहर से मदद दी और बहुत बेआबरू करके गिरवाया और सन् '80 में फिर अकेले राज सँभाल लिया। कोई यारह साल बाद चन्द्रशेखर को आगे करके कांग्रेस ने सरकार बनवाई और ऐसी परिस्थिति पैदा की कि चन्द्रशेखर खुद ही पल्ला झाड़कर अलग हो गए। फिर सन् '96 में देवेगौड़ा और फिर इन्दर कुमार गुजराल की संयुक्त मोर्चा सरकारों को भी कांग्रेस ने डेढ़ साल चलने दिया और उनके साथ भी वही खेल किया। भाजपा (तब के जनसंघ) ने एक बार तो अपने को जनता पार्टी में विलीन ही कर दिया था और गठबन्धन सरकारों में वह शुरू से रही भी है। इस नाते कांग्रेस और भाजपा का इतिहास बिल्कुल उलट रहा है।

लेकिन अब बहुत सी गैरभाजपाई पार्टियाँ और नेता कांग्रेस से ही उम्मीद कर रहे हैं कि वह पहल करके नया गठबन्धन बनाए और सरकार भी। कांग्रेस बहुत हिचक रही है क्योंकि दूसरी पार्टियों के साथ मिलकर सरकार चलाना न वह चाहती है और न ही उसे गठबन्धन सरकारों का कोई अनुभव है। कभी कांग्रेस पार्टी भारतीय समाज का एक महागठबन्धन हुआ करती थी। उसमें देश के लगभग सभी राजनीतिक, सामाजिक और आर्थिक तबकों का समावेश होता था। अब कांग्रेस का वह चरित्र नहीं रह गया है। श्रीमती सोनिया गांधी के नेतृत्व में तो वह राजनीतिक पार्टी भी नहीं लगती है। इसलिए उम्मीद करना कि वह पहल करके कोई गठबन्धन और फिर सरकार बनाएगी उसके साथ ज्यादती करना है। वह प्रतीक्षा करेगी कि वाजपेयी सरकार खुद गिरे और ऐसे समय गिरे जब छह महीने बाद चुनाव हों तो कांग्रेस कम से कम अकेली सबसे बड़ी पार्टी बनकर आए और भले ही तब उसे गठबन्धन करने पड़ें और अल्पमत की सरकार चलानी पड़े। तब तक वह देश को वाजपेयी सरकार के भरोसे छोड़कर रसातल में जाने देने को तैयार है। (*राष्ट्रीय सहारा*)

[5 सितम्बर, 1998]

न कोई अर्थ, न कोई नई दिशा

अर्जुन सिंह का इस्तीफा न तो वी.पी. सिंह के इस्तीफे की तरह है और न ही 1969 के कांग्रेस विभाजन की तरह। वी.पी सिंह ने जब इस्तीफा दिया था, तब देश में उनकी छवि राजीव गांधी से ज्यादा स्वच्छ राजनेता की थी। लोगों को लगा था कि भ्रष्टाचार को पकड़ने और उसके खिलाफ आवाज उठाने के कारण उन्होंने इस्तीफा दिया और कांग्रेस से निकाले भी गए। उनके बाहर आने से विपक्ष की राजनीति को एक नई धुरी मिली थी और भ्रष्टाचार से लड़ने के लिए लगभग वैसा ही माहौल बना था, जैसा जे.पी. आन्दोलन के वक्त था। अर्जुन सिंह के इस्तीफे से ऐसा कुछ भी नहीं हुआ है। न तो वे गैर कांग्रेसी विपक्ष की धुरी बन सकते हैं और न ही भ्रष्टाचार के खिलाफ किसी नये आन्दोलन का अगुआ। वे कांग्रेस को सिर्फ इन्दिरा गांधी या राजीव गांधी के जमाने में लौटाना चाहते हैं। तदर्थवाद राजीव गांधी और उससे भी ज्यादा इन्दिरा गांधी के वक्त था। नरसिंह राव कांग्रेस को लोकतांत्रिक संस्था नहीं बना पाये। अब अगर सोनिया गांधी को कांग्रेस सौंप दी जाये, तो भी उसमें आन्तरिक लोकतांत्रिकता के लिए कोई गुंजाइश नहीं दिखाई देती। इसलिए अर्जुन सिंह के इस्तीफे का इतना ही मतलब हो सकता है कि वे इन्दिरा गांधी या राजीव गांधी या सोनिया गांधी के राजतंत्र के दरबारी हो सकते हैं, नरसिंह राव के सहयोगी नहीं।

शेयर घोटाला की जाँच के लिए अर्जुन सिंह ने सर्वोच्च न्यायालय के न्यायाधीश की नियुक्ति की बात की है, किंतु सारे घोटालों का पितृ घोटाला 'बोफोर्स' पर उन्होंने चुप्पी साध लिया है। राजीव गांधी हत्याकांड की बात उठाकर वे निश्चित ही अपने को 'दस जनपथ' का सिपाही बनाते हैं और कांग्रेसियों को आभास देते हैं कि उन पर सोनिया गांधी का वरदहस्त है। सोनिया के नेतृत्व में कांग्रेस का कोई कायाकल्प हो सकता है, इसकी उम्मीद छुटभैये कांग्रेसियों को भले ही हो, इस देश की जनता को तो नहीं है। अर्जुन सिंह जिस तरह की कांग्रेस बनाना चाहते हैं, वह नेहरू राजवंश की जागीरदारी तो हो सकती है, देश के आम लोगों में कोई जान नहीं फूँक सकती। इसलिए यह मानते हुए भी की नरसिंह राव का नेतृत्व कोई नेतृत्व नहीं है और अकर्म को पराक्रम बनाने वाले प्रधानमंत्री से कोई उम्मीद नहीं की जा सकती, अर्जुन सिंह के विद्रोह में भी मुझे कोई अर्थ और नई दिशा नहीं दिखाई देती। मौजूदा

कलह के बावजूद मैं नहीं समझता कि कांग्रेस पार्टी टूटेगी, क्योंकि इसे तोड़ने वाले शक्तिशाली लोग अब इसमें हैं ही नहीं। दूसरे लोग कितना भी लड़ लें या गरिया लें, लेकिन अलग होकर उनका भविष्य उज्ज्वल न हो सकेगा। अगले चुनावों में कांग्रेस अगर दो या तीन राज्यों में भी चुनाव जीत जाए तो आप देखेंगे कि जितनी भी तलवारें हवा में चल रही हैं, वापस म्यान में चली जाएँगी और तलवार भाँजने वाले मनसबदार बन कर कतार में खड़े हो जाएँगे। यदि सभी राज्यों में कांग्रेस हार गई, तो नरसिंह राव का तो कम से कम कोई भविष्य नहीं ही होगा।

लोकसभा चुनाव में जब देश के लिए सरकार चुननी हो तो यह बिल्कुल सम्भव है कि हमारे मतदाता उसी तरह से वोट न दें, जिस तरह से पिछले चुनावों में देते आए हैं, इस देश के मतदाताओं ने नेताओं से ज्यादा समझदारी और परिपक्वता दिखाई है। इसलिए उस पर विश्वास करते हुए अगले साल के लोकसभा चुनाव के बारे में भविष्यवाणी करना अभी ठीक नहीं है, लेकिन पिछले तीन विधानसभा चुनावों में जो प्रवृत्ति उभरी है, उससे मैं चिन्तित हूँ। इस वक्त केन्द्र में शक्तिशाली नेतृत्व नहीं है। जगह-जगह क्षेत्रीय ताकतों का उभरना सकारात्मक केन्द्रवाद का नहीं, बल्कि विखंडनकारी ताकतों के उभरने का संकेत है।

कांग्रेस का आधार सिकुड़ता जा रहा है और अब यह उस तरह की राष्ट्रीय पार्टी नहीं रह गई, जैसी पहले थी। इसके विकल्प के रूप में भाजपा अपने आप को प्रक्षेपित करती रही है, उसका भी उतार नवम्बर '93 के चुनाव से हो रहा है। वह सही मायने में उत्तर भारत की भी पार्टी नहीं है। इसलिए इसे कांग्रेस का विकल्प नहीं कहा जा सकता। राष्ट्रीय मोर्चा सही मायने में राष्ट्रीय है ही नहीं। ऐसे में अगले लोकसभा चुनावों के बाद क्या निकलकर आएगा, इसकी कोई स्पष्ट रूपरेखा दिखाई नहीं देती। कहा जा रहा है कि पहली बार हम शायद केन्द्र में मिलीजुली सरकार की ओर बढ़ेंगे। लेकिन भाजपा के साथ क्षेत्रीय पार्टियाँ सरकार बनाएँगी नहीं और वे कांग्रेस के साथ भी मिलना पसन्द नहीं करेंगी। तब कोई 'नेशनल गवर्नमेंट' कैसे बन सकती है, इसका अता-पता दिखाई नहीं देता। (*राष्ट्रीय सहारा*)

[15 जनवरी, 1998]

हम तो इतिहास के ढिंढोरची हैं, निर्माता नहीं

पत्रकारिता का ही पेशा आपने क्यों चुना? क्या आप पत्रकारिता को ही अपने जीवन का सर्वोत्तम कार्य मानते हैं?

मैं नहीं कहूँगा कि पत्रकारिता का पेशा मैंने चुना। लिखने में मेरी रुचि बचपन से थी। मेरी माँ, हालाँकि केवल पढ़ सकती हैं, लिखती नहीं, वे *रामचरितमानस, महाभारत, भागवत* और अन्य पौराणिक ग्रंथों का लगातार पाठ किया करती थीं। अपनी माँ की वजह से ही पौराणिक ग्रंथों और हिन्दी के भक्त कवियों से मेरा परिचय हुआ। 1956 में (जब मेरी उम्र लगभग 16-17 साल थी) मैं इन्दौर में एक गाँव में पूरी तरह रहने लगा। गाँव में रहने के निर्णय के पीछे कोई और कारण नहीं, बल्कि मेरे खुद का 'स्वान्त: सुखाय' था। गाँव में रहते हुए मैंने पहली बार दूसरे देशों के बड़े लेखकों को पढ़ा। टालस्टाय से लेकर चेखव तक और बालजाक से लेकर हेमिंग्वे तक। आपको ताज्जुब होगा कि हेमिंग्वे का तो पहला उपन्यास *सन आल्सो राइजेज* से लेकर *ओल्ड मैन एंड द सी* तक सारा पढ़ डाला। इसी दौरान विनोबा जी 'नगर स्वराज' की अवधारणा को कायम करने के उद्देश्य से एक महीने के लिए इन्दौर आए। उनके भाषणों को अखबार में रिपोर्ट करना बहुत मुश्किल काम था, क्योंकि उसमें कोई सामान्य चटपटी खबर तो होती नहीं थी, उसमें तो अध्यात्म और प्रज्ञा का एक अद्भुत सम्मिश्रण होता था जिसे रिपोर्ट करना *नई दुनिया* के किसी सामान्य संवाददाता के बस की बात नहीं थी। पहले दिन *नई दुनिया* में उनके भाषणों को किसी संवाददाता ने रिपोर्ट किया जो स्तरीय नहीं था। दूसरे दिन नई दुनिया के सम्पादक राहुल बारपुते और राजेन्द्र माथुर ने मुझे बुलाया और विनोबा के भाषणों को कवर करने की जिम्मेदारी सौंपी। मैं सुबह 3 बजे से शाम 6 बजे तक विनोबा जी के साथ रहता था और रोज शाम को लौटकर अकेले *नई दुनिया* में दो टेबुलायड पेज लिखता था। मैंने यह काम लगातार एक महीने तक किया। ये दोनों पन्ने इतने लोकप्रिय हुए कि विनोबा जी के जाने के बाद *नई दुनिया* ने अपने सम्पादकीय में इसका जिक्र किया और मेरे नाम का उल्लेख करते हुए इसका श्रेय मुझे दिया। मेरे लिए यह सम्मान की बात थी कि इतने कम समय में ही किसी अखबार के सम्पादकीय में मेरा जिक्र हुआ। इसके बाद से ही मैंने राहुल जी के

कहने पर *नई दुनिया* के लिए काम करना शुरू कर दिया। सच कहूँ तो मैंने जो चुना था वह 'समाज सेवा' थी और साहित्य में मेरी विशेष दिलचस्पी थी, लेकिन मैं आ गया पत्रकारिता में। मुझे इस बात का कोई दुःख नहीं है कि मैं पत्रकारिता में हूँ, लेकिन अब भी मैं पत्रकारिता को अपने जीवन का सर्वोत्तम कार्य नहीं मानता। मैं मानता हूँ कि मैं हरिभजन के लिए निकला था और कपास ओट कर चला आया, लेकिन जिस तरह कबीर को कपास ओटते हुए कोई दिक्कत नहीं हुई थी और उसे ओटते हुए वे हरिभजन भी करते रहे, वैसे ही मैं भी सोचता हूँ कि कपास ओटते हुए ही हरिभजन भी करूँ यानी साहित्य लेखन की तरफ बढ़ूँ।

हिन्दी पत्रकारिता में आप करना क्या चाहते थे और उसमें आपको कितनी सफलता मिली?

हिन्दी पत्रकारिता में मैं तीन बातें करना चाहता था। एक तो हिन्दी पत्रकारीय भाषा में एक अजीब तरह की 'औपचारिकता' पर मुझे शुरू से ही एतराज था। मैं अखबारों की खबरों में जन संचार की एक ऐसी सामान्य हिन्दी के प्रयोग का इरादा रखता था जिसे लोग अपने मन की स्वाभाविक अभिव्यक्ति के बतौर लें। इसमें पूरे तौर पर तो नहीं लेकिन काफी हद तक हमें सफलता मिली है और हमारा अखबार ही नहीं बल्कि लगभग सभी हिन्दी अखबार आज हिन्दी भाषा की इस 'औपचारिकता' से मुक्त हुए हैं। दूसरा, मुझे यह लगता था कि हमारे जीवन में एक खास तरह का द्वैत है। जब हम सार्वजनिक तौर पर बात करते हैं तो मूल्यों और नीतिकता पर हमारा खासा जोर रहता है, लेकिन जब हम निजी तौर पर बात करते हैं तो इस तरह की औपचारिकता नहीं रहती। एक किस्सा आपको बताऊँ कि जब मोरारजी प्रधानमंत्री थे तो जिमी कार्टर भारत आए थे और उन्होंने मोरारजी से व्यक्तिगत अनौपचारिक बातचीत में मोरारजी के लिए गाली का प्रयोग किया था, जिसको लेकर काफी हंगामा हुआ था। कार्टर के लिए यह गाली महत्त्व की बात नहीं थी, क्योंकि अमेरिकी समाज एक खुला समाज है जहाँ का राष्ट्रपति भी बातचीत में उन्हीं शब्दों का इस्तेमाल करता है जिनका वहाँ की आम जनता। उस वक्त मुझे ऐसा लगा कि पत्रकारिता में अगर हम अनौपचारिक संवाद कायम नहीं कर सकते तो फिर हम पत्रकार नहीं हैं, क्योंकि पत्रकारिता में लगे लोगों का काम लाखों करोड़ों तक सूचनाएँ पहुँचाना है। हमने यह काम अपने अखबार के माध्यम से शुरू किया और आज लगभग सभी अखबार इसको प्राथमिकता भी दे रहे हैं। नेताओं के बारे में एक आम धारणा बनी कि उनके बारे में भी वैसा ही लिखा जाना चाहिए जैसा आम आदमी के बारे में लिखा जाता है। ये नेता कोई ऊँचे ओटले पर खड़े लोग नहीं हैं। यह काम इन्दिरा जी के समय से ही हिन्दी पत्रकारिता में शुरू हुआ, जो आज भी जारी है। तीसरी बात, '80 के पहले तक यह माना जाता था कि असली चीज अंग्रेजी है, हिन्दी

पत्रकारिता तो उसकी पछलग्गू है। इस बात से मुझे बहुत कोफ्त होती थी। इसको हिन्दी ने गलत साबित कर दिखाया। हमने पंजाब पर, कश्मीर पर, साम्प्रदायिक दंगों पर, चुनावों पर या 1984 के सिख विरोधी दंगों पर जितनी अच्छी कवरेज की उतनी अंग्रेजी वाले नहीं कर सके। मैं यहाँ एक दिलचस्प घटना का जिक्र करना चाहूँगा। हमने जनसत्ता पूरे स्टाफ की नियुक्ति कर ली थी, लेकिन उस वक्त तक अखबार नहीं शुरू हुआ था। उसी दौरान एक दिन *एक्सप्रेस* के लोगों ने हड़ताल कर दी। हमारे संस्थान के लोगों ने मुझसे पूछा कि क्या तुम *जनसत्ता* की टीम से एक दिन का *एक्सप्रेस* निकाल लोगे। मैंने हाँ कर दी। आपको जानकर ताज्जुब होगा कि अगले रोज का *एक्सप्रेस* इन्हीं लोगों ने निकाला, जो कि अभी प्रशिक्षण पर थे। इस घटना से हमारे *जनसत्ता* के सहकर्मियों में एक आत्मविश्वास पैदा हुआ कि हम हिन्दी के लोग अंग्रेजी से बेहतर साबित हो सकते हैं। इस तरह देखा जाए तो हमें इन तीनों स्तरों पर ही एक हद तक सफलता मिली है।

क्या अखबार की कोई एक निश्चित विचारधारा होनी चाहिए?

देखिए, विचारधारा तो राजनीतिक दल या समूह की होती है। किसी अखबार की कोई निश्चित विचारधारा हो, इसको मैं गलत मानता हूँ। क्योंकि अखबार का प्रमुख काम लोगों को सूचनाएँ और जानकारियाँ देना होता है, किसी विचारधारा का प्रचार करना नहीं। अगर कोई अखबार अपनी एक निश्चित विचारधारा घोषित कर दे तो वह किसी राजनीतिक दल विशेष का मुखपत्र बन जाएगा। जैसा कि सर्वोदय, राम कृष्ण मिशन, जनसंघ और कम्युनिस्टों के अखबार होते हैं। इसलिए अखबार के मामले में विचारधारा की बात लोकहित के विरुद्ध होगी। लेकिन अखबारों के अपने कुछ नीतिक मूल्य अवश्य होने चाहिए। लगभग सभी अखबारों का किसी समूह के प्रति झुकाव रहता है, लेकिन मेरा मानना है कि यह झुकाव प्रतिबद्धता में तब्दील नहीं होना चाहिए। वरना उस अखबार का वही हश्र हो जाएगा जो *पैट्रियाट, मदरलैंड, आर्गेनाइजर, पांचजन्य* या अन्य दूसरे राजनीतिक दलों के अखबारों का हुआ। हाँ, अखबार के सम्पादक या किसी अन्य व्यक्ति की कोई निश्चित विचारधारा हो सकती है, लेकिन इसका मतलब यह कतई नहीं होना चाहिए कि उसके अखबार में अन्य दूसरी विचारधाओं का उचित प्रतिनिधित्व न हो, यानी हर विरोधी विचारधाराओं को पूरा स्थान दिया जाना चाहिए ताकि इस प्रक्रिया में पाठक एक निष्पक्ष राय बना सके।

व्यक्तिगत स्तर पर आप स्वयं को किस विचारधारा के करीब पाते हैं? कुछ लोग आप पर भाजपा समर्थक होने का आरोप लगाते हैं। इस सन्दर्भ में आपकी क्या राय है?

मैं स्वयं को गांधीवादी विचारधारा के करीब पाता हूँ और भारतीयता की उनकी

अवधारणा से मैं काफी हद तक सहमत भी हूँ। आज मैं 'हिन्दू' संस्कृति और 'राम राज्य' की बात करता हूँ तो इसका यह मतलब कतई नहीं है कि ये शब्द भाजपा के हैं। जनसंघ 1951 और भाजपा तो 1980 के बाद की परिघटना है। जबकि महात्मा गांधी ने 1920 में ही हिन्दू धर्म की विराटता को भारतीयता का मुख्य आधार माना था और 1920 में ही उन्होंने 'राम राज्य' की अवधारणा प्रस्तुत की थी। 'स्वदेशी' भी उन्हीं का दिया गया शब्द था। भाजपा के लोग तो आज इन शब्दों का इस्तेमाल कर रहे हैं। आज मेरे लेखन में भारतीयता की जो भी बात उभरकर आती है उसका पूरा आधार गांधीवादी विचारधारा में मौजूद है। भाजपा ने हिन्दू धर्म की विराटता और गांधीवादी सोच के एक अंश को अपनाया जरूर है लेकिन अब भी भाजपा की भारतीयता और गांधी की भारतीयता में जमीन-आसमान का अन्तर है। मुझ पर भाजपा समर्थक होने का आरोप महत्त्वहीन है क्योंकि आज भी मैं भाजपा को कांग्रेस का ही हिन्दू संस्करण मानता हूँ।

अखबार में क्या छपे, इसका अन्तिम अधिकार मालिकान को होना चाहिए या सम्पादक को? सम्पादकीय विभाग की स्वतंत्रता के आप किस हद तक पक्षधर हैं?

इस बारे में एक छोटा सा वाकया मैं आपको सुनाना चाहूँगा। एक बार तमिल के नामी पत्रकार व *दीनबन्धु* के पूर्व सम्पादक शिवरामन ने किसी कार्य के लिए रामनाथ गोयनका से कुछ करने को कहा। इस पर रामनाथ गोयनका ने शिवरामन को टेलीफोन किया और पूछा कि शिवरामन ऐसा कौन सा कानून है जिसके तहत मैं जो कहूँगा वह तुम नहीं करोगे और तुम जो चाहते हो उसे मुझे करना पड़ेगा? इस पर शिवरामन ने गोयनका से कहा कि यह तो बिल्कुल साधारण सी बात है। आप मुझे अभी कह सकते हैं कि शिवरामन आज से तुम *दीनबन्धु* के सम्पादक नहीं रहे, जबकि मैं आपसे यह नहीं कह सकता कि आप आज से *दीनबन्धु* के मालिक नहीं रहे। चूँकि आखिरी शर्त आपके हाथ में है इसलिए मेरी शर्त की प्रतिष्ठा रखना आपका काम है और यही आपको करना पड़ेगा, जिसे मैं नहीं कर सकता। कहने का अभिप्राय यह कि अखबार के बारे में अन्तिम अधिकार मालिक के पास होता है इसलिए शायद अच्छा मालिक सम्पादक को यह स्वतंत्रता देता है कि वह जैसा चाहे वैसा अखबार निकाले। सभी जानते थे कि *एक्सप्रेस* समूह में रामनाथ गोयनका की कितनी सत्ता थी, लेकिन गोयनका हमेशा कहते थे कि मुलगाँवकर (*एक्सप्रेस* के सम्पादक) चाहे तो मुझे 'ओवर रूल' कर सकता है, लेकिन मैं मुलगाँवकर को 'ओवर रूल' नहीं कर सकता। गोयनका ने यह एक मूल्य स्थापित किया था। मैंने भी उनके साथ 18 साल काम किया, लेकिन वे मुझसे कभी नहीं कहने आए कि इसके बजाय यह लिखो और न ही मैं उनके पास यह पूछने गया कि मैं क्या

लिखूँ? क्योंकि मेरी यह स्पष्ट मान्यता है कि उस व्यक्ति को सम्पादक बने रहने का कोई नीतिक अधिकार नहीं है जिसे मालिक से जाकर पूछना पड़े कि वह क्या लिखे? कुल मिलाकर सम्पादकीय विभाग और प्रबन्धकों के बीच बिना आपसी समझदारी और विश्वास के किसी अखबार का निकलना सम्भव नहीं है। अखबार की विश्वसनीयता खुद उसके अस्तित्व के लिए एक अत्यन्त जरूरी चीज है जो सिर्फ सम्पादक की स्वतंत्रता से ही सम्भव है।

क्या सिर्फ सम्पादक को स्वतंत्रता मिल जाने से पूरा सम्पादकीय विभाग स्वतंत्र हो जाता है?

देखिए, सम्पादक सम्पादकीय विभाग का प्रतिनिधि होता है। जब मैं सम्पादक की स्वतंत्रता की बात कर रहा हूँ तो इसका मतलब यह नहीं है कि सम्पादक अपने संवाददाताओं और उप सम्पादकों को स्वतंत्रता न दे। मैंने अपने यहाँ यह काम किया और सभी संवाददाताओं को खबरें लिखने के मामले में स्वतंत्रता दी। आज तक मैंने कभी भी किसी संवाददाता से यह नहीं कहा कि अमुक रिपोर्ट तुमने क्यों लिखी? हाँ, अगर खबर में कुछ तथ्य नहीं है या वह खबर तथ्यों के खिलाफ है तो मैं जरूर पूछता हूँ कि ऐसी खबर क्यों छपी? दरअसल, सही मायने में सम्पादक की स्वतंत्रता की सार्थकता इसी बात में निहित है कि सम्पादक अपने सहकर्मियों को पूरी आजादी दे। मैं अपने सहकर्मियों से हमेशा कहता हूँ कि आपको स्वतंत्रता इसलिए है कि मुझे स्वतंत्रता है और मेरी स्वतंत्रता की प्रतिष्ठा के लिए ही यह जरूरी है कि आप निष्पक्ष और जिम्मेदाराना ढंग से खबरें लिखें। सम्पादक और सम्पादकीय विभाग के बीच यही रिश्ता होना चाहिए।

क्या आप अखबारों में यूनियन के पक्षधर हैं?

यूनियन बनाना कोई खराब काम नहीं है, लेकिन हमारे यहाँ यूनियन का मतलब मात्र यह मान लिया गया है कि वह कुछ बोनस बढ़वा दे या पत्रकारों को इसी तरह की कुछ अन्य सुविधाएँ मुहैया करवा दे। यह बात कोई यूनियन नहीं करती कि उसके संस्थान का साथी एक अच्छा पत्रकार हो रहा है या नहीं। अगर कोई यूनियन अपने सदस्यों के अधिकारों को सुरक्षित रखना चाहती है तो उसे अपने सदस्यों के काम की गुणवत्ता पर भी समय-समय पर विचार करना पड़ेगा। पत्रकारों को भी ऐसे कामों को बन्द करना पड़ेगा जिसकी वजह से अखबार की गुणवत्ता पर नकारात्मक असर पड़ रहा हो।

कुछ अखबारों में पत्रकारों की सेवा शर्तों के मामले में प्रबन्धकों के मनमाने पन की स्थिति बरकरार है, इस सन्दर्भ में आप क्या सोचते हैं?

यह बात सही है कि कुछ अखबरों ने पत्रकारों को जिन सेवा शर्तों पर रखा है वे पत्रकारों के लिए सम्माननीय और उचित नहीं हैं। अखबार का मालिक बाजार भाव के हिसाब से स्याही खरीदता है, कागज खरीदता है, छपाई मशीन और कम्प्यूटर खरीदता है, लेकिन उसी हिसाब से वह सम्पादकीय विभाग के साथ बराबर का व्यवहार नहीं करता। क्योंकि यह मान लिया गया है कि और सब चीजें तो जरूरी हैं, पर मानवीय श्रम का कोई खास महत्त्व नहीं। इस अपमानजनक स्थिति के चलते कोई व्यक्ति सम्मानजनक पत्रकारिता नहीं कर सकता, क्योंकि जब वह एक जगह पूँछ हिलाना सीख लेगा तो फिर दूसरी जगह कैसे दहाड़ पाएगा? मालिकान या प्रबन्धकों का यह रवैया समूची पत्रकारिता की निष्पक्षता के लिए खतरा पैदा करता है। इसलिए सेवा शर्तों में सुधार होना चाहिए तथा उसे और बेहतर बनाया जाना चाहिए। लेकिन मैं इस बात को नहीं मानता हूँ कि किसी पत्रकार को कभी नौकरी से हटाया ही नहीं जाना चाहिए। अगर ऐसा न हो तो अखबारों के दफ्तरों की भी वही स्थिति हो जाएगी जो सरकारी दफ्तरों की है। जो पत्रकार किन्हीं कारणों से काम न कर रहा हो, सत्ता के खेल में लिप्त हो गया हो, बूढ़ा हो गया हो या कुल मिलाकर दलाली कर रहा हो, उसे उस अखबार से निकाल बाहर करने का अधिकार सम्पादक और प्रबन्धक के पास अवश्य रहना चाहिए।

अखबारों में सत्ता की राजनीतिक दखल को आप किस हद तक उचित समझते हैं? क्या आप मानते हैं कि सत्ता से तालमेल किये बिना आसानी से अखबार नहीं निकाला जा सकता?

दखल तो नहीं होनी चाहिए, लेकिन ऐसा कोई भी अखबार नहीं है जिसमें सत्ता के शीर्ष पर बैठे हुए लोगों ने राजनीतिक दखल का प्रयास न किया हो। दरअसल, हर राजनेता अखबार को अपनी राजनीति के प्रचार का एक माध्यम मानता है, इसलिए उसकी हमेशा कोशिश रहती है कि यह काम वह अखबार विशेष में कर सके। ऐसा कोई भी नेता (एक-दो को छोड़कर) हमने नहीं देखा जिसने अपने खिलाफ लिखी गई खबर को अपने विरोधी द्वारा प्रायोजित खबर न माना हो और तारीफ में लिखी गई खबर के लिए अखबार विशेष को अपना समर्थक न घोषित किया हो। यानी कोई भी राजनीतिज्ञ खबर को स्वतंत्र और निष्पक्ष ढंग से कभी देखता ही नहीं। इसलिए हमने और गोयनका जी ने बैठकर तय किया कि अपने अखबार में ऐसे किसी पत्रकार को रखेंगे ही नहीं, जिसकी पैरवी किसी नेता ने की हो। नियुक्ति के लिए परीक्षण और साक्षात्कार की प्रक्रिया से हर व्यक्ति को गुजरना पड़ेगा। इसके चलते काफी हद तक राजनीतिक दखल को हम रोक पाने में सफल हुए हैं। जहाँ तक सत्ता से तालमेल रखने का सवाल है तो मेरी राय में हर अखबार को जहाँ सत्ता से रोज-ब-रोज टकराना पड़ता है वहीं उससे मधुर रिश्ता भी रखना

पड़ता है। क्योंकि ढेर सारी महत्त्वपूर्ण खबरें और जानकारियाँ आखिरकार सत्ता के गलियारे से ही प्राप्त होती हैं। इसलिए पत्रकार का सत्ता से 'इंटरेक्शन' तो हर रोज होगा लेकिन हर पत्रकार को मन में यह विश्वास होना चाहिए कि वह सत्ता से वही व्यवहार करेगा जो एक राजा किसी दूसरे राजा से करता है। अखबारों की भी एक अपनी स्वतंत्र सत्ता है जिसे कोई राजनेता नष्ट नहीं कर सकता। ऐसे ही किसी भी अखबार को यह भ्रम नहीं पालना चाहिए कि वह किसी राजनेता या राजनीतिक दल को खत्म कर सकता है। आखिर अखबार तो जनमत का एक छोटा सा हिस्सा मात्र है। इन्दिरा जी ने बहुत कोशिश की कि जय प्रकाश नारायण खत्म हो जाएँ, उनके इस मुहिम में एक-दो को छोड़कर लगभग सारे अखबार शामिल थे, लेकिन जय प्रकाश खत्म नहीं हुए, अन्ततः इन्दिरा जी को ही गद्दी से नीचे उतरना पड़ा। इसलिए किसी अखबार को यह भ्रम नहीं पालना चाहिए कि वह राजनेता का नियामक हो सकता है। हम इतिहास के निर्माता नहीं, इतिहास के ढिंढोरची हैं। हम इतिहास बनाने वाले लोग नहीं हैं बल्कि इतिहास के रथ के आगे-आगे चलने वाले वे लोग हैं जिनका मुख्य काम यह बताना होता है कि भई इतिहास का रथ आ रहा है, रथ आ रहा है...।

इलेक्ट्रॉनिक मीडिया का जिस तरह से बड़े पैमाने पर प्रसार हो रहा है, इससे क्या आपको नहीं लगता कि हिन्दी पत्रकारिता के लिए यह एक चुनौती है?

मुझे नहीं लगता है कि इससे हिन्दी पत्रकारिता को कोई खतरा है, लेकिन यह बात सच है कि हिन्दी पत्रकारिता को अपनी गुणवत्ता विकसित करनी होगी। क्योंकि किसी घटना विशेष को स्क्रीन पर देख लेने और उसके बारे में सूचनाएँ प्राप्त कर लेने के बाद पाठक उस घटना के समूचे मर्म को समझना चाहेगा। मैं समझता हूँ कि इसे लिखे हुए शब्दों के माध्यम से ही किया जा सकता है और इस काम को हिन्दी पत्रकारिता ही सबसे बेहतर ढंग से कर सकती है, अंग्रेजी पत्रकारिता नहीं। फिर अब तो वैज्ञानिक अध्ययनों से भी यह बात पुष्ट हुई है कि किसी घटना विशेष के तीनों आयामों (लम्बाई, चौड़ाई और गहराई) को जितनी खूबसूरती से लिखे हुए शब्द अभिव्यक्त कर सकते हैं, उतनी खूबसूरती से बोले हुए शब्द नहीं। खासतौर पर घटना की 'गहराई' को तो सिर्फ शब्द ही महसूस करा सकते हैं। इसलिए कुल मिलाकर ऐसा समय नहीं आने वाला है जब इलेक्ट्रानिक मीडिया लिखे हुए शब्द के महत्त्व को खत्म कर दे।

क्या आप पत्रकारिता जगत में आई चारित्रिक गिरावट की बात को स्वीकार करते हैं? अगर हाँ, तो इसकी मुख्य वजह क्या है?

हाँ, मैं मानता हूँ कि जिस प्रकार भारतीय समाज के विभिन्न क्षेत्रों में चारित्रिक

गिरावट आई है, उसी प्रकार पत्रकारिता के क्षेत्र में भी यह गिरावट दिखाई पड़ती है। इसकी मुख्य वजह राजनीतिक सत्ता है। जिस समय सत्ता तक पैठ बनाना कठिन था उस समय पत्रकारिता भी बलिदान और संघर्ष का पर्याय थी, लेकिन आज चूँकि अखबार का सत्ता तक पहुँच जाना काफी आसान हो गया है, इसलिए पत्रकारिता अब नीतिक मानदंड स्थापित करने वाली चीज नहीं रही। इसी सत्ता की पहुँच के चलते हाल के वर्षों में ढेर सारे सिफारिशी लोग पत्रकारिता में आ गए और उनका काम पत्रकारिता करने के बजाय सत्ता की तिकड़मों में हिस्सा लेना हो गया। नतीजतन चारित्रिक गिरावट आती गई।

कई एक अखबारों के मालिक ही सम्पादक भी हैं। सम्पादकीय कामों में बगैर किसी योगदान या प्रत्यक्ष कार्यानुभव के किसी व्यक्ति को क्या सम्पादक बनने का अधिकार होना चाहिए?

मैं समझता हूँ कि हर अखबार में कौशल, विद्या और व्यावसायिकता के बीच एक उचित सन्तुलन होना चाहिए। किसी अखबार के लिए जितनी व्यावसायिकता जरूरी है, उतनी ही उस अखबार की विश्वसनीयता भी। अखबार की विश्वसनीयता तभी कायम रह सकती है जब कोई मालिक उसका सम्पादक न रहे, क्योंकि मालिक या उसके प्रतिनिधि के अन्य कई तरह के व्यावसायिक हित भी होते हैं। दूसरी महत्त्वपूर्ण बात यह है कि अगर ऐसा सम्पादक जो समय न मिलने या अन्य किसी वजह से खबर नहीं लिखता और न ही सम्पादकीय लिख पाता है तो फिर वह अपने नीचे के सहकर्मियों को कुछ सिखा भी नहीं सकता और यह सहायक सम्पादक, संवाददाता या उप सम्पादक के लिए दुखद है। वे सम्पादक के दिशानिर्देश से वंचित रह जाते हैं जो समूची पत्रकारिता के लिए बेहद नुकसानदेह है। इसलिए मेरी स्पष्ट मान्यता है कि मालिक-सम्पादक नाम की संस्था, जितना ज्यादा नुकसान हिन्दी पत्रकारिता का कर रही है उतना और कोई भी नहीं कर रहा। जब मालिक को ही सम्पादक बनाने की प्रक्रिया शुरू होती है तो उनके उत्तराधिकारी के रूप में उनके बेटे सम्पादक बनते हैं और इससे वैसी ही वंशवाद की शुरुआत होती है जैसी कांग्रेस में हुई। कांग्रेस के वंशवाद ने देश के जनतांत्रिक ढाँचे का कितना कबाड़ा किया, यह सर्वविदित है।

आज की कुछ प्रमुख समस्याएँ, मसलन साम्प्रदायिकता या जातीयता आदि को बढ़ाने में क्या हिन्दी प्रेस की भी भूमिका रही है? इस सन्दर्भ में आज उसे किस तरह की नीति अपनानी चाहिए?

मैं नहीं समझता कि ये समस्याएँ प्रेस के चलते ही पैदा हुईं। ये समस्याएँ तो हमारे देश में प्राचीन काल से ही मौजूद रही हैं। दरअसल, सत्ता की ललक ही इन समस्याओं को बढ़ाने में विशेष भूमिका अदा करती है। क्या यह सच्चाई नहीं है कि भीष्म, गुरु

द्रोणाचार्य और विदुर के न चाहने के बावजूद महाभारत लड़ा गया, वह सत्ता का मोह ही तो था। शैवों और वैष्णवों की लड़ाई भी प्राचीन काल से ही चली आ रही है और आज जब साम्प्रदायिकता और जातीयता की भावना भड़की है तो इसके पीछे भी सत्ता का मोह ही प्रमुख कारक है। हाँ, यह बात अवश्य है कि साम्प्रदायिक और जातिवादी शक्तियों को जब अखबारों में पर्याप्त जगह मिलने लगी तो उनके हौसले बुलन्द हुए, लेकिन सत्ता की राजनीति ही उनके उभार के लिए केन्द्रीय रूप से जिम्मेदार है। अब सवाल उठता है कि इस सन्दर्भ में प्रेस को आज क्या करना चाहिए? मैं यहाँ फिर कहना चाहूँगा कि अखबार की विश्वसनीयता के लिए ही यह भी जरूरी है कि वह साम्प्रदायिक सोच से ऊपर उठे। अगर कोई अखबार सम्प्रदाय विशेष के लिए सूचनाएँ देना शुरू कर देगा तो उसका नतीजा यह होगा कि वह उसी सम्प्रदाय विशेष तक सिमट कर रह जाएगा। मेरी समझ में यह किसी भी अखबार के लिए निहायत बुरी बात होगी। अखबार को तो हर सम्प्रदाय के पक्ष को पाठक के सामने रखना पड़ेगा। अब जैसे विश्व हिन्दू परिषद और बजरंग दल जैसे संगठनों ने अयोध्या मसले पर आज जिस प्रकार का अतिवादी रुख अख्तियार किया हुआ है वह हमारे जनतांत्रिक ढाँचे के लिए गम्भीर खतरा है। मेरा स्पष्ट मानना है कि विश्व हिन्दू परिषद, बजरंग दल, आरएसएस आदि के अतिवादी-उग्रवादी तत्वों से देश को अगर कोई बचा सकता है तो वह भारतीय जनता पार्टी है। क्योंकि भाजपा कम से कम लोकतांत्रिक ढंग से काम करना चाहती है। इसलिए मैं समझता हूँ कि विहिप और बजरंग दल पर अंकुश लगाने के लिए यह जरूरी है कि भाजपा को मजबूत किया जाए। वरना भाजपा के कमजोर हो जाने की स्थिति में उसकी जगह पर ये विहिप और बजरंग दल वाले काबिज होंगे और देश का वही हश्र होगा जो पंजाब का हुआ। नरम दली अकाली अलग-थलग पड़ गए और भिंडरेवाला के नेतृत्व में उग्रपंथी मजबूत होते गए। अगर पूरे देश को पंजाब बनने से रोकना है तो भाजपा को मजबूत करना ही एकमात्र विकल्प है। किसी अन्य राजनीतिक दल को मजबूत करके विहिप और बजरंग दल से नहीं निपटा जा सकता है क्योंकि भारत की हिन्दू मानसिकता भाजपा के अलावा किसी भी अन्य दल को अपना नहीं मानती। (*राष्ट्रीय सहारा*)

[1 नवम्बर, 1992]

न्याय नहीं निर्णय

अगर आप कानून के राज में विश्वास करते हैं तो देश की सबसे बड़ी अदालत के नर्मदा पर सरदार सरोवर बाँध बनाने के फैसले की अवमानना नहीं कर सकते। अगर देश के नागरिक ही अपनी अदालतों की निंदा करेंगे तो उनका फैसला मानेगा कौन? अदालत और संविधान आखिर नागरिकों से शक्ति और सत्ता पाते हैं। फिर भी मुझे लगता है कि सुप्रीम कोर्ट ने नर्मदा पर बाँध के मामले में निर्णय दिया है, न्याय नहीं किया। निर्णय करना कार्यपालिका का काम है और न्याय करना न्यायपालिका का। इसलिए बड़े बाँध बनाकर सिंचाई और बिजली से विकास करने के पश्चिमी तरीके के खिलाफ नर्मदा बचाओ आन्दोलन को सरकार के दरवाजे की घंटी बजानी चाहिए थी।

उसने बजाई भी लेकिन अपनी सरकारें और उन्हें चलाने वाले राजनेता और नौकरशाह विकास की विनाशकारी अवधारणा को न सिर्फ बिके हुए हैं बल्कि उसमें उनके निहित स्वार्थ भी हैं क्योंकि ऐसा विकास दो नम्बर का धन बनाने के अवसर देता है। यह विकास गरीब के जल, जंगल और जमीन को खा जाएगा इसकी चिन्ता न विकास करने वालों को है, न उससे लाभ उठाने वालों को। कार्यपालिका इसलिए इन गरीब दलित आदिवासियों की नहीं सुनती और राजनेता उनके वोट खरीदने के हथकंडों में माहिर हो चुके हैं। इसलिए नर्मदा बचाओ आन्दोलन को देश के सर्वोच्च न्यायालय की घंटी बजानी पड़ी क्योंकि कार्यपालिका को अगर कोई सुना सकता है और मजबूर कर सकता है तो न्यायपालिका ही। लेकिन कार्यपालिका को सुनाते-सुनाते हमारी न्यायपालिका भी अब कार्यकारी निर्णय देने लगी है।

भोपाल में यूनियन कारबाइड के कारखाने से रिसी मिथाइल आइसोसाइनेट गैस ने हजारों की जान ले ली। सुप्रीम कोर्ट ने यूनियन कारबाइड को दंड देकर कोई न्याय नहीं किया, उससे धन दिलवा कर मुआबजा बँटवा दिया। हजारों बेकसूर लोगों को मारने का मुआवजा देने का सौदा सुप्रीम कोर्ट ने करवाया। मारने वाले को दंड देने का न्याय नहीं किया। इसी तरह नर्मदा के सरदार सरोवर बाँध के सवाल पर सुप्रीम कोर्ट ने नर्मदा घाटी में उजड़ने वाले ढाई लाख लोगों के साथ न्याय नहीं किया जबकि उसे मालूम है कि मध्य प्रदेश के 194 गाँवों के कोई तीस हजार परिवारों

को देने के लिए जमीन नहीं है और नर्मदा पंचाट ने आदेश दिया है कि जमीन के बदले मुआवजे में जमीन ही देनी होगी। जमीन के बिना पुनर्वास नहीं हो सकता। पर्यावरण को क्षति तो बाँध पहुँचाएगा ही। पुनर्वास ठीक से हो रहा है या नहीं और पर्यावरण बच रहा है या नहीं, इसका आकलन पर्यावरण और वन मंत्रालय का एक दल करेगा। दल की सिफारिश पर मतभेद होगा तो समीक्षा समिति के पास मामला जाएगा और वहाँ भी निपटारा नहीं हुआ तो प्रधानमंत्री फैसला करेंगे जो कि सब को मानना होगा। इस तरह नब्बे मीटर की निश्चित ऊँचाई एक सौ अड़तीस मीटर तक करने का फैसला सुप्रीम कोर्ट ने सरकार को दे दिया है। सरकारें, नौकरशाह और देश का पूँजी परस्त प्रभु वर्ग इसे न्याय कहता है तो कहे, नर्मदा घाटी के उजड़ने वाले लोगों के साथ तो अन्याय हुआ है।

नर्मदा बचाओ आन्दोलन को सुप्रीम कोर्ट में नहीं जाना चाहिए था। कोर्ट बने-बनाए कानून पर ही काम कर सकती है। बदलना उसका काम नहीं है। इसलिए जब न्यायमूर्ति भगवती ने लोक हितवाद चलाया यानी जन आन्दोलनों को न्यायालय से न्याय करवाने का निमंत्रण दिया तो जन आन्दोलनों ने चेतावनी दी थी कि लोकहित याचिका दायर करके अदालत में धँसना नहीं चाहिए, लोगों में ही काम करना चाहिए। आखिर महात्मा गांधी ने वकील होते हुए भी आजादी के आन्दोलन को फरियाद और अपील से निकाल कर जनता का आन्दोलन बनाया था तो इसीलिए कि जब तक मानसिकता नहीं बदलेगी, सचमुच का परिवर्तन नहीं हो सकता। जन आन्दोलन से जनमत बनाकर बार-बार देश को दिखाने और आजाद करवाने वाले महात्मा गांधी के ही देश में जन संगठन वापस न्यायालय में पहुँचकर वकीलों और अदालतों के चक्कर लगाने लगे और इतने वर्षों के लोक हितवाद का नतीजा यह है कि एक भी मामले में लोकहित में निर्णय होकर समस्या का निराकरण नहीं हुआ है। न्यायपालिका का धर्म, चरित्र और स्वभाव ही यही है कि वह प्रतिष्ठान और सर्वमान्य आधारों पर चले। समाज परिवर्तन और क्रान्ति न्यायपालिका का कर्तव्य नहीं है। जन आन्दोलन यथास्थिति को बनाए रखने को नहीं चलते। जैसे अगर नर्मदा बचाओ आन्दोलन सुप्रीम कोर्ट में जाने के बावजूद नर्मदा घाटी में आन्दोलन नहीं करता रहा होता सुप्रीम कोर्ट के फैसले के बाद वह समाप्त ही हो गया होता। सुप्रीम कोर्ट ने एक बार उसे चेताया भी था कि जब हमारे पास आ गए हो तो आन्दोलन क्यों कर रहे हो। मेधा पाटकर की मति मारी नहीं गई थी इसलिए चेताए जाने के बावजूद वे घाटी, आन्दोलन और अपने लोगों में सक्रिय रहीं। वे जानती थीं कि असली अदालत तो वही है और वही रणक्षेत्र है।

लेकिन मेधा पाटकर की आँखों में आँसू, गले में गटका और माथे पर निराशा है। सुप्रीम कोर्ट के निर्णय ने बड़े बाँध, विकास की पश्चिमी अवधारणा और दलितों-आदिवासियों की जल, जंगल और जमीन की लड़ाई की व्यर्थता पर जोर

दिया है। सुप्रीम कोर्ट की मुहर लग जाने के बाद इन मामलों पर लड़ाई अब और मुश्किल हो जाएगी। अन्तरराष्ट्रीय बाजार की ताकतें अब अपना शोषण चक्र और तेजी से चला सकती हैं और हमारा मध्यवर्ग और बेशरमी से उनके साथ हो सकता है। अंग्रेजी अखबारों में नर्मदा बचाओ आन्दोलन और मेधा पाटकर का जो मखौल उड़ाया गया है वह बताता है कि गुजरात सरकार ही नहीं, देश का प्रभु वर्ग उनसे कैसी दुश्मनी पाले हुआ था। मेधा पाटकर वापस नर्मदा घाटी में पहुँच गई है। उन्हें अब और बड़ी सघन लड़ाई लड़नी है। नर्मदा को बचाने के और उपाय करने होंगे। सुप्रीम कोर्ट कानून पर चलती है, समाज बदलने वाले कानून बनाते और बदलते हैं। इसलिए मेधा ताई फिर नमामि देवी नर्मदे कहा और सुनो कि कृष्ण ने क्या कहा था—*ततो युद्धाय युज्यस्व नैवं पापमवाप्स्यसि*—इस तरह युद्ध करने में कोई पाप नहीं है, न अपराध। (*राष्ट्रीय सहारा*)

[28 अक्टूबर, 2000]

पच्चीस साल बाद भी

चर्चा के बाद उसमें भाग लेने वाले कम से कम तीन मित्रों ने पूछा तो क्या इन्दिरा गांधी के बारे में आपने अपनी राय बदल ली है?

क्यों करें? पच्चीस साल में पूरा सन्दर्भ ही बदल गया है। उनके बाद के नेताओं और प्रधानमंत्रियों ने उनका कद और उनकी जगह इतनी ऊपर चढ़ा दी है कि इन्दिरा गांधी महान लगने लगी हैं। अब आप भ्रष्टाचार, तानाशाही और गलत नीतियों के लिए किसके पीछे पड़ें? किसकी आलोचना करें? इन्दिरा गांधी अपने स्वभाव और ढंग से देश को बनाने की कोशिश कर रही थीं। इसलिए उनसे बहस थी, विवाद था, झगड़ा था। अब तो लगता है कि हमने अपने आपको संसार की शक्तियों को सौंप दिया है। वे चाहे जैसा हमें बनाएँ। कोई हम अपने को थोड़ी बना रहे हैं। किसका विरोध करें? भूमंडलीकरण का? अपनी अर्थ और राजनीतिक नीतियों के अमेरिकीकरण का? भारत के अपने मैकॉले पुत्रों का अपने ही देश को एक उपनिवेश बनाने का? भारत का आज अपना पराक्रम क्या है? हम वैसे ही बनते और बनाए जा रहे हैं जैसा कि अमेरिका और यूरोप है। जबकि सब जानते हैं कि हमारी बुनियादी समस्याएँ बिलकुल अलग हैं और वे सब की सब बनी हुई हैं। जैसा अंग्रेजों ने अपना एक भारत बनाया था वैसा ही साम्राज्यवाद की भारतीय सन्तानें अपना इंडिया बना रहे हैं। उसमें देश के लोगों—करोड़ों भूखे, नंगे, बेघर, बेरोजगार और वंचित लोगों को लगातार हाशिये पर धकेला जा रहा है। हमारे बहुसंख्यक लोग हाशिये पर और थोड़े से लोग पूरा पन्ना घेरे हुए हैं। देख लीजिए अपने सार्वजनिक जीवन और मीडिया को। उसमें किसकी चर्चा है?

मैं तो बोलता चला जाता लेकिन दूरदर्शन वाले ने दस्तखत के लिए कागज आगे कर दिये। वह चर्चा इन्दिरा गांधी को उनके पच्चीसवें शहीदी दिवस पर याद करने की थी। उसमें एक लड़की ने फिर भी पूछा था कि इन्दिरा गांधी के बाद गरीबी हटाने की बात कौन कर रहा है? किसी ने उसे जवाब नहीं दिया। वह चर्चा इन्दिरा गांधी को श्रद्धांजलि चढ़ाने के लिए थी। असुविधाजनक सवाल पूछने और उनके जवाब देने के लिए नहीं। इस जवान मित्र को उत्सुकता थी कि मैं भी कैसे चुप रहा। उसकी जिज्ञासा सही थी। लेकिन क्या आप किसी औपचारिक श्रद्धांजलि सभा

पच्चीस साल बाद भी

(कागद 1

प्रभाष जोशी

DL [चर्चा के बाद उसमें भाग लेने वाले कम से कम तीन मित्रों ने पूछा- तो क्या इंदिरा गांधी के बारे में आपने अपनी राय बदल ली है?

क्या करें? पच्चीस साल में पूरा संदर्भ ही बदल गया है। उनके बाद के नेताओं और प्रधान मंत्रियों ने उनका कद और उनकी जगह इतनी ऊपर चढ़ा दी है कि इंदिरा गांधी महान लगने लगी हैं। अब आप भ्रष्टाचार, तानाशाही और गलत नीतियों के लिए किसके पांव पड़ें? किस की आलोचना करें? इंदिरा गांधी अपने स्वभाव और ढंग से देश को बनाने की कोशिश कर रही थीं। इसलिए उनसे बहस थी, विवाद था, झगड़ा था। अब तो लगता है कि हमने अपने आप को संसार की शक्तियों को सौंप दिया है। वे चाहे जैसा हमें बनाएं। कोई हम अपने को थोड़ी बना रहे हैं। किस का विरोध करें? भूमंडलीकरण का? अपनी अर्थ और राजनैतिक नीतियों के अमेरिकीकरण का? भारत के अपने मैकॉले पुत्रों का अपने ही देश को एक उपनिवेश बनाने का? भारत का आज अपना पराक्रम क्या है? हम वैसे ही बनते और बनाए जा रहे हैं जैसा कि अमेरिका और यूरोप है। जब कि सब जानते हैं कि हमारी बुनियादी समस्याएं बिलकुल अलग हैं और वे सब की सब बनी हुई हैं। जैसा अंग्रेजों ने अपना एक भारत बनाया था वैसा ही साम्राज्यवाद की भारतीय संतानें अपना इंडिया बना रहे हैं। उसमें देश के लोगों- करोड़ों भूखे, नंगे, बेघर, बेरोजगार और वंचित लोगों को लगातार हाशिये पर धकेला जा रहा है। हमारे बहुसंख्यक लोग हाशिये पर और थोड़े से लोग पूरा पन्ना घेरे हुए हैं। देख लीजिए अपने सार्वजनिक जीवन और मीडिया को। उसमें किस की चर्चा है?

DL-[मैं तो बोलता चला जाता लेकिन दूरदर्शन वाले ने उत्तराखंड के लिए कागज आगे कर दिए। वह चर्चा इंदिरा गांधी को उनके पच्चीसवें शहीदी दिवस पर याद करने की थी। उसमें एक लड़की ने फिर भी पूछा था कि इंदिरा गांधी के बाद गरीबी हटाने की बात कौन कर रहा है? किसी ने उसे जवाब नहीं दिया। वह चर्चा इंदिरा गांधी को श्रद्धांजलि चढ़ाने के लिए थी। असुविधाजनक सवाल पूछने और उनके जवाब देने के लिए नहीं। इस जवान मित्र को उत्सुकता थी कि मैं भी कैसे चुप रहा। उसकी जिज्ञासा सही थी। लेकिन क्या आप किसी औपचारिक श्रद्धांजलि सभा में किसी के बखिए उधेड़ते हैं? आलोचना कैसे कर सकते हैं? उनके जाने के बाद बारी बारी से सभी राज कर चुके हैं। उन्होंने तो इंदिरा गांधी को ऊंचे ओटले पर खड़ा कर दिया है। नहीं आज जो हो रहा है उसके लिए आप इंदिरा गांधी की

अब तो आप यही कह सकते हैं कि इंदिरा गांधी के होने और न होने के प्रभाव का आकलन करें। उनके जैसा कोई नेता और प्रधान मंत्री उनके बाद नहीं हुआ। इंदिरा गांधी के पहले भारत की पार्टियों में कोई सर्वोच्च नेता नहीं हुआ करता था। जवाहर लाल भी प्रधान मंत्री और कांग्रेस अध्यक्ष दोनों रहे लेकिन वे सर्वोच्च नहीं थे। उनसे पार्टी और सरकार दोनों में सवाल पूछे जा सकते थे। चुनौती दी जा सकती थी। वे कमजोर दिखने की हद तक लोकतांत्रिक थे। इंदिरा गांधी ने कांग्रेस तोड़ी और अपनी वाली कांग्रेस को ही सच्ची कांग्रेस पार्टी बना दिया। उसके बाद वे उस की सर्वोच्च नेता- सुप्रीमो- हो गईं। पहले कांग्रेस से आंतरिक लोकतंत्र गया और फिर एक एक कर सभी पार्टियों से। अब हर पार्टी में सर्वोच्च नेता है। जैसी कांग्रेस में सोनिया गांधी वैसी बसपा में मायावती। कबीर

में किसी के बखिए उधेड़ते हैं? नहीं आज जो हो रहा है उसके लिए आप इन्दिरा गांधी की आलोचना कैसे कर सकते हैं? उनके जाने के बाद बारी-बारी से सभी राज कर चुके हैं। उन्हीं ने तो इन्दिरा गांधी को ऊँचे ओटले पर खड़ा कर दिया है।

अब तो आप यही कर सकते हैं कि इन्दिरा गांधी के होने और न होने के प्रभाव का आकलन करें। उनके जैसा कोई नेता और प्रधानमंत्री उनके बाद नहीं हुआ। इन्दिरा गांधी के पहले भारत की पार्टियों में कोई सर्वोच्च नेता नहीं हुआ करता था। जवाहरलाल भी प्रधानमंत्री और कांग्रेस अध्यक्ष दोनों रहे लेकिन वे सर्वोच्च नहीं थे। उनसे पार्टी और सरकार दोनों में सवाल पूछे जा सकते थे। चुनौती दी जा सकती थी। वे कमजोर दिखने की हद तक लोकतांत्रिक थे। इन्दिरा गांधी ने कांग्रेस तोड़ी और अपनी वाली कांग्रेस को ही सच्ची कांग्रेस पार्टी बना दिया। उसके बाद वे उसकी सर्वोच्च नेता—सुप्रीमो हो गईं। पहले कांग्रेस से आन्तरिक लोकतंत्र गया और फिर एक-एक कर सभी पार्टियों से। अब हर पार्टी में सर्वोच्च नेता है। जैसी कांग्रेस में सोनिया गांधी वैसी बसपा में मायावती।

कबीर जैसी उलटवाँसी है कि भारतीय लोकतंत्र को ऐसी पार्टियाँ चला रही हैं जिनमें किसी में भी आन्तरिक लोकतंत्र नहीं है। सर्वोच्च नेताओं के सन्तुलन और राजनीतिक मजबूरियों और सद्भावना से हमारा लोकतंत्र चल रहा है। कोई एक पूरा तानाशाह नहीं हो सकता क्योंकि सब छोटे-छोटे तानाशाह हैं। भारतीय राजनीति में यह इन्दिरा गांधी के होने का प्रभाव और परिणाम है।

इन्दिरा गांधी के पहले शासन का सबसे बड़ा उपकरण मंत्रिमंडल का सचिवालय हुआ करता था। क्योंकि सत्ता मंत्रिमंडल में हुआ करती थी। इन्दिरा गांधी ने प्रधानमंत्री कार्यालय को मंत्रिमंडल सचिवालय से ज्यादा शक्तिशाली और निर्णायक बनाया क्योंकि उनके होने से मंत्रिमंडल नहीं, प्रधानमंत्री ज्यादा सत्तावान हो गया और वे अपनी सत्ता को अपने कार्यालय से चलाती रहीं। प्रधानमंत्री मंत्रियों का प्रधान होने के कारण सबसे सत्तावान हुआ करता था। इन्दिरा गांधी के कारण मंत्रिमंडल उनके होने का उपकरण हो गया। इमरजेंसी लगाने जैसा अहम फैसला रात में उन्होंने किया। सबेरे मंत्रिमंडल ने उस पर स्वीकृति की मुहर लगाई। वे कोई भी निर्णय खुद लेती थीं और अपने कार्यालय के जरिये उस पर अमल करवाती थीं। मंत्रिमंडल उनके निर्णय पर लोकतांत्रिक सांस्थानिक मुहर लगाता था। उनके होने के कारण मंत्रिमंडल था और वह विचार उनकी मर्जी और रियासत से करता था। सत्ता चलाने का यह निजी तरीका इन्दिरा गांधी ने विकसित किया था। लेकिन उन्होंने इसे इतना सफल बनाकर दिखा दिया कि बाद के सभी प्रधानमंत्रियों ने ऐसे ही सत्ता चलाई।

और तो और अटल बिहारी वाजपेयी तो चौबीस पार्टियों के गठबन्धन के भाजपाई प्रधानमंत्री थे। वे अपनी सरकार, अपने गठबन्धन और अपनी पार्टी के वैसे सर्वोच्च नेता नहीं थे जैसी इन्दिरा गांधी हुआ करती थीं। फिर भी प्रधानमंत्री अटल

कागद 2

ऐसी दुर्भाग्यपूर्ण है कि भारतीय लोकतंत्र को ऐसी पार्टियां चला रही है
जिनमें किसी में भी आंतरिक लोकतंत्र नहीं है। सर्वोच्च नेताओं के संतुलन और
राजनैतिक मजबूरियों और सद्भावना से हमारा लोकतंत्र चल रहा है। कोई एक
पूरा तानाशाह नहीं हो सकता क्योंकि सब छोटे छोटे तानाशाह है। भारतीय
राजनीति में यह इंदिरा गांधी के होने का प्रभाव और परिणाम है।

D/L-[इंदिरा गांधी के पहले शासन का सबसे बड़ा उपकरण मंत्रिमंडल का
सचिवालय हुआ करता था। क्योंकि सत्ता मंत्रिमंडल में हुआ करती थी। इंदिरा
गांधी ने प्रधान मंत्री कार्यालय को मंत्रिमंडल सचिवालय से ज्यादा शक्तिशाली
और निर्णायक बनाया क्योंकि उनके होने से मंत्रिमंडल नहीं प्रधान मंत्री ज्यादा
सत्तावान हो गया और वे अपनी सत्ता को अपने कार्यालय से चलाती रहीं।
प्रधान मंत्री मंत्रियों का प्रधान होने के कारण सबसे सत्तावान हुआ
करता था। इंदिरा गांधी के कारण मंत्रिमंडल उनके होने का उपकरण
हो गया। इमरजेंसी लगाने जैसा अहम फैसला रात में उनने किया। सवेरे
मंत्रिमंडल ने उस पर स्वीकृति की मुहर लगाई। वे कोई भी निर्णय खुद
लेती थीं और अपने कार्यालय के जरिए उस पर अमल करवाती थीं।
मंत्रिमंडल उनके निर्णय पर लोकतांत्रिक संस्थागत मुहर लगाता था।
उनके होने के कारण मंत्रिमंडल था और वह विचार उनकी मर्जी और
रियायत से करता था। सत्ता चलाने का यह निजी तरीका इंदिरा गांधी
ने विकसित किया था। लेकिन उनने इसे इतना सफल बना कर दिखा दिया
कि बाद के सभी प्रधानमंत्रियों ने ऐसे ही सत्ता चलाई।

और तो और अटल बिहारी वाजपेयी तो चौबीस पार्टियों के
गठबंधन के भाजपाई प्रधान मंत्री थे। वे अपनी सरकार, अपने गठबंधन
और अपनी पार्टी के वैसे सर्वोच्च नेता नहीं थे जैसी इंदिरा गांधी हुआ
करती थीं। फिर भी प्रधान मंत्री अटल बिहारी वाजपेयी की सत्ता प्रधान
मंत्री कार्यालय से ही चलती थी। उनके प्रमुख सचिव ब्रजेश मिश्र अपने पूरे
कैरियर में कभी उतने शक्तिशाली नहीं रहे जितने अटल जी के प्रधान
मंत्री कार्यालय के प्रमुख के नाते। यह इंदिरा गांधी का प्रधानमंत्रीय
योगदान ही है कि वाजपेयी जैसे अधिक लोकतांत्रिक और उदार नेता
के बावजूद उनका कार्यालय ही इतना शक्तिशाली और प्रभावी था कि
उसकी सत्ता क्षीण करने को राष्ट्रीय स्वयंसेवक संघ तक उत्सुक रहा करता
था। सब जानते हैं कि मनमोहन सिंह प्रधान मंत्री जरूर हैं पर राजनैतिक
सत्ता उनके पास नहीं है। फिर भी सरकार का काम उनके कार्यालय से
ही चलता है। इंदिरा गांधी का यह योगदान उनके बाद के सभी
प्रधान मंत्रियों को फला है।

D/L-[जरूरी नहीं कि इसे आप उनका नकारात्मक प्रभाव मान कर ही
चलें। सभी पार्टियां सर्वोच्च नेता चाहती हैं इसीलिए पार्टियों को सर्वोच्च
नेता चला रहे हैं। उन्हें अगर यह मॉडल मंजूर नहीं होता तो वे
ज्यादा लोकतांत्रिक या पूरी तरह तानाशाही मॉडल विकसित करती।
लेकिन आप भाजपा को देखिए। कुछ वर्षों से उसमें सर्वोच्च और
सर्वमान्य नेता नहीं है तो राष्ट्रीय स्वयंसेवक संघ के बावजूद वह
कितनी बिखरी हुई और दिशाहीन है। उसमें भी आंतरिक लोकतंत्र
कहां है? क्यों उसके अंदर से ही आवाज उठती है कि राष्ट्रीय स्वयंसेवक
संघ उसका टेकओवर कर ले। सब जानते हैं कि संघ संसदीय
लोकतंत्र में विश्वास नहीं करता न वह अपने को राजनैतिक संगठन
कहलवाने देता है। फिर भी संघ के उसको ले लेने की बात इसलिए उठती
है कि कोई शक्तिशाली नेता या संगठन ही किसी पार्टी को ठीक कर सकता

बिहारी वाजपेयी की सत्ता प्रधानमंत्री कार्यालय से ही चलती थी। उसके मुखिया ब्रजेश मिश्र अपने पूरे कैरियर में कभी उतने शक्तिशाली नहीं रहे जितने अटल जी के प्रधानमंत्री कार्यालय के मुखिया के नाते। यह इन्दिरा गांधी का प्रधानमंत्रीय योगदान ही है कि वाजपेयी जैसे अधिक लोकतांत्रिक और उदार नेता के बावजूद उनका कार्यालय ही इतना शक्तिशाली और प्रभावी था कि उसकी सत्ता क्षीण करने को राष्ट्रीय स्वयंसेवक संघ तक उत्सुक रहा करता था। सब जानते हैं कि मनमोहन सिंह प्रधानमंत्री जरूर हैं पर राजनीतिक सत्ता उनके पास नहीं है। फिर भी सरकार का काम उनके कार्यालय से ही चलता है। इन्दिरा गांधी का यह योगदान उनके बाद के सभी प्रधानमंत्रियों को फला है।

जरूरी नहीं कि इसे आप उनका नकारात्मक प्रभाव मान कर ही चलें। सभी पार्टियाँ सर्वोच्च नेता चाहती हैं इसीलिए पार्टियों को सर्वोच्च नेता चला रहे हैं। उन्हें अगर यह मॉडल मंजूर नहीं होता तो वे ज्यादा लोकतांत्रिक या पूरी तरह तानाशाही मॉडल विकसित करती। लेकिन आप भाजपा को देखिए। कुछ वर्षों से उसमें सर्वोच्च और सर्वमान्य नेता नहीं है तो राष्ट्रीय स्वयंसेवक संघ के बावजूद वह कितनी बिखरी हुई और दिशाहीन है। उसमें भी आन्तरिक लोकतंत्र कहाँ है? क्यों उसके अन्दर से ही आवाज उठती है कि राष्ट्रीय स्वयंसेवक संघ उसका टेकओवर कर ले। सब जानते हैं कि संघ संसदीय लोकतंत्र में विश्वास नहीं करता, न वह अपने को राजनीतिक संगठन कहलवाने देता है। फिर भी संघ के उसके ले लेने की बात इसलिए उठती है कि कोई शक्तिशाली नेता या संगठन ही किसी पार्टी को ठीक कर सकता है। यह भाजपा में इन्दिरा गांधी की जरूरत की माँग है। है ना आश्चर्य। संघ के होते हुए भाजपा को कोई इन्दिरा गांधी चाहिए।

इसी तरह कैबिनेट के बजाय प्रधानमंत्री सरकार चलाए इसे भी भारतीय लोकतांत्रिक व्यवस्था ने स्वीकार कर लिया है। आप कह सकते हैं कि यह निर्गुण और सांस्थानिक व्यवस्था से ज्यादा सगुण और व्यक्तिपरक व्यवस्था की चाह में हुआ है। यानी इन्दिरा गांधी ने लोकतांत्रिक सत्ता के मध्य में अपनी निजी सत्ता की जो स्थापना की थी और जो उन्हें इमरजेंसी लगाने जैसे तानाशाही रास्ते पर ले गई उससे भी भारतीय व्यवस्था को कोई सख्त और बुनियादी एतराज नहीं है। इसलिए प्रधानमंत्री कार्यालय के उपकरण को उनके बाद के हर प्रधान होने के नाते नहीं प्रधानमंत्री होने के कारण सरकार चलाना चाहता है। सच है कि इन्दिरा गांधी के बाद कोई भी प्रधानमंत्री उतना सत्ताधिकारी नहीं रहा जितनी वे थीं लेकिन अब उन्हीं के गढ़े उपकरण से काम करते रहे। यह भी भारतीय शासन व्यवस्था में इन्दिरा गांधी का स्थायी योगदान है। इससे पार्टी और शासन में लोकतंत्र की जो हानि हो रही है वह तो सही है। लेकिन लोग और उनके नेता अपने ढंग से ही अपना लोकतंत्र गढ़ते हैं ना!

कागद ३

है। यह भाजपा में इंदिरा गांधी की जरूरत की मांग है। है ना आश्चर्य। संघ के होते हुए भाजपा को कोई इंदिरा गांधी चाहिए।

इसी तरह कैबिनेट के बजाय प्रधान मंत्री सरकार चलाए इसे भी भारतीय लोकतांत्रिक व्यवस्था ने स्वीकार कर लिया है। आप कह सकते हैं कि यह निर्गुण और संस्थानिक व्यवस्था से ज्यादा सगुण और व्यक्तिपरक व्यवस्था की चाह में हुआ है। यानी इंदिरा गांधी ने लोकतांत्रिक सत्ता के मध्य में अपनी निजी सत्ता की स्थापना की थी और जो उन्हें इमरजेंसी लगाने जैसे तानाशाही रास्ते पर ले गई उससे भी भारतीय व्यवस्था को कोई सख्त और बुनियादी एतराज नहीं है। इसलिए प्रधान मंत्री कार्यालय के उपकरण को उनके बाद के हर प्रधान मंत्री ने स्वीकार किया। हर प्रधान मंत्री अब मंत्रिमंडल का प्रधान होने के नाते नहीं प्रधान मंत्री होने के कारण सरकार चलाना चाहता है। सच है कि इंदिरा गांधी के बाद कोई भी प्रधान मंत्री उतना सत्ताधिकारी नहीं रहा जितनी वे थीं लेकिन सब उन्हीं के गढ़े उपकरण से काम करते रहे। यह भी भारतीय शासन व्यवस्था में इंदिरा गांधी का स्थायी योगदान है। इससे पार्टी और शासन में लोकतंत्र की जो हानि हो रही है वह तो सही है। लेकिन लोग और उनके नेता अपने ढंग से ही अपना लोकतंत्र गढ़ते हैं ना!

//-[लेकिन इतना कह देने के बाद यह मत मान लीजिए कि अपन ने इंदिरा गांधी को इमरजेंसी लगाने और लोकतांत्रिक सत्ता को तानाशाही ढंग से चलाने के पाप से मुक्त कर दिया है। उनने यह सब कर के देश के लोकतंत्र के लिए जो खतरा पैदा कर दिया था वह कोई उन्हें हराने पर अड़े उनके राजनैतिक विरोधियों और प्रतिद्वंदियों की डरपोक कल्पना नहीं थी। जरा सोचिए कि सन् सतत्तर के चुनाव में वे किसी तरह जीत जातीं तो क्या होता। क्या वे उन सभी नागरिक आजादियों को वैसा ही रहने देतीं जैसी वे इमरजेंसी के पहले थीं। इंदिरा गांधी को अयोग्य इलाहाबाद उच्च न्यायालय ने ठहराया था जेपी और राजनैतिक नेताओं और पार्टियों ने नहीं। वे चुनाव में भ्रष्टाचारी तरीके अपनाने की दोषी पाई गई थीं। कोई भी प्रधान मंत्री इस तरह दोषी पाया जाए और उच्च न्यायालय उन्हें अयोग्य ठहरा दे तो वह पद से चिपका नहीं रह सकता क्योंकि संसदीय लोकतंत्र में प्रधान मंत्री राजनैतिक नैतिकता का भी रक्षक और प्रेरक होता है। उच्च न्यायालय ने उन्हें सुप्रीम कोर्ट में अपील का रास्ता दिया था और वहां से उनके वोट देने के अधिकार पर मामले के फैसले तक पाबंदी लग गई थी।

उच्च और सर्वोच्च न्यायालयों के फैसले विपक्षी दलों और जयप्रकाश नारायण के राजनैतिक षडयंत्र के परिणाम नहीं थे। इंदिरा गांधी ने उनका सम्मान न कर के राजनैतिक लड़ाई के जरिए प्रधान मंत्री बने रहने का फैसला कर के न्यायालयी कार्रवाई और नतीजों का राजनीतिकरण किया और इस तरह न्यायपालिका को अपने स्वतंत्र और स्वायत्त स्थान से खींच कर सत्ता राजनीति के दलदल में घसीट लिया। लोकतांत्रिक व्यवस्था को यह इंदिरा गांधी का आघात था जिसके स्थायी घाव आप अब भी उस पर देख सकते हैं। क्या किसी का लगातार सत्ता में बने रहना इतना अनिवार्य होता है कि लोकतंत्र को भी निलंबित कर दिया जाए? इंदिरा गांधी के सत्ता के भागीदार कहेंगे कि हां। वे इतिहास और लोकतंत्र के सामने झूठ बोल रहे हैं। उनकी बात पर मत जाइए।

//-[इंदिरा गांधी इस सब के बावजूद महान और शक्तिशाली नेता थीं। उन्हें याद कर के हम अपने को धन्य ही करते हैं।

—x—

लेकिन इतना कह देने के बाद यह मत मान लीजिए कि अपन ने इन्दिरा गांधी को इमरजेंसी लगाने और लोकतांत्रिक सत्ता को तानाशाही ढंग से चलाने के पाप से मुक्त कर दिया है। उन्होंने यह सब करके देश के लोकतंत्र के लिए जो खतरा पैदा कर दिया था वह कोई उन्हें हटाने पर अड़े उनके राजनीतिक विरोधियों और प्रतिद्वंद्वियों की डरपोक कल्पना नहीं थी। जरा सोचिए कि सन् सतहत्तर के चुनाव में वे किसी तरह जीत जातीं तो क्या होता। क्या वे उन सभी नागरिक आजादियों को वैसा ही रहने देतीं जैसी वे इमरजेंसी के पहले थीं? इन्दिरा गांधी को अयोग्य इलाहाबाद उच्च न्यायालय ने ठहराया था जेपी और राजनीतिक नेताओं और पार्टियों ने नहीं। वे चुनाव में भ्रष्टाचारी तरीके अपनाने की दोषी पाई गई थीं। कोई भी प्रधानमंत्री इस तरह दोषी पाया जाए और उच्च न्यायालय उन्हें अयोग्य ठहरा दे तो वह पद से चिपका नहीं रह सकता क्योंकि संसदीय लोकतंत्र में प्रधानमंत्री राजनीतिक नीतिकता का भी रक्षक और प्रेरक होता है। उच्च न्यायालय ने उन्हें सुप्रीम कोर्ट में अपील का रास्ता दिया था और वहाँ से उनके वोट देने के अधिकार पर मामले के फैसले तक पाबन्दी लग गई थी।

उच्च और सर्वोच्च न्यायालयों के फैसले विपक्षी दलों और जयप्रकाश नारायण के राजनीतिक षड्यंत्र के परिणाम नहीं थे। इन्दिरा गांधी ने उनका सम्मान न करके राजनीतिक लड़ाई के जरिये प्रधानमंत्री बने रहने का फैसला करके न्यायालयी कार्रवाई और नतीजों का राजनीतिकरण किया और इस तरह न्यायपालिका को अपने स्वतंत्र और स्वायत्त स्थान से खींच कर सत्ता राजनीतिक के दलदल में घसीट लिया। लोकतांत्रिक व्यवस्था को यह इन्दिरा गांधी का आघात था जिसके स्थायी घाव आप अब भी उस पर देख सकते हैं। क्या किसी का लगातार सत्ता में बने रहना इतना अनिवार्य होता है कि लोकतंत्र को भी निलम्बित कर दिया जाए? इन्दिरा गांधी के सत्ता के भागीदार कहेंगे कि हाँ! वे इतिहास और लोकतंत्र के सामने झूठ बोल रहे हैं। उनकी बात पर मत जाइए।

इन्दिरा गांधी इस सबके बावजूद महान और शक्तिशाली नेता थीं। उन्हें याद करके हम अपने को धन्य ही करते हैं।